左思民◎编著

修辞津梁

华东师范大学出版社

图书在版编目（CIP）数据

修辞津梁/左思民编著. —上海：华东师范大学出版
社，2017
华东师大教材基金
ISBN 978 - 7 - 5675 - 6406 - 0

Ⅰ. ①修…　Ⅱ. ①左…　Ⅲ. ①汉语-修辞-高等
学校-教材　Ⅳ. ①H15

中国版本图书馆 CIP 数据核字（2017）第 075817 号

华东师范大学教材出版基金

修辞津梁

编　　著　左思民
组稿编辑　孔繁荣
项目编辑　夏　玮
特约审读　朱佳莉
装帧设计　卢晓红

出版发行　华东师范大学出版社
社　　址　上海市中山北路 3663 号　邮编 200062
网　　址　www. ecnupress. com. cn
电　　话　021 - 60821666　行政传真 021 - 62572105
客服电话　021 - 62865537　门市（邮购）电话 021 - 62869887
地　　址　上海市中山北路 3663 号华东师范大学校内先锋路口
网　　店　http：//hdsdcbs. tmall. com

印 刷 者　浙江临安市曙光印务有限公司
开　　本　787×1092　16 开
印　　张　19.5
字　　数　413 千字
版　　次　2017 年 6 月第 1 版
印　　次　2017 年 6 月第 1 次
书　　号　ISBN 978 - 7 - 5675 - 6406 - 0/H·913
定　　价　49 00 元

出 版 人　王　焰

（如发现本版图书有印订质量问题，请寄回本社客服中心调换或电话 021 - 62865537 联系）

目　录

第一章 界说

一、什么是修辞？

　　语言的价值在于使用。我们使用语言，是为了表情达意，不仅如此，我们还要求这种表达尽可能完满，既能充分表达自己的思想感情，又能在对方身上引起所预期的反应。为此，就有必要斟酌词语，调整句子，安排话语的组织方式，选用表达的方式，这个过程，就是修辞。因此所谓修辞，便是为了完满地表情达意而有控制地使用语言的活动。其中，"表情达意"关涉的是表达中的主旨和内容，"完满"说的是让表情达意取得最好的交际效果，"有控制地使用语言"反映的是修辞的操作过程。《论语·宪问》有言："子曰：'为命：裨谌草创之，世叔讨论之，行人子羽修饰之，东里子产润色之。'"反映了一个严谨、认真、由多人合作而成的修辞操作过程。

二、什么是修辞学？

　　修辞活动是丰富多彩的，其间涉及各种因素。语言学从语言活动或语言特点的角度对它加以系统的研究，就形成了一门学科，这便是修辞学。对这门学科，《中国大百科全书·语言文字》卷"汉语修辞"条解释为"研究这种语言活动及其规律的科学是修辞学"（第 165 页）。其中的"这种语言活动"指修辞活动，而修辞活动则是"利用多种语言手段收到尽可能好的表达效果的一种语言活动"（第 165 页）。戴维·克里斯特尔（David Crystal，2007）在《现代语言学词典》中把修辞学解释为"传统语言研究中指研究如何使口头和书面表达更为有效或更有说服力，特别是公开演讲的场合"（第 309 页）。我认为修辞学既是传统的，也是现代的；既研究书面语表达，也研究口语表达。修辞活动不应局限在语言学范围之内进行研究，但它主要是语言学的研究对象。站在语言学的立场上看，修辞学是语言学的一个分支，它研究为了完满地表情达意而有控制地使用语言的这种活动的内在规律。

三、"修辞"一词的意义

在表达时，人们有时把修辞学简称为修辞，这就好比把语法上的"结构体"简称为"结构"，的确容易引起误解。所不同者，在英语中，结构体是 constitute，结构是 construction，用词不一。如霍凯特（Charles F. Hockett，1986）说，"结构就是用特定的形类作直接成分构造特定形类的组合形式的一种模式"，"而按照这种结构由直接成分构成的组合形式又叫结构体"（第202页）。但在英语中，"修辞"和"修辞学"都用同一个词 rhetoric 加以表示。如《牛津高阶英汉双解词典》（第七版）对 rhetoric 的第二个义项释为"the skill of using language in speech or writing in a special way that influences or entertains people"（在说话或写作中以特定方式来影响或取悦他人的语言使用技巧）（第1712页），而《新编英汉语言学词典》中对 rhetoric 的释义则是"修辞学研究交际中如何有效使用语言尤其是书面语言以达到预期的交际目的的语言学的一个分支"（第720页）。在理解"修辞"一词所指意义的时候，对这种名同而实异的现象不可不察。

四、汉语修辞学的历史

汉语历史悠久，多少年的语言实践活动，给我们留下了丰富的修辞遗产。如孟子善用比喻、排比。成语"五十步笑百步"就是类比的产物，出于《孟子·梁惠王章句上》："王好战，请以战喻。填然鼓之，兵刃既接，弃甲曳兵而走，或百步而后止，或五十步而后止；以五十步笑百步，则何如？"《孟子·滕文公下》有云："居天下之广居，立天下之正位，行天下之大道；得志，与民由之；不得志，独行其道。富贵不能淫，贫贱不能移，威武不能屈，此之谓大丈夫。"其中包含了两个排比。历代文人学者，对汉语修辞的各种手段和规律，也作了大量的分析归纳。如《论语·雍也》所载孔子之言"质胜文则野，文胜质则史。文质彬彬，然后君子"，概括出了一个极为重要的修辞准则。他们的这些贡献，对我们今天的汉语修辞活动和研究，都有很大的助益。但是，若讲到作为一门学科的汉语修辞学的发端，却有不同的看法。

（一）始于中古说

根据李名方（2005）的综述，多位学者认为汉语修辞学产生于中古时期。比如郑子瑜在《中国修辞学史稿》中认为汉语修辞思想的成熟期是两汉，汉语修辞学的发展期是魏晋南北朝。比如周振甫在《中国修辞学史》中把南朝齐末梁初的《文心雕龙》看作汉语修辞学成熟的标志，把南宋的《文则》看作汉语修辞学成立的标志；而易蒲、李金苓的《汉语修辞学史纲》认为魏晋南北朝、隋唐五代是古代汉语修辞学的奠定基础时期，宋金元是古代汉语修辞学的初步建立时期。

（二）始于现代说

通过李名方（2005）的综述，可知易蒲、李金苓在《汉语修辞学史纲》一书中是把古代汉语修辞学和现代汉语修辞学分开来处理的，他们认为20世纪初至新中国建立是现代汉语修辞学的建立与初步繁荣时期。上述看法和陈望道明显不同。在撰于1932年的著名的《修辞学发凡》一书中，陈望道把汉语修辞学的发展历史分为三个阶段：修辞学术萌芽时期、修辞文法混淆时期、中外修辞学说竞争时期。其中，第二个"修辞文法混淆时期"始于1898年《马氏文通》的出版，第三个"中外修辞学说竞争时期"则始于《马氏文通》出版后的二十年，用他的原话来说就是"我们修辞学的独立也就要等待那一九一九年的五四运动来做一个自然的界线"（第280页）。陈望道主张此阶段的第一本代表作是出版于1923年的唐钺的《修辞格》。

（三）本稿的观点

以上争论孰是孰非，我不打算充任最终裁判，在此只想指出两点：第一，把汉语修辞学割裂为古代和现代两部分的做法不妥。第二，今天看来，作为一门系统性学科的汉语修辞学，无论就其大体框架，还是具体的研究方法来看，都带有西方修辞学的深深的烙印。就好比汉语语法研究，古人并非没有关注过汉语的语法现象，但是作为系统科学的汉语语法学，却肇始于《马氏文通》；而《马氏文通》在相当程度上模仿了西方的 grammar 即语法学。

五、西方修辞学

（一）起　始

西方修辞学有着悠久的历史。胡曙中（2009）所撰《西方新修辞学概论》中对此有简要的介绍："古代希腊社会需要演说家，并且尊重修辞学家。我们所知的第一批修辞学教师，正是为了满足一种新的社会需求所产生的。一种系统的雄辩术于公元前417年和463年之间，在西西里岛的一些希腊城邦中形成。当时，已把强占财产的暴君们驱逐了，为了重新确立这些财产的所有权，需要进行广泛的诉讼。一个名叫科拉克斯的人及其弟子蒂西雅斯，在锡拉丘兹最先创立起用规则的方法来解决诉讼纠纷。关于他们传授法的具体情况，少有记载，但其中包括了对演讲结构初步的描述，而且雄辩作为劝说被认为是由蒂西雅斯所创。"（第 11 页）

古代希腊修辞学的这一个特点，在亚里士多德（Aristotle，2006）《修辞学》里能够找到根据。亚氏在那书的第一卷第一章里说："修辞术的功能不在于说服，而在于在每一种事情上找出其中的说服方式。"（第 20 页）他在第一卷第二章里又说："所以修辞术实际上是论辩术的分支，也是伦理学的分支，伦理学应当称为政治学。由于这个缘故，修辞术貌似政治学。"（第 24 页）可见，所谓的修辞术，具有很强的实用性，与政治论辩有直接联系。修辞术（the art of rhetoric）的这个特点，没有被今人照单全收，但现在不少修辞学论述偏重于修辞方法和修辞技巧，不能否认是对这一特点的继承。

（二）古典修辞学

由戴维·克里斯特尔 2010 年编写的《剑桥语言百科全书》（*The Cambridge Encyclopedia of Language*）的第三版中，有对"古典修辞（学）"的扼要介绍："在古典时期，修辞能力得到尊重，那时有一些以公共演讲艺术为写作目的的重要著作，包括亚里士多德的《修辞学》（*Rhetorica*）、昆提利安（Quintilian）的《演讲学原理》（*Institutio Oratoria*）、西塞罗（Cicero）的《论演讲术》（*De Oratore*）。"（第 72 页）可见，他说的古典修辞学，指的是古代希腊、罗马时期的修辞学。他还归纳了成功的修辞活动中应包括如下五个步骤：

1. 选题（拉丁语 inventio、希腊语 heuresis），把相关的主旨放在一起。

2. 布局（拉丁语 dispositio、希腊语 taxis），把材料组织进一个与演讲相适宜的结构形式中去。

3. 措辞（或曰"风格"）（拉丁语 elocutio、希腊语 lexis），选择和主旨、说话者、场合相般配的语言。

4. 记忆（拉丁语 memoria、希腊语 mneme），必须牢记演说中的各种要素。

5. 表达（拉丁语 actio、希腊语 hypocrisis），使用最有效的技巧来发表演说。

（三）近 况

由于学术传统的缘故，西方的修辞学，长期以来并未和哲学研究、文学批评完全脱离开来。时至今日，一部分修辞研究可划入语言学的范围，另一部分修辞研究则和哲学、文学关系密切。如著名的德国哲学家尼采（Friedrich Wilhelm Nietzsche）还是诗人、散文家，他对修辞学也颇有研究，1872—1873 年的冬季半学期，他开设了修辞学课程，其课程笔记名为《古修辞学描述》。又如胡曙中 2009 年所撰《西方新修辞学概论》中介绍了七种新修辞学，其代表人物依次为：

① 理查兹（Ivor Armstrong Richards），读哲学出身，一位有影响的英国文学批评家和修辞学者，代表作是与 C. K. Ogden 合著的《意义之意义》。

② 伯克（Kenneth Burke），美国著名修辞学者，代表作《动机修辞学》。

③ 韦弗（Richards M. Weaver），英语教师，20 世纪美国最重要的思想家之一。

④ 柯日布斯基（Alfred Korzybski），生于波兰，美国著名哲学家，普通语义学理论的提出者。

⑤ 佩雷尔曼（Chaim Perelman），比利时哲学家，在现代修辞学理论家作出的贡献中，没有人比他更有力地强调哲学和修辞学之间的联系。

⑥ 图尔敏（Stephen Toulmin），英国哲学家，他提出的论辩结构模式具有重要的修辞学价值。

⑦ 麦克卢汉（Marshall McLuhan），加拿大交际理论评论者和理论家，20 世纪 60 年代他对美国新修辞学产生了很大的影响。

西方学术界里这种学科之间的纠缠复杂的性质，我们不可不察。相较之下，倒是如今的国内修辞学，虽然已渐渐扩大其影响面，比如在传播学界已占有一席之地，但最感兴趣者仍是语言学家，尚主要栖于汉语语言学的领域之内，还未和文学批评，尤其是哲学研究发生密切关系，相对而言性质比较单纯。

六、汉语修辞学的范围

汉语修辞研究，范围广大，纵可以包容古今，横则涵盖汉语各种方言。为避免枝蔓，此处谈论的汉语修辞，主要限于普通话的范围。普通话是现代汉民族的共同语，又是现今我国的通用语言，是现代汉语的当然代表，因此，普通话修辞又可称为现代汉语修辞。此间关系，亦请大家留意。在现代汉语的修辞活动中，人们往往会沿用一些古代流传至今的优秀的现成表达式，如引用文言词、成语、古代诗词文赋中的语句等，也会适当使用一些今天各地域的汉语方言，本稿在谈论现代汉语修辞的时候，对这些现象也一并包容。其他语言中的修辞手法、修辞规律等，虽然不是此处的讨论主体，但若和汉语修辞对比的话有助于说明问题，在本稿中也会涉及。

七、对修辞的错误认识 ··

讲到修辞，人们在认识上易于产生一些偏颇。归结起来：一是认为修辞就是让辞藻华丽，如果话语平实朴素，则无所谓修辞；二是以为写文章要讲求修辞，说话则可随便；三是认为修辞都是花言巧语。

（一）第一种偏颇——修辞就是让辞藻华丽

前文说过，修辞的目的是为了完满地达到预期的交际目的，既如此，该华丽时则应华丽，该朴素时则应朴素，一味追求华丽则偏矣。若为和交际目的契合，非选择朴素不可，这本身就是修辞，也需要花工夫，一点不能随意散漫的。朱自清是一个很有文采的作家，他的《荷塘月色》雅丽柔美，而《背影》却直白朴素。唯有这种蕴涵着深情的朴素，方和《背影》的主旨相合，具有深深打动读者心灵的修辞效果。请对比这两篇文章的若干片段。

荷塘月色（片段）

月光如流水一般，静静地泻在这一片叶子和花上。薄薄的青雾浮起在荷塘里。叶子和花仿佛在牛乳中洗过一样；又像笼着轻纱的梦。虽然是满月，天上却有一层淡淡的云，所以不能朗照；但我以为这恰是到了好处——酣眠固不可少，小睡也别有风味的。月光是隔了树照过来的，高处丛生的灌木，落下参差的斑驳的黑影，峭楞楞如鬼一般；弯弯的杨柳的稀疏的倩影，却又像是画在荷叶上。塘中的月色并不均匀；但光与影有着和谐的旋律，如梵婀玲上奏着的名曲。

荷塘的四面，远远近近，高高低低都是树，而杨柳最多。这些树将一片荷塘重重围住；只在小路一旁，漏着几段空隙，像是特为月光留下的。树色一例是阴阴的，乍看像一团烟雾；但杨柳的丰姿，便在烟雾里也辨得出。树梢上隐隐约约的是一带远山，只有些大意罢了。树缝里也漏着一两点路灯光，没精打采的，是渴睡人的眼。这时候最热闹的，要数树上的蝉声与水里的蛙声；但热闹是他们的，我什么也没有。

背影（片段）

我说道，"爸爸，你走吧。"他望车外看了看，说，"我买几个橘子去。你就在此地，不要走动。"我看那边月台的栅栏外有几个卖东西的等着顾客。走到那边月台，须穿过铁道，须跳下去又爬上去。父亲是一个胖子，走过去自然要费事些。我本来要去的，他不肯，只好让他去。我看见他戴着黑布小帽，穿着黑布大马褂，深青布棉袍，蹒跚地走到铁道边，慢慢探身下去，尚不大难。可是他穿过铁道，要爬上那边月台，就不容易了。他用两手攀着上面，两脚再向上缩；他肥胖的身子向左微倾，显出努力的样子。这时我看见他的背影，我的泪很快地流下来了。我赶紧拭干了泪，怕他看见，也怕别人看见。我再向外看时，他已抱了朱红的橘子往回走了。过铁道时，他先将橘子散放在地上，自己慢慢爬下，再抱起橘子走。到这边时，我赶紧去搀他。他和我走到车上，将橘子一股脑儿放在我的皮大衣上。于是扑扑衣上的泥土，心里很轻松似的，过一会说，"我走了；到那边来信！"我望着他走出去。他走了几步，回过头看见我，说，"进去吧，里边没人。"等他的背影混入来来往往的人里，再找不着了，我便进来坐下，我的眼泪又来了。

（二）第二种偏颇——写文章要讲求修辞，说话则可随便

粗看起来，那样想并非没有道理：口语一发即逝，难以组织周全；书面语有利于推敲修饰，也往往更有这个需要。但这并不意味着修辞是书面语的专利。语音是人们语言交际中最方便最常用的媒介，在现代社会中，口语的作用很大。如果忽视口语修辞，很容易给交际带来麻烦。2007 年 9 月 16 日，时任法国外交部长的贝尔纳·库什内在接受本国电台采访时说，国际社会应为伊朗核问题做"最坏准备"，而"最坏（的可能）就是战争"，这句话的意思可以理解为法国打算发动战争，他说话的粗糙轻率立即招致了一场外交风波，请看如下报道。

伊朗：这是火上浇油

伊朗外交部发言人穆罕默德·阿里·侯赛尼指责库什内在"火上浇油"。伊朗伊斯兰共和国通讯社 17 日援引侯赛尼的话说，库什内这番言论不符合欧洲联盟相关政策。

"看上去法国外交部长似乎忘记了欧盟的政策。"侯赛尼在一份声明中说。同美国相比，欧盟更主张通过外交手段和平解决伊核问题。

侯赛尼还讽刺说："使用制造危机性言辞，与法国的历史文化地位相悖，也与法国文明传统相悖。"

IAEA：不要夸大问题

国际原子能机构（IAEA）也对库什内的"战争警告"作出了间接回应。IAEA 总干事巴拉迪 17 日在 IAEA 维也纳总部接受采访时说，现在讨论战争为时尚早。"我们需要冷静"，巴拉迪说，"不要夸大伊朗的问题"。

巴拉迪说，这种夸大问题的方式令他想起"伊拉克战争前夕"，当时美国等指责伊拉克藏匿大规模杀伤性武器，可最后"根本没找到"。他重申，核查人员没有在伊朗铀

浓缩活动中发现制造核武器的证据。

法国总理：全力阻止战争

眼见外长一番言论引来这么多"反弹"，法国总理菲永17日不得不出面澄清。

菲永在法国西部城市昂古莱姆视察时说："必须尽一切力量阻止战争。""当前形势对于世界其他地区来说，可能会变得极度危险。"菲永说："法国的角色就是引导（国际社会）向和平解决这一问题前进。"

菲永补充说："库什内认为目前形势危险，必须严肃对待，这并没有错。"

（《外长说错话　总理来圆场》，2007年9月19日新浪网）

（三）第三种偏颇——修辞都是花言巧语

相比之下，可能这种看法在西方人的头脑中更为根深蒂固。毕竟汉语中"修辞"一词尚无"花言巧语"、"巧言令色"的含义，而英语 rhetoric 的常用义项则是"华而不实的言语；花言巧语"。如《牛津高阶英汉双解词典》（第七版）对 rhetoric 的第一个义项是这样解释的："speech or writing that is intended to influence people, but that is not completely honest or sincere"（说话或写作以影响他人为目的，但并不完全是坦诚的或真挚的）（第1712页）。从汉语的使用习惯来看，把修辞等同于花言巧语显然是以偏概全，因为修辞手段、修辞活动本身并无好坏之分，任何人，为了任何目的都可以进行修辞活动。但为什么有人会把修辞和花言巧语联系起来呢？这是否意味着小人更加重视修辞呢？果真如此的话，君子们就更有学习修辞的必要了。

八、修辞活动的属性

从本质上看，修辞活动是人的具有社会交际性质的活动，作为修辞活动，既有和其他社会活动具共性的一面，又有带个性的一面。归结起来，修辞活动具有如下八个性质：言语性、行为性、规约性、历史性、民族性、创造性、主观性、标记性。

（一）言　语　性

修辞是使用语言材料，进行语言活动的产物。这是修辞的当然属性，不必多论。

（二）行　为　性

修辞的过程就是活动的过程，修辞具有行为性似乎是自然的。然而这里所说的行为性并非此意，而指修辞是一个以影响他人为目的的行为。从这个角度看，修辞和用人的形体行为去指示他人、帮助他人、拉拢他人、压制他人等类似。

语用学（pragmatics）认为人的说话涉及三个不同层次的行为，即：

1. 成言行为（locutionary act），通过说话产生句子。

2. 行事行为（illocutionary act），通过成言行为，做一件或者一些事情。

3. 取效行为（perlocutionary act），企图通过行事行为以影响他人行为的行为。

比如句子"你别走"。说这个句子的发声行为是成言行为。通过该发声行为而传达的请求是一个成事行为，它在作用上类似于用手势阻止听话人离开。听话者如果接受了这个要求，便实现了取效行为。

这里所说的"行为性"，仅指具有上面"行事行为"的性质。从这个角度看，修辞行为和人的非言语行为都是人的行为的下位分类。

（三）规 约 性

所谓规约性，在此解释为约定俗成性。它包含两层含义：一是广泛性，二是强制性。比如说话要看对象、看场合的修辞要求，便是规约性的反映。违反了规约性，一般会引来大众对修辞活动和结果的贬抑与排斥，使修辞努力归于失败。如"钟"和"终"同音，人们便忌讳"送钟"的行为，也忌讳说"送钟"，而不管是否出于好意。

（四）历 史 性

随着时代的发展，修辞活动的方式乃至某些要求会产生变化，旧的手法、要求淘汰了，新的手法、要求产生了。如古代要求在汉语交际中回避长辈名讳，对本朝皇帝的名字更是不能提及，在书面上不得不涉及时，要用缺笔字代替，这种避讳的方式现在已经弃用。又如古代没有借他人之姓作为称呼的用法，今天直呼他人为"小张"、"老王"等却十分普遍。

（五）民 族 性

修辞的民族性也很鲜明，它既和民族语言乃至文字的特点有关，也和这个民族的历史、文化、风俗习惯有关。以汉语为例，有些修辞手段是特产，如回文，如析字。前者如"上海自来水来自海上"，应对的下联不少，比如"黄山落叶松叶落山黄"、"山西悬空寺空悬西山"、"京北输油管油输北京"、"北京供电站电供京北"、"中国出人才人出国中"等，其特点是顺念反念意思都一样。后者如"二令三人木"意为"二冷三休"，其中的"二"兼表"二"和"冫"。该例出于《红楼梦》第五回"游幻境指迷十二钗　饮仙醪曲演红楼梦"中预示王熙凤命运的诗："凡鸟偏从末世来，都知爱慕此生才。一从二令三人木，哭向金陵事更哀。"

有些修辞手段虽然不为汉语独有，但在使用习惯上却有显见的民族性。同样是比喻，如果意义和用法相似，汉语和英语的喻体常常有所区别，比如汉语用"米"的，英语则用"牛奶"。试比较："生米煮成熟饭"和"It's foolish to cry over spilt *milk*"。英语用"狗"比人没有贬义，汉语则有贬义。如："You can't teach an old *dog* new tricks（八十岁学吹打）"和"蜀犬吠日"。汉语和日语的比喻也有不同的民族特点。汉语中"双睛冒火"是比喻某人非常生气，而在日语中的"目（め）から火（か）が出（で）る"则为被打或严厉申斥时的比喻。又如汉语中形容皮肤光滑可以说"玉肤"，而日语却是"餅肌"（もちはだ），意为"柔软光滑的皮肤"。又如日语中对颜色词的用法与汉语不完全一样。下面是用法不同的例子：

1. <u>赤</u>新聞（あかしんぶん）：黄色报纸、下流报纸。
2. <u>黄色</u>い声（きいろいこえ）：尖叫声、假嗓子。
3. <u>緑</u>の黒髪（みどりのくろかみ）：黑油油的头发（日语中"绿"有"带光泽的黑色"之意）。

汉语表达上特有魅力的形成，和汉语修辞的民族性有很大关系。

（六）创 造 性

修辞活动往往要求新鲜，与众不同，这是修辞的创造性的体现。微变性的创造较易为人接受，革命性的创造难免惊世骇俗，往往招致批评。可见，创造性和规约性有时是矛盾的。要处理好两者的关系，颇不容易，通常需要有一定的修辞功力，也和创造者的影响力、名声等有很大的关联。但有时创造恰好是对社会新需求的响应，这时即使是革命性的创造，也能马上为大众接受。如随着互联网的飞速发展，适合于网络写作的语体应运而生，"斑竹（版主）"、"偶（我）"、"大虾（大侠）"等用法大量产生，这些用法若在其他场合出现，无疑会判为错误，但在网上使用时却是适宜的。

（七）主 观 性

这是指对相同的修辞活动及结果的优劣评价，会随个人喜好、修养、所属社会阶层等不同而不同，所谓仁者见仁，智者见智。相对语音正误、语法对错的评判，对修辞活动及结果的评价更难取得一致的看法，那是因为制约修辞活动及效果好坏差别的因素更多、更复杂。主观性和规约性有时候也是矛盾的，但那些普遍性很强的修辞要求对主观性具有很大的压制作用。如2010年3月，宜春旅游政务网打出了城市口号："宜春——一座叫春的城市"，寓意宜春四季如春；但因为"叫春"恰和动词"叫春"（指猫发情时发出叫声）相重，遭到多数市民反感，被舆论称为"史上最雷人旅游宣传口号"，最终悄然撤除。

（八）标 记 性

这是指修辞活动及结果会对修辞者的个性、身份等起到标记作用。在工作、生活中，不仅语言交际的内容，而且语言交际的方式，修辞手段的使用，也都或多或少地带有交际者的个性、身份等多方面的印记，透漏出交际者的个人特点。请看下例：

> 来信的问题，是要请美国作家和中国上海教授们做的，他们满肚子是"小说法程"和"小说作法"。我虽然做过二十来篇短篇小说，但一向没有"宿见"，正如我虽然会说中国话，却不会写"中国语法入门"一样。不过高情难却，所以只得将自己所经验的琐事写一点在下面——

（鲁迅《二心集·答北斗杂志社问》）

由上述话语的内容和表达特点可以推测，作者是文化人，说话简练，喜调侃或讽刺。

再看一例：

志鹃同志：

> 感谢周介人同志写的声明，我错怪他了，但希望此事能得到澄清。
>
> 我对您很不满意，您信的下款，写什么"您的学生"，这也太见外了！一点不真实也不亲切，下次千万不要这样。
>
> 不知安忆要您向我学什么？我近年来越想越对自己不满。
>
> 我这人天地太小，也从不敢自动或积极地做什么事，只能这样过退居息影的生活。人际关系是最重要的，您不做谁来做？
>
> "能者多劳"，还是担负起"烦人"的事吧！匆匆。
>
> 祝笔健，问安忆好！

冰心
三、廿

（冰心1986年3月20日致茹志鹃的信）

由上引书信的所谈及表达特点也可以推测，作者是文人，说话简明，性格谦和朴实。

九、修辞和语法、逻辑的关系

在谈到修辞的时候，有两对关系值得一提，那就是修辞和语法、修辞和逻辑的关系。

(一) 修辞和语法的关系

就整体上看，符合语法是取得良好修辞效果的前提。在合乎语法的基础上进行修辞活动是常规，为了所谓的"修辞效果"而明显违反语法规则的做法难以为人接受。"谚所谓室于怒市于色者，楚之谓矣"，顺言为"怒于室，色于市"，"红豆啄余鹦鹉粒，碧梧栖老凤凰枝"，顺言为"鹦鹉啄余红豆粒，凤凰栖老碧梧枝"，都是常举的修辞违反语法规则的例子。不过类似用法即使在古代也并不多见，不是有说服力的例证。

(二) 修辞和逻辑的关系

修辞和逻辑的关系比较复杂。对这种关系可从两方面看待：第一，在进行修辞活动的时候，确实有必要注意逻辑问题；逻辑混乱的话语不合法，自然难有良好的修辞效果。第二，不能认为凡不合逻辑的修辞上也都不行，有许多修辞手段和习惯有其特有的表现力，但从逻辑上看不一定对头。像比拟、夸张、拈连等修辞手段的构成，就是违反逻辑的结果。还有一些表达习惯，如"四周一片黑暗，只有远远的山脚下亮着几点灯光"之类，由于能用较少的词语给人以深刻的印象而为人们习用，对此看作不合逻辑是有道理的，但判为病句则太绝对了。至于口语，有必要经过学习和训练增强其逻辑性，但如果企图通过消除话题转移、成分省略、补充、插说等因素来增强所含句子的逻辑性，反而显得笨重不便。目前，在逻辑和修辞的关系问题上，什么情况下不合逻辑便没有好的修辞效果，什么情况下不合逻辑倒有好的修辞效果，尚无一个成系统的看法，仍有待于进一步的研究。尽管如此，有两个因素还是值得考虑的：第一，对语言交际而言，有良好的表达效果非常重要，合不合逻辑最终得服从这个要求；第二，这里所说的逻辑，指的只是两值形式逻辑，这是一种适用于判断真假值的逻辑系统。应该承认，和人类语言的极广的应用范围及高度的复杂性相比，两值逻辑是非常有限而简单的，其处理能力也是不足的。

第二章 依 托

一、两种依托

　　修辞活动如欲正常进行，需要有所依托。从常理上说，依托无非有主观的和客观的两大类，但客观的依托必须通过主观方能产生作用。在某些时候，看来是客观因素对修辞活动、修辞效果产生了重大影响，实际上还是因为主观上对客观因素的存在和作用具有深刻的了解，从而能动地、有效地、恰当地利用了它们。当然，这样说，并不意味着否认主观依托和客观依托的区别。两者的最大区别，在于主观依托存在于修辞主体的头脑之中，客观依托则外在于修辞主体。

（一）主观依托——修辞能力

　　修辞的主观依托就是修辞主体（即说话者）进行修辞活动的能力，包括他们所掌握的关于修辞手段、修辞规则、修辞效果等的所有知识，概称为修辞能力。

（二）客观依托——语境

　　修辞的客观依托则包括修辞活动赖以进行的各种外部环境，概称为语境。语境主要可分为如下几类：交际主题、交际对象的特点、交际空间、交际时间、话语所处的上下文。对它们的进一步论述见下文。

二、修辞能力

　　修辞能力可分为几个方面，主要包括：对语言了解、掌握的程度，对文字了解、掌握的程度，对修辞规则的了解、掌握的程度，对各种语境的了解、把握的程度，对人的社会活动类型及规律的了解、掌握的程度，对百科知识的了解、掌握的程度，综合以上各项以取得圆满的修辞效果的能力和技巧。以下分别论说。

（一）了解、掌握语言

这是最基本的修辞能力。一个人如果连语言都掌握不好，要想圆满地完成修辞活动，几乎不可能。常常听到这样的说法："产值、销售额等大大增长，达到了去年的一倍。""节日之夜，华光灿烂，灯火阑珊。"其实这都是自相矛盾的说法。是"去年的一倍"，等于没有增长；"灯火阑珊"，就是灯火将尽、衰落，又何来"华光灿烂"呢？既然自相矛盾，除非借此表现说话者的无知，自然不会取得好的修辞效果。

了解、掌握语言，包括对口语、书面语的区别的了解和掌握，也包括对修辞手段的了解和掌握。修辞手段是造成特定修辞效果的方法、格式。推敲词意、贯通句意等是修辞手段，比喻、排比、双关、析字等也是修辞手段。沿用前人之说，前一类属于消极修辞手段，后一类属于积极修辞手段，后一类中的主要部分又称为修辞格。陈望道《修辞学发凡》（1997）对此有如下解释：消极修辞"注意在消极方面，使当时想要表达的表达得极明白，没有丝毫的模糊，也没有丝毫的歧解。这种修辞大体是抽象的、概念的"（第45页）。积极修辞"注意在积极的方面，要它有力，要它动人。同一切艺术的手法相仿，不止用心在概念明白地表出。大体是具体的、体验的"（第45页）。不过，积极修辞和消极修辞这两大分野，并无截然的界限。如"引用"是一种修辞格，但无明显的积极修辞作用。而同修辞格并列为积极修辞手段的"辞趣"，其中某些类别如节奏的调整，要是仅仅为了说话时顺口，不如归为消极修辞。

（二）了解、掌握文字

对汉字而言，这方面主要涉及析字和字体的选择。总体来说，析字目前在修辞活动中较少使用。所谓析字，指从字形组合的角度来解释意义或派生新意，后者如从"兵"派生出"丘八"，前者如"粪"的繁体"糞"解为"米田共"。据传明代才子祝枝山取笑一个船夫，代拟其姓名为"米田共"。"共"和"公"近似谐音，听起来好像尊称"米田公"，谓其有米有田。农人听后大为高兴，殊不知被祝氏骂为"粪"。析字在谜语的构成中大有用处。如刊于2004年1月16日《新民晚报》由张礼鹤所作灯谜"固一世之雄也（打一字）"。该谜面出自苏轼《前赤壁赋》，其中的"雄"别解为"男性"，"固一世之雄"解作"世上以男性称尊"，言下之意为"女性无份"，因此谜底是"妩"字（按：授课过程中某学生提出也可解为"妄"，亦可）。此外，字体也有一定的修辞作用。比如宋体大方、黑体庄重、隶书敦厚、仿宋清秀，它们在书面修辞中虽非主力，可充偏师。

（三）了解、掌握修辞规则

修辞规则是修辞活动中需要遵守的标准，修辞规则很多，相互间的关系也比较复杂。修辞规则可分为总规则和常见规则，总规则仅一条，即"完满地表情达意"，常见规则有如下几条：

1. 明了。即要求话语易于分辨，内容易于理解。
2. 准确。即要求对事物、动作、感情等限定描绘尽可能贴切，表达无歧义。
3. 上口。即要求话语说起来流利不拗口。
4. 连贯。即要求话语中前后部分层次分明，条理清楚，衔接顺畅。
5. 周密。即要求前言后语无缺漏，不矛盾，能够互相照应。
6. 简洁。即要求话语不冗赘、不堆砌、不拖沓。
7. 生动。即要求话语活泼、形象，富有感染力。
8. 协调。即要求各修饰手法在使用时互相适配，话语构造、话语特点和主旨、语境相适应。

这些规则最终得服从修辞的总规则：完满地表情达意。

上述规则并非时时都得遵循，是否遵循，要看是否服从修辞的总规则。以连贯规则为例，多数时候需要遵守，但也有不能遵守的时候，如在小说的意识流描写中，在一些意象派诗歌的部分语句中，都不需要连贯。又如生动规则，在法律文件、政府公文中一般不起作用。如果对修辞规则了解、掌握得不够好，很可能该连贯的时候不连贯，不该生动的时候瞎生动，该协调的时候不协调，不该模糊的时候很模糊，因而破坏了应有的修辞效果。下文选自《红楼梦》第四十回"史太君两宴大观园　金鸳鸯三宣牙牌令"，刘姥姥所对酒令引得众人大笑，原由就在于辞语粗鄙，和贵族家族的娱乐语境不能协调，因而显得十分滑稽。如：

鸳鸯笑道："左边'大四'是个'人'。"刘姥姥听了，想了半日，说道："是个庄家人罢！"众人哄堂笑了。贾母笑道："说的好，就是这么说。"刘姥姥也笑道："我们庄家人不过是现成的本色儿，姑娘姐姐别笑。"鸳鸯道："中间'三四'绿配红。"刘姥姥道："大火烧了毛毛虫。"众人笑道："这是有的，还说你的本色。"鸳鸯笑道："右边'么四'真好看。"刘姥姥道："一个萝卜一头蒜。"众人又笑了。鸳鸯笑道："凑成便是'一枝花'。"刘姥姥两只手比着，也要笑，却又掌住了，说道："花儿落了结个大倭瓜。"众人听了，由不的大笑起来。

何时需要遵守上述的哪一些修辞规则，受制于以下（四）、（五）、（六）诸方面所涉及的因素。

（四）了解、把握各种语境

语境可以再分为若干小类，以下分类论述。

1. 交际主题

指交际参与者，特别是说话者在口语、文章中谈论的主题。交际主题不同，对修辞活动往往会产生制约作用。如讨论学术问题时所用的词语比较正式，句子也比较完整；而聊生活琐事时则用词比较随便，省略句、零碎句比较多。

2. 交际对象的特点

指听话者的可被别人感知尤其是已经掌握了的个人特点，如种族、身材、容貌、服饰、举止、口音、语速、笔迹、国籍、出身、学历、职业、身份、个人爱好、家庭情况、经济收入、与说话者之间的关系等。比如同样是交谈，对长辈说话是一种口吻，对晚辈说话又是一种口吻，无论用词还是说话方式都不太一样。同样，写文章也得事先想好读者是谁，以此来决定如何遣词造句。

3. 交际空间

主要包括交际场合和空间距离。场合不同，修辞活动的特点也常常不同。如参加葬礼和参加婚礼时说话的风格就不一样，所用的典型词语也不同。空间距离则指听说双方交际时彼此之间的距离。这距离可能很近，面对面；也可能比较远，相距几十米；甚至非常远，相隔重洋。面对面时，脸部表情、体态手势可以在一定程度上代替词语来进行意义感情的交流。相距很远的时候，要大声叫喊，一般只作简短的交流，很难发表长篇大论。相隔重洋，若非视屏通话，只能听到声音，脸部表情、体态手势无法起到帮助作用，词语、语调等成为唯一的表达载体。

4. 交际时间

在不同的时间交际，说的话可能不同。比如：早上的招呼语可以选择"早"或"你好"；晚上的招呼语只能是"你好"，不能说"早"。交际时间不同，话语的实际含义也可能不同。比如两人约好下午三点钟见面，那么，一句"你来得真早哇"的实际含义就随如下情况的不同而不同：若对方在两点三刻到达，包含的是赞许；若对方在三点一刻到达，包含的是不满。

5. 话语所处的上下文，简称为上下文

它的常见表现形式有：话语前后的词语、分句、单句、复句、句群、段落，乃至于话语所处的某个完整的言语篇章。而话语本身可以是单句、分句、句群、段落等，也可以是一个或若干个分句。上下文不同，所表示的含义往往不同。比如单独一句话"我不去"处于不同的上下文中，含义便不同。试比较：

> 天太热，我不去。（因为某种原因造成的结果）

> 我不去，他会不高兴的。（表示一个假设的条件）

上下文不同，也能制约所用的话语的构造。比如前文若为"天太热，"后文便不能是"我就去"。下文如果说成"我偏不去"，上文就不可以是"他叫我不去"。

对语境的利用水平，体现了说话者或听话者的修辞能力。说话者、听话者对语境的利用方式多种多样，归结起来，可分为如下三类：

第一，根据语境决定该说什么话，如何说话。如某律师在公布死者史密斯遗嘱的正式场合说："下面，我将公布史密斯先生的遗嘱。在公布遗嘱之前，我想满怀诚意地问一句，史密斯夫人，您是否愿意接受我的求婚？"显然，这只是一个嘲笑律师贪财的笑话。为什么会把它看作笑话？因为大家都知道，在这样的场合律师不应该对当事人说求婚的话，也不应该以这种貌似诚恳的方式说话，由此推论出：这不是实际上发生的事，而是一个笑话。

又比如一个关于小孩子"小雨点"的笑话：小雨点第一次坐飞机时兴奋得要死，在走道上跑来跑去，还差点撞翻空姐手上的饮料。妈妈那时又忙着放行李又要制止孩子顽皮，真是焦头烂额，于是脱口而出："要玩就出去玩。"（《小破孩语录》，2007 年 6 月 18 日新浪博客）这位妈妈的话很可笑，因为乘客登机后是不能随意出去的，小孩更不可能被允许跑到飞机外面去玩。

第二，根据语境传递和理解话语中的真实意义。比如"别人加班你加薪，数钱数到手抽筋"分明是祝福语，其中的"手抽筋"本来说的并不是好现象，为何在此不仅不与祝福相抵触，反而增强了祝福意味呢？这就是受到了语境所提供的"手抽筋"的原因的制约。

又如同样一个"找头"，出自售货员之口，意思是"给你找头"；出自顾客之口，意思是"请你给我找头"。在这里，语境起到了补充意义的作用。

理解下例的意思，无法离开语境知识。如：

> 长沙文夕大火后，茶楼酒楼在断壁残垣中恢复营业，悬联几成绝响。仅从李合盛牛肉馆，见田汉先生撰写一联："其味非羊能易 此间有鸡更佳"堪称妙对。因此联镕经铸史，语有所本。又与该店名菜"红烧牛肉"、"麻辣子鸡"暗相联系，极为浑成。

> （易仲威《长沙茶楼酒楼妙联多》，2001 年 6 月 16 日《三湘都市报》）

第三，消除话语中的歧义。语言交际中经常出现歧义，若能利用语境，在不少时候有助于消除歧义。比方若在加油站的墙壁上刷上标语"禁止吸烟"和"禁止超生"，人们通常会理解为"禁止吸烟"的禁止范围限于加油站，"禁止超生"的禁止范围大于加油站；而若把这两条标语刷在大街的墙上，人们通常会理解为至少在这个城市的范围内都禁止吸烟，禁止超生。又比如下列故事：

> 言及建国后首次授衔，曹达诺夫将军仍激动不已。1955 年 9 月，曹达诺夫将军入京参加总参动员部兵役动员会议，宿京西宾馆。9 月 30 日，将军突然接总干部部通知：下午四点钟至中南海怀仁堂开会。将军问开什么会？答不清楚。下午三点半，将军被一辆面包车送至怀仁堂。下车后，一位年轻女服务员引领进一屋，指将军所佩解放军臂章，曰："把它取下。"将军不解，取臂章。又曰："把衣服脱了。"将军疑虑，脱衣服。又曰："把裤子脱了。"将军大惑。服务员笑笑指一箱子曰："把这里的衣服换上。"将军问："这是什么衣服啊？"答："你自己看。"将军开箱见是一套将军礼服，甚喜。是日，曹达诺夫将军参加了我军最高规格的授衔仪式。

（吴东峰《"天山雄鹰"曹达诺夫》，2004 年 1 月 16 日《新民晚报》）

其中"脱衣服"、"脱裤子"若单独地看，都有歧义，但由于中南海怀仁堂这一语境的制约，只会理解为脱去外衣、外裤。

（五）了解、掌握社会活动类型及规律

限于篇幅和本章主旨，我在此只能简要谈谈包括语言活动和非语言活动在内的人的社会活动的若干常见类型，以及人们实施这些活动时的基本规律。以下是人的社会活动的六种常见类型。

1. 合 作

这是人与人之间为了达到共同目的而互相配合的行为。比如一支篮球队的队友团结协作，竞相得分，以战胜对手为目的的身体运动，比如两个相声演员巧妙设计，一捧一逗，以引发听众捧腹大笑为目的的相互对答，这都是合作行为。其实，美国哲学家格赖斯（Herbert Paul Grice）提出的"会话合作原则"已经告诉我们，所有的人类语言交际都以听说双方的合作——根据交际需要作出力所能及的贡献——为其基础，这是最宽泛意义上的合作。相比之下，两个相声演员的默契合作是狭义的语言交际上的合作。

2. 妥 协

这是竞争、斗争双方或其中的一方作出让步而使竞争或斗争暂时平息的行为。比如在一场互殴过程中因其中一方发觉自己不是对手而告饶退出，从而使斗殴中止，比如两人辩论过程中一方说不过对方，含羞退出，这都是单方面的妥协行为。语言交际中的妥协，还经常表现为话题的改变，句子主语的改变，与此同时伴随着话语衔接手段的变化。比如"好吧"这样的说法常常预示着妥协的开始。

3. 顺　应

这是个人自愿通过部分改变行为方式或生活习惯等以求得适应新环境的行为。比如中国人去西方生活后逐渐学会了吃西餐，又比如来沪学习的外国留学生在努力提高普通话水平之外还努力学习上海话，这都是顺应行为。

4. 从　众

这是个人在群体压力下遵从群体要求以致改变个人行事方式乃至思想观念的行为。比如一个年轻人在进入外资大公司工作后不得不改变其发型装束、工作习惯，不得不努力学会特定的说话方式，特定的词语用法和惯用句等等，这都是从众行为。

在语言交际过程中，在一个语言使用者的语言能力的发展过程中，从众和顺应的区别不见得都很清晰，实际上这两个作用常常是交织在一起的。比如一个人努力提升其修辞能力，从只能口语交际，提升到也能进行书面语交际；从大略掌握事务语体，提升到掌握文艺语体。这既可能是为了顺应，也可能受到了从众的压力。说到底，修辞手段和修辞规则的影响如此广泛且令人不能忽视，和顺应、从众的效应密不可分。

5. 模　仿

这是个人自愿以某个或某些对象为榜样，力求使自己在某些方面变得与榜样相似的行为。比如某人模仿某电影明星，在发型、服饰上与其相同，通过化妆甚至整形来达到和其面容相似，抬手举足要学该明星，甚至说话的腔调，所用词语、句式等也都要学该明星，这就是模仿行为。在修辞活动中，"仿拟"是一种典型的模仿行为，有关内容请参看第十二章。

模仿行为经常是顺应或者从众的结果。由顺应而导致的模仿是自愿的。因从众而导致的模仿，一开始是非自愿的，然而若一旦被模仿的主体自我认同，就变为自愿的了。

6. 竞　争

这是以战胜预定对手为目的的行为。体育竞赛、战争、辩论比赛之类都是竞争活动，但这些都是比较明显的竞争，此外还有许多暗晦的竞争。比如好多人猜灯谜时，虽不见得能够确定对手为何，但常常有人绞尽脑汁，力争第一个猜对谜底，压倒众人，这是一种暗晦的竞争。比如大家一起商议解决问题，有人想方设法说服他人同意自己的主张，不惜为此施展各种修辞手段，这也是一种暗晦的竞争。中国教师惯用的一言堂式的讲课，面对大批听众发表演讲的活动，基本上是单人独白，但有经验的教师或演讲者，都会预设若干不同观点作为靶子，在讲授或演讲中予以批驳，这仍旧可归为暗晦的竞争。甚至一个作者殚精竭虑，力求创作出传世之作的行为，也未尝不是一种暗晦的竞争，此时的竞争对象，往往就是公认的文学巨匠或者伟大学者。

包括修辞活动内的人的这些社会活动，一方面具有个体性，千姿百态，丰富多彩；另一方面又受到了他们所处的特定人群、特定社会中历史的、文化的以及经济政治结构的制约，具有共同的社会性。虽然语言活动和非语言活动之间有所差别，但根本上受到同样的规律支配。一般而言，每个个体如何行事，会受到以下五个因素的影响：

1. 遗传基因及其生理素质。

2. 所受到的家庭和学校的教育。

3. 心理特征。

4. 参考群体（个体特别重视的某些人或群体，他们发表的评价意见对个体具有很大的影响力）。

5. 社会规范（对人们具有指导作用或造成压力的社会共同行为模式）。

这说明，如欲深入而全面地掌握修辞规律，离不开对人的社会活动类型及规律的完善掌握，因为说到底，修辞活动就是人的社会活动。

（六）了解、掌握百科知识

修辞活动中听说双方的百科知识越丰富，回旋的余地就越大，活动起来就越自由。反过来，如果双方或其中一方的百科知识贫乏，就难回旋、不自由。比如有一组灯谜，谜面都是四个字，为一个国名或一个人名，要求根据这四个字，猜出它们所关联的四个国家的名称。现将谜面和谜底列举如下：

谜面：巴巴多斯——谜底：巴西、巴拿马、多哥、斯里兰卡。

谜面：卡西莫多——谜底：卡塔尔、西班牙、莫桑比克、多哥。

谜面：蒙哥马利——谜底：蒙古、哥斯达黎加、马来西亚、利比亚。

谜面：马拉多纳——谜底：马里、拉脱维亚、多米尼加、纳米比亚。

谜面：拉扎罗尼——谜底：拉脱维亚、扎伊尔、罗马尼亚、尼泊尔。

（宋国栋撰，2004 年 1 月 6 日《新民晚报》）

显然，若缺乏世界知识，哪怕是猜谜高手，也无法猜出这些谜语的。

翻译的好坏优劣，和修辞水平有很大的关系；但如果缺乏百科知识，修辞水平虽高，不见得有准确的翻译。请看下列短文：

关于英语名词的翻译，究竟该采意译或音译？

诺贝尔文学奖得主海明威曾经住过的“西礁岛”（Key West），有人照音译成“基韦斯特”，显然忽略了地理位置的事实。

Key 是美国佛罗里达州外海分布众多的低矮珊瑚礁岛，千万不要把它当成“钥匙”。摊开地图，这块地方，北有“上礁岛”（High Key），南有“下礁岛”（Low

Key)，若是音译成"海基"、"罗基"，那就不知所云。

　　　翻译说难不难，但麻烦不少，下笔岂能不慎重！

（成寒《珊瑚礁岛不是钥匙》，2004 年 1 月 17 日《新民晚报》）

　　前文引用田汉所撰对联"其味非羊能易　此间有鸡更佳"，如欲深入理解，则离不开对古代文献的广泛了解。"其味非羊能易"关涉成语"以羊易牛"，其典出自《孟子·梁惠王上》："王坐于堂上，有牵牛而过堂下者，王见之，曰：'牛何之？'对曰：'将以衅钟。'王曰：'舍之！吾不忍其觳觫，若无罪而就死地。'对曰：'然则废衅钟与？'曰：'何可废也？以羊易之！'""此间有鸡更佳"似涉及"长鸣鸡"的典故。据《艺文类聚》卷九十一载："《幽明录》曰：晋兖州刺史沛国宋处宗，尝买得一长鸣鸡，爱养甚至，恒笼著窗间，鸡遂作人语，与处宗谈论，极有言智，终日不辍，处宗因此言巧大进。"田汉下联所云，应该是双关：明指李合盛牛肉馆的麻辣子鸡，暗指用餐者并非白丁而为文人雅士。

（七）取得圆满的修辞效果的能力和技巧

　　以上所说都是各个局部，如不能把它们融为一个整体，运用无碍，还是不能取得圆满的修辞效果的。如欲达到把局部融为整体，能够随心运用的境地，需要修炼。伟大的文学家如鲁迅、巴金、老舍等，都是在这方面达到高峰者，值得我们好好学习。事实证明，即使不是伟大的文学家，只要肯下工夫，付出努力，提升自身能力，仍能掌握相当不错的修辞技巧。宋美龄1943 年在美国参议院为寻求对中国抗日援助而作的演讲就是一个范例。限于篇幅，这里仅摘录演讲开头的第一、二段。由此亦能看出，她是如何通过将罗斯福作为反衬的背景，既恰如其分地恭维了东道主罗斯福总统，又巧妙地降低了自己的身段，展现了诚挚而谦逊的态度，从而为自己的演讲创造出一个富有亲和力与感染力的开端。

　　Mr. President，Members of the Senate of the United States，ladies，and gentlemen，I am overwhelmed by the warmth and spontaneity of the welcome of the American people，of whom you are the representatives. I did not know that I was to speak to you today at the Senate except to say，"How do you do，I am so very glad to see you，"and to bring the greetings of my people to the people of America. However，just before coming here，the Vice President told me that he would like to have me say a few words to you.

　　I am not a very good extemporaneous speaker；in fact，I am no speaker at all；but I am not so very much discouraged，because a few days ago I was at Hyde Park，and went to the President's library. Something I saw there encouraged me, and made me feel that perhaps you will not expect overmuch of me in speaking to you extemporaneously. What do you think I saw there? I saw many things, but the one thing which interested me most of all was that in a glass case there was the first draft of one of the President's speeches, a second draft, and on and on up to the sixth draft. Yesterday I happened to mention this fact to the President, and told him that I was extremely glad that he had to write so many drafts when he is such a well-known and acknowledgedly fine speaker. His reply to me was that sometimes he writes 12 drafts of a speech. So, my remarks here today, being extemporaneous, I am sure you will make allowances for me.

（议长先生，美国参议院各位议员，各位女士、先生：

受到诸位所代表的美国人民热情与真诚的欢迎，令我感动莫名。我事先不知今天要在参议院发表演说，只以为要到此说声"大家好，很高兴见到各位"，并向贵国人民转达敝国百姓的问候之意。不过，在来到此地之前，贵国副总统告诉我，他希望我和各位说几句话。

我并不擅长即席演说，事实上根本称不上是演说家，但我不会因此怯场；因为前几天我在海德公园参观过总统图书馆，在那里看见的一些东西鼓励了我，让我感觉各位或许不会对我的即席演说要求太多。各位知道我在那里见到什么了吗？我看到了许多，但最让我感兴趣的，莫过于一个玻璃箱，那里头放着总统先生演说的第一份草稿，第二份草稿，一直到第六份草稿。昨天，我碰巧向总统先生提及此事，我说我很高兴知道，以他如此知名而又公认一流的演说家，还必须写这么多份草稿。他回答说，有时他一次演说得写12份草稿。因此，今天本人在此发表即席演说，我确信各位一定会予以包涵。）

（2015年9月27日搜狐公众平台，对原汉译略有修改）

第三章 定调

一、什么是定调？

修辞活动伊始，首先得确定说什么，即确定主旨或曰主题；然后，就得挑选表达的方式。比如是直白，还是曲说；是实话实说，还是掩饰真相。这就好比作曲，先决定表达什么，然后酌定调性，形成乐曲的主旋律。这个挑选表达方式的过程，本章称为"定调"。

主旨和如何表达之间，往往关联密切。为说服别人，一般应列举事实，讲清道理，不能欺骗。为彰显己方义在握、光明磊落，常常直叙其理、气势如虹。然而，修辞活动丰富多彩、变化无穷；虽有常法，并无定规。采用哪一种表达方式为宜，归根结底取决于能否达到最佳的修辞效果。

二、定调的主要类别

主旨属于表达内容的范围，且大可畅论天文地理、人类社会，小则涉及油盐柴米、家长里短，虽与修辞关系密切，但并不属于修辞本身，在此不拟多谈。表达的方式，则与修辞直接相连，亦能从中归纳出若干类别。在此择其大端，略为梳理几条如后。

1. 以表达是否诚恳为准，则可以或直抒胸臆、流露真情，或虚词掩饰、王顾左右，乃至暗中欺骗。

2. 以思维方法是否抽象为准，则可以或剖析概念、推理论证，或绘色摹声、渲染感情。

3. 以主旨传达是否直截为准，则可以或开门见山、一针见血，或委婉曲折、托物寄意，乃至影射暗示。

4. 以遣辞架构是否合于语言交际的普遍做法为准，则可以或中节合符、不逾常规，或别出心裁、古怪搞笑，乃至惊世骇俗。

5. 以欲给交际对象留下什么风格的印象为准，则可以：或庄严典雅，或滑稽诙谐；或繁复铺陈，或要言不烦；或浓妆艳抹，或朴素无华。

以上诸端，又各相交，好的文章、讲话更是将其中的若干表达方式巧妙地融为一体，形成复调。

以下按类举示几例，以供大家借鉴。

1. 直抒胸臆，流露真情

9日20时27分，北京市朝阳区东三环中央电视台新址园区在建的附属文化中心大楼工地发生火灾，至10日凌晨2时大火全部扑灭。7名消防人员呼吸系统受伤，其中一人牺牲。

很显然，火灾发生后，一要积极灭火，二要查清火因，三要迅速问责，四要继续公开真相，加以剖析，以儆效尤，以警来者。如今火已经扑灭，火灾原因也已初步查明，烟花公司系中央电视台雇用，擅自在失火大楼西南角空地燃放了数百枚礼花弹，这些礼花弹属于A类烟花，燃放必须经过北京市政府批准。

北京市消防局副局长、新闻发言人的介绍有两个关键词，一是"擅自"，一是"A类烟花"。按规定，"A类烟花"燃放必须经北京市政府批准，这一点，央视不会不知道，那又为何明知故犯？且一放就是数百枚礼花弹？而且还不听民警劝阻执意燃放，这凸显了央视的傲慢和强悍。

一言以蔽之，表面看，央视火灾是烟花惹的祸，但这烟花是特权烟花。换作一般的人，既没有足够实力购买数百枚A类烟花，更遑论敢于忤逆民警劝阻执意燃放了，因此实际上是特权惹的祸。

接下来，我们需要更多的细节曝露。应该承认，这是一个沉重的反面教材，无论是肇事的业主单位还是造成的经济损失，无论是所引起的公众热议还是造成的负面影响，它都足以铭记，因此应该公开更多的细节，以让专业人士加以解剖。最关键的是，这样一个夹杂着特权魅影的标本，尤其令人愤慨。人们有理由追问，为何这样一个本来可以避免的事故却必然地发生了？而且，日前福建酒吧因燃放烟花所引发的火灾，可谓殷鉴在前。因此，所有这一切不能不让人唏嘘。

还耐人寻味的是，火灾发生后，网友的心态颇为微妙，虽然不一定是幸灾乐祸，但并未给予应有的悲戚与同情。这又显露了公众何种心态？众所周知，新央视大楼自面世后就引发了无数争议。有人称，其怪异、扭曲的"身形"无疑在挑战人们的审美底线。而且，这个耗资高达百亿元的庞然大物不仅代表着央视庞大，其实还隐喻着至高的话语权，这也许正是人们未予足够同情的微妙之处。

因此，央视这起火灾非常有解剖的必要。我们不能把其当作一个孤例，应寻视还有多少特权烟花，更需追问一场特权烟花为何烧出了公众的微妙心态。

（王石川《"特权烟花"引发的"人祸"》，2009 年 2 月 11 日《扬子晚报》）

2. 处心积虑，暗中欺骗

下文通过对比和剖析，让我们明白了某份深海鱼油中文说明书的译介者是以何种方式欺骗国人的：

············

下面是深海鱼油的中文说明书（全文）。

"阿拉斯加深海鱼油

每两粒含：

浓缩深海鱼油……2 000 毫克

EPA……………360 毫克

DHA·……………240 毫克

维生素 E………2 国际单位

深海鱼油是种纯天然产品，含有丰富的多样化不饱和脂肪酸 EPA 和 DHA，具有帮助降低胆固醇、预防心脏血管疾病的功能，可以预防血液凝固及血栓形成，缓和中风，减少动脉硬化和高血压、降低血液黏度，促进血液循环及消除疲劳。老人服用本品可以减少患老年痴呆症的可能性。每日 1—2 粒饭后服用或遵医嘱。本品不含任何防腐剂、人工香料、无发酵剂、无蜡。

服用方法：口服，每日两次，每次一粒，餐后服用。

美国 GMP 公司原装"

英文说明书（全文）：

"Supplement Facts

Serving Size：2 Softgel

Amount per 2 Softgels ％ daily Value

Pure Salmon fish oil 2 000mg ＊

EPA（Ecosapentaenoic acid）360 mg ＊

DHA（Decosahexaenoic acid）240 mg ＊

Vitamin E（D-Alpha Tocopherol）20 I. U.

＊ ％ daily value not established

"Ingredients：Fish oil ，Gelatin. Glycerin，and USP water.

Deep sea Fish oil is a natural source of EPA and DHA，the biologically active

Omega-3 fatty acids.

No artificial coloring and favoring.

Free of sugars, starch, yeast, wax, and preservatives."

我指着深海鱼油的商标对他说，让我告诉你两个简单的识别药品真伪的诀窍。一是，一般来说美国贴在药瓶上的商标，左端或者左下面是条形码，右端是说明书或者注意事项。贴在药瓶上的商标顺时针从右端到左端看留下的空间距离一般只有几毫米到一厘米。二是不懂英文不要紧，你看中文的说明比英文长多了。通常情况下，中文说明书要比英文短。此处的中文反而比英文长，应该有些问题了吧。有了问题是否对照一下以后才比较保险呢？我对比了以上引用的两段中英文说明书，看出中文说明书多出了这么整整一段话：

"具有帮助降低胆固醇、预防心脏血管疾病的功能，可以预防血液凝固及血栓形成，缓和中风，减少动脉硬化和高血压、降低血液黏度，促进血液循环及消除疲劳。老人服用本品可以减少患老年痴呆症的可能性。"

这段话是说明深海鱼油有治病功能的，这就违反了美国食品和药品管理法。更可恶的不仅中文多了一段治病的说明，而且少了一句这是什么鱼的鱼油说明。英文里写得非常清楚："Pure Salmon fish oil"——纯的三文鱼油。如果中国人知道所谓的深海鱼油就是三文鱼的油，按照中国人节约的习惯会去买高价的"深海鱼油"，而不买廉价的三文鱼的吗？还有更可恶的呢，在中文说明书里还多出了三个字——遵医嘱。这简单的三个字"遵医嘱"进一步把人诱骗到相信这是药品的地步。

另外，中文说明还故意漏了一句话——daily value not established——每日剂量没有规定。这种故意漏翻译的性质恶劣不恶劣！

最后有一个带原理性的也是带有普遍性的问题：什么是浓缩油？此浓缩油是否是物理学上的浓缩铀的等效概念呢！需要指出的是物理学上的浓缩铀不是指铀被浓缩了，而是说在铀成品中 U-235 的相对含量高于它在天然铀中的相对含量。浓缩的鱼油是指什么呢？难道鱼油本身是掺杂其他生物的混合油，需要人们去提高鱼油在混合油中的含量？如果不是提高从鱼身上提炼出来的鱼油含量，难道是指鱼油被浓缩了？瞎子也知道鱼油在常温下是液体。学过一点物理的人都知道液体在常温常压的条件下是不能被浓缩的。利用这个原理，所以我们才制造出了液压传动机。如果鱼油是能够在常温常压的条件下被浓缩的，那么请问：浓缩鱼油是什么状态，是超液体，固态，抑或是等离子态！？现在 GMP 公司制造出了浓缩油，凭这项技术所蕴含的突破的物理学原理，他们就可以获得诺贝尔物理学奖！

（杨周《"深海鱼油"——用英文欺负中国人，用中文欺骗中国人》，

2013 年 5 月 3 日 360 问答）

暗中欺骗虽然不属正道，但可看作一种边缘性的非典型的修辞活动。在此提及，希望正人君子多加警惕。

3. 剖析概念，推理论证

前不久，有一个消息不胫而走：山东拟投资 300 个亿，在孔孟的故乡，建一个"中华文化标志城"，一个"中国文化的副都"。并悬赏 900 万元，向全国、全世界征询创意和设计方案。

这真是癞蛤蟆打哈欠，好大的口气。

在一个提倡勤俭节约、反对铺张浪费的国度里，这样的倒行逆施，必然会遭到全国的反对：于是有人大代表联名反对，于是有网上铺天盖地的声讨。但当事人仍然鼓着肚皮说：有不同意见可以，但中华文化标志城还是要建的，因为我们已经得到什么什么机构的批准，由好多好多院士支持的签名。看来，他们完全没有接受舆论监督，稍思回头的意思，所以，我这里只好再给当事人，浇一瓢冷水！

先看这个"创意"。什么叫"中华文化标志城"？我觉得只有北京才够格！北京有故宫、天坛。颐和园等那么多的标志性建筑，那样多文化名胜古迹，但是北京却从来没有自称是中华文化标志城，因为中华文化的标志性东西多得很，并没有全部集中在北京。北京不敢妄称中华文化标志城，因为它知道天高地厚，它知道中华文化博大精深、源远流长、无比丰富而无法穷尽。如果她能被哪一个城市囊括了、代表了，请问，那还是中华文化吗？山东与全国比，不过是小小的一个省，济宁那个地方，不过是这小小的省中的小小的一个县，芝麻粒大小的一个地方，夸口要建造一座什么"中华文化标志城"，请问您有资格吗？您有能力吗？您办得到吗？你硬要这么干，说明你根本不懂什么是中华文化？人们的血汗钱，到了这些无知狂徒手里，充其量不过是制造一片假古董，商业目的不但达不到，而且还会留下一桩贻笑后人的笑料。因为你们建造的东西，不可能是中华文化的标志，而只能是中华文化的赝品，试想，博大精深的中华文化，在一个小城里被一览无余，请问，这还是中华文化吗？岂不是对中华文化的侮辱！

一位上海的教授，也为此大呼小叫，说是要建一座"中国文化的副都"。如果中国文化的"正都"是北京的话，那么"副都"就可以伪造吗？如果济宁的"中华文化标志城"可以自称"中国文化的副都"，那么您将把历史悠久的许多中国文化古都置于何地？比如，西安人怎么想？南京人怎么想？洛阳、汴梁、杭州、成都的人怎么想？

其实此举也不光是一个取名不当的问题，而是应当明白，儒家不过是中华文化的一个部分，岂能以局部取代全体。

一个文化人，怎样做出这样非文化的倡议，我真怀疑他得了人家什么好处。

一位什么大官，也跟着造势，说300个亿还不够！看来他比当事人头脑还热，发烧最少也有40多度，是什么原因使他烧到这样的高度呢，挥霍国家财产如此"大方"，他哪里还能代表人民！并且，这个项目据说已经得到国家什么"委"的批准，并且得到许多"院士"支持。看来，跟着发烧的人还不仅是一个文人、一个高官，而是有一大批人。地方上用什么能量使一大群人发烧到这样的高度，创造了中国"跑项目"史上的奇观，成为人大开会期间的一道风景呢？

最近的事态告诉我们，再严厉的批评对他们也是无效的。我的"冷水"对于皮厚的他们，也不过而已而已。

我看，最有效的"冷水"还是得先组织一个纪律检查委员会，查一查济宁当地的"跑爷"们，已经挥霍了多少万，又把几人拖下了水。

（方直《泼一瓢冷水》，2008年6月19日《社会科学报》）

4. 绘色摹声，渲染感情

从针线盒里抽出几根彩色丝线，想在一件黑绸背心襟角上绣一朵什么花儿点缀一下，也让朋友们夸夸我的家传手艺。可是绣花针孔那么小，戴上老花镜，费了好半天都穿不进线，不由得就急躁起来了。丢下针线，喟然长叹。不是感慨年光逝去，而是恼恨半生羁旅，身边竟未能保留下一丝丝母亲的手迹，她当年精致的手工艺品——喜鹊梅花的拖鞋面，麒麟送子的枕头套，和父亲书房墙壁上挂的那幅《松鹤延龄》。

母亲是没有一天不绣花的。洗刷完了厨房的油腻，母亲就在那张咯吱咯吱直响的竹椅里坐下来，把脚搁在矮板凳上享一会儿福。旁边小竹几上，就是她的针线篮子。她先把一双抹得油油的手放在膝头上，相互轻轻搓揉着。母亲抹的是鸡油，她说鸡油对皮肤裂缝最管事，比父亲特地给她从北平老远寄回来的双妹牌雪花膏还好哩！搓揉一下手，她就要开始绣花了。

我蹲在边上给她捶腿，嘴里数着一、二、三、四、五……还没到半分钟就数满了一百下。就只为再骗块红豆枣子糕吃。我看母亲粗糙的手指上，许多裂缝，张着红红的小嘴。我问她："妈妈，鸡油抹上去就会收口吗？裂缝痛不痛？"母亲敛了下眉说："痛倒不要紧，只是裂缝会勾丝线，勾得毛毛的，绣出来的花儿就没以前光亮了。"

尽管母亲自己再怎么不满意，她绣的花还是村子里最出色的。她高兴起来，就绣了各色各样的小东西送亲戚朋友。当然最高兴的是绣了拖鞋寄去北平给父亲穿，每年至少寄一双。

母亲得意的是自己的刺绣，我喜欢的却是她做的点心和菜。拿手的红豆枣子糕之外，香喷喷的红糟黄鱼，酥软的干菜肉，香甜的茄松，都是我百吃不厌的。这些菜，母亲辛辛苦苦做了，却一样也不舍得吃。她吃的总是腌菜根、鲞鱼头，还有隔天的剩菜剩卤滚的豆腐。一个大粗钵摆在自己面前，十分爱惜地吃着，那么的津津有味。我闻到一阵阵香味，放着她特地为我烧的中段黄鱼不吃，筷子就直望她的大粗钵里伸。她笑着敲了我一下手背说："你这个孩子，真是有福不会享，这是妈妈的剩菜呀。"

可是妈妈的剩菜就是好吃嘛，那里面好像下了点什么特别佐料呢。因此，每回一上桌，总是先抢吃妈妈的剩菜，才回头吃自己的专利菜。妈妈看我胃口大开，自己宁可吃淡饭都是香的。

家庭教师规定我每个月要写两次信给父亲，这件差使是很严肃也很枯燥的，往往写了"父亲大人膝下敬禀者"之后，就不知写什么好。母亲有时会说："告诉你爸爸家里有些什么时鲜菜呀。"于是我就一口气写上好多种菜肴的名称，很快就填满一页了。有一次，我灵机一动，加了这么一句："妈妈给您寄的绣花拖鞋，您能够穿，妈妈做的时鲜菜，您却吃不到。爸爸，您还是快快回家吧。"有一回，我告诉父亲："妈妈磨米粉做年糕，手背的筋都一根一根鼓起来，像地图里的黄河扬子江。"父亲不久就给母亲寄回一双深蓝色的手套。信里说："手套是真羊毛的，好暖和，给你妈冷天里戴上，筋就不会一根根鼓起来了。"

母亲捧着手套，套上去又马上脱下来，笑着说："乡下女人哪有戴手套的，怎么干活呀？你爸爸在外路住得越久，越不记得家乡的人是怎么过日子的了。"她珍惜地把手套收在床边抽屉里。每晚临睡时，才宝贝似的捧出双妹牌雪花膏，在摇晃的菜油灯光里，仔细地抹着双手，再套上手套，仔细地端详着，嘴角浮起微笑。我心里知道，母亲一定又想起父亲夸她一双兰花手的少年时光了。

母亲不再有一双白嫩细软的兰花手了，可是在我的小小心灵中，母亲的手却是万能的神仙手，是这双神仙手把我一分一寸地拉拔长大的。我伤风发烧，她用菜子油熬了生姜，为我浑身关节擦一遍，出一身大汗，烧就退了。我喊头痛，她就用两只大拇指在我两边太阳穴和眉心中间来回的按摩，我就呼呼地睡着了。我吃坏了东西，她双手对搓得发烫，按在我肚子上，搓了按，按了搓，肚子就不痛了。母亲真是妙手回春的医生呢。还有她为我缝的贴肉肚兜，总有一个口袋让我放心爱的香烟片和炒胡豆，领口上还绣上几朵细巧的花。她为我织的毛衣，拆过无数次，也织过无数次，毛线愈拆愈少，针孔愈织愈大，但是穿在身上总是那么暖烘烘的。只有一样东西，我实在不喜欢，就是她老是把一双崭新的袜子，缝上一层层的布底，穿起来脚板心好不舒服。可是母亲说："这些洋袜薄得跟猪油皮一样，若不缝上个布底，真是辰时穿上，午时就破了。"母亲的主张很强，形容起东西来也是斩钉截铁的，我哪能不依她呢？

父亲的信里告诉我，母亲是很辛劳俭省的，要我好好听话，孝顺她。家庭教师也这么说。所以从小到大，我倒也很少惹她生气或伤心。只有一次，我挨了母亲一顿狠狠的打，还罚了跪。那是因为我实在闯了个无可挽救的大祸：我趁母亲不备，悄悄取了她首饰箱里一只玉戒指，戴了去邻居家玩。小朋友们叫我脱下来，大家抢着看，一不小心，掉在石板地上砸得粉碎。那只戒指是外婆的纪念品，虽然不是什么好玉，却是母亲心中的宝贝。母亲咬牙切齿地打了我，我呜呜地哭。她的眼泪不断地流，流了好几天，我都不敢走近她。我知道她心疼戒指，更心疼我，后悔打了我。后来她一边摸着首饰盒里的东西，一边对我说："你没见过外婆一面，如今就只剩一点点戒指碎末，和几粒黄黄的细珍珠做纪念了。"母亲的语调是忧郁的，捧着首饰盒的双手是微微颤抖的。

我渐渐长大了，如今我也渐渐老了。凝视着自己由细嫩而变为粗糙的双手，半个多世纪的时日就这么匆匆过了。有一天，这双手会僵硬得不能再握笔，不能再做任何事。那时，我心里会想些什么呢？唔，我会想，我也曾用这双手，为儿子烧过香喷喷的菜，织过花样翻新的毛衣，捏着他的小拳头画ㄅㄆㄇㄈ。还有，我也曾因他犯过错而狠狠打过他。他哭，我也泪下纷纷。不只是心痛儿子，后悔不该打他；也是因为，我实在思念逝世四十年的母亲啊。

（琦君《不再是兰花手》）

5. 开门见山，一针见血

请看下文中作者是如何用一节的篇幅，从头到尾谈论"短篇为什么不短"的原因的：

目前发表的短篇多是一两万字的，几千字的很少。一两万字的不一定不好，几千字的不一定就好。可是，有些一两万字的短篇实际上是中篇的压缩。

为什么短篇写不短呢？一方面是技巧问题，不该写的写了；另一方面更重要的还是思想方法问题（怎样观察生活，分析生活，怎样由小见大，看到片段与全局的联系，从生活的现象看到本质）。看生活要看全面，但在短篇里就不能全面地写。构思的时候，一方面要从历史的发展理解生活现象的本质，一方面又要从全面截出能表现全面的、关键性的、总的趋向的一段。

短篇和中篇的界限不是很严格的。一般地说，短篇只截取生活中的一个片段或横断面来显示生活的意义。它往往只有一个主人公，一条线索；往往只写几个小时或几天之内集中发生的事，但应该使读者看了以后可以联想到更远更多的事。假定短篇的"规格"大抵如此的话，那么：一，短篇的情节可以不像中篇那么曲折；二，短篇的矛盾冲突可以不像中篇那么复杂；三，短篇的人物个性可以不像中篇那样有发展；四，短篇所表现的片段和全局有内在的联系，可以通过它看到生活的历史和发展的趋势；这样，就需要短篇作者善于概括生活，找到那个最能表现全局的片段。

以上各点做到了，也不一定就能短。还要善于剪裁。有几种情况：一，写人物的过去往往要回叙一番，回叙多了，又得平衡，写写现在。这样一来，无形中就拉长了。也有的采取分散来写的办法，这里点几句，那里点几句，这样可以稍短一点，但也不一定能完全解决问题。二，作品里免不了要有陪衬人物，陪衬人物多几个，可以使作品热闹一些，环境显得不那么单调，像生活本身一样多彩。但这也就多费了笔墨。好的短篇，采取的办法是让每一个陪衬人物都和主人公直接发生关系，和故事的发展直接发生关系。三，为了使人物性格突出，有时不能不用细节描写，而且还要写写环境，这也容易长。解决办法是要通过细节描写来表现个性，避免那些与表现个性无关的细节描写。

莫泊桑的小说一般都很短，《羊脂球》却有一万多字，但又的确是一个短篇。因为作品里所有的描写都为主题服务，不能删去任何一段或一句。这篇短篇只有一个主人公，其他人物都是陪衬的。羊脂球的妓女身分和周围人物的身分，都是用几句话点出来，或通过细节写出来的，没有用很长的回叙。所以，虽用一万多字，仍然是一个短篇。

（茅盾《关于短篇小说的谈话·短篇为什么不短》）

6. 托物寄意，古为今用，洋为中用

一个失去自尊的民族能不能维护自己的安全？答案无疑是否定的。

在公园门口悬挂"华人与狗不许入内"告示的时代，在国民被称为"东亚病夫"的时代，失去自尊的同时失去安全从而任人宰割的切肤之痛今天也没有从中国人的记忆中消失。当大清王朝被迫签订一个又一个不平等条约之时，一些官员不以割地赔款为耻，反以未让列强使者走正门而让他们走了太监和佣人使用的偏门为乐，除了十足的阿Q精神之外，还谈得上半点民族自尊、谈得上以民族自尊维护民族安全吗？

这反倒从另一个侧面揭示：民族自尊从来不是养尊处优中的自我欣赏、自我陶醉与自我炫耀，而往往是在民族命运经受大挫折、前进之途充满大艰难、生命集合体面临大苦难时期的精神历练与展示。对弱小民族来说，这种历练和展示尤为严酷。以古老的充满苦难的犹太民族为例。

公元 70 年，罗马大军攻占耶路撒冷，大肆杀戮。幸存的犹太男女逃到地势险峻的马萨达城堡坚守。该城堡有储存的粮食和淡水，易守难攻。旋即而至的 1.5 万人的罗马军队对坚守在里面的人们——包括妇女儿童在内为 967 人——整整围攻 3 年。公元 73 年 4 月 15 日马萨达陷落前夕，犹太人决定集体自杀。他们抽签选出 10 名勇士作为自杀执行者。随后这 10 人再抽签选出 1 人杀死其他 9 人。剩下最后一人的最后任务是放火烧毁城堡然后自尽。第二天清晨，冲进城堡的罗马人惊讶地发现没有任何抵抗，面对的是一座给养依然充足但没有一条生命的死城。

据说殉难前夕，守城领袖 Elazar Ben-Yair 有一段著名演讲："我们是最先起来反抗罗马，也是最后失去这个抗争的民族。天亮时我们将不再抵抗。感谢上帝让我们能够自由地选择和所爱的人一起高贵地死去。让我们的妻子没有受到蹂躏而死，让我们的孩子没有做过奴隶而死吧！把所有的财物连同整个城堡一起烧毁，但是不要烧掉粮食，让它告诉敌人：我们之死不是因为缺粮，而是自始至终我们宁可为自由而死，不为奴隶而生！"

马萨达是犹太人的最后一个城堡。陷落之后，该民族的足迹从迦南之地消失，开始千年流离失所。他们以这样悲壮的自尊，上演了自己命运中最艰难的一幕。尽管我怀疑 Elazar Ben-Yair 演说的真实性——守军集体自尽，谁能够记录下它然后传播开它呢——但我不怀疑马萨达是犹太人生命力的凤凰涅槃。他们把集体自尊表现得如此刚烈，证实这一真实的不是激动人心的语言，而是淋漓的鲜血和骄傲的生命。人类历史发展至今，多少个民族在被其他民族征服、奴役和驱逐后整体消失了，而犹太民族没有。

这个民族失去家园 1 000 多年而不溃散，不成一盘散沙，在经历亚述屠杀、罗马屠杀、希特勒屠杀之后，最终仍然能够聚拢为一个国家，没有以超强的民族自尊构成的强大精神底蕴，绝无此可能。

这是一个小民族表现出来的集体自尊。其人数之渺小与自尊之刚烈形成的反差如此巨大，恰恰给什么叫民族自尊下了一个不容置疑的定义：一个民族尊重自己，不向别人屈求的意识和习性。这种意识与习性完全不是崛起者和暴发户的自我炫耀，完全不是失意者与落魄者的自我解脱，而是在最黑暗时刻和最低谷境遇中对自己命运的执著与坚守。

这就是民族自尊。没有了民族自尊，还谈什么民族精神。有了民族自尊，才有民族自信，才有民族自尊与民族自信结合成的民族凝聚力，才有繁衍不息的民族生命力，才能最终实现民族自强。我们中华民族难道不是这样吗？它不仅有文天祥、史可法、林则徐，不仅有狼牙山五壮士和八女投江。新中国刚刚成立，朝鲜半岛战火烧到边境。中国人民志愿军雄赳赳、气昂昂跨过鸭绿江，在抗美援朝中打出了新中国的自尊。就如毛泽东所说："中国必须独立，中国必须解放，中国的事情必须由中国人民自己作主张，自己去处理，不容许任何帝国主义国家再有一丝一毫的干涉。"中国共产党人说到了，也做到了。一位日本教授感慨道："1949 年，你们的毛泽东说中国人从此站起来了，在我们日本无人相信。看看你们中国人，100 多年来一个失败接一个失败，几千个外国入侵者、一两万个外国入侵者就可以直入你们首都杀人放火，你们就得割地赔款。毛泽东一句话中国人就站起来了？后来你们出兵朝鲜，把我吓一跳。你们把美国人从朝鲜半岛北面压到了南面，我才感觉中国与过去相比不一样了，看来毛泽东讲的话有些道理。"

这就是新中国的自尊。全世界曾不知有多少人一直把中国人的爱好和平看作是软弱可欺，任怎么声明也无法扭转这一印象，朝鲜战争之后不用了。当毛泽东说"中国人民有这么一条，和平是赞成的，战争也不怕，两样都可以干"的时候，已经没有人怀疑新中国捍卫主权独立、领土完整和民族尊严的决心了。

让我们再去看看那个当年几乎被斩尽杀绝的弱小民族。

今天出耶路撒冷东南，沿死海海岸驱车数十公里，就能远远看到那座拔地而起、被 2 000 年岁月风化的马萨达城堡。普通游客可以坐缆车上去，以色列学生则被要求沿古栈道一步步往上爬，然后像我们中国人说"不到长城非好汉"那样说一句："我登上了马萨达。"以色列军队新兵入伍的第一课也是行军赶到这里凭吊，然后庄重默念出他们那段著名誓言："马萨达再也不会陷落。"

犹太民族寻到了自己的精神城堡，并以它作为捍卫安全的精神柱石。

不乏辉煌也不乏苦难、进入伟大复兴历史进程的中华民族可借以为鉴。

（金一南《朝鲜战争后日本相信中国站起来了》，2007 年 5 月 25 日《中国国防报》）

7. 中节合符，不逾规矩

下文从一位加拿大医生朋友要去中国工作的来电引出白求恩，又用为该朋友去中国工作饯行结束，首尾相应。叙述的主体部分回顾了作者和她的西人丈夫以及儿子陪作者父母去参观白求恩故居的经历，介绍了白求恩的身世和贡献，描述了她丈夫和儿子的对话，写出了作者的思考，从而得出白求恩是一个不同寻常的伟人的结论。而文末所述的那位加拿大医生摇头晃脑背诵《纪念白求恩》的情节，以及作者对国际主义精神的理解发挥，更为文章构建了一个有力而富有意蕴的结尾。总体而言，该文的主要写作步骤和手法，都符合散文体文章写作的基本规范。请看下文：

几个月前，我的一位加拿大朋友打电话告诉我，他准备去中国工作一年，而且已经学了一些中文。有一天他跑到多伦多的中餐馆去实地练习，还被人夸奖发音准确。女侍者好奇地询问起了他的职业，他说是医生，那人便立刻激动地叫起来："白求恩！"

　　朋友十分迷惑地问我：白求恩只在中国住了 18 个月，怎么在他去世后的 60 多年，人们对他还是如此记忆犹新，崇敬无比？我向他解释：中国有几代人在小学时就被要求背诵老三篇，而其中的一篇就是《纪念白求恩》。毛泽东在文章中说他是"一个高尚的人，一个纯粹的人，一个有道德的人……"

　　可在我朋友的眼里，白求恩虽然了不起，但并不纯粹。他实在不愿中国人把他这个加拿大普通医生和白求恩联系在一起。

　　事实上，白求恩在加拿大并不是名人，十有八九的加拿大人不知他是何许人，知道他的人一半以上对他也不认同。我的丈夫便是其中的一个。

　　于是连续几年，我和丈夫路过白求恩诞生的小镇时，他和我每每只对看一眼，没有人建议停一停。直到我的父母从中国来加，在两位老人的要求下，我们才决定为他们开上这条以白求恩命名的公路出口，去拜访这位在中国妇孺皆知的第一号加拿大名人。

　　清晰显示的路标把我们带到一处平静的街区。我们看到一幢墙上画有白求恩头像的白色房子。难道这就是他的出生地？疑问刚出口，一辆旅游巴士便停在了我们的车后，下来了满车的中国人。我和父母马上混入其中，只为能够仔细聆听中国导游的中文讲解。

　　丈夫听不懂汉语，便抱着小儿子东走西看。整个纪念馆里，只有他与另外一位工作人员是加拿大人。翻开厚厚的留言簿，密密麻麻的全是中文。放映的录像是中文解说，发放的资料是中文印刷，小卖部的纪念品是中国制造……他得到的最重要的信息是——连这个纪念馆都是应中国人的要求而创建的。

　　原来，随着在加拿大的中国人越来越多，来寻找白求恩故居的人也在增加。这个名叫格雷文赫斯特（Gravenhurst）、距多伦多以北 200 公里、只有两万人口的小镇，原本默默无闻，但逐渐地出现了许多在街头上找寻英雄足迹的中国人。于是，在中加建交的 1976 年，加拿大政府购下了白求恩出生的米黄色牧师住宅，将其复制到 1890 年白求恩诞生时的原貌，又把相邻的白色房子布置成了白求恩纪念馆。2002 年 8 月，中国血统的加拿大总督伍冰枝又亲自到此，为白求恩的铜像揭了幕。

　　我让 6 岁的儿子站在白求恩出生的床前，为他照了一张像。脑子里缠绕的还是：这位出生在地球这一面的人，何以在另一边创造了如此的丰功伟绩？此时丈夫终于在故居的二层楼上，找到了加拿大人制作的英文白求恩生平展览，忙拉着我过去一起仔细观看。

白求恩的祖先来自苏格兰，祖父是有名的外科医生，父亲是虔诚的基督牧师。白求恩在 8 岁的时候，强烈要求家人将他的本名亨利改为祖父的名字诺尔曼，因为他已经立下大志做外科医生。在第一次世界大战的法国做担架员负伤后，他便回国开始了漫长而完好的医科训练。在加拿大、英国、美国的学习把他的医术培养得炉火纯青，使他最终成为蒙特利尔收入最高的胸外科主治医生。由于他本人曾经从肺结核的魔掌中逃出，他十分不愿接受治疗基于财富这个事实。以肺结核为例，富人可以保命，穷人则要面对死亡。

这是他思想转变的里程碑。为此他不辞劳苦跑到苏联去取经，因为那是第一个建立全民保健医疗的国家。在那里他找到了组织，加入了共产党，也把眼光望到了全世界。1936 年，他满腔热忱地去西班牙支援那里的反法西斯战争，发明了流动血库和输血技术。可惜他太感慨于战争的残酷，酗酒毁坏了他应有的荣誉。

1937 年，日本发动了侵华战争。白求恩再一次感受到了强烈的呼唤：我要到中国去，因为那里的需要最迫切！他在枪林弹雨中穿着草鞋不取分文地救命；他把自己的衣服、干粮、药品、鲜血分送给中国伤员；他创下了在 69 个小时内为 115 名伤员动手术的纪录；他是全世界医生的医生……

我们恋恋不舍地离开了白求恩故居，因为我们还要赶路去北方。父母了却了瞻仰白求恩故居的夙愿，在车上陪着我的小儿子进入了梦乡。我也试图闭上双眼，却听到了前面大儿子对丈夫的问话：

"爸爸，这个白求恩为什么要去中国？"

"因为他愿意帮助中国人。"

"那他怎么死了？"

"打仗的地方很容易死人。"

"难道他不怕死？"

"我想他不怕。"

"那你怕不怕死，爸爸？"

"怕死，非常怕死。"然后，丈夫安慰地拍了拍儿子的肩膀："有危险的地方，爸爸都不会去的。你不要担心，爸爸会像爷爷一样活得非常长。"

望着儿子放心地点了点头，我不由得感慨万分：我们都是惧怕死亡，贪图享乐的常人。但我们身边也时常会冒出一些不同寻常的人，常人往往不理解他们，就像燕雀不知鸿鹄之志。可他们做了常人不能做到的事情，并为他们所追求的目标牺牲了个人的幸福和安宁。

此时在我眼里，那白发秃顶的白求恩已经被还原为年轻英俊的诺尔曼。我终于明白了这是一个生来就具有使命感的不同寻常的伟人：他的生命和技术，他对弱者的同情心，他的救人壮举，他的献身精神，超越了个人的瑕疵，超越了他的信仰出身，是人类博爱的表现，体现了人文主义的永恒！

上个月末，我们去多伦多为我们的医生朋友前往中国饯行，没想到却被他大大地幽了一默：在中餐馆等菜的时候，他突然摇头晃脑地用中文背诵起了《纪念白求恩》。他的异国口音太重，惹得我大笑起来，笑出了眼泪。

透过泪眼，望着朋友一本正经地继续朗诵，我在想：我的朋友也50多岁了，他有家有子，却参加了国际医生志愿组织，去为素不相识的中国人义务治病。这是什么精神？当然是国际主义精神！越来越多的人已经意识到了全球化的今天更是人类大团圆的到来。再没有任何人能够摆脱全世界范围内人际之间的互相影响、互相制约、互相联系。

············

（《加拿大人困惑：为何中国人对白求恩崇敬无比？》，
2006年6月24日铁血论坛，删去部分原文及小标题）

8. 别出心裁，古怪搞笑

下文作者通过看似荒唐可笑的话语表述，对组织小学生去看电影《赤壁》的做法进行了讽刺。请看下文：

昨天晚上7点半，南京新街口依然夜色迷人，我们依然排着整齐的队伍，依然在老师的带领下，依然来到了德基广场7楼的国际影城，虽然天气依然有点冷，但是我们依然还是饱含热情的观看了国产电影《赤壁》。

《赤壁》，是一部励志教育片。长胡子的关羽伯伯教育小朋友们念"关关之久，在河之洲，要跳叔女，君子好球"，虽然我听不懂这句话，也不知道这几个字怎么写，爸爸妈妈也不愿意告诉我是什么意思，但是关羽伯伯说的一句话让我印象深刻："现在好好读书，将来才能吃上饭啊！"我听爸爸说现在经济危机，好多叔叔阿姨都没有工作了，一定是他们小时候不好好读书的原因，我一定要听长胡子的关羽伯伯的话，好好学习努力读书，将来至少一定要考一个公务员才可以。

诸葛亮哥哥是我最喜欢的人物，他不但充满了智慧和幽默，为人谦虚，人家夸他，他只说"略懂"，他还是小动物的爱心大使。他曾经给牛接生，后来试着给难产痛苦的马妈妈接生，生出来的小马还一下就能站起来了，太神奇了！诸葛亮哥哥还喜欢给小鸽子洗澡，洗完澡还用扇子给鸽子扇干，这个场景看得我好感动！我想起上次用妈妈的法国香水给我家的八哥洗澡，妈妈看了以后就晕过去了，她一定是被我的爱心感动了。我决定要向诸葛亮哥哥学习，不但要给小鸽子小八哥洗澡，我还要把我们小区所有宠物都先干净，做一个爱心大使！

曹操爷爷是个大色魔，居然为了别人国家的一个女人而去攻打其他国家，真是没品格！而且他自己已经有一个和小乔姐姐一样漂亮的美女姐姐了还不知足；人家美女姐姐对他多好啊，又是端茶又是跳舞的，可他就是不闻不问，还当着人家面前说自己喜欢的人不是她，真是吃里扒外，搞得人家美女姐姐是多么伤心难过，那表情就像隔壁阿姨发现他们家叔叔抱着楼上那家的大学生姐姐时候一样的心碎失望。不过曹操爷爷说了一句话，我一直记在心里，"欲望使人年轻"。我爸爸常常说工作压力大觉得自己变老了，听了曹操爷爷的话我知道怎么让爸爸恢复青春了，爸爸一定会感激我的。

这部电影里面有很多的美女姐姐，我不喜欢林志玲扮演的小乔姐姐，她只会被周瑜哥哥推倒和掉眼泪，一点用也没有。我最喜欢赵薇姐姐扮演的孙尚香姐姐，因为她说过"天下兴亡，匹女有责！"这句话以前听老师说过，我以为打天下是我们男人的事情，原来女人也可以的，看来我以后一定要和同桌小红搞好关系，不再画三八线了。后来我又听鲁肃叔叔说"匹马有责"，原来除了奥特曼，连小动物也能拯救天下啊，怪不得国产动画片总有那么多的红猫蓝猫的！我推理一下，"天下兴亡，匹孩有责"肯定也是准确的，想到这里，我浑身充满了力量，看谁以后还敢欺负我！

孙权伯伯是个软弱无能的老男人，婆婆妈妈，就像我爸一样，天天受我妈的气，害得我在朋友面前多没面子。不过孙权伯伯后来在周瑜哥哥的帮助下终于硬起来了，通过一二三四五，上山打老虎的游戏，终于决定抵抗曹操爷爷的入侵。不过我觉得电影里面的老虎太假了，他们应该找正龙爷爷来负责道具，正龙爷爷拍的老虎，可生动了，简直都要从纸里面跳出来了！

看完全片，我们深受感动。同学们都受到了深刻的教育，我们懂得了出远门要多吃点饭，天气热要扇扇子冷静一下，我们还略懂了萌萌的意思，就像我们看完这部电影的感觉一样，朦朦胧胧的。

啊，这真是一部好看的电影啊！

（《一个小学生看电影〈赤壁〉观后感》，2009 年 2 月 10 日中华网论坛）

9. 繁言复语，层层铺陈

其特点在于表达上围绕一个主题重重构架，反复陈说，并非一定得长篇大论。请看下面以此方式撰写的一篇短文：

所有的树都是用"点"画成的，只有柳，是用"线"画成的。

别的树总有花，或者果实，只有柳，茫然地散出些没有用处的白絮。

别的树是密码紧排的电文，只有柳，是疏落的结绳记事。

别的树适于插花或装饰，只有柳，适于霸陵的折柳送别。

柳差不多已经落伍了，柳差不多已经老朽了，柳什么实用价值都没有——除了美。柳树不是匠人的树，它是诗人的树，情人的树。柳是愈来愈少了，我每次看到一棵柳都会神经紧张地屏息凝视——我怕我有一天会忘记柳。我怕我有一天读到白居易的"何处未春先有思，柳条无力魏王堤"，或是韦庄的"晴烟漠漠柳毵毵"竟必须去翻字典。

柳树从来不能造成森林，它注定是堤岸上的植物，而有些事，翻字典也是没用的。怎么的注释才使我们了解苏堤的柳，在江南的二月天梳理着春风；隋堤的柳，怎样茂美如堆烟砌玉的重重帘幕。

柳丝条子惯于伸入水中，去纠缠水中安静的云影和月光。它常常巧妙地逮着一枚完整的水月，手法比李白要高妙多了。

春柳的柔条上暗藏着无数叫做"青眼"的叶蕾，那些眼随兴一张，便喷出几脉绿叶，不几天，所有谷粒般的青眼都拆开了。有人怀疑彩虹的根脚下有宝石，我却总怀疑柳树根下有翡翠——不然，叫柳树去哪里吸收那么多纯净的碧绿呢？

（张晓风《咏物篇·柳》）

10. 辞达而已，要言不烦

问：在报道我国首位太空人的英语新闻中，见到有个新词 taikonaut，请问这词是什么意思？ ——读者欣庄

答：杨利伟成为进入太空的第一名中国人，正让一个诞生不久的词语随着全世界媒体对中国载人飞船的报道，融入到西方主要民族的语言中。

在英文、德文、丹麦文、荷兰文，以及瑞典文、挪威文和芬兰文等语言的新闻网站上，对于中国航天员的称谓是 taikonaut；而在西班牙文、法文、葡萄牙文、意大利文，乃至罗马尼亚文等拉丁民族语言的网站上，对杨利伟的称谓又变体为 taikonauta。东欧国家波兰、捷克和匈牙利等也采用了 taikonauta。

无论是取 taikonaut 还是取 taikonauta，这个新词的前半部分 taiko 类似于中文"太空"的拼音，而后半部分 naut 或者 nauta 又与西方语言中航天员一词 cosmonaut（a）或者宇航员一词 astro-naut（a）的后缀完全一样，寓意水手或者航行家。所以，从字面上看，taikonaut 的意思是"太空航行家"或者"太空员"，确实是绝妙的中西

合璧产物。

这一新词的最初发明者，是一位马来西亚华人；而首次使用的场合，是 1998 年在一个网络技术论坛上。

1999 年 11 月，报道中国成功发射"神舟"四号飞船时，美英媒体首次借用这一新词，引出了后续飞船即将把中国第一名太空人送入航天轨道的消息。本月 15 日，"神舟"五号飞船成功发射，更让这一词语跨越大洋阻隔，融入西方各主要民族的语言中。

（王洋《中国太空人促生西方新词汇》，2003 年 10 月 18 日《新民晚报》，略有修改）

在修辞活动中，定调这一环节次序居前，十分重要，比如它在很大程度上决定了运用哪一些修辞手段，以及如何运用这些修辞手段，因此必须慎重考虑，仔细选择。若定调有错，再行修改，精力浪费巨大，与另起炉灶近似，应尽力避免。

第四章 炼词（一）

一、什么是炼词？

炼词，传统上大多称为"炼字"，是对话语中的词语进行选择调整的活动，是一种基本的修辞手段。词语是组成句子的要素，是构造话语意义的基础，苏轼曾言："诗赋以一字见工拙"，可见炼词之重要。

许多修辞手段的构成依赖于炼词。比如把"喜鹊喳喳叫"改说成"喜鹊喳喳笑"，就构成了比拟。又比如把"激光唱片"改说成"镭射大碟"，就带上了港台乃至异域用语的色彩，因为"镭射"是英语 LASER（light amplification by stimulated emission of radiation 缩写）的港台音译词，对该词，大陆过去音译为"莱塞"，后来意译为"激光"。

二、炼词的对象

炼词的首要对象包括实词和虚词。实词，特别是名词、动词、形容词，能够表示各种词汇意义，是炼词的主要对象。下文中带下画线的，都是选取精当的实词。

呼和浩特和包头这两个城市，正是建筑在大青山南麓的沃野之中。秋天的阴山，像一座青铜的屏风安放在它们的北边，从阴山高处拖下来的深绿色的山坡，安闲地躺在黄河岸上，沐着阳光。这是多么平静的一个原野！但这个平静的原野在民族关系紧张的历史时期，却经常是一个风浪最大的地方。

（翦伯赞《内蒙访古》）

虚词虽是辅助词，但用得好不好，既涉及表意的准确与否，也涉及色彩和节律，不可轻视。下文中带下画线的虚词，都有各自的好处。

古人说"人非圣贤，孰能无过？"即使君子，也难免有过，不同的是"过也，人皆见之，及其更也，人皆仰之"<u>而已</u>。古代帝王置谏官，自己有了错误，臣下可以进谏。帝王，自以为是"<u>天之子</u>"，富有四海，臣服万民，行为万世师，言作万世法，坐在高高的宝座二，俯视一切，能倾听逆耳之言，采纳美芹之献的，历史上并不多见。

（臧克家《纳谏与止谤》）

这里"即使"、"而已"有双重作用：既舒缓节奏，又加强语气。"之"是文言词，自身和上下文相协调，用在此处也能舒缓节奏，但它的主要作用在于强调领属关系，为下文作铺垫。以上三词，都可以弃之，但那样会损害意义的表达，损害节律的和谐一致。

然而炼词又不限于词，也包括语素。有一些在古代是词，到现代只是构词语素的单位，对它们的选择也属于炼词的范围。如："学而时习之"（《论语·学而》），其中的"习"在今天不再是词，只是构词语素。"时"则在一定的条件下能作词用，如"下午三时"，在口语交际中基本上充当构词语素。

炼词的范围中还有熟语，因此，惯用语、成语、歇后语，甚至谚语、格言等都是炼词的操作对象。如：

文化大革命刚开始，有人要陷害他，贴出一张大字报，揭发"钱锺书有一次看到他的办公桌上放了一本毛选，竟说：拿走，拿走，别弄脏我的书桌"。钱先生立即贴出一张大字报郑重澄清："我绝对没有说过这句<u>丧心病狂</u>的话。"在当时极端险恶的"革命形势"下　如果钱先生不及时用最明确的语言澄清事实，给魔鬼一击，将会发生怎样的灾难呢？

（刘再复《钱锺书先生纪事》）

三、炼词的类别

炼词经常在同义词语的范围内进行，但不限于此，人们也常常在意义相差较大甚至相反的词语之间挑选斟酌。前者可称为同义炼词，后者可称为差义炼词。

（一）同义炼词

所谓的同义炼词，通常并不是在意义完全相同的词语之间做出选择，平时所说的同义词语，在意义特别是衬加色彩上其实多少有一些差别，同义炼词严格地说是近义炼词。例如：

远远地过来了一<u>只</u>船。

远远地过来了一<u>条</u>船。

远远地过来了一艘船。

远远地过来了一队船。

在"只"、"条"、"艘"之间的选择是近义选择，在它们和"队"之间的选择是差义选择。同义炼词的最大好处，是有利于从细微处求得最大的修辞效果。如：

在第三纪中新世末期和上新世早期，古猿生活的地方已经不是大片连续的热带森林，而是有草原间隔的树丛。因此，古人类工作者认为，大片森林的消灭，是促使古猿从树上转到地面并逐渐运用两足行走以适应地面生活的外界因素。

（李四光《人类的出现》，节选自《天文、地质、古生物资料》）

文中用"足"不用"脚"，显然是要利用"足"的书面语色彩。

（二）差义炼词

差义炼词有利于修正思维上的偏颇，或者凸显说话人的主观意图，从而扩大修辞的回旋余地。比如不说"几株红牡丹"而说"一丛红牡丹"，给人的印象就大不相同，前者稀疏，后者浓密。据说唐代和尚齐己《早梅》诗原为："万木冻欲折，孤根暖独回。前村深雪里，昨夜数枝开。风递幽香去，禽窥素艳来。明年如应律，先发映春台。"被郑谷将"数"改为"一"。齐己佩服，拜郑为"一字师"。这是一个差义炼词的成功范例，因为"一枝开"比"数枝开"更典型地表现了"早梅""早"的特点。

"肢"和"手"、"臂"、"腿"、"脚"的关系是不对称的："手"加上"臂"，或"脚"加上"腿"后都可以称作"肢"，但"肢"未必就是"手臂"或"腿脚"。下文中作者没有一概使用"肢"，而是有意识地让它们作了分工，达到了表意上的准确。

例如它们在树上生活时，常用前肢（手和臂）采摘果实和捕捉小虫，后肢（腿和脚）则紧握树的枝干以支持全身重量。又如它们在树上依靠"臂行"来移动，即用前肢攀握树枝来移动身体。当用前肢向上攀援时，后肢就会呈现直立的姿势。长期这样的活动，就引起骨骼和韧带结构上的某些变化，为手和脚的进一步分化及两腿直立行走的进一步发展，准备了条件。

（李四光《人类的出现》）

上例中对"肢"等的选择也是差义炼词。

王安石好改别人的诗，据说曾改过唐代王驾写的《晴景》。原诗云："雨前初见花间蕊，雨后兼无叶底花。蝴蝶飞来过墙去，应疑春色在邻家。"王安石改为："雨来未见花间蕊，雨后全无叶底花。蜂蝶纷纷过墙去，却疑春色在邻家。"共改七字，其中的"初"改为"未"，"应"改为"却"，这是反义选择。

四、语境同义

不少词语孤立地看意义完全不同，但放在特定的句子中间反而显得意义相似了，这就是因为交际空间、交际时间或上下文等而造成的语境同义现象。试比较：

新添置的 720 面五色彩旗，从门口一直<u>插</u>到跑道四周。

新添置的 720 面五色彩旗，从门口一直<u>飘</u>到跑道四周。

"插"和"飘"本不同义，但在这里基本意思相同，只是"飘"的动态感更强。

五、炼词时常需遵守的规则

炼词不是随意的活动，它受到修辞规则的支配。简要说来，在选择时常常需要遵守的规则是准确、明了、上口、简洁、协调和生动。

(一) 准确、明了

准确和明了是炼词时应遵循的首要规则。其方法是力求选取大家都懂的词语，以及抓准事物的特性、本质。下例中带下画线的词语都用得既准确又明了，如：

泡桐木材优点很多，它木质<u>轻</u>，易加工，<u>纹理鲜明美观</u>，不易<u>翘裂变形</u>，不易燃烧，<u>绝缘</u>和<u>导音</u>性能好，还具有<u>隔潮</u>、<u>耐腐</u>、<u>易干燥</u>等优点。

（中国林业科学研究院泡桐研究组《一个好树种——泡桐》）

鲁迅《药》的一段描写中对单音节动作动词的选择堪称这方面的典范，如：

老栓慌忙<u>摸</u>出洋钱，抖抖的想<u>交</u>给他，却又不敢去<u>接</u>他的东西。那人便焦急起来，<u>嚷</u>道："怕什么？怎的不<u>拿</u>！"老栓还踌躇着；黑的人便<u>抢</u>过灯笼，一把<u>扯</u>下纸罩，<u>裹</u>了馒头，<u>塞</u>与老栓；一手<u>抓</u>过洋钱，<u>捏</u>一<u>捏</u>，转身去了。嘴里哼着说，"这老东西……"

(二) 简　洁

和准确、明了相比，简洁比较容易做到，但往往为人所忽视。比如在商品广告中宣传"免费赠送"，在新闻报道中说"诗人×××向全国高等学校和省市级图书馆无偿赠书"，其中的

"免费"和"无偿"都不能传达新的信息，是赘词。

有时是否简洁较难判断。比如"夏令避暑"，有人批评为叠床架屋式的语言，认为既称"避暑"，当然是在夏令，这个时节何消说得。其实在交际中并不绝对排除这类用法。"夏令避暑"因为点出了"夏令"，就含有夏天到了应该避避暑气的因果关系，这同只说"避暑"在意思上是不完全一样的。因此，"避暑"和"夏令避暑"各有各的用处，前者可组合成"避暑胜地"之类，后者可说成"夏令避暑，绝好去处"。

（三）生　动

生动这个要求，在撰写法律条例、合同文书等语篇时不必提出。但是只要有可能，我们还是应该把话说得生动些，因为生动的话语具有很大的感染力，不仅为人所乐闻，也为人所易懂易记。炼词欲求生动，一要口语化，二要形象化，三是使用借喻、比拟、转品等修辞格。

除去拽文，说话叙谈当然是口语化的，但书面语写得高度口语化的并不多见。胡适的文章有一些相当口语化，可因为学者的气质在起作用，总归不够彻底。倒是一些无名之人，说话作文痛快直白，十分生动。下例摘自一个叫"巡洋舰9999"的网友回忆当年如何学开车的网文，以资一观：

> 各位DX（"大侠"的汉语拼音的缩写）好，俺是第一次在这里说话，其实俺来过好几次了，看了前辈们的帖子，很想说两句，可是，俺最怕发言，大会不发言，小会也不发言，真的要是发炎了，那多受罪呀！但看你们在这的那些帖子，也想把俺自己个儿的故事说给大家听听。
>
> 俺是北京的，在饭店里做个厨子，呵呵，不知道是因为当厨子才胖的，还是因为胖才当厨子的，反正现在到头了也就混了一个中等厨子，可是胖子却是中上等的，哈哈……
>
> 俺是1995年学的车，在警通驾校学的，7月考的交规，到来年3月拿本，整整半年，而且还是一个冬天，不知道应该说倒霉还是幸运，俺赶上最后一拨老解放。因为那时候还不流行计时，叫慢班，呵呵，那可是真够慢的，真正开始上车是10月底，由于通知不及时，比别人晚了一个星期，没练过原地挂挡，也没跑过大圈，第一天去了就贴库、倒库。
>
> （巡洋舰9999《真实的经历》，2001年新浪论坛汽车时代）

其中的"俺"、"在这"的"这"、"个儿"、"厨子"、"交规"、"本"、"拨"等都是典型的口语词。

形象鲜明的言语表达容易取得生动的效果。例如：

> 雨中去访灵隐，一下车，只觉得<u>绿</u>意<u>扑</u>眼而来。道旁古木参天，<u>苍翠</u>欲<u>滴</u>，似乎飘着的雨丝儿也都是<u>绿</u>的。飞来峰上层层叠叠的树木，有的绿得发<u>黑</u>，<u>深</u>极了，<u>浓</u>极了；有的绿得发<u>蓝</u>，<u>浅</u>极了，<u>亮</u>极了。峰下蜿蜒的小径，布满<u>青苔</u>，<u>直绿</u>到了石头<u>缝</u>里。

（宗璞《西湖漫笔》）

其中"绿"、"扑"、"苍翠"、"滴"、"黑"、"蓝"、"深"、"浓"、"浅"、"亮"、"青苔"、"缝"都是形象的。其中"深"、"浓"、"浅"本身原不具有多少形象性，但在上文中形容的都是颜色，连类而及，也便有了形象性。

再看下例对吸水烟的描写和形容：

> 有胡子的老伯伯，<u>慢腾腾的掐着</u>烟丝，<u>团着揉着</u>，用他的拇指<u>轻轻按进</u>杯子，而后迟迟地吹着纸捻，吸出舒和的声响：这就表现了一种神韵，淳厚，圆润，老拙，有点像刘石庵的书法。年轻美貌的婶子，<u>拈起纸捻</u>，<u>微微掀开口</u>，"甫得"，舌头<u>轻轻探</u><u>出牙齿</u>，或是<u>低头调整</u>着纸捻的松紧，那手腕上的饰物颤动着：这风姿韵味自有一种秾纤柔媚之致，使你仿佛读到一章南唐词。风流儒雅的先生，<u>漫不经意</u>的装着烟丝，或是<u>闲闲的顿</u>着纸捻上灰烬，而两眼却<u>看着别处</u>：这飘逸淡远的境界，岂不是有些近乎倪云林的山水。

（吴组缃《烟》）

使用修辞格也常能增添生动性：

> 由此可知，城里人不得不使用公历，即记录太阳之历；乡下人不得不使用阴历，即记录月亮之历。哪怕是最新潮的农村青年，骑上了摩托用上了手机，脱口而出还是冬月初一腊月十五之类的记时之法，同他们抓泥捧土的父辈差不多。原因不在于别的什么——他们即使全部生活都现代化了，只要他们还身在乡村，月光就还是他们生活的重要一部分。<u>禾苗上飘摇的月光，溪流上跳动的月光，树林剪影里随着你前行而同步轻移的月光</u>，还有<u>月光牵动着的虫鸣和蛙鸣，无时不在他们心头烙下时间感觉</u>。

（韩少功《月亮是别在乡村的一枚徽章》）

上例带波浪线的部分是移就，带下画直线的是比拟，它们都是通过炼词而实现的。

（四）协　调

在炼词时，让它们和前言后语以及整个语篇的风格相协调也十分重要。郁达夫《故都的秋》是一篇散发着萧索幽远味道的写景抒情的文学散文，其中夹用的一些文言语词十分自然地和整篇融为一体。如"比起北国的秋来，正像是黄酒<u>之与</u>白干，稀饭<u>之与</u>馍馍，鲈鱼<u>之与</u>大蟹，黄犬<u>之与</u>骆驼"。而钱学森的《现代自然科学中的基础学科》，是用现代科学家的思路和表述习惯撰写的普及性说明文，文章中不用文言词语，倒是选取了一些专门术语和行业用语，也取得了风格上的协调。如："这就是把这种<u>高分子</u>人为地变化一下，把一个<u>高分子</u>的某一段<u>遗传信息切</u>下来，<u>接</u>到另一个上面，改变遗传的某一特性，创造新的物种。"

六、炼词不易

炼词是艰苦的过程，唐代诗人卢延让写过一首诗《苦吟》："莫话诗中事，诗中难更无。吟安一个字，拈断数茎须。险觅天应闷，狂搜海亦枯。不同文赋易，为著者之乎。"道出了此中的甘苦。

"推敲"一词源于一个差义炼词的故事，听听该故事及相关的评议，可对炼词的不易有比较直观的感受。故事说的是唐代诗人贾岛，某一天赶路，竟然在驴背上作诗炼字，专注于"推"和"敲"之间的选择，不知不觉冲撞了时任京兆尹的韩愈的车骑。诘问之下，告以缘故。韩思虑良久，说："还是'敲'好。"贾遂定用"敲"字。从此"推敲"便成为炼词的典范和代称。

贾诗的标题是《题李凝幽居》，诗云：

闲居少邻并，草径入荒园。

鸟宿池边树，僧<u>敲</u>月下门。

过桥分野色，移石动云根。

暂去还来此，幽期不负言。

为何"敲"比"推"好？历来主流的赞许意见都是"敲"有声而"推"无声，只有前者能得寂静月夜的反衬，更为生动形象。

不料一千多年后的美学家朱光潜（1980）却提出了不同的看法。他说："'推'固然显得鲁莽一点，但是它表示孤僧步月归寺，门原来是他自己掩的，于今他'推'。他须自掩自推，足见寺里只有他孤零零的一个和尚。在这冷寂的场合，他有兴致出来步月，兴尽而返，独往独来，自在无碍，他也自有一副胸襟气度。'敲'就显得他拘礼些，也就显得寺里有人应门。他仿佛是乘月夜访友，他自己不甘寂寞，那寺里如果不是热闹场合，至少也有一些温暖的人情。比较起来，'敲'的空气没有'推'的那么冷寂。就上句'鸟宿池边树'看来，'推'似乎比'敲'要调和些，'推'可以无声，'敲'就不免剥啄有声，惊起了宿鸟，打破了岑寂，也似乎平添了搅扰。所以我怀疑韩愈的修改是否真如古今所称赏的那么妥当。"（第280—281页）

然而今人薛海兵（2013）不同意朱光潜的看法，而主张贾诗中的"僧"指贾岛本人，并提出了三个理由：第一，此诗的标题《题李凝幽居》以及诗句"闲居少邻并，草径入荒园"等都说明所访的是隐士的幽居，而非寺庙。第二，贾岛在碰见韩愈时身为僧人。第三，贾岛诗全集中共出现"僧"字42次，其中约有半数是贾岛自称。薛的看法是较为合理的。既然如此，《题李凝幽居》所写的就不是僧人独自回寺，而是某僧访"幽居"主人李凝未遇。那样的话，"敲"门确比"推"门好，它更合理，也更生动。

七、炼词的操作法

炼词有三种操作方法。

(一) 替 换 法

替换法的特点是紧紧把握住词语的涵义、附加色彩等因素炼词，而不依赖于修饰语。比如不说"泡桐树形尤美，花的色彩美丽"，而说成"泡桐树态优美，花的色彩绚丽"，这样炼词往往能给人以凝练的感觉，是最能体现功力的炼词。传统所说的炼字，主要指替换法。

(二) 增 饰 法

增饰法的特点是不触及表达主要意思的词语，却给它添上适当的修饰语加以限制或作描写。比如不说"小屋后面有一棵高过屋顶的大树，枝叶伸展在小屋的上面"，而说成"小屋后面有一棵高过屋顶的大树，细而密的枝叶伸展在小屋的上面"。这样炼词的优点是自由而且方便，用得好，能收到表义准确或描摹更加形象的效果，但使用这种方法时，应注意避免松散和冗赘的毛病。

词语的增饰，大多是因为不这样做，便无法表示相应的意义。如下文里的"冷淡"、"阴寒欲雪天"和"冷血"，都不能省去：

她冷淡的笑容，像阴寒欲雪天的淡日，拉拉手，就："方先生好久不见，今天怎么会来？"鸿渐想去年分别时拉手，何等亲热；今天握她的手像捏着冷血的鱼翅。分别时还是好好的，为什么重见面变得这样生分？

（钱锺书《围城》）

在语言交际中，有时候故意把某些词语放在定语的位置上，借此表示相关意思为人所共知，外星人才不懂。这类定语既负有如此任务，也不能取消。如：

我从前在爱因斯坦家吃饭的时候啊……

（赵元任《汉语口语语法》）

又如：

"主席！"他叫。"我因为今天另外还有一个集会，我不能等到终席。我现在有点意见，想要先提出来。"

于是他发表了两点意见：第一，他告诉大家——在座的人都是当地的文化人，文化人的工作是很重要的，应当加紧地做去。第二，文化人应当认清一个领导中心，文化人在文抗会（指"文化界抗敌总会"）的领导中心的领导之下团结起来，统一起来。

（张天翼《华威先生》）

（三）削减法

削减法的特点是仅保留必要的词语，尽量删减多余成分。如不说"亲自登门拜访"，只说"拜访"。削减法因为是在已有的语句中做减法，操作起来相对比较简单，然而并不容易做好，原因有二：其一，敝帚自珍，不忍心删除。鲁迅曾说过："写完后至少看两遍，竭力将可有可无的字、句、段删去，毫不留情。宁可将可作小说的材料缩成 sketch，决不将 sketch 材料拉成小说。"此理知易而行难。其二，削减过度，造成文脉干枯，意思晦涩。其实，如前文所说，什么是冗赘，不能一概而论。正确的做法是具体分析，多方斟酌，通盘考虑。试比较以下几个句子：

左手提了一个小竹篮，右手挂着一根竹拐杖。

一脚踹开大门冲了进去，抬手给了他一巴掌。

肩不能挑，手不能提。

第一例中因为左右手拿的东西不同，为表意清楚，"左手"、"右手"不能省略。第二例中"一脚"、"抬手"都有表示动作快的作用，删去后会影响意义的完全表达。第三例中的"肩"、"手"从意义上看似乎并非必须，其实不然。单说"不能挑，不能提"，到底是什么意思？是指人的肩不能挑，手不能提，还是指某东西不能挑不能提呢？其次，删去"肩"、"手"以后，四音节就都变成了三音节，韵律构造有了变化，可能会影响声音上的修辞效果。

看来，在对足球比赛的进球过程的描述中，如下说法大约算是冗赘了，因为既说了"扫"，"用脚"就显得多余了：

终于，他用脚把球扫进了对方的大门。

八、炼词的重点

炼词如果能达到字字珠玑，满篇锦绣，当然是极好的，但是在多数时候，人的精力有限，只能以部分词语作为选择的对象。在此过程中，处于句子关键部分的词语通常是选择的重点。所谓关键部分，一般指句子的谓语动词部分、宾语中心语部分、主语中心语部分和补语，以及起重要限定作用、描写作用的修饰语部分。下文中带下画线的实词修辞效果突出，它们都处于句子的关键部分。

山色逐渐变得柔嫩，山形也逐渐变得柔和，很有一伸手就可以触摸到凝脂似的感觉。这里溪流缓慢，萦绕着每一个山脚，在轻轻荡漾着的溪流的两岸，满是高过马头的野花，红、黄、蓝、白、紫，五彩缤纷，像绵延的织锦那么华丽，像天边的彩霞那么耀眼，像高空的长虹那么绚烂。这密密层层成丈高的野花，朵儿赛过八寸的玛瑙盘。马走在花海中，显得格外矫健；人浮在花海上，也显得格外精神。在马上你用不着离鞍，只要一伸手就可以捧到满怀的你最心爱的大鲜花。

（碧野《天山景物记》）

第五章 炼词（二）

词语自身的语言特点，是炼词活动得以进行的语言基础。每个词语都具有涵义、用法、附加色彩、语音形式这四个方面的特点，炼词也因而可以从这四个角度入手。附加色彩在下一章讨论，对语音形式的谈论统归第九章，这里只说说和涵义、用法有关的炼词问题。

一、词语涵义上的差别及语境同义

词语的涵义一般指实词性词语所包含的词汇意义的核心部分。为了恰当地表达思想感情，在修辞活动中得把握好、利用好词语的涵义。

实词、熟语等在涵义上的差别一般有如下几类：

（一）所表示的事物、行为、性质等不同

比如：

天窗——空白　　寄居——漂浮　　动听——美丽

云——雾　　　　剖——豁　　　　伤——坏

但是这些涵义不同的词语在一定的语境中会变得意义相同或相似。请看：

　　你会从那小玻璃上面的一粒星、一朵云，想象到无数闪闪烁烁可爱的星，无数像山似的、马似的、巨人似的、奇幻的云彩；你会从那小玻璃上面掠过一条黑影想象到这也许是灰色的蝙蝠，也许是会唱的夜莺，也许是恶霸似的猫头鹰——总之，美丽的神奇的夜的世界的一切，立刻会在你的想象中展开。

　　啊唷唷！这小小一方的空白是神奇的！它会使你看见了若不是有了它你就想不起来的秘密；它会使你想到了若不是有了它你就永远不会联想到的种种事件！

　　发明这"天窗"的大人们，是应该感谢的。因为活泼会想的孩子们会知道怎样从

"无"中看出"有"，从"虚"中看出"实"，比任凭他看到的更真切、更阔达、更复杂、更确实！

（茅盾《天窗》）

他后来便到一个熟人的家里去寄食，也时时给我信，景况愈困穷，言辞也愈凄苦。终于又非走出这熟人的家不可，便在各处漂浮。

（鲁迅《范爱农》）

初试时成绩十分优异，声乐、视唱、练耳和乐理等课目都列入优等，尤其是她的音色美丽和音域宽广令人赞叹。

（何为《第二次考试》）

江轮挟着细雨，送我到肇庆。冒雨游了一遭七星岩，走得匆匆，看得蒙蒙。赶到鼎湖山时，已近黄昏。雨倒是歇住了，雾漫得更开。山只露出窄窄的一段绿脚，齐腰以上，宛如轻纱遮面，看不真切。

（谢大光《鼎湖山听泉》）

蛇爬过来的时候，微露地皮的锋利刀尖，可以把蛇的腹部从头一豁到尾。

（吴伯箫《猎户》）

邻居告诉他，那天狗给打坏以后，回到家里什么也不吃，哀叫了三天就死了。

（巴金《小狗包弟》）

上例所选六词，从符合事理的角度看并不高明，但另有其功。用了"空白"，文末给全文点睛的"从'无'中看出'有'，从'虚'中看出'实'"的总结才有了铺垫。用了"漂浮"，使人如见无根的浮萍（前文说到"寄食"，后面说到"走出""熟人的家"，可见"漂浮"指无家，而非无居）。用"美丽"，可提升歌声所达的境界，因为"美丽"包括气质神韵，而"动听"只涉及感官。用"雾"而不用"云"，粗看似不够确切，但文中有一个"更"字，想是到鼎湖山之前薄雾已起，若要和前文接续，倒是"雾"比"云"合适。好在"云"、"雾"本来有其共性，把弥漫于低空的云称为"雾"也可以接受。最后两例，选"豁"，突出了剖开的干脆，烘托了刀尖的锋利；选"坏"，不仅形容伤重，还带有难以恢复的含义。

以上所举都是利用语境差义炼词的例子，但差义炼词并不都是利用语境同义另谋其功的。许多时候，差义炼词的目的就是为了分别利用它们的不同涵义，以便更加准确地表义传情。如下例标题中，可充当"得"的状语的有十个不同的词语：

中国体育健儿取/夺/摘/揽/喜/巧/勇/险/幸/独得三金。

"取"、"夺"、"摘"、"揽"都是表示拿的动词，但是涵义不全相同："取"不表示怎么拿，是这四个词中最没有表现力的；"夺"带有经过奋勇拼搏，硬生生拿来的意思；"摘"表示往高处拿，可能还要踮起脚尖，有需要作一些努力的意味；"揽"则是轻松地拿。

"喜"在古汉语中也是动词，在现代汉语中通常只是构词语素，但在"喜得三金"的说法里宜作动词看。"喜得"表示的是兴高采烈的感情，与拿的动作无关。

"巧"、"勇"、"险"、"幸"、"独"都是形容词或副词，但意义不同。"巧"表示凭借智谋；"勇"表示不畏强手，一往无前；"险"表示差一点失手；"幸"表示侥幸，可能是差一点自己葬送自己，也可能是别人因某些原因而把金牌拱手相让；"独"则表示唯一，颇有鹤立鸡群的意味。

这十个词里到底选取哪一个，根本上看是否符合客观实际；在不违反事实的前提下，再考虑主观上打算突出哪一种意思。

王安忆《我们家的男子汉》中有这么一段：

> 他（一个学龄前的小男孩）向往着去少林寺当和尚。可是我们告诉他，当和尚不能吃荤。他说："用肉汤拌饭可以吗？""不可以。""那么棒冰可以吃吗？"他小心地问，是问"棒冰"，而不是冰淇淋，甚至不是雪糕。"那山上恐怕是没有棒冰的。"我们感到非常抱歉。

在这里，"他"单单选了"棒冰"，而不是"雪糕"或"冰淇淋"，因为棒冰比雪糕和冰淇淋都便宜。通过对"棒冰"的选择，突出了男孩的要求之低。作者恐怕读者领会不到这一层，故特地添了两句话"而不是冰淇淋，甚至不是雪糕"。

（二）所表事物、行为、性质等同类，但存在一些差别

比如：

学问——知识　校对——校勘——校订　简陋——粗陋

房——屋　　　衬——映　　　　　　矮——小

这些词语之间的微小差别，是同义炼词时头一个要注意的地方。请看下例：

> 无论做什么样的领导工作或科学研究工作，既要有专门的学问，又要有广博的知识；前者应以后者为基础。这个道理十分浅显。

（马南邨《欢迎"杂家"》）

查《现代汉语词典》（第六版），"学问"有两个义项："❶正确反映客观事物的系统知识"，"❷知识；学识"（第1479页）。"知识"也有两个义项："❶人们在社会实践中所获得的认识和经验的总和"，"❷指学术、文化或学问"（第1668页）。上例中使用的都是它们的第一个义项，因此不能互换。

又如：

还有原稿不误而被编辑同志或校对同志改错了的，例如我的稿子里的"利害"常常印出来是"厉害"。

·············

一般人有那么一种错觉，好像一定要是正经八百的经、史、子、集，才有校勘问题，近代作品，尤其是现代作品，似乎用不着校勘。

········ ····

我校订汉译本的时候，查了开明书店1933年版的《子夜》，果然逗号是在第二个"她"字之前而不是在它之后。我们并且找到一种救国出版社的本子，那里边这一句的逗号是在'她'字之后的，龙果夫看到的大概就是这个本子。

（吕叔湘《错字小议》）

据《现代汉语词典（第6版）》，"校对"有三个义项，上例采用的是第二个义项，即"按原稿核对抄件或付印样张，看有没有错误"（第654页）。该词典中"校勘"和"校订"都各有一个义项，前者为"用同一部书的不同版本和有关资料加以比较，考订文字的异同，目的在于确定原文的真相"（第655页）；后者为"对照可靠的材料改正书籍、文件中的错误"（第654页）。在上例中，这三个词用得都很精当，不可改替。

又如：

除了托庇三年的情感以外，我对这小屋实在毫无留恋。因为这屋太简陋了，这环境太荒凉了；我去屋如弃敝屣。

（丰子恺《白鹅》）

把几件粗陋的家具搬来搬去，一月中总要搬数回。

（丰子恺《闲居》）

据《现代汉语词典（第6版）》，"简陋"的意义是"（房屋、设备等）简单粗陋；不完备"（第634页）。"粗陋"有两个义项："❶粗糙简陋"，"❷粗俗丑陋"（第220页）。上例中"粗陋"用的是第一个义项，两处用法都很准确。

又如：

以问阿毛，阿毛摇头，随后说："索性拿到灶间里去，暖些，我也可以常常顾到。"我赞成。垂死的水仙花就被从房中移到灶间。

（丰子恺《生机》）

假如当时人们在湖边种荆棘，也许我会给屋取名为"小荆棘屋"，而专画荆棘，成为与荆棘有缘，亦未可知。

（丰子恺《杨柳》）

据《现代汉语词典（第6版）》，"房"有七个义项，前两个和上例有关："❶房子"，"❷房间"（第368页）。"屋"有三个义项，前两个和上例有关："❶房子"，"❷屋子"（第1372页）。上例中的"房"、"屋"不指"房子"，只能分别解作"房间"和"屋子"。查《现代汉语词典》，"屋子"的解释是"房间"，可是在上例中，"房"能改为"屋"，"屋"不能换成"房"。那么，问题究竟何在呢？其实，"屋"有一个义项该词典没有收释，那就是"住所"。"住所"虽然依托于房子这一有形的实体，却不等于房子本身。它不是建筑物的概念，而表示居住空间，是家的具体化。上例第二个中的"屋"就是这个意思，既如此，它自然不能用只表示"建筑物"的"房"去替换了。至于上例第一个中的"房"，表示"房间"的意思，所以能用"屋"替换。不过为了顺口，还是作"屋里"更好一些。

又如：

蓝天衬着矗立的巨大的雪峰，在太阳下，几块白云在雪峰间投下云影，就像白缎上绣上了几朵银灰的暗花。

....

你坐在马鞍上就可以俯视那阳光透射到的清澈的水底，欣赏那五彩斑斓的水石间，鱼群闪闪的鳞光映着雪水清流，这给寂静的天山添上了无限生机。

（碧野《天山景物记》）

查《现代汉语词典》（第六版），"衬"有四个义项，上例所用的是第四个义项"陪衬；衬托"（第162页）。"映"有两个义项，上例所用的是第一个义项"因光线照射而显出物体的形象"（第1565页）。以此衡量，上例中"衬"和"映"不能互换，因为蓝天和雪峰的反差，不必依赖灿烂的阳光就已经很明显了；但若无阳光，鱼鳞不会闪光，鱼群和五彩斑斓的水石的区别就会变得模糊。

又如：

博格斯身高只有1. 6米，在东方人里也算矮子，更不用说即使身高两米都嫌矮的NBA了。

....

他充分利用自己矮小的"优势"，行动灵活迅速，像一颗子弹一样，运球的重心最低，不会失误，个子小不引人注意，抄球常常得手。

（林清玄《天生我材必有用》）

查《现代汉语词典（第6版）》，"矮"有三个义项："❶身材短"，"❷高度小"，"❸（级别、地位）低"（第4页），上例用的是第一个义项。"小"有十个义项，上例用的也是第一个义项："在体积、面积、数量、力量、强度等方面不及一般的或不及比较的对象（跟'大'相对）"（第

1430—1431 页。在形容人的个子不高方面，"矮"和"小"的意思是接近的，但仍有不同："矮"只形容高度不足，"小"不仅形容矮，还形容块头小。辨明这个区别后再看上例中对"矮"和"小"的选择，就可知道，"嫌矮"的"矮"不能换成"小"；"个子小"的"小"虽可换成"矮"，但仍以不换为佳。理由是：目标小，才"不引人注意"；如欲目标小，仅有"矮"是不够的。

（三）词语所指动作、性质同类，但语义轻重不同

比如"断定"比"肯定"语义重，"污辱"比"污蔑"语义重，"斥责"比"责备"语义重，"优秀"比"优良"语义重，"酷热"比"炎热"语义重，"毁"比"坏"语义重，"冷"比"凉"语义重。巴金在《小狗包弟》中写道：

不能保护一条小狗，我感到羞耻；为了想保全自己，我把包弟送到解剖桌上，我瞧不起自己，我不能原谅自己！

文中不用"羞愧"，而用语义更重的"羞耻"，是为了强调自我谴责的程度之深。

林海音在《窃读记》中写道：

"你到底买不买？"

声音不算小，惊动了其他顾客，全部回过头来，面向着我。我像一个被捉到的小偷，羞惭而尴尬，涨红了脸。我抬起头，难堪地望着他——那书店的老板，他威风凛凛地俯视着我。

文中不用"羞耻"，而用语义较轻的"羞惭"，是因为无钱买书只得窃读而被老板发现，虽多少有些理亏，已显露了自身的贫穷，但作者以为这算不上可耻。

再如：

像有一只巨人的手拿着明晃晃的大刀在外边想挑破那灰色的幔，像是这巨人已在咆哮发怒；越来越紧了，一闪一闪满天空瞥过那大刀的光亮，隆隆隆，幔外边来了巨人的愤怒的吼声。

（茅盾《雷雨前》）

上例中用了"愤怒"，而不是语义稍轻的"愤激"，是为了表现因恨极而难以压抑的情绪。

（四）词语所指对象的范围大小不同

虽然所指对象的范围有大小，但在归类上，对有这种意义特点的词语要作具体分析。"运

动"和"活动"、"地区"和"地点"、"战役"和"战斗"、"高原"和"高地",都是前一个词的概括范围大,一般情况下不能代替范围小的词,可归入本章所述涵义差别的第一类。另一些词语虽然概括范围有大小,但在使用中,范围大的词语并非不能替代范围小的词语。如:"亲属"和"家属"、"鞋子"和"靴子"、"燃气"和"煤气"、"洋"和"海"、"船"和"艇"、"路"和"街"等。不过,这类词语涵义毕竟有差别,如能替代,也是有条件的,在使用时不能疏忽大意。比如:

他的父亲是个老报人,从年轻时就背着儿子四处求医。一次他背着儿子在泥泞的小<u>路</u>上走了十几里。

…………

我一直不敢从离我住处不远的那条<u>街</u>上走,不为别的,只怕看到一位伫立在街头的老人。他几乎每天都在人们下班的时间站在那里,面对着澎湃的自行车和人流,眺望着,等待着,寻觅着他那早已离开人间的儿子。

(戎林《认识父亲》)

《现代汉语词典(第6版)》中,"路"有九个义项,上例用的是第一个义项"道路"(第845页)。该词典中"街"有三个义项,和上例有关的是第一个义项"街道;街市"(第660页)。仅看《现代汉语词典(第6版)》的解释,"路"和"街"意思难以分清,其实仍有区别:"路"是道路的统称,"街"是路的一部分,仅指城镇中供人车交通的道路。由此看来,"路"和"街"在上面两例中不可互换。

如下例:

天空已出现了鱼肚白色,灿烂的朝阳,不久就要照到窗前的<u>书案</u>上了。

(冰心《灯光》)

又如下例:

牛津是世界上名声压得倒人的一个<u>学府</u>。牛津的秘密是它的导师制。导师的秘密,按利卡克教授说,是"对准了他的徒弟们抽烟"。真的在牛津或康桥地方要找一个不吸烟的学生是很费事的——先生更不用提。学会抽烟,学会沙发上古怪的坐法,学会半吞半吐的谈话——大学教育就够格儿了。"牛津人"、"康桥人",还不够抖吗?我如其有钱办<u>学堂</u>的话,利卡克说,第一件事情我要做的是造一间吸烟室,其次造宿舍,再次造图书室;真要到了有钱没地方花的时候再来造课堂。

(徐志摩《吸烟与文化(牛津)》)

前一例中,"书案"是书面词语,指一种长形的书桌。文中不用概括范围大的词语"书桌",大概既要利用"书案"一词的书面语色彩,更为了表义准确。后一例中,分别用了"学府"和

"学堂"。"学堂"是"学校"的旧称，"学府"则是高等学校。文中先用"学府"后用"学堂"，不仅为了避复，更是为了准确表意。牛津是大学，自然可称为"学府"。所引利卡克教授的若有钱办学校等话，并未指明要办什么学校，宜以概括范围大的"学堂"称之。

二、词语配合上的差别

这主要指词语在使用和搭配方面的限制。为何有这些限制，似乎难以说出很多道理，因此又称为词语的使用习惯。现以同义词为例比较如下：

老师（可作称呼语）——教师（不可作称呼语）

太太（可用来称呼自己的妻子）——妻子（不可用来称呼自己的妻子）

接见（上对下）——会见（无上下关系的限制）

关怀（上对下）——关心（无上下关系的限制）

分辨（是非）——识别（真伪）

改正（对象是自己）——纠正（对象是别人）

优美（举止）——华美（服饰）

空虚（思想、心灵、生活）——空洞（内容）

潇洒（形容风度）——洒脱（形容为人行事）

余秋雨在《遥远的绝响》中写道："首先让人感到怪异的，大概是他对官场的态度。对于历代中国人来说，垂涎官场、躲避官场、整治官场、对抗官场，这些都能理解，而阮籍给予官场的却是一种游戏般的洒脱，这就使大家感到十分陌生了。"那么，文中的"洒脱"能否用"潇洒"替换呢？查《现代汉语词典（第6版）》，"洒脱"释为"（言谈、举止、风格）自然；不拘束"（第1113页）。"潇洒"释为"（神情、举止、风貌等）自然大方，有韵致，不拘束"（第1430页）。可见"洒脱"具有无所羁绊的意思，"潇洒"则无这一层意思，所以不宜替换。又如：

新建设中，不说别的，只城外一条宽阔的迎泽路，两旁就都是四层五层的高楼。

（吴伯箫《难老泉》）

石，宽广的胸怀里，孕育着无尽的宝藏。

（邢源《石赋》）

"宽阔"和"宽广"涵义很近，都可以形容具体事物的横向的距离大、范围广，因此上例第一个中的"宽阔"也可换成"宽广"。但当它们形容抽象事物时，分工就不同了，"宽阔"可以和"眼界、思路"等配合（不过"眼界、思路"等更经常地和"开阔"配合），"宽广"可以和"前程、胸怀"等配合。上例第二个中的"宽广"不能换成"宽阔"，就在于这个"胸怀"表示的是抽象的"心胸"、"心怀"之意。

某些成语也有用法上的限制，在选择时需要注意。如：

> 信笺是<u>五彩缤纷</u>的，上下角有浮凸的花纹图案，美得让人不忍猝然落笔。
>
> （尤今《鱼来雁往情长在》）

> 花怎么会有各种美丽鲜艳的色彩呢？这是由于花瓣的细胞液中存在着色素的缘故。有一些花的颜色是红的、蓝的或紫的。这些花里含的色素叫"花青素"。……
>
> 还有一些花的颜色是黄的、橙黄的、橙红的。它们的花瓣含的色素叫"胡萝卜素"。胡萝卜素最初是在胡萝卜里发现的，有六十多种。含有胡萝卜素的花也是五颜六色的。
>
> （仇春霖《<u>万紫千红的花</u>》）

上例中，"五彩缤纷"和"万紫千红"都表示颜色的种类多，但它们用法不太一样。信笺可以用"五彩缤纷"形容，却不能换成"万紫千红"。仇春霖的文章用《万紫千红的花》作标题是说得通的，若变成"五彩缤纷的花"就不贴切。导致这两个成语不宜互换的原因在于："五彩缤纷"可以形容一个个体，如一张信笺、一朵花，也可以形容许多个体的组合，如满铺的信笺、一簇花、一大片花；"万紫千红"则不能形容一个个体，如一张信笺、一朵花。成语（或类成语）"五颜六色"和成语"姹紫嫣红"也有类似的区别，前者可以形容花的集合，也可以形容一朵花，后者只能形容许多花。请看下面例句：

> 我昨天做梦在庭院里画画，画了好多<u>五颜六色</u>的很大很大的花……红的、黄的、蓝的，然后花变成真的花了，望过去和周围远处的花竟然很相似……融为一体！还随风轻轻摆动呢，我随手画的竟然成真而且很逼真……我好开心啊！
>
> （2011 年 6 月 14 日百度知道）

> 那只蝴蝶全身闪闪发光，翅膀上有两个小圈圈。红、黄、绿、紫、黑等颜色匀称地分布在翅膀上，就像是一朵<u>五颜六色</u>的花。
>
> （2012 年 5 月 25 日书通网）

> 一朵花可能花瓣妖娆、<u>姹紫嫣红</u>，有的花朵却是暗香浮动、疏影横斜。女人的美，是漂亮，或是很有女人味；是健康自信，或是光彩照人、始终灿烂。
>
> （2012 年 8 月 24 日开心网）

> 有名联：<u>姹紫嫣红</u>三春晖，赏心悦目百事兴。出自明·汤显祖《牡丹亭·惊梦》："原来<u>姹紫嫣红</u>开遍，似这般都付与断井颓垣。"
>
> （360 百科"姹紫嫣红"词条释义）

首都师范大学中文系教授赵丕杰（2008）认为："姹紫嫣红"形容各种颜色的花卉鲜艳美丽。"姹"和"嫣"都是艳丽的意思。秦牧《长街灯语·寄北方》："桃花、梅花、剑兰、菊花……花团锦簇，姹紫嫣红，摆满了花架。"秦牧在列举了多种花卉之后，才用了"花团锦簇，姹紫嫣红"这八个字，足证这条成语是用来形容五颜六色的各种花卉的（第45页）。

我的看法和他相同。

第六章 炼词(三)

三、词语在附加色彩上的差别

涵义是词语的核心意义，围绕着核心意义的是外围意义，常常称为词语的附加色彩。具有相同涵义的词，其附加色彩往往不同。词语的附加色彩主要可分为如下几类：感情色彩、语体色彩、时代色彩、形象色彩、地方色彩、外来色彩、社群色彩、联想色彩等。为了充实话语的内涵，丰富其表现力，传达细微的意义差别，在炼词时就得充分注意和利用词语的附加色彩。

(一)感情色彩

指词语所带的对所涉对象的肯定、否定或中立等评价意义，体现为褒义、贬义或中性的区别。如：

机智（褒义）——狡猾（贬义）

成果（褒义）——结果（中性）——后果（贬义）

侃侃而谈（褒义）——夸夸其谈（贬义）

词语的感情色彩，有一部分来自涵义的制约。如"令名"、"灵巧"、"义正词严"之所以带有褒义，是因为构词语素在涵义上具有正面的、肯定的性质。"可恶"、"凶残"、"朋比为奸"有贬义，则是由构词语素在涵义上的负面的、否定的性质造成的。词语的感情色彩还有一个来源，那就是使用习惯等因素，如"自豪"、"豪迈"、"虎背熊腰"的褒义，"自满"、"豪强"、"虎视眈眈"的贬义。

准确表达感情意义是修辞的基本要求之一。感情色彩虽说是词语意义的外围色彩，但在交际过程中，外围色彩的修辞价值往往不低于涵义。例如：

上一个世纪，当殖民主义强盗还处在壮年时期，他们<u>大肆杀戮</u>太平洋各个岛屿上的土人，强迫他们投降。有一种规定的投降仪式，就是要土人们跪在地上，用砂土撒到头顶。

（秦牧《土地》）

上例中所以用贬义词"大肆"、"杀戮"，不用中性词语"大量"、"杀死"，是为了表达对殖民主义者罪恶行为的痛恨。

又如：

临近下班时分，妻子来了个电话，叫我上银行找一找姨妹子，兑换九十九枚伍分的镍币。这不是没事找事吗？这不是胡搅蛮缠吗？这不是……"我不去！"我对着话筒大声嚷嚷，连自己耳膜也震得发麻。

（邓开善《九十九枚镍币》）

上例中用了"胡搅蛮缠"这个成语，"我"的强烈的不满情绪就更加明确地表示出来了。

（二）语体色彩

指词语因特定的语言交际媒介不同所致的附加意义，主要表现为口语色彩、书面语色彩和一般用语色彩的区别。如：

铁道（书面语）——铁路（一般）

父亲（书面语）——爸爸（一般）——爹（口语）

项（一项任务；量词，书面语）——个（量词，一般）

结婚（一般）——成亲（口语）

吝啬（书面语）——小气（口语）

词语的语体色彩，对于表义的易懂度、话语的得体性、语体和风格的塑造都有重要的作用。一般说来，书面语词庄重文雅，口语词亲切活泼。如邀请朋友相聚，信上写"于某时在某处会面"，显得郑重正式，写"几点在某地方碰头"，则轻松随意。到底选用哪一类词语，取决于写信者的需要。如下文中用了"蛛丝"等书面语词，表述便显得雅致。

雨，像银灰色黏湿的蛛丝，织成一片轻柔的网，网住了整个秋的世界。天也是暗沉沉的，像专老的住宅里缠满着蛛丝网的屋顶。

（张爱玲《秋雨》）

下文基本由口语词组成，话语便显得平白朴素，顺畅易懂。

小芹今年十八了，村里的轻薄人说，比她娘年轻时候好得多。青年小伙子们，有事没事，总想跟小芹说句话。小芹去洗衣服，马上青年们也都去洗；小芹上树采野菜，马上青年们也都去采。

（赵树理《小二黑结婚》）

我们的祖先十分注意词语的语体色彩。如《礼记》中有这样的用词要求：

> 凡祭宗庙之礼，牛曰一元大武，豕曰刚鬣，豚曰腯肥，羊曰柔毛，鸡曰翰音，犬曰羹献，雉曰疏趾，兔曰明视，脯曰尹祭，槁鱼曰商祭，鲜鱼曰脡祭，水曰清涤，酒曰清酌，黍曰芗合，粱曰芗萁，稷曰明粢，稻曰嘉蔬，韭曰丰本，盐曰咸鹾，玉曰嘉玉，币曰量币。

（《礼记·曲礼下》）

今天我们虽不必因循守旧，但这种在正式庄重的交际场合选择适用词语的做法是值得继承的。

（三）时代色彩

指词语本身的历史在词义上的积淀和反映。古词语不仅古老，而且典雅，传用至今的古词语一般是典型的书面语词。如："哀矜（哀怜）"、"岑寂（寂静；寂寞）"、"鼎言（有分量的言论)"、"讹舛（〈文字〉错误；舛误）"、"莞尔（形容微笑）"。

适当选用古词语，可以使话语显得古雅，具有书卷气。下文中的"盘桓"、"甚"、"云"、"之"、"古"、"俨然"就有这个作用：

> 在河边小作盘桓。使我惊喜的是河边长满我所熟悉的水乡的植物。芦苇。蒲草。蒲草甚高，高过人头。洪亮吉《天山客话》记云："惠远城关帝庙后，颇有池台之盛，池中积蒲盈顷，游鱼百尾，蛙声间之。"伊犁河岸之生长蒲草，是古已有之的事了。蒲苇旁边，摇动着一串一串殷红的水蓼花，俨然江南秋色。

（汪曾祺《天山行色》）

新词语则表达了新事物、新概念、新气息，尤其是许多近年来出现的词语，紧跟着时代的脉动，闪亮着鲜明的当代色彩，如"创客"、"电商"、"动车"、"二维码"、"干细胞"、"高富帅"、"金领"、"吐槽"、"网红"、"亚投行"、"颜值"、"正能量"等。勿庸讳言，也有一部分新词语过于粗鄙，如"屌丝"、"然并卵"等，应该慎用。

下文所含的当今时代色彩，主要源于所用的当代新词语。如：

> 据介绍，海博出租今年4月与滴滴出行达成战略协议，首批500辆海博网约车加盟滴滴专车，线下车辆、司机和运营资质由海博负责，而线上订单派接、用户运营、支付等由滴滴出行负责。

（《海博出租尝到"互联网＋"甜头》，2016年7月14日《新民晚报》）

下例中的"什锦八宝饭"也是一个新词，它貌似旧词出新意，其实采用了谐音和双关的造词手段："锦"、"宝"分别谐音"胡锦涛"的"涛"与"温家宝"的"宝"，"饭"则是"fans"（"粉丝"，fan 的复数形式）的谐音，意为（对名流等的）狂热仰慕者。至于"什锦八宝饭"，它是一种通过谐音途径实现的双关，其字面义指一种好吃的甜食，字里义指"胡锦涛和温家宝的粉丝"。

把网络当成生活重要组成部分的 80 后网友们，视网络上的各大论坛为他们抒发情感的地盘，他们表达爱戴的方式，总是那么与众不同，听听"什锦八宝饭"对自己偶像的称呼，千万别惊讶，看了就知道，年轻的网友是多么率性而纯真。所有这些，都源自于内心的，对国家领导人务实、亲民、廉政执政风格的赞同。"胡哥"、"涛哥"、"涛涛"是对胡锦涛主席的尊称，而"宝宝"、"老爷子"、"温总"是对温家宝总理的尊称。"什锦八宝饭"们活跃在各大论坛，还在百度贴吧成立了"什锦八宝饭吧"、"什锦饭吧"、"八宝饭吧"。

（《国家领导人有粉丝团　网友自称什锦八宝饭》，2008 年 7 月 23 日搜狐新闻）

下文带有鲜明的最新时代色彩，这和文中所用的最新潮词语密不可分。如：

与其他关注主播颜值的直播形式不同，吃播观众关注得更多的是主播怎么吃、吃得香不香。为此，吃相难看点是无所谓，甚至还能吸引更多观众。

早在吃播火爆之前，一直都有大胃王视频广为流传。2015 年日本大胃王木下狂吃 3 公斤炒面的视频突然走红，人们点开视频一看，一个身材娇小的女生旁边摆着一大碗炒面，反差非常大。但无论食物有多少，木下总是能不急不慢地吃完，并且吃得很享受。有一条弹幕说，"没有食欲时看了也会变得很想吃"。

相比起纯粹的吃饭视频，能够互动的吃饭直播在韩国更流行。韩国奔驰小哥凭借呆萌逗逼的性格、豪放不羁的吃相笼络了大批女粉丝。这位小哥每次都把腮帮子塞得鼓鼓的，被粉丝们戏称为"深渊巨口"。

（新周刊《2 000 万人看着，你怎么吃？》，2016 年 7 月 14 日新浪博客）

（四）形象色彩

指词所带有的感性意义。带有形象色彩的词语大致可分为七类：其一为纯表颜色的词语，如："褐"、"紫"、"白"、"碧蓝"、"鲜红"、"翠绿"、"黑黝黝"、"黄澄澄"等。其二为拟声词，如："乒"、"砰"、"叮当"、"扑通"、"哗啦啦"、"咣当当"等。其三为比喻而成的合成词，如："蛇行"、"狐步"、"龙眼"、"云集"、"玉碎"、"火热"、"冰糖"、"席卷"、"笔直"、"瓦解"等。至于"雪白"、"土黄"、"铁青"等，可视为一、三的兼类。其四为表示可通过感官来具体把握的事物的名词，如："虾"、"马"、"杨柳"、"桂花"、"星星"、"太湖石"、"花厅"、"杯子"、"轿车"、"收音机"等。某些名词虽也表示事物，但该事物体量太大，难以具体把握，形象性便大打折扣，如"泰山"、"黄河"等。相反，"太阳"、"月亮"等，实际体量虽大，但离我们太远，感觉上很小，形象性倒比较强。还有一些名词，表示的通常是概括性的概念，形象性就很弱，如"房子"、"学校"、"河流"等。其五为表示具体动作、变化、存在的动词，如："吃"、"笑"、"扔"、"流"、"匍匐"、"跳跃"、"飞翔"、"蒸腾"、"荡涤"、"悬挂"等。其六为表示触觉、视觉、嗅觉、味觉等形容词，如："烫"、"凉"、"暗"、"臭"、"酸"、"温暖"、"疼痛"、"明亮"、"喷香"、"甘甜"等。其七为表示长短、重量、面积等的数量短语，如："三千里"、"五步"、"几斤"、"一百亩"等。

利用词语的形象色彩，可以增加表达的形象性、直观性和生动性。如：

我有时爱坐在海边礁石上，望着潮涨潮落，云起云飞。月亮圆的时候，正涨大潮。瞧那茫茫无边的大海上，滚滚滔滔，一浪高似一浪，撞到礁石上，唰地卷起几丈高的雪浪花，猛力冲激着海边的礁石。

（杨朔《雪浪花》）

又如：

那雪白的蓑毛，那全身的流线型结构，那铁色的长喙，那青色的脚，增之一分则嫌长，减之一分则嫌短，素之一忽则嫌白，黛之一忽则嫌黑。

在清水田里时有一只两只站着钓鱼，整个的田便成了一幅嵌在琉璃框里的画面。田的大小好像是有心人为白鹭设计出的镜匣。

（郭沫若《白鹭》）

（五）地方色彩

指汉语词语带有的地区色彩。可以分为两类：其一，表示同一概念时，汉语其他地区的方言词语相对于普通话词语而言，在词语的语音、意义、构造等方面有差别；其二，只能用方言词表示的概念。如："懊糟（懊丧、不痛快）"、"巴巴儿地（迫切；急切。特地）"、"插关儿（小门闩）"、"打住（在别人家里或外地暂住）"、"讹赖（讹诈）"、"发痧（中暑）"、"嘎渣儿（痂。食物粘在锅上的部分或烤焦、烤黄的硬皮）"、"合扇（合叶）"、"红毛坭（水泥）"、"澏（泼〈水〉；倾倒〈液体〉）"、"急眼（发火；发脾气。着急）"。

方言词在修辞上的主要作用是渲染地方色彩，如下文中的"慌"。

几个女人有点失望，也有些伤心，各人在心里骂着自己的狠心贼。可是青年人，永远朝着愉快的事情想，女人们尤其容易忘记那些不痛快。不久，她们就又说笑起来了。

"你看说走就走了。"

"可慌（高兴的意思）哩，比什么也慌，比过新年，娶新——也没见他这么慌过！"

（孙犁《荷花淀》）

又如下文，其中方言词"照着"意为"望见"，方言词"盛"意为"住"。

留小儿最常问的还是天安门。"你常去天安门？""常去。""常能照着毛主席？""哪的来，我从来没见过。""咦？！他就盛在天安门上，你去了会照不着？"她大概以为毛主席忘站在天安门上，像画上画的那样。有一回她趴在我耳边说："你冬里回北京把我引上行不？"我说："就怕你爷爷不让。""你跟他说说嘛，他可相信你说的了。盘缠我有。""你哪儿来的钱？""卖鸡蛋的钱，我爷爷不要，都给了我，让我买褂褂儿的。"

（史铁生《我的遥远的清平湾》）

下两例中分别用方言词"鲞"和"赤膊船"，除了渲染地方色彩之外，可能还和普通话词语难以表达这些意思有关。如：

"新风鳗鲞"是浙江宁波地区风味名菜。鱼鲞是我国东南渔民最喜欢食用的佳品。用黄鱼制作的叫"黄鱼鲞"，用鳗鱼制作的叫"鳗鲞"。

相传春秋末期，吴王夫差与越国交战，带兵攻陷越地鄞邑（今浙江宁波地区）时，御厨在王鼎食中，除了牛肉、羊肉、麋肉、猪肉外，取当地鳗鲞，代鲜鱼做菜。吴王夫差食后，觉得此鱼香浓味美，与往日宫中尝过的鲤鱼、鲫鱼不一样。待到回宫，虽餐餐仍有鱼肴，但总不如鄞邑的可口。后来特从鄞邑海边请了一位老渔民，专门为他烹制鱼鲞菜肴，深得吴王赞赏。由此鳗鲞身价百倍。

（袁洪业，李荣惠《中华烹饪》）

一条柴油引擎的小轮船很威严地从那茧厂后驶出来，拖着三条大船，迎面向老通宝来了。满河平静的水立刻激起泼剌剌的波浪，一齐向两旁的泥岸卷过来。一条乡下赤膊船赶快揪岸，船上人揪住了泥岸上的树根，船和人都好像在那里打秋千。

（茅盾《春蚕》）

（六）外来色彩

这种色彩为音译词和直接夹用的外语词所特有。音译词带有的外来色彩，主要是由站在汉语立场上所感到的构词的无理据性造成的。某些外来词因为音义兼译（其实所谓意义往往是译者外加上去的），或者专门为它造了汉字，掩盖了外来面目，如："基因（gene）"、"拉力（relay）"、"引得（index）"、"霓虹灯（neon light）"的"霓虹"、"维他命（vitamin）"、"可口可乐（Coca-Cola）"、"狮子（来自东伊兰语，也有认为来自其他语言的）"的"狮"、"苜蓿（来自伊兰语或大宛语）"、"葡萄（来自伊兰语或大宛语等）"等。意译词尽管也是对外来概念的反映，但因为用汉语的已有语素和构词方法构造，并不带有外来色彩。请比较：

唛（音译词）——英里（意译词）　　密斯（音译词）——小姐（意译词）

摩托（音译词）——内燃机（意译词）　　荷尔蒙（音译词）——激素（意译词）

布拉吉（音译词）——连衫裙（意译词）　　盘尼西林（音译词）——青霉素（意译词）

此外，有一些外来概念没有或未通行对应的意译词，需用音译词加以表达，这样，当表达这些外来概念时外来色彩的传达就不可避免。这类音译词如："哈达"、"萨其马"、"雪茄"、"巧克力"、"奥斯卡"、"奥林匹克"、"悉尼"、"芬兰"、"阿拉伯"、"林肯"、"撒切尔"等。

在交际中使用从国内其他民族语言中吸收进来的音译词，可以展示别样的民族风情，使用从外国语中吸收进来的音译词，则可以添加异域、异文化的气息。如：

当家家蒙古包的吊壶三脚架下的野牛粪只剩下一堆红火烬的时候，夜风就会送来冬不拉的弦音和哈萨克牧女们婉转嘹亮的歌声。

（碧野《天山景物记》）

又如：

威尼斯的夜曲是很著名的。夜曲本是一种抒情的曲子，夜晚在人家窗下随便唱。可是运河里也有：晚上在圣马克方场的河边上，看见河中有红绿的纸球灯，便是唱夜曲的船。雇了"刚朵拉"摇过去，靠着那个船停下，船在水中间，两边挨次排着"刚朵拉"在微波里荡着，像是两只翅膀。

（朱自清《威尼斯》）

使用外来词，还常常为了借助在外来色彩的基础上产生的某种特别含义。如：

这几条罪案，本社同人当然直认不讳。但是追本溯源，本志同人本来无罪，只因为拥护那德莫克拉西（Democracy）和赛因斯（Science）两位先生，才犯了这几条滔天的大罪。要拥护那德先生，便不得不反对孔教、礼法、贞节、旧伦理、旧政治；要拥护那赛先生，便不得不反对旧艺术、旧宗教；要拥护德先生又要拥护赛先生，便不得不反对国粹和旧文学。

（陈独秀《〈新青年〉罪案之答辩书》）

上文中"德莫克拉西"、"赛因斯"所带的外来色彩、新奇色彩，突出了和旧伦理、旧政治、旧艺术、旧宗教、旧文学等的区别。又如：

> 他们是只会吃死肉的！——记得什么书上说，有一种东西，叫"海乙那"的，眼
> 光和样子都很难看；时常吃死肉，连极大的骨头，都细细嚼烂，咽下肚子去，想起来
> 也教人害怕。"海乙那"是狼的亲眷，狼是狗的本家。

（鲁迅《狂人日记》）

所谓"海乙那"是英语 hyena 的音译，意为"土狼、鬣狗"。此处不用意译，而用音译，于
有意或无意之中利用了音译词的无理据性，烘托出一些怪异乃至不安的气氛。

下文中的"销品茂"（shopping mall）、"澳特来/澳特莱斯"（Outlet）等既是外来词，又是
当代新词，兼有两种色彩，它们给下文增添了一些洋气而新潮的气氛：

> 有别于上海大型销品茂、百货公司的定位，澳特来名牌折扣店将消费群体的定位
> 划分为：男性占 60%、女性占 40%，可谓另辟蹊径。

（2004 年 3 月 12 日《新闻午报》）

目前，在汉语交际中夹用英语词的现象越来越普遍，这些英语词给话语染上了浓重的外来
色彩。如不用"澳特来/澳特莱斯"等外来词，而是直接用了英语词"Outlet"：

> 目前上海已开业的 Outlet 有虹桥世贸商城的 FOXTOWN、金沙江路的品牌折扣
> 店、市百一店 7 楼的 Outlet 折扣店等，大多开在市中心或商业副中心，商场面积不
> 大，与国外开设在远离市中心的偏远地区的布局方式有所不同。

（《12 万平方米的 Outlet 直销中心在青浦开工，
明年起——去最大的澳特莱斯淘名牌》2004 年 11 月 11 日《新闻晚报》）

下面是夹用英语的又一个例子：

> 对于经常利用 POS 机进行刷卡消费的时尚一族来说，传统信用卡一统天下的格局
> 将被打破，具有时尚感的迷你型 VISA mini 信用卡已在沪亮相。

（2004 年 3 月 12 日《新闻午报》）

不过，外语词毕竟不是汉语词，夹用外语词和使用音译词也不是同一回事儿。总体上看，
在汉语表述中不宜随意夹用外语词，在汉语交际的重要场合、严肃场合，更不应该轻率夹用外
语词。

（七）社群色彩

这是因不同的社会阶层、团伙或职业等原因造成的色彩。俗话道："什么人儿说什么话"，
除了指不同身份的人在交际中所谈主题、观点等不同之外，还包括他们在用词时表现出不同的

社群色彩。社群色彩在修辞中的作用主要在于表现相应社群的面目。我国上古时等级森严，指称不同等级的人时所用的词语往往不同。《礼记·曲礼下》中对此有不少记载，如："天子之妃曰后，诸侯曰夫人，大夫曰孺人，士曰妇人，庶人曰妻。"又如："天子死曰崩，诸侯曰薨，大夫曰卒，士曰不禄，庶人曰死。"类似现象在今天已经大为减少，但仍存在。比如年纪大了以后，有身份的人被称为"某老"，而普通人则被称为"老某"。对领导，一般采取"姓＋职务"的称呼，很少用"小某"或"老某"。如今，体现社群色彩的代表性词语包括三大类，它们是黑话或切口、专门术语与行话。

各种黑话、切口适用于黑社会、帮派中人。如："向人民借钱（偷盗）"、"慰问（抢劫）"、"玫瑰花（匕首或刮刀）"、"风紧，扯呼（逃跑）"。小说《林海雪原》中就通过土匪黑话来逼真地表现人物的活动，如：

"蛤哒？蛤哒？"（谁引点你来这里？）大麻子又道。

杨子荣两臂一摇，施出又一个暗号道：

"一座玲珑塔，面向青带，背靠沙。"（是个道人。）

"么哈？么哈？"（以前独干吗？）

"正晌午时说话，谁也没有家。"（许大马棒山上。）

五个匪徒怀疑的眼光，随着杨子荣这套毫不外行的暗号、暗语消失了。

各种专门术语除了表达专门概念之外，还能够表现使用人的特定身份和生活、工作特点。如："抗诉"、"民法"、"审判"和法律工作有关，"报道"、"时评"、"采访"和新闻工作有关，"汇率"、"本金"、"利息"和金融工作有关，"函数"、"气压"、"电子"、"氧化物"、"应力"、"试飞"和数理科学研究、工程技术工作有关，"朦胧诗"、"百日维新"、"唯理论"和文史哲研究工作有关。而"市口"、"盘点"、"轧账"、"调头寸"、"行货"、"水货"、"做旧"、"牛市"、"熊市"、"上家"、"下家"、"行头"、"龙套"、"反串"、"笑场"等行话也具有同样的作用。

下文中通过使用"零表达形式"等专门术语，明显地标记了作者的学者身份：

我们已经注意到有三类语义成分可以有零表达形式：（ⅰ）虚变元；（ⅱ）特指作用词（当在同一个变元/述谓结构中不伴有其他特征时）；（ⅲ）重复其他成分的内容的成分——这最后一种现象在第245页上被称为等义（"意义的对应"）。

（杰弗里·N·利奇《语义学》中译本）

茅盾的小说《春蚕》中，行话在表现人物的生活方面起了重要的作用，如：

四大娘就在廊檐口糊"蚕簟"（一种略小而底部编成六角形网状的，称为"簟"，方言读如"踏"；蚕初收蚁时，在"簟"中养育，呼为"蚕簟"，那是糊了纸的；这种纸通称"糊簟纸"）。去年他们为的想省几百文钱，是买了旧报纸来糊的。老通宝直到现在还说是因为用了报纸——不惜字纸，所以去年他们的<u>蚕花</u>不好。今年是特地全家少吃一餐饭，省下钱来买了"<u>糊簟纸</u>"来了。

汪曾祺的小说《云致秋行状》中使用的行话，也起到了类似作用。如：

致秋后来又当了一任排练科长。排练科是剧团最敏感的部门。演员们说，剧团只有两件事是"过真格"的。一是"<u>拿顶</u>"。"拿顶"就是领工资，——剧团叫"<u>开支</u>"。过去领工资不兴签字，都要盖戳。戳子都是字朝下，如拿顶，故名"戳子拿顶"。一简化，就光剩下"拿顶"了。"嗨，快去，拿顶来！"另一件，是排戏。一个演员接连排出几出戏，观众认可了，啧啧啧，就许能红了。几年不演戏，本来有两下子的，就许窝了回去。给谁排啦，不给谁排啦；派谁什么角色啦，讨俏不讨俏，费力不费力，广告上登不登，戏单上有没有名字……剧团到处喊喊喳喳，交头接耳，咬牙跺脚，两眼发直，整天就是这些事儿。排练科长，官不大，权不小。权这个东西是个古怪东西，人手里有它，就要变人性。说话调门儿也高啦，用的字眼儿也不同啦，神气也变啦。谁跟我不错，"好，有在那里！"谁得罪过我，"小子，你等着吧，只要我当一天科长，你就甭打算痛快！"因此，两任排练科长，没有不招恨的。有人甚至在死后还挨骂："×××，真他妈不是个东西！"云致秋当了两年排练科长，风平浪静。他排出来的戏码，定下的"<u>人位</u>"（戏班把分派角色叫做"定人位"），一碗水端平，谁也挑不出什么来。

(八) 联想色彩

这是由于习俗、意义、谐音、生活经验等原因而使词带有的愉悦、消极或厌恶等意义。如："喜鹊（喜信）"、"乌鸦（晦气）"、"麒麟（吉祥）"、"回老家（死）"、"屋（小巧精致，如"美发屋"）"、"梨（分离）"、"大卖场（卖大路货）"。沈从文《绿魇》一文中写道：

当我第一次用"城里人"身份，进到这个乡户人家广阔庭院中，站在高粱堆埃间，为迎面长廊辰尘梁柱间的繁复眩目金漆彩绘呆住时，引路的马夫，便在院中用他那个沙哑嗓子嚷叫起来：

……

"城里人"一词，在这里似乎带有"不质朴"、"不守信用"等联想色彩，《绿魇》后文中房主人的话直接证明了这一点：

"今天二十五号，下月初我们一定会搬来。老太太你可不能翻悔，又另外答应别人，这是不成的。"

"好啰，好啰，就是那么说，只管来好了。我们不是城里那些租房子的。<u>乡下人心直口直</u>，说一是一，你放心就是。"

鲁迅的《阿Q正传》则借助于对联想的忌讳，从一个侧面生动地刻画了阿Q的性格：

最恼人的是在他头皮上，颇有几处不知起于何时的癞疮疤。这虽然也在他身上，而看阿Q的意思，倒也似乎以为不足贵的；因为他讳说"<u>癞</u>"以及一切近于"<u>赖</u>"的音。后来推而广之，"<u>光</u>"也讳；"<u>亮</u>"也讳；再后来，连"<u>灯</u>"、"<u>烛</u>"都讳了。

四、应重视词语所带色彩的综合性和复杂性

一个词语所带的附加色彩不止一种，而是综合了多种不同类型的色彩。比如当代新词语往往具有"俗"、"奇"、"讽"、"谑"等特征的附加色彩，对此简单地用感情色彩、语体色彩、时代色彩、地方色彩、形象色彩、社群色彩等来进行概括都不够贴切。请看下例：

只要电影不扑街，鹿晗井柏然在片中的番位怎么排，根本不重要。对于两位人气小鲜肉来说，能不能凭借电影中的表现赢取在观众心中的番位，才重要。而对于深陷IP魔咒中的国产电影来说，能否靠《盗墓笔记》撕烂IP电影恶名走出瓶颈，最重要。

（肥罗大电影《传鹿晗井柏然互撕的〈盗墓笔记〉会扑街吗？》

2016年7月15日新浪微博）

上例中的"扑街"来自香港话，本为"去死"、"王八蛋"、"糟糕"等意，但据说它又是英语"poor guy"（可怜的家伙）的音译词。那么，它应该归为带贬义色彩、口语色彩、当代色彩，还是看作带方言色彩、外来色彩呢？恐怕都可以，但主要应归为哪一类则难以确定。"番位"的"番"好像来自日语，但这似乎又是中国人造的新词，那么"番位"究竟带没带有外来色彩呢？大概众说不一。可见，在修辞活动中辨明一个词语带有哪些附加色彩，如何恰当而有针对性地用好这些附加色彩，并不容易，需要多多注意。

第七章　锻句（一）

一、什么是锻句？

　　锻句的意思是对句子的锤炼。锻句和炼词相并列，是基本的修辞手段，也是许多其他修辞手段得以形成的条件。比如把"我这样做很对"，说成"我这样做有什么不对？"就成了反问。把"欢迎光临，请您多多指导"，说成"欢迎光临，敬请指导"，就变为了对偶。不说"阴天不如月夜，晴天不如阴天，朝日不如残阳"，而说成"朝日不如残阳，晴天不如阴天，阴天不如月夜"（朱自清《莱茵河》），就显得语义贯通。

　　锻句和炼词有密切的关系。有时候，改动一个词，句子就会有大变化。比如用"停止"，后头可带宾语；用"停顿"，则不能带宾语。更多的时候，是句子的变动导致对词语的不同选择。比如不说，"在创造发明成功之前，没有一个人不讥笑他是做梦，甚至精神上有问题"，而说成"当其在未创造发明之前，人莫不讥为梦想，甚乃狂易"（邹韬奋《呆气》）。白话和文言的不同，就导致了遣词的很大差异。

　　全面地说，锻句也有两种情况：同义选择和差义选择。句子的差义选择经常涉及话语表情达意的大变化，在此不作讨论。本章和下一章，只涉及句子同义选择的问题。同义句是意思相同或主要意思大体相同的句子，在这些句子之间的选择，就是句子的同义选择。以下三句是同义句，它们各有各的特点。第一句由三个构造比较简单的分句组成，其语序反映了先后发生的三个过程："春风"如何为因；"花瓣儿"如何受影响；"花瓣儿"受影响后的结果又如何。第二句描述的着眼点是"花瓣儿"，由两个表示先后变化阶段的分句组成。第三句由一个单句构成，描写的着眼点是"春风"，并强调了"春风"吹拂的结果。

　　　　春风吹来，花瓣儿纷纷飘落，撒满一地。

　　　　花瓣儿被春风吹落，撒满一地。

　　　　春风把花瓣儿吹落一地。

　　显然：第一句最适宜描写客观的变化过程；第二句适宜出现在以"花瓣儿"为交际主题的

话语中；第三句适宜出现在以"春风"为交际主题的话语中。

二、锻句中常需遵循的规则

修辞规则也支配着锻句，常用的规则为明了、准确、周密、上口、连贯、简洁、生动和协调。句子的连贯、上口，与衔接、节奏各有紧密的关系，将在第八、第九章讨论。以下简述明了、准确、周密、简洁、生动和协调等规则的使用。

（一）明 了

同样的要求，对锻句和炼词而言，其侧重面是不同的。锻句欲求明了，主要应采用白话语法，并且控制句长，减少层次套叠；其次是努力做到句间衔接合乎逻辑、事理。请看下例：

> 在封建时代，皇帝是不可侵犯的，连皇帝的名字都要避讳，一个字不幸成为"御讳"，就得闹残废，不是缺胳膊，就是缺腿。不小心犯了讳，就算犯法，要吃苦头。小时候念书，杨延朗改作杨延昭，徐世勣只能叫徐勣，总闹不清，后来才明白，有这些讲究。

> （吴晗《海瑞骂皇帝》）

（二）准确、周密

锻句的准确、周密，和指示对象是否明确，判断是否正确，推理是否严密有密切关系。指示的常用手段是代词，使用时必须注意它与话语内外所指对象的关系，避免无照应、照应不定和指示角度混乱等毛病。鲁迅《祝福》中提到的女性有祥林嫂、卫老婆子、四婶、柳妈、祥林嫂的婆婆等，但使用次数接近 160 次的代词"她"，甚至在同时描写几位女性时，也并未产生指代不明的问题。原因之一，是在小说中代词"她"只有 11 次指别人，其余都指祥林嫂。如：

> 卫老婆子叫她祥林嫂，说是自己母家的邻舍，死了当家人，所以出来做工了。四叔皱了皱眉，四婶已经知道了他的意思，是在讨厌她是一个寡妇。但看她模样还周正，手脚都壮大，又只是顺着眼，不开一句口，很像一个安分耐劳的人，便不管四叔的皱眉，将她留下了。

判断是否正确，推理是否严密，主要是一个思维方法的问题；但是从表达、理解两方面看，和句子的组织安排也有密切的关系。当判断、推理较复杂，因而句子较长、关系也较复杂时，是很容易出现错误的。当表达有疏漏，组织不精心时，歧义随之产生，导致无法确解，甚至产生误解的不良后果。此外，有些似是而非的说法应该摈弃。比如"在周医生的精心治疗下，我的病情正在恢复之中"的说法并不妥当，准确的说法应该是"我的健康正在恢复之中"。

锻句是否准确、周密，和是否遵循了逻辑思维的同一律、矛盾律和排中律密切相关，也和能否精准地表达出容易相混事物的不同特征有很大的关系。下面是锻句准确、周密的又一个例子：

> 盲肠炎的病名，严格地说时，应该称为虫状突起炎。在我们人身上消化系统里面有一个无用的长物，这便是小肠和大肠交界处，在小肠开口部下方的一节盲肠。这节盲肠在人体的营养上完全没有功用，它只储蓄些老废物在那儿时常作怪。它何以会时常作怪呢？因为盲肠的盲端还有一个两三寸长的附属物，就好像一条蚯蚓一样吊在那儿，这个附属物就叫着虫状突起。这个虫状突起本来也是一段肠管，因为发育不良，所以只萎缩成蚯蚓般的外状；但是它的中心是仍然有空穴的，盲肠中有害无用的废物，如像化脓菌大肠菌以及由外界误吞入的果核石粒之类，偶尔窜入虫状突起的空穴中时，便在这儿作起怪来，发生出种种程度的炎症——这便是盲肠炎的病源论了。
>
> （郭沫若《盲肠炎与资本主义》）

（三）简 洁

锻句使其简洁，便意味着应删除可有可无的修饰语、同义句，多使用省略句。例如：

> 节约的对象不能只限于物资，还要包括人。劳动创造财富；谁劳动？人。机器制造一切；谁发明机器，制造机器，使用机器？人。作生产计划的是人，实际生产的是人，管理生产的还是人。要不从人节约起，就是忘记了我们最大的资本。节约人的办法无非是各得其所·各尽其用，不积压人，不埋没人；不要劳逸不均，忙的忙死，闲的闲死。
>
> （傅雷《增产节约的要点在哪里？》）

（四）生 动

欲使句子生动，则宜加强形象描述，或表达上诙谐幽默，并多多运用比喻、比拟、夸张、拈连、顶真等易于造成生动活泼效果的辞格。例如：

> 到磨墨的时候，它会由桌子这一端滚到那一端，而且响如快跑的马车。我每晚十时必就寝，而对门儿书屋的主人要办事办到天亮。从十时到天亮，他至少有十次，一

次比一次响——到夜最静的时候，大概连南岸都感到一点震动。从我到白象街起，我没做过一个好梦，刚一入梦，砚台来了一阵雷雨，梦为之断。在夏天，砚一响，我就起来拿臭虫。冬天可就不好办，只好咳嗽几声，使之闻之。

（老舍《四位先生·姚蓬子先生的砚台》）

（五）协　调

锻句中协调的要求，指的是句子与整个语篇在衔接、语体和风格上能够相容、相辅或者一致。反之，若整个语篇的风格相当口语化，其中却夹杂了一些书面语色彩很浓的句子，那就可能破坏了协调，对此种局面须尽力避免。协调的要点在于掌控好各种差异之间的尺度，处理好前后句子之间的衔接和搭配方式。底下这段话可作为锻句时协调良好的范例：

这些干部、农民、秀才、狱吏、商人和钱粮师爷，就是我的可敬爱的先生，我给他们当学生是必须恭谨勤劳和采取同志态度的，否则他们就不理我，知而不言，言而不尽。开调查会每次人不必多，三五个七八个人即够。必须给予时间，必须有调查纲目，还必须自己口问手写，并同到会人展开讨论。因此，没有满腔的热忱，没有眼睛向下的决心，没有求知的渴望，没有放下臭架子、甘当小学生的精神，是一定不能做，也一定做不好的。

（毛泽东《〈农村调查〉的序言和跋·序》）

句子的各种语言特点，是锻句活动得以进行的语言基础。这些特点可以通过句子的变化、句子的衔接和消除歧义这三类活动体现出来。句子的衔接和消除歧义在下一章谈论，和衔接有关的如何使句子读来上口的问题在第九章谈论，本章只说说句子的变化。

三、句子构造的变化

句子变化的第一种表现涉及语法构造的变化。语法的变化除了句型的变化之外，还包括同一句型内语序的变化。

（一）主动句和被动句的变化

例如：

冰雹毁坏了庄稼。（主动句）←→庄稼被冰雹毁坏了。（被动句）

请勿损坏花草。（主动句）←→花草请勿损坏。（被动句）

在一般情况下，人们倾向于使用主动句，这是因为施事——动作——受事的次序符合说汉语的人的心理习惯，显得流畅，容易理解。但是被动句也有不少好处。主要有：

1. 在特定条件下，可使前后句子的叙述角度一致，句子连贯。下例中带下画线的是主语：

庄稼长得真好，眼看就是一场大丰收，不料被一场冰雹毁坏了。

请比较：

庄稼长得真好，眼看就是一场大丰收，不料一场冰雹把它们毁坏了。

2. 强调受事。如：

睡觉之前，应该关闭热水器的燃气开关。（主动句）←→睡觉之前，热水器的燃气开关应该关闭。（被动句）

3. 当不能或无法说出施事时避免说出施事。比如：

庄稼被毁坏了。

一架飞机在该地区被击落。

（二）一般动宾谓语句和"把"字句的变化

例如：

于是我合上了笔记本和书。←→于是我把笔记本和书合上了。

摄影师架好了三脚架。←→摄影师把三脚架架好了。

一般动宾谓语句由于是（施——）动——受的语序，显得自然流畅。而"把"字句的作用是：

1. 使受事带上被处置对象的意味。试比较：

快放下起落架！←→快把起落架放下！

2. 突出动作或动作及结果。如：

把那件脏衣服洗得干干净净。

双宾语句变成"把"字句，一般是强调受事。如下句中的"一只蝴蝶结"是受事，"小丽"是与事：

姐姐送给小丽一只蝴蝶结。→姐姐把一只蝴蝶结送给小丽。

（三）定语和谓语之间的变化

定语大多是对中心成分的意思起限制、修饰、描摹作用，但一般不传递新信息，如欲传递新信息，凸显其对某特定成分的说明作用，则可将其变为句子的谓语，而将某特定成分处理成句子的主语。如：

满天璀璨闪耀的星星→星星满天璀璨闪耀

一杯香浓可口的咖啡→一杯咖啡香浓可口／咖啡一杯，香浓可口

（四）状语、定语和全句修饰语之间的变化

状语和定语移前为全句修辞语后，它们所表达的信息便能得到强调。如：

考古学家<u>此前</u>对于旧石器时期绳索是如何生产和使用的知之甚少。→<u>此前</u>，考古学家对于旧石器时期绳索是如何生产和使用的知之甚少。（状语移前变为全句修饰语）

张工<u>在这个问题上</u>的看法是正确的。→<u>在这个问题上</u>，张工的看法是正确的。（定语移前变为全句修饰语）

为使前后话语更加连贯，还常将状语变为全句修饰语，这是状语移前的另一个动因。如：

这两个"又"字，直钻到姚先生心里去。他紫涨了脸，一时挣不出话来，眼看着<u>曲曲对着镜子掠了掠鬓发</u>开橱取出一件外套，翩然下楼去了。

<u>从那天起</u>，王俊业果然没到姚家来过。

（张爱玲《琉璃瓦》）

（五）语序的非常规变化

这类变化主要有如下四种：

1. 偏句＋正句→正句＋偏句

2. 主语＋谓语→谓语＋主语

3. 定语＋中心语→中心语＋定语

4. 状语＋中心语→中心语＋状语

这种变化的共同特点是都偏离了常规语序，谓语移前、定语和状语移后尤其显得不合常规。上述语序变化的原因不一：偏句移后一般是为了补充说明原因、目的等意思。谓语移前一般由于语急，导致谓语脱口而出，然后补上主语。定语、状语移后常常是说话后发觉表意不准不清，再加弥补。这些语序变化在客观上都具有如下修辞效果：偏句、谓语、定语和状语表达的信息都得到了强调，同时，移后的成分具有补充说明的意味。例如：

<u>三天来没吃一口东西</u>，他饿得再也走不动了。→ 他饿得再也走不动了，<u>因为三天</u>

来没吃一口东西。（偏句移后）

为了实现这个目标，大家同心协力拼搏。→大家同心协力拼搏，为了实现这个目标。（偏句移后）

你干嘛这样说？→干嘛这样说，你？（谓语移前）

船就要靠岸了。→就要靠岸了，船。（谓语移前）

因为穿了一双脚跟上安轮子的特别的运动鞋，走路时，她老喜欢翘起脚掌滑几步。→因为穿了一双特别的运动鞋，脚跟上安轮子的，走路时，她老喜欢翘起脚掌滑几步。（定语移后）

他得意洋洋地环顾着四周。→他环顾着四周，得意洋洋地。（状语移后）

定语、状语移后多少显得不太自然，因而较少使用。显得比较自然的后移定语，往往变成谓语，因而失去了定语移后的作用，如：

一张红红的脸像个大苹果。→一张脸，红红的，像个大苹果。

（六）紧句和松句的变化

紧句和松句是相比较而言的。同样的意思，用一个单句或分句说就紧，用两个或几个句子说就松；用紧缩复句说就紧，用一般复句说则松；词语不重复的句子紧，词语重复多的句子松；并列成分共同作定语、状语，或者共同带宾语的紧，并列成分分别作定语、状语，或者分别带宾语的松；没有提示语的句子紧，有提示语的句子松。例如：

芝麻汤圆糯而甜。（紧句）←→芝麻汤圆很糯，也很甜。（松句）

这道理一听就懂的。（紧句）←→这道理只要一听，马上就会懂的。（松句）

高的、矮的、胖的、瘦的、丑的、俊的都有。（紧句）←→高的也有，矮的也有，胖的也有，瘦的也有，丑的也有，俊的也有。（松句）

组织并发动大家打扫卫生。（紧句）←→组织大家，发动大家打扫卫生。（松句）

位于小街拐角上的小楼房，是诗人晚年的寓所。（无提示语，紧句）←→位于小街拐角上的小楼房，那是诗人晚年的寓所。（有提示语，松句）

紧句的特点是凝练，松句的特点是舒缓。

（七）长句和短句的变化

长句和短句的界限没有一个精确的标准，如果绝对地看，大致以10个音节为度：少于10

个音节的是短句，多于 10 个音节的是长句。如果相对地看，更无精确的标准。若上下文中其他句子明显较长，剩下的就是短句；若上下文中其他句子明显较短，剩下的就是长句。长句变为短句主要有四个方法：其一，压缩句子内容，删去相对而言的次要词语；其二，把一个较长的复句变成一个紧缩复句；其三，把一个较长的单句或分句拆成几个单句或分句；其四，把比较长的那个部分变成提示语。例如：

这是一艘 100.6 米长，8.5 米高，6.7 米宽，水面轻载排水量 3 260 吨，水面正常排水量 3 465 吨，水下排水量 4 110 吨的攻击型核潜艇。←→这是一艘水下排水量 4 110 吨的攻击型核潜艇。（压缩句子内容）←→这是一艘攻击型核潜艇，100.6 米长，8.5 米高，6.7 米宽，水面轻载排水量 3 260 吨，水面正常排水量 3 465 吨，水下排水量 4 110 吨。（拆成几个分句）←→这艘 100.6 米长，8.5 米高，6.7 米宽的攻击型核潜艇；它的水面轻载排水量 3 260 吨，水面正常排水量 3 465 吨，水下排水量 4 110 吨。（带提示成分，用"它"复指）

他是个傻子，跟他说多少道理都没用，全是白搭。←→他是个傻子，说也白搭。（变成紧缩复句）

口语句多是很短的短句。如：

嗬，可真厉害，怎么？想较较劲儿？

长句的作用是有助于表意严谨、描写细密，短句则显得明快利落。请比较两封信：

海发同志：

来信和剪报均收到，大著（《吴文藻与冰心结伴归故乡》，载《无锡日报》1986 年 5 月 23 日）中有几处不准确，请阅。我现在行动不便，不能去江阴了，甚歉。万象书局出版的《冰心选集》，肯定是盗印，因为我没有在该书局出版过书！

顺颂近安

冰心

六、十八

上一封的收信者为无锡市市北高级中学高级教师吴海发，全信以短句为主，显得亲切。下一封《1986 年 5 月 21 日给全国儿童文学创作会议的贺词》也是冰心写的，但收信对象是一个高等级的全国会议，为示庄重，全信以长句为主（"/"线代表句界），如：

文化部和中国作协主办的儿童文学创作会议，将于今年五月在山东烟台召开。/我因病不能参加，/失却了向同志们学习和旧地重游的机会，/我感到十分遗憾！/但是这个会议的召开和开会地点的决定，都使我十分欢喜而激动。/我深信，我们的儿童文学工作者在我的第二故乡——烟台的天风海涛推送之中，交流和讨论一定会加倍地活泼热烈，我们的儿童文学创作也一定会在已有的成绩上，推进到一个新的高峰。

冰心敬贺

一九八六年五月二十一日

（八）整句和散句的变化

整句或是音节相同的句子，或是语法结构和音节数量相近，语气一致的句子；散句则是音节数量相差明显，语法结构和语气可能不一致的句子。下面带下画线的是整句，如：

<u>千里江山，俱收眼底；黄山奇景，尽踏足下</u>。（徐迟《黄山记》）←→千里江山，全部收入了眼底；黄山的奇景，也都踏在我们的脚下了。

整句经常用对偶或者排比的手段构成。整句的好处是整齐匀称，但用得多了就比较呆板；散句的优点是活泼灵便，但全用散句则可能显得平淡。较好的方法是把整句和散句结合起来，使话语富有变化。比如：

我举头四顾，<u>秋色已深，枫叶灿然</u>，很想独个儿在什么地方静一静，喘口气，就默默离开人群，找到了一条偏僻的小路。野山毕竟不是广场通衢，要寻找冷清并不困难，<u>几个弯一转，几丛树一遮</u>，前前后后只剩下了我一个人。这条路很狭，好些地方几乎已被树丛拦断，拨开枝桠才能通过。渐渐出现了许多坟堆，那年月没人扫坟，荒草迷离。

（余秋雨《千年庭院》）

同样使用整句，但组和组之间若有差异，也算一种整散结合。如：

五千人，<u>一个民族，男男女女，锅碗瓢盆，全部家当</u>，/<u>骑着马，骑着骆驼，乘着马车、牛车</u>，/<u>浩浩荡荡，迤迤逦逦</u>，告别东北的大草原，朝着西北大戈壁，出发了。

（汪曾祺《天山行色》）

四、句子口气的变化

句子变化的第二种表现涉及口气的变化，这里主要指肯定口气和否定口气的变化，口气虽然有异，基本意思却没有不同。变化可分为两种。

（一）否定词＋反义词

这种变化或者为了直接否定某个概念；或者出于某种考虑，宜用否定的方式表达某种意思。下文采用否定的方式，看来是想让意思表达得婉转一些：

> 但是东西很多，运费<u>不</u>低，官僚们又犹豫了。只有王道士一次次随手取一点出来的文物，在官场上送来送去。

（余秋雨《道士塔》）

有一些句子变化前后基本意思相同，如：

> 他这样做是<u>对</u>的。（肯定口气）←→他这样做是<u>不错</u>的。（否定口气）
>
> 他这样做是<u>错</u>的。（肯定口气）←→他这样做是<u>不对</u>的。（否定口气）

有一些句子只能保证单方向变化前后的基本意思相同。如：

> 我<u>讨厌</u>这种颜色。（肯定口气）←→我<u>不喜欢</u>这种颜色。（否定口气）

但是反过来说，意思就不太一样了，因为"不讨厌"不等于"喜欢"，如：

> 我<u>喜欢</u>这种颜色。（肯定口气）←→我<u>不讨厌</u>这种颜色。（否定口气）

还有一些句子连单方向变化时也不能保证前后的基本意思相同，这种变化就不属于同义选择的范围了。如：

> 大家都<u>支持</u>这个方案。（肯定口气）←→大家都<u>不反对</u>这个方案。（否定口气）
>
> 大家都<u>反对</u>这个方案。（肯定口气）←→大家都<u>不支持</u>这个方案。（否定口气）

在改变句子的口气时，对以上三种差别不可不辨。

（二）双重否定

例如：

> 我愿意来。←→我<u>不</u>是<u>不</u>愿意来。（委婉）
>
> 这种事情是可能发生的。←→这种事情<u>不</u>是<u>不</u>可能发生的。（委婉）
>
> 老师会来的。←→老师<u>不</u>会<u>不</u>来的。（委婉）

以上双重否定所表示的肯定意思都较为委婉，但这不意味着口气的变化都是这样，也有一些双重否定是表示强调的。如：

> 我能来。←→我<u>不</u>能<u>不</u>来。（强调）
>
> 你应该发言。←→你<u>不</u>应该<u>不</u>发言。（强调）
>
> 大家都喜欢他。←→<u>没有</u>一个人<u>不</u>喜欢他。（强调）

五、句子语体的变化

句子变化的第三种表现是语体的变化，即口语句和书面语句的变化，书面语意味最浓的是文言句。例如：

> 十年．春，齐师伐我，公将战。（《左传·庄公十年》）（文言句）←→（庄公）十年，春季　齐国的军队来讨伐我们，庄公打算与他们作战。（白话句）

修辞上句子语体的变化，集中表现为口语句和书面语句的交替，或白话句和文言句的交替。下例据传为张友鸾所撰的报纸新闻标题：

> 潇潇雨 犹未歇 说不定 落一月

（《民国报纸的那些绝妙标题》，道客巴巴）

上例中的第一分句是书面语句，后一分句是口语句。口语句好说易懂，书面语句庄重大方，文言句则古奥典雅。下文为丰子恺《白鹅》的一段，以口语句为主，书面语句、文言句为辅，使文章在一派通俗朴素的氛围中添加几许书卷气，这是读书人作文的常法：

> 鹅蛋真是大，有鸡蛋的四倍呢！主母的蛋篓子内积得多了，就拿来制盐蛋，炖一个盐鹅蛋，一家人吃不了的！工友上街买菜回来说："今天菜市上有卖鹅蛋的，要四百元一个，我们的鹅每天挣四百元，一个月挣一万二，比我们做工的还好呢，哈哈，哈哈。"我们也陪他一个"哈哈，哈哈"。望望那鹅，它正吃饱了饭，昂胸凸肚地，在院子里跨方步，看野景，似乎更加神气了。但我觉得，比吃鹅蛋更好的，还是它的精神的贡献。因为我们这屋实在太简陋，环境实在太荒凉，生活实在太岑寂了。<u>赖有这一只白鹅，点缀庭院，增加生气，慰我寂寥。</u>

俞平伯的《谈虎丘剑池》文白相间，而以文言句为主，则显得尤为古雅。如《大戴礼记·保傅》篇：

> "<u>越王不颓旧冢而吴人服。</u>"
>
> 只此一句，故事不详，亦未见他书，盖别有所据，而今亡矣。北周卢辩注曰："<u>盖勾践也</u>"；下又云"<u>皆得民心也</u>"。
>
> 按卢说"越王"为勾践，于"旧冢"无注，以义推之，盖即阖闾冢。或更包括其他吴先王，主要的在于阖闾，<u>注谓"得民心"者指此而言。</u>

第八章 锻句（二）

本章谈论锻句的另两个重要内容——句子的衔接和消除歧义。

一、句子的衔接手段

句子的衔接包括单句、分句、复句间的各种衔接，是句子构成篇章的必要手段。句子衔接得好坏与否，直接决定着话语内部意义是否贯通，段落构建是否合理，表达形式是否得当，风格是否协调。句子衔接的总要求是连贯，基本要求是衔接顺畅、紧密、有序。

大致说来，所谓衔接包括两个方面。其一是意义上的衔接，其二是语句上的衔接；前者可称"内容衔接"，后者可称"形式衔接"。形式衔接为内容衔接提供语言条件，内容衔接为形式衔接提供内在的保证，两者相辅相成。但比较起来，内容衔接是根本，这就是不靠形式，仅凭意义即"意合法"也可以使句子贯通的原由。如：

> 故乡的三月，是田园诗中最美的段落。
>
> 桃花笑靥迎人，在溪边山脚，屋前篱落，浓淡得宜，疏密有致，尽你自在流连，尽情欣赏。冬眠的草木好梦初醒，抽芽，着叶，嫩绿新翠，妩媚得像初熟的少女，不似夏天的蓊蓊郁郁，少妇式的丰容盛鬋。油菜花给遍野铺满黄金，紫云英染得满地妍红，软风里吹送着青草和豌豆花的香气，燕子和黄莺忘忧的歌声……

> （柯灵《故园春》）

如果光有形式衔接，没有内容衔接，意义上是荒谬的，自然也无法达到连贯。如：

> 如果这是把果壳装起来，那么冬去春来。因为如果这是为了母亲的微笑，那么就发现泰戈尔诺贝尔奖章失窃；如果不是付费频道，那么就为大熊猫退耕换竹。由此可见，沪上 10 万人既吃"石头饭"，又超 110 万吨。

不过形式衔接也有独特的价值，有时候，离开形式，某些意义关系难以表达，话语就无法连贯。下文中带下画线的都是不可删除的起衔接作用的词语，如：

因此我悟出一点道理：和人下棋的时候，<u>如果</u>有机会使对方受窘，当然无所不用其极；<u>如果</u>被对方所窘，便努力作出不介意状。<u>因为</u>既不能积极的给对方以烦恼，只好消极的减少对方的乐趣。

（梁实秋《下棋》）

锻句过程中常用以下一些衔接句子的方法。

（一）关联词语

　　它包括具有连接作用的连词、副词以及某些习用短语，主要有两个作用：一是标明句子之间的关系类别，二是把句子衔接起来。下面两例中带下画线的关联词语主要起标明关系的作用，可以不用，但用后可使话语脉络分明。如：

　　科学成果是累积起来的，白手起家是困难的，<u>并且</u>这个时代也早已过去了，前人的理论是我们的财富。

（吕叔湘《把我国语言科学推向前进》）

　　这一段话意思错综复杂，很不容易说清楚，<u>但</u>经过作者的整理，<u>却</u>都串连了起来。

（朱德熙《谈朱自清的散文》，载于《语法 修辞 作文》）

下例中带下画线的关联词语既标明关系，又为句子衔接所必需，无法不用。如：

　　我在例句里引用的李格非《书洛阳名园记后》中的一句：

　　天下当无事则已，有事则洛阳必先受兵。

　　这里的"当"字似乎可以讲得通，<u>可是</u>总觉得有几分可疑。

（吕叔湘《错字小议》）

（按：该文后面提到"当"字为"常"字之误，因"当"的繁体"當"和"常"形近。）

下例中带下画线的关联词语起着把句子衔接起来的作用，必须使用；带下划曲线的关联词语如果不用，句子虽可衔接，但句间意义会起变化，故不能随便删除。如：

　　<u>可是</u>作者不直接把这一点说出来，<u>却</u>从一个刚到威尼斯的旅客的印象说起："出了火车站，你<u>立刻</u>便会觉得；这里没有汽车，要到哪儿，不是搭小火轮，便是雇'刚朵拉'。"<u>接着</u>_～把运河比作大街，把另外的四百多条小河比作小胡同。这个比喻<u>不但</u>新鲜，有趣味，<u>而且</u>十分恰当。

（朱德熙《谈朱自清的散文》）

（二）其他具有关联作用的词语

　　有些词语或固定短语如"其一、其二、一句话、总而言之、由此可见"等，表示说话的次序、总括、结论等，习惯上不看作关联词语，但其基本作用是在篇章中起衔接作用。和关联词语相比，它们的作用更多地体现为塑造或显示语段之间的脉络关系。如：

若论做官之难，依笔者孔见，不外乎有三。

其一是难在奉公守法。要奉公，就得心甘情愿做百姓的"公仆"，就得"早作而夜思，勤力而劳心"，就得"先天下之忧而忧，后天下之乐而乐"。而要守法，则不得"素餐兮"，不得以"公币"换取"私物"，不得为七大姑八大姨批条子、捅路子。如此这般"官法"、"官则"，于某些吃惯捞惯的官员看来，不啻是紧箍咒，铁锁链。若指望他们为政清廉，岂不比上青天还难！

其二便是难在开拓、创业。要开拓，便要有"敢为天下先"的精神，遇事要勇于冒风险，敢于担肩胛；而要创业，则须有相应的知识与技能、业务能力、现代管理艺术，等等等等。然而君不见，我们的某些吃了数十年"官饭"的大人们，除去开会、剪彩、嗜酒、画圈、玩权术、说"官话"外，你说，还能让他干什么！呜呼，难哉难哉，做官之难"于此可见一斑"矣。

再次，大概便是难在能官能民。能上能官固属不易，需要有"爬和撞"的功夫。然而，于"官本位"思想深厚的中国。能下能民则更比移山难、剜肉疼。不很有些人在离休后，失落感终日萦系心头，乃至挖空心思想发挥"余权"吗？不亦很有些人一俟爬上高位，便日夜细心揣摩上峰的"意图"，希冀坐稳了这把"官椅"吗？如此局促之心态，做官岂有不难之理！

（方鸿儒《"做官难易"辨》）

又如：

许寿裳的儿子许世瑛考入清华大学中文系，请鲁迅指导读书，鲁迅给了他一个书单。可见初学者是多么需要了解有关的书目。

（陈宏天《打开知识宝库的钥匙——书目》）

(三) 过 渡 语

这是一些在句子之间或语段之间起衔接作用的句子。有两种过渡语，一种和所说内容无直接关系，只起交代文脉的作用。如：

列宁说过："只要向前再多走一小步——看来仿佛依然向同一方向前进一小步——真理便会变成错误。"这话讲得多么深刻。

写到这里，有人会问："依你说：一个漂亮的姑娘，个儿要高，又不能太高。脸要白，又不能太白；要白里透红，又不能太红。什么事都要不长不短，不快不慢，不多又不少，那岂不是变成折中主义了吗？"

（杨述《恰到好处》）

又如：

上一回说的是何大拿叫着解文华上了桥头镇；齐英带着孙定邦和丁尚武到各村去作组织动员。这两方面都是急如星火，各有定策。

花开两朵，各坠一枝。齐英要怎样地动员组织，暂且不表。却说：何大拿与解文华俩人一路上走着，当然是说了不少的话。

（刘流《烈火金钢》第十四回"抗强暴妇女尽坚贞 逞淫凶敌伪小火并"）

另一种和所说内容有直接或一定程度的关系。下文中的过渡语"语言也是这样"就和所说内容有直接关系：

世界上万事万物都永远在那儿运动、变化、发展，语言也是这样。语言的变化，短时间内不容易觉察，日子长了就显出来了。比如宋朝的朱熹，他曾经给《论语》做过注解，可是假如当孔子正在跟颜回、子路他们谈话的时候，朱熹闯了进去，管保他们在讲什么，他是一句也听不懂的。

（吕叔湘《语文常谈》）

中国传统说书及章回小说，往往在一卷或一章的开头诵上一首诗词，这可看作一种引发下文的过渡语，和所说内容有一定程度的关系。如：

诗云：一局输赢料不真，香销茶尽尚逡巡。欲知目下兴衰兆，须问旁观冷眼人。

却说封肃因听见公差传唤，忙出来陪笑启问。那些人只嚷："快请出甄爷来！"封肃忙陪笑道："小人姓封，并不姓甄。只有当日小婿姓甄，今已出家一二年了，不知可是问他？"

（曹雪芹《红楼梦》第二回"贾夫人仙逝扬州城 冷子兴演说荣国府"）

（四）相同的所指对象

具体来看，对所指对象有如下几类表示手段：

1. 用零形式衔接

所谓零形式，就是并不出现所指的词语，但在意思上有所隐含，分析时可用符号"φ"表示。如下例中几个零形式和第一分句中的"他"所指相同：

现在，他一面跨上其香居的阶沿，φ 拖了把圈椅坐了下去，φ 一面直着嗓子，φ 干

第八章 锻句（二） | 85

笑着嚷道：

"嗨，对！看阳沟里还把船翻了么！"

（沙汀《在其香居茶馆里》）

下例中零形式和后句中处于定语位置上的"他"所指对象相同，这是由"肌肉"和"他"的被领属和领属的关系所保证的：

ϕ 接着掏出表来看一看，他那一脸丰满的肌肉立刻紧张了起来。

（张天翼《华威先生》）

下例中"酒量"和"校长"是被领属和领属的关系，"酒量"之前隐含"校长（的）"：

那校长原是个小官僚，ϕ 酒量可以跟酒缸比较的角色。

（林斤澜《台湾姑娘》）

因领属关系的缘故而使用零形式的话语很常见，又如：

我再仔细看看她。她穿着灰布棉袍，ϕ_1 鬓边戴着一朵白花，ϕ_1 颈后垂着的再不是当年多彩多姿的凤凰髻或同心髻，而是一条简简单单的香蕉卷；她脸上脂粉不施，ϕ_2 显得十分哀戚：我对她不禁起了无限怜悯。

（琦君《髻》）

在下例中，零形式不是和"她"，而是和"水根儿"所指对象相同：

她挖的都是细嫩的、白白的、长长的、水盈盈的水根儿，ϕ 冒着一个红嘴儿。

（端木蕻良《早春》）

2. 用不同的名词性词语衔接

人称代词是名词性的。例如：

这女人编着席。不久，在她的身子下面就编成了一大片。

（孙犁《荷花淀》）

又如：

我定睛一看，原来是于光秀。这女孩子是高三丙班的班长，一个品学兼优的学生，我教的这门子历史，每一次考试，都掉不下来九十分。

（杨念慈《前尘》）

3. 用相同的代词、名词等来衔接

这是一种笨重而有力量的衔接法，通常在铺陈句子的时候使用。例如：

我要再来受一道你们世上人所给我的侮辱。

我要再见一次所见过人类的残酷。

我要追出那些眼泪同笑声的损失。

我要捉住那些过去的每一个天上的月亮拿来比较。

我要称称我朋友们送我的感情的分量。

我要摩摩那个把我心碰成永远伤创的人的眼。

我要哈哈的笑，像我小时的笑。

我要在地下打起滚来哭，像我小时的哭！

…………

（沈从文《生之记录》）

又如：

我看见英勇的、高傲的、睿智的、恋爱的、仁慈的眼……我也看见淫荡的、充血的、谄媚的、贪婪的、哀怨的眼……我看见，发光的或失神的眼、高尚的或卑鄙的眼。然而从没有看过像那孩子如秋夜莹星一样透澈、明亮、洋溢着生命希望的眼。

（郭枫《眼睛》）

也可用相同的名词性短语来衔接。如：

看字迹，有的稚拙，有的老练；有的朴实，有的华美。

（韩少华《序曲》）

用零形式衔接是汉语分句衔接的常法。不用零形式衔接，容易显得啰嗦，但是能突出指称对象。用相同的词语衔接，更能突出指称对象，但也最笨重。试比较：

大禹是传说中的英雄人物，ϕ/他/大禹是人民的智慧和希望的化身。

（五）相同的动词

仅用相同动词来衔接的现象并不多见。下文中居于段首的两个"飞"在用法上像我国传统词曲中的"领字"，各统摄一个段落。又因为"飞"居于段首，使两个段落都变成对"飞"的描述和联想，形成密切关系。如：

…………

我们吃了中饭出来到海边去。（这是英国康槐尔极南的一角，三面是大西洋。）勯丽丽的叫响从我们的脚底下匀匀地往上颤，齐着腰，到了肩高，过了头顶，高入了云，高出了云。啊！你能不能把一种急震的乐音想成一阵光明的细雨，从蓝天里冲着这平铺着青绿的地面不住的下？不，那雨点都是跳舞的小脚，安琪儿的。云雀们也吃过了饭，离开了它们卑微的地巢飞往高处做工去。上帝给它们的工作，替上帝做的工作。瞧着，这儿一只，那边又起了两只！一起就冲着天顶飞，小翅膀活动得多快活，圆圆的，不踌躇地飞——它们就认识青天。一起就开口唱，小嗓子活动得多快活，一颗颗小精圆珠子直往外唾，亮亮的唾，脆脆的唾——它们赞美的是青天。瞧着，这飞得多高，有豆子大，有芝麻大，黑刺刺的一屑，直顶着无底的天顶细细地摇——这全看不见了，影子都没了！但这光明的细雨还是不住地下着……

　　飞。"其翼若垂天之云……背负苍天，而莫之天阏者"，那不容易见着。我们镇上东关厢外有一座黄泥山，山顶上有一座七层的塔，塔尖顶着天。塔院里常常打钟，钟声响动时，那在太阳西晒的时候多，一枝艳艳的大红花贴在西山的襞边回照着塔山上的云彩——钟声响动时，绕着塔顶尖，摩着塔顶天，穿着塔顶云；有时一只两只、有时三只四只、有时五只六只蜷着爪往地面瞧的"饿老鹰"，撑开了它们灰苍苍的大翅膀，没挂恋似的在盘旋；在半空中浮着，在晚风中泅着，仿佛是按着塔院钟的波荡来练习圆舞似的。那是我做孩子时的"大鹏"。有时好天抬头不见一瓣云的时候，听着猕忧忧的叫响，我们就知道那是宝塔上的饿老鹰寻食吃来了，这一想象半天里秃顶圆睛的英雄，我们背上的小翅膀骨上就仿佛豁出了一铧铧铁刷似的羽毛，摇起来呼呼响的，只一摆就冲出了书房门，钻入了玻璃镶边的白云里玩儿去，谁耐烦站在先生书桌前晃着身子背早上的多难背的书！啊飞！不是那在树枝上矮矮的跳着的麻雀儿的飞；不是那凑天黑从堂厢后背冲出来赶蚊子吃的蝙蝠的飞；也不是那软尾巴软嗓子做窠在堂檐上的燕子的飞。要飞就得满天飞，风拦不住云挡不住地飞，一翅膀就跳过一座山头，影子下来遮得荫二十亩稻田地飞，到天晚飞倦了就来绕着那塔顶尖顺着风向打圆圈做梦……听说饿老鹰会抓小鸡！

　　飞。人们原来都是会飞的。天使们有翅膀，会飞；我们初来时也有翅膀，会飞。我们最初来就是飞了来的，有的做完了事还是飞了去，他们是可美慕的。但大多数人是忘了飞的。有的翅膀上掉了毛不长再也飞不起来；有的翅膀叫胶水给胶住了，再也拉不开；有的羽毛叫人给修短了，像鸽子似的只会在地上跳；有的拿背上一对翅膀上当铺去典钱，使过了期再也赎不回……真的，我们一过了做孩子的日子就失掉了飞的本领。但没了翅膀或是翅膀坏了不能用是一件可怕的事。因为你再也飞不回去，你蹲在地上呆望着飞不上去的天，看旁人有福气的一程一程地在青云里逍遥，那多可怜。而且翅膀又不比是你脚上的鞋，穿烂了可以再问妈要一双去，翅膀可不成，折了一根毛就是一根，没法给补的。还有，单顾着你翅膀也还不定规到时候能飞，你这身子要是不谨慎养太肥了，翅膀力量小再也拖不起，也是一样难不是？一对小翅膀驮不起一个胖肚子，那情形多可笑！到时候你听人家高声地招呼说，朋友，回去吧，趁这天还有紫色的光；你听他们的翅膀在半空中沙沙的摇响，朵朵的春云跳过来拥着他们的肩背，望着最光明的来处翩翩地、冉冉地、轻烟似的化出了你的视域，像云雀似的只留下一泻光明的骤雨——"Thou art unseen but yet I hear thy shrill delight"——那你，独自在泥涂里淹着，够多难受，够多懊恼，够多寒伧！趁早留神你的翅膀，朋友。
··········

（徐志摩《想飞》）

（按：'Thou art unseen but yet I hear thy shrill delight"为古英语，译成现代英语为"You are unseen, but yet I hear your shrill delight"，大意是"你无影无踪，但我仍听见你的尖声欢叫"。）

用相同动词衔接话语的方法若与排比合用，便使语句更显回环复沓的节律感。如：

说不定性格是属忧郁一派的，要不怎么会<u>喜欢</u>了夜呢？

<u>喜欢</u>夜街头憧憧的人影；<u>喜欢</u>空寂的屋里荧然的孤灯；<u>喜欢</u>凉凉秋夜唳空的过雁；<u>喜欢</u>江船上眠愁的旅客谛听夜半钟声；<u>喜欢</u>惊涛拍岸的海啸未央夜还訇磕的回应着远山近山；<u>喜欢</u>使祖逖拔剑起舞的阵阵鸡鸣；<u>喜欢</u>僻街穷巷黑阴里接二连三的汪汪犬吠；<u>喜欢</u>午夜的一声枪；<u>喜欢</u>小胡同里蹒跚着的鸟儿郎当的流氓；<u>喜欢</u>直响到天亮的舞场里的爵士乐；<u>喜欢</u>洞房里亮堂堂的花烛，花烛下看娇羞的新嫁娘；<u>喜欢</u>旅馆里夜深还有人喊茶房，要开壶；<u>喜欢</u>长长的舒一舒懒腰，睡惺忪的大张了口打个喷嚏：因为<u>喜欢</u>了夜，这些夜里的玩艺便都<u>喜欢</u>了呢。

（吴伯箫《夜谈》）

（六）表示时间、范围等的全句修饰语

这一点上一章已经提过，此处再举几例。如：

<u>现在呢</u>，恕我说得暮气一点，却稍有"去者日以疏"之憾了。

<u>自离乡后</u>，儿时的旧情虽不可得，然夜读则未尝中辍。

（金性尧《夜读》，署名"文载道"）

又如：

在城市里所能看见的黎明，虽只有窗口模糊灰白的一小方天，却也够耐人寻味；<u>在睡梦里</u>，感觉比醒着的时候锐敏，喜欢铺张夸大的心理，也更发达。

（杨必《光》）

（七）顶真的方法

运用此法能取得前后贯穿之势。如：

有个农村叫张家庄。张家庄有个张木匠。张木匠有个好老婆，外号叫个"小飞蛾"。小飞蛾生了个女儿叫"艾艾"，算到一九五〇年阴历正月十五元宵节，虚岁二十，周岁十九。

（赵树理《登记》）

顶真是一种修辞格，有关内容请看第十一章辞格（一）。

（八）对应格式

对应格式是指语法结构相同或相近，叙述角度一致的一组分句或大于分句的句子。对偶和排比（都是修辞格，参看第十一章），特别是对偶，是对应格式的工整形式，但常用的对应格式可能远不如对偶严格。下文中的"/"线表示格式间的界限，如：

当时我很喜欢他门前的瓜架，苇篱圈成的小院子和沿苇篱种的向日葵。/我也喜欢他屋里的简单陈设：小锅、小灶，一盘铺着苇席和狼皮的土炕；墙上挂满了野鸡、水鸭、大雁等等的羽毛皮，一张一张，五色斑斓。/最喜欢的当然是他挂在枕边的那杆长筒猎枪和一个老得发紫的药葫芦。

（吴伯箫《猎户》）

又如：

只说看夕阳，我们平常只知道登山或是临海，但实际只须辽阔的天际，平地上的晚霞有时也是一样的神奇。有一次我赶到一个地方，手把着一家村庄的篱笆，隔着一大田的麦浪，看西天的变幻。/有一次是正冲着一条宽广的大道，过来一大群羊，放草归来的，偌大的太阳在它们后背放射着万缕的金辉，天上却是乌青青的，只剩这不可逼视的威光中的一条大路，一群生物！我心头顿时感着神异性的压迫，我真的跪下了，对着这冉冉渐翳的金光。/再有一次是更不可忘的奇景，那是临着一大片望不到头的草原，满开着艳红的罂粟，在青草里亭亭的像是万盏的金灯，阳光从褐色云里斜着过来，幻成一种异样的紫色，透明似的不可逼视，刹那间在我迷眩了的视觉中，这草田变成了……不说也罢，说来你们也是不信的！

（徐志摩《我所知道的康桥》）

对应格式本身即具有一定的衔接力，若能做到各部分音节数完全一致，则衔接力大增，即使把几件干系不大的事情放在一起说，也让人觉得能够契合。例如：

看录像点菜 顾客方便 唱新曲大赛 延长报名（某报纸的新闻标题）

（九）列举分承的格式

在一个句子或句群里，前边先说出或提到≥两件事或一件事的几个方面，这就是列举；接下来再对它们加以说明或者阐发，这就是分承。如：

一九三一年里，这铺子举行过两回展览会，一回是剑桥书籍展览，一回是近代插图书籍展览，都在那"会议厅"里。

（朱自清《伦敦杂记·三家书店》）

下文中"不能蔽风雨"是列举，"因为有窗……"和"有瓦……"是分承，如：

虽然我已渐渐感觉它并不能蔽风雨，因为：有窗而无玻璃，风来则洞若凉亭；有瓦而空隙不少，雨来则渗如滴漏。

（梁实秋《雅舍》）

下例中也用了列举分承的格式，但管辖的范围更大：

语言的变化涉及语音、语法和语汇三方面。语汇联系人们的生活最为紧密，因而变化也最快、最显著。……语法方面，有些古代特有的语序，像'吾谁欺？''不我知'，'夜以继日'，现代不用了。……语音，因为汉字不是标音为主，光看文字看不出古今的变化。……

（吕叔湘《语言的演变》）

当内容头绪较多的时候，采用列举分承的格式可以收到条理清楚的功效。

（十）事理、逻辑等顺序

这种方法着眼于把所要表达的内容按发展的先后、关系的亲疏深浅、原因条件和结果等顺序进行排列。下文中各句主要按事发时间的先后衔接：

但是这些都过去了。经过十年的考验，我活了下来，我还能够拿笔，我还能够飞行十七个小时。我居然第二次来到沙多—吉里，我居然重新走进拉封丹中学的大门。我走进五十年前的大饭厅的时候，我还在想我是不是在做梦。

（巴金《沙多—吉里》）

下文第二、三、四句按主次、辈分的顺序衔接：

这里供奉着七尊塑像，正面当中是吕洞宾，两旁是他的朋友李铁拐和何仙姑，东西两侧是他的四个弟子，所以叫作七真祠。

（李健吾《雨中登泰山》）

下文中带下画线的句子基本上按距离远近的顺序衔接：

我携着三个孩子在屋后草场中嬉戏着的时候，夕阳正烧着海上的天壁，眉痕的新月已经出现在鲜红的云缝里了。

草场中牧放着的几条黄牛，不时曳着悠长的鸣声，好像在叫它们的主人快来牵它们回去。

我们的两匹母鸡和几只鸡雏，先先后后地从邻寺的墓地里跑回来了。

立在厨房门内的孩子们的母亲向门外的沙地上撒了一握米粒出来。

——"今年的成绩真好呢，竟养大了十只。"

欢愉的音波，在金色的暮霭中游泳。

（郭沫若《夕暮》）

下文中两个复句的内部，主要都依因果关系而衔接起来：

又是春天，窗子可以常开了。春天从窗外进来，人在屋子里坐不住，就从门里出去。

（钱锺书《窗》）

为检验语序是否合适，可以尝试一下几种不同的排列顺序，选择那个最好的。

以上十种衔接方式中，大多是形式衔接，或形式衔接兼内容衔接，第十种则是内容衔接。

二、歧义的消除

现在来谈谈歧义的消除。歧义是对所说内容可以这样理解也可以那样理解的现象，它不利于听话者准确地把握说话者要表达的意思。比如某大商场由于改变布局，将小家电柜台由地下层移至五楼，并在地下层设置了一个告示牌，以如下形式写着：

小家电柜

搬到五楼

不便之处

敬请谅解

因为没有标点符号，上例既可以理解为"小家电柜，搬到五楼。不便之处，敬请谅解！"也可以理解为"小家电柜搬到五楼不便之处。敬请谅解！"如果说以上歧义并不造成严重后果，尚可容忍，那么某些歧义涉及的就是比较大的问题了，比如"老师的责任就是培育好学生"。对此话，若理解成"把学生培育好"，便是有教无类，高尚可敬；若理解为"以好学生为培育对象"，则有歧视差生及中游学生的嫌疑了。

又如在珠海等地的公路边有一些牌子，上面印着一个摄像机的图案，图案下分两行写着：

电子监控

违法拍照

对此可作两种理解："违法拍照的行为将被电子监控"；"此地有电子监控，如果违法将被拍照"。由于语境的制约，多数人的理解是后者。但总体上看，作为政府部门公开使用的警示语句，仍应避免这类歧义表达，以保证其严肃性和准确性。上例似可改为"违法开车将被拍照"。

（一）造成歧义的主要原因

造成歧义主要有如下几种原因。

1. 词语的多义性

如："人大开会，教授提议应深化教育改革"，这里的"人大"既可理解为"人民代表大会"，也可理解为"中国人民大学"。

2. 词性不同

如："时间很紧张，他们会不会翻译"，既可把"翻译"理解为动词，带下画线部分的意思就是"有无能力进行翻译"；也可以把"翻译"理解为名词，带下画线部分的意思就是"见不见那（几）位翻译"。

3. 同　音

如："上午开座谈会，下午参观 jī 场"。那么，参观的是"机场"还是"鸡场"呢？如果计划中只参观"飞机场"或"养鸡场"，当然不会产生歧义；如确实两处都打算参观，则歧义难以避免。

4. 深层的语义关系不同

如"我们要举行一个汉语报告会"，指的是"用汉语演讲的报告会"，还是"汉语研究方面的报告会"？

5. 层次不同

如"我们也能生产重型机车钢轨了"，说的是"重型"的"机车钢轨"，还是"重型机车"使用的"钢轨"呢？

6. 关系不同

如："进口汽车开销大"，一个意思是使用进口汽车的开销大，另一个意思是从国外进口汽车的费用大。前者中的"进口"和"汽车"是偏正关系，后者中的"进口"和"汽车"是动宾关系。

以上原因也可能两个并存，在此不谈。

造成歧义的前三个原因都和词有关，归在本章说的理由是两个：一、使论题集中；二、消除这类歧义常常涉及句子结构的改动。如："在天安门广场的<u>前</u>一站下车"，既可理解成"在离天安门广场差一站的地方下车"，也可理解为"在超过天安门广场一站的地方下车"，这是由"前"的多义性造成的。为避免这类歧义，可采取上述"差一站"或"过一站"等的说法；但不论哪一种，都和原句结构明显不同。

（二）消除歧义的主要方法

消除歧义的主要方法有两个：一是重新表述，包括换词和改句；二是利用语境。例如把"人大"换成"中国人民大学"，就不会理解为"人民代表大会"，这是换词。如把"时间紧张，他们会不会翻译"改成"时间紧张，他们去不去会翻译"，就不会理解为"有无能力进行翻译"，这是改句。也可借助于语境。如在"进口汽车开销大"后加上"赚不到什么钱"，就不会理解为"开进口车的花销大"。如果该地没有飞机场，则听到"上午开座谈会，下午参观 jī 场"一语，就不会理解为"参观飞机场"了。

有些歧义无碍大局，除非必要，不改亦可。比如在军营门口站着一个哨兵，哨兵旁边竖着一块牌子，上面分两行写有八个大字：

哨兵神圣

不可侵犯

因为没有标点符号，对这八个字所代表的意思可作两种理解：一、哨兵神圣，不可侵犯！二、哨兵，神圣不可侵犯！

这两种理解，虽然具体句义不同，但所表示的禁止侵犯哨兵的意思却一样。

又如某理发店名曰"自然美发屋"，对此既可释作名称为"自然"的"美发屋"，也可解作"自然美"的"发屋"。不管怎么理解，都是理发美发的所在，那就不必修改了。何况因歧义而引起一些人的注意与分析，反倒因此记住了店名，谁能担保这不是店主玩的噱头呢？

第九章　调　声

一、什么是调声？

调声指调整词语和句子的声音，目的是让话语说来上口，听来悦耳，形成声律美。从字面上看，调声只是调节声音；其实，在修辞上，调声的目的首先是让声音和句子结构相协调，在此基础上，更高级的要求是塑造特定的声音形象，取得优美的声音修辞效果。

二、调声的重点

调声有如下三个重点：相邻音节的声韵配合、语音节奏的协调和押韵。

（一）相邻音节的声韵配合

1. 声韵配合的类别

这方面主要有三种类别：

（1）音节之间声母和韵都不同。

（2）音节之间仅声母同，或仅韵同。

（3）音节之间声母和韵母都相同。

第一种情况很常见，因为普通话的声母有 21 个，韵（韵母中去除韵头后余下的部分）有 22 个，韵母有 39 个，声母和韵两者组合以后，构成的音节数量更多，这为说话时音节的避复创造了一定的条件。第二种也不少见，因为同声母、同韵的词语很多，一不小心，就可能造成相邻音节的声母相同或韵相同。如："小巧玲珑"，前两个音节是叠韵（韵相同），后两个音节是双声（声母相同）。第三种情况的出现比较受限制。首先，如上面所说，普通话声母数和韵母的数目都超过 20 个，要让两个甚至更多个音节的声母和韵母都相同，不很容易。其次，在总量上，叠音词、词语所含音节中声母韵母均相同的如"绵绵"、"白皑皑"、"扑通通"、"莽莽苍苍"、"前愆"、"岩盐"等毕竟数量有限。再次，在使用机会上，动词、形容词的重叠形式一般少于非重叠形式。最后，最重要的原因，即相邻音节之间若声韵差异明显，便有利于说话的流利上口；反之，则比较拗口，这就抑制了相同声韵的音节在话语中相邻为伴。赵元任先生曾写过一篇《施氏食狮史》，全篇所用词语的声韵相同，唯声调有同有异，读来诘屈聱牙，听来意义难明，可作这方面的证明。如：

> 石室诗士施氏，嗜狮，誓食十狮。氏时时适市视狮。十时，适十狮适市。是时，适施氏适市。氏视是十狮，恃矢势，使是十狮逝世。氏拾是十狮尸，适石室。石室湿，氏使侍拭室。石室拭，氏始试食是十狮尸，食时，始识是十狮尸，实十石狮尸。试释是事。

人们不喜欢听到上例那样的语句，这决定了汉语话语的自然状态是相邻音节倾向于声韵不同。

然而，声韵相同的音节在修辞中仍有特殊作用，它们能够制造重复整齐的声音效果。如：

> 中午时候，火一样的太阳，没法去遮拦，让他直晒着长街上。静悄悄少人行路，只有悠悠风来，吹动路旁杨树。

> 谁家破大门里，半院子绿茸茸细草，都浮着闪闪的金光。旁边有一段低低土墙，挡住了个弹三弦的人，却不能隔断那三弦鼓荡的声浪。

（沈尹默《三弦》）

2. 理想的声韵配合方式

上例中，声韵相同的音节，不是叠音，就是重叠，都在一个词的界限之内。这正反映了一条语音方面的修辞规律：如欲声韵相同，最好限制在一个词内部。如果在词和词之间出现声韵相同的现象，就如前文所言，容易导致拗口。诸如"神话与寓言"、"不锈钢缸盖"、"黄河和长江"、"下星期起启用三号流水线"等说法，均属此列。

双声、叠韵的词语，在声音上具有部分相同点，它们常常与声韵相同的词语为伍，一起营造整齐一致的声音效果。如：

> 悬崖崚嶒（léng céng），石缝滴滴达达（dīdī tàtà），泉水和雨水混在一起，顺着斜坡，流进山涧（shān jiàn），潺潺（chán chán）的水声变成訇訇（hōng hōng）的雷鸣。有时候风过云开，在底下望见南天门，影影绰绰（yǐng yǐng chuò chuò），耸立山头，好像并不很远；紧十八盘仿佛（fǎng fú）一条灰白大蟒，匍匐（pú fú）在山峡当中；更多的时候，乌云四合，层峦叠嶂都成了水墨山水。

（李健吾《雨中登泰山》）

词语的叠音、重叠、双声、叠韵，似乎容易把握，但是随意地利用很难收到应有的功效，只有突出才能引人注意，从而展示它们的音乐美。突出的方法主要是：一、在话语的重要部分通常是谓语中心语或修饰语的位置上运用这些手段；二、成对甚至更多次地运用这些手段。上面两例都是如此，下面再举两个集中使用叠音词、重叠词的例子：

> 不高不矮的围墙挡在两边，斑斑驳驳的苔痕，墙上挂着一串串藤萝，像古朴的屏风。墙里常是人家的后园，修竹森森，天籁细细；春来还常有几枝娇艳的桃花杏花，娉娉婷婷，从墙头摇曳红袖，向行人招手。走过几家墙门，都紧紧地关着，不见一个人影，因为那是人家的后门。

（柯灵《巷——龙山杂记之一》）

> 村子并不大，屋舍仄仄斜斜，也不规矩；像一个公园，又比公园来得自然，只是没花，被高高低低绿树、庄稼包围。在城里，高楼大厦看得多了，也便腻了，陡然到了这里，便活泼泼地觉得新鲜。

（贾平凹《静虚村记》）

（二）语音节奏的协调

1. 语音节奏的构成

汉语语音节奏的协调主要依赖有规律的停顿，其次依赖声调上有规律的平仄变化。节奏主要由若干个因停顿或平仄变化而形成的"音步"构成。

2. 停顿音步和停顿节奏

典型地看，停顿是话语中不发声的空隙。介于两个最短或较短的停顿之间的音节群为一个停顿音步，几个停顿音步的有规律的组合就形成停顿节奏。停顿节奏的主要作用在于使话语具有和谐的节拍，说者朗朗，听者舒畅。下面以"＼"代表停顿。如：

> 日本人之称我中国也，＼一则曰老大帝国，＼再则曰老大帝国。＼是语也，＼盖袭译欧西人之言也。＼呜呼！＼我中国其果老大矣乎？＼梁启超曰：＼恶是何言，＼是何言，＼吾心目中有一少年中国在！

（梁启超《少年中国说》）

其实，所谓停顿，常常只是一种可能性，即可以停，但不一定真停；说得慢时可以停，按正常语速说则不停。下面以"（＼）"表示这种可能的停顿。如：

> 窗外的天气＼晴朗得（＼）像晚秋一样；＼晴空的高爽，＼日光的洋溢，＼引诱得＼使你在房间里（＼）坐不住，＼空言（＼）不如实践，＼这一种（＼）无聊的杂

文，\ 我也（\）不再想（\）写下去了，\ 还是（\）拿起手杖，\ 搁下纸笔，\ 上湖上（\）去散散步吧！

（郁达夫《江南的冬景》）

为简单起见，下文中用"\"统标实际停顿和可能停顿，这在多数情况下不会模糊两者的界限，因为多数实际停顿已由点号作了标记。

3. 汉语中的基本的停顿音步

在古代汉语中，基本的停顿音步是双音节音步和三音节音步。如：

持而 \ 盈之，\ 不知 \ 其已；\ 揣而 \ 锐之，\ 不可 \ 长保；\ 金玉 \ 满堂，\ 莫之 \ 能守；\ 富贵 \ 而骄，\ 自遗 \ 其咎。\ 功成 \ 名遂 \ 身退，\ 天之道。

（《老子》）

如果因强调的需要充当话题等，单音节也能构成停顿音步，但在声音上要拉长或其后有较长的停顿。如：

道 \ 可道，\ 非常道。名 \ 可名，\ 非常名。

（《老子》）

夏，\ 五月，\ 郑伯 \ 克段于鄢。

（《左传·隐公元年》）

在诗词曲中，位于句首的单音节副词、连词、动词等也经常单独充当一个停顿音步，吟唱时其后停顿稍长，以起提领下文的作用。如：

想 \ 剑指 \ 三秦，\ 君王 \ 得意，\ 一战 \ 东归。\ 追亡事，\ 今不见，\ 但 \ 山川满目 \ 泪沾衣。

（辛弃疾《木兰花慢》）

现代汉语中，基本的停顿音步仍旧是双音节和三音节，但是因为句子的平均长度增加了，四音节和五音节的音步也十分常见。如：

这位先生，\ 穿的很整齐，\ 举止 \ 也很风雅。\ 其实 \ 看他 \ 聚珍版 \ 仿宋的 \ 名片，\ 也就知道 \ 他是个 \ 学界中人。\ 他的额颜 \ 很高，\ 很像一位 \ 文人学者，\ 但是 \ 嘴巴尖小，\ 而且 \ 眼睛渺细，\ 看来 \ 不甚 \ 叫人喜欢。\ 他手里 \ 拿着 \ 一个纸包。\ 我已经 \ 对他 \ 不怀好意了。

（林语堂《冬至之晨杀人记》）

不过，四音节音步仍可以看作两个双音节音步的组合，五音节音步仍可以看作双音节音步和三音节音步的组合，念得慢时，就显出缝隙来了。

现代汉语中单音节的停顿音步更加少见，原因可能在于太短，难以和其他音步协调。因此，话语中的单音节显得缺乏独立性，相邻的单音节往往合并成双音节音步或三音节音步，和双音节、三音节等相邻的单音节往往被吸收，合并为三音节音步、四音节音步或更长的音步。上文中"看"和"他"，"也"和"就"，"他"、"是"和"个"都是由单音节合并而成的双音节音步或三音节音步。

4. 停顿节奏和语法结构的对应关系

停顿节奏和语法结构可以一致，也可以不一致。这两者相合的不少，下面以"/"代表句法界限，请看例子：

停顿节奏："这位先生，＼穿的很整齐，＼举止＼也很风雅。"
语法结构："这位先生，/穿的很整齐，/举止/也很风雅。"

停顿节奏："但是＼嘴巴尖小，＼而且＼眼睛渺细。"
语法结构："但是/嘴巴尖小，/而且/眼睛渺细。"

两者不一致的情况也是常见的。如：

停顿节奏："在昨晚的＼电视新闻中。"
语法结构："在/昨晚的电视新闻中。"

停顿节奏："但我生气的对象＼倒不是这位人士，＼而是……"
语法结构："但/我生气的对象倒不是这位人士，/而是……"

停顿节奏："看他＼聚珍版＼仿宋的＼名片。"
语法结构："看/他聚珍版仿宋的名片。"

5. 停顿节奏的不同组合及其优劣

下文中带下画线的单音节词都被双音节或多音节词语所吸收，成为多音节音步的一员：

在昨晚的＼电视新闻中，＼有人＼微笑着说：＼"你把＼检验不合格的厂商＼都揭露了，＼叫这些生意人＼怎么吃饭？"

我觉得恶心，＼觉得愤怒。＼但我生气的对象＼倒不是这位人士，＼而是台湾＼一千八百万＼懦弱自私的＼中国人。

我所＼不能了解的是：＼中国人，＼你为什么＼不生气？

（龙应台《中国人，你为什么不生气》）

不过，如果一个单音节和一个四音节或四音节以上的序列关系十分紧密，那么只能让它们优先组合。这种音步明显不平衡，读起来不太顺口。如：

北　伊利诺斯＼大学

美国＼伊利诺斯　州

在上例及类似的序列中，即使在单音节前后出现其他较短的修饰成分，因为彼此关系太远，很难吸引单音节向它们靠拢。试比较：

美国 \ 北　伊利诺斯 \ 大学

? 美国　北 \ 伊利诺斯 \ 大学

美国 \ 伊利诺斯　州 \ 简介

? 美国 \ 伊利诺斯 \ 州　简介

看来，为了保持节奏的和谐，应当尽力避免类似现象。

此外，还有一些现象不太好处理。一种是中间长两头短的组合，如上例龙应台文中的"检验不合格的厂商"。如果把该短语处理成 2＋4＋2 的停顿节奏，前后两个双音节音步都嫌短；要是把它们处理成一个八音节的音步，又显得过长。权衡之下，后一种稍好一些。如：

"检验 \ 不合格的 \ 厂商"

"检验不合格的厂商"

还有一种现象是单音节和三音节的组合，因为单音节缺乏独立性，又因为汉语中四音节组合的优势细分模式是两个双音节，所以这种组合的结果常常形成一个 2＋2 的停顿节奏，并对 1＋3 或 3＋1 的语法组合关系产生干扰。如：

停顿节奏："一衣 \ 带水"

语法结构："一衣带/水"（意为"如一条衣带那么宽的水"）

又如：

停顿节奏："外白 \ 渡桥"

语法结构："外白渡/桥"

停顿节奏："大型 \ 车道"

语法结构："大型车/道"（此为吕叔湘例，意为"大型车通行的道路"）

此外，五个音节构成的序列，2＋3 的节奏显然比 3＋2 的节奏和谐（可对比传统五言诗），前者可称为好节奏，后者可称为坏节奏。如：

坏节奏："摩托车 \ 轿车"

好节奏："轿车 \ 摩托车"

语法结构："轿车/摩托车"

坏节奏："工农兵 \ 学商"

好节奏："工农 \ 兵学商"

语法结构："工/农/兵/学/商"

七个音节构成的序列，（2＋2）＋3 的节奏显然比 3＋（2＋2）的节奏和谐（可对比传统七言诗的节奏），前者为好节奏，后者为坏节奏。如：

$\begin{cases} 坏节奏："我的团 \backslash 我的团长" \\ 好节奏："我的团长 \backslash 我的团" \\ 语法结构："我的团长/我的团" \end{cases}$

$\begin{cases} 坏节奏："为他人 \backslash 做嫁衣裳" \\ 好节奏："为他人做 \backslash 嫁衣裳" \\ 语法结构："为他人/做嫁衣裳" \end{cases}$

上述差异的存在，轻则影响话语的流畅，重则造成费解、误解。这就提醒我们，在安排由停顿音步构成的节奏时，需要尽量把它们安排得好念好听，同时还应注意避免它们和语法结构产生严重冲突。为达此目的，可以变换语序，或者增添词语、音节等。

6. 调整停顿节奏的基本原则

吕叔湘先生曾经指出，汉语的特点之一，就是语音节奏对语法结构有影响。比如不说"西北京路"，而说成"北京西路"，不说"制电影片厂"，而说成"电影制片厂"，都是为了在保持停顿节奏和语法结构一致的前提下，采用汉语的基本音步即双音节或三音节，尽量避免让单音节充当独立的音步。试比较如下：

$\begin{cases} 坏节奏："西 \backslash 北京路"（1+3） \\ 好节奏："北京 \backslash 西路"（2+2） \end{cases}$

$\begin{cases} 坏节奏："制电影片 \backslash 厂"（4+1） \\ 好节奏："电影 \backslash 制片厂"（2+3） \end{cases}$

又如：

$\begin{cases} 坏节奏：作小说 \backslash 者（3+1） \\ 好节奏：小说 \backslash 作者（2+2）（以上三例均引自吕叔湘） \end{cases}$

$\begin{cases} 坏节奏："汉字文化 \backslash 圈"（4+1） \\ 好节奏：汉字 \backslash 文化圈（2+3） \end{cases}$

$\begin{cases} 坏节奏：培训人才 \backslash 部（4+1） \\ 好节奏：人才 \backslash 培训部（2+3） \end{cases}$

在修辞色彩上，奇音节活泼，偶音节平稳，但如果连着用音节数相同的奇音节音步，整体上又趋向于平稳；如果奇音节和偶音节交错运用，整体上则趋向于活泼。例如：

<u>个人</u>　<u>因私</u>　<u>出国</u>　<u>服务</u>　<u>中心</u>（2+2+2+2+2，均为双音节）

<u>大上海</u>　<u>电影院</u>　<u>售票处</u>（3+3+3，均为三音节）

<u>百姓</u>　<u>文艺</u>　<u>大舞台</u>（2+2+3）

<u>化妆品</u>　<u>专业</u>　<u>卖场</u>（3+2+2）

"东广"播出　大都会　歌剧院　最新 实况（2＋2＋3＋3＋2＋2）

都是偶音节或奇音节音步，如果音节数不同，放在一起也偏于活泼。例如：

　　预定　六十六朵　玫瑰（2＋4＋2）

　　加利福尼亚　社会学　联合会（5＋3＋3）

相比之下，音节数相同的偶音节组合最平稳，其集中表现是四音节的铺排。如：

　　商业区将经营 15 大类商品，它们是：<u>纺织服装、粮油土畜、医药保健、家用电器、通讯器材、机械设备、建筑装潢、五金交电、石油化工、室内用品、箱包鞋帽、钟表眼镜、体育休闲、工艺礼品、办公文具</u>。

（《"中国龙"舞进迪拜》，2004 年 4 月 9 日《新民晚报》环球副刊）

总体上看，当停顿节奏和语法结构发生冲突时，一般优先满足节奏好念好听的要求，这是汉语修辞的一个显著特点。上面若干例子已经能够说明问题，底下再举一例：

　　今天工作不努力，明天努力找工作。

这句话的停顿节奏是：2＋2＋（1＋2），2＋2＋（1＋2）。两个分句节奏对称。

但从语法关系看，"工作不努力"是主谓，"努力找工作"是偏正，两者不对称，如果要达到语法关系尽量对称，则可作如下调整：

　　今天不努力工作，明天努力找工作。2＋（1＋2）＋2，2＋2＋（1＋2）。

　　今天工作不努力，明天工作努力找。2＋2＋（1＋2），2＋2＋（2＋1）。

但显然，这后两种说法难以为人接受。为什么？主要因为节奏不对称。

其实不仅汉语如此，受控于轻重音节奏的英语句子也讲究停顿节奏的和谐。如：

　　The Post Always and Everywhere.（邮政永存，遍布世界。）

如忽略掉其中的两个轻声单音节，其停顿节奏是：1＋2＋3

如改成：1＋3＋2，即 The Post Everywhere and Always，就既拗口又不好听了。

7. 构建停顿节奏时的常见毛病

在构建停顿节奏时最常见的毛病有两种：第一是应重复或者应渐变的节奏处理得紊乱无序，第二是单音节词增损失当。例如：

　　有的像在沉思，有的像在凝视，有的像在缓歌徐吟，有的像在低声细语，还有的微笑，有的轻颦……

（吴伯箫《难老泉》）

如果改成如下排列，节奏仍然有序。如：

　　有的微笑，有的轻颦，有的像在沉思，有的像在缓歌徐吟，有的像在凝视，有的像在低声细语……

但如下改法则使节奏乱了：

> 有的微笑，有的像在沉思，有的像在凝视，有的像在缓歌徐吟，有的轻鼙，有的像在低语……

又如：

> 它，永远巍然屹立于我们伟大辽阔的国土之上，屹立在亿万英雄儿女的丹心之中。
>
> （峻青《雄关赋》）

要是去掉这两个"之"，让三音节收尾，就不够平稳有力了。

8. 轻声音节在构建停顿节奏时有特别作用

上文中谈到停顿节奏时，都假设每个音节所占的时间长度是相近的，实际未必，因为在话语中经常出现轻声音节，它们不仅声音轻，而且占时短。利用这个特性，在话语中穿插一些轻声音节，可以过一步丰富停顿节奏，并且使节奏显得活泼灵便。例如：

> 小屋点缀了山，什么来点缀小屋呢？那是树！
>
> （李乐薇《我的空中楼阁》）

下例中每句末尾都以轻声音节收尾，更给人以轻盈的感觉。如：

> 太阳倦了，
>
> 自有暮云遮着，
>
> 山倦了，
>
> 自有暮烟凝着；
>
> 人倦了呢？
>
> 我倦了呢？
>
> （俞平伯《暮》）

9. 平　仄

在汉语中，包括阴平、阳平在内的平声简称"平"，上声、去声和入声合称为"仄声"，简称"仄"。

10. 平仄音步和平仄节奏

过去在汉语的律诗、词、曲中，有规律的平仄组合是构成音步和节奏的重要手段。连平或连仄具有统一性，显得平稳，而平声和仄声的交替会打破这种统一，产生变化，由此构造出若干音步。基本的平仄音步有如下八种：平平、仄仄、平仄、仄平、平平仄、仄仄平、平仄仄、仄平平。把不同的平仄音步有规则地配合起来，就形成了平仄节奏。例如：

> 日出篱东水，（仄仄平平仄，出"为古入声）
>
> 云生舍北泥。（平平仄仄平）

竹高鸣翡翠，（仄平平仄仄，"竹"为古入声）

沙僻舞鹡鸰。（平仄仄平平）

（杜甫《五绝六首·其一》）

格律诗中原则上要求上下句的平仄相反，这是为了进一步丰富平仄节奏的变化。

又如：

江南好，（平平仄）

风景旧曾谙。（平仄仄平平）

日出江花红胜火，（仄仄平平平仄仄，"出"为古入声）

春来江水绿如蓝，（平平平仄仄平平）

能不忆江南。（平仄仄平平）

（白居易《忆江南》）

在普通话中，入声消失，仄声仅包括上声和去声。

现在包括写诗在内，汉语交际者对平仄的有意利用已很少见，然并未绝迹。下文摘自俞平伯写的白话诗，带下画线的部分中去除近似重复的"不破这"、"不住这"之后，剩余部分具有"仄仄仄平平"和"平平平仄仄"的相间对立关系，给词句增添了声韵上的美感：

双桨打呀打的，

打不破这弱浅漪澜（仄仄仄仄仄仄平平）；

划儿动啊动的，

支不住这销魂重载（平仄仄仄平平仄仄）。

仪态万方的春光晨光，

备具于一瞬眼的楼头望。

（俞平伯《湖楼小撷·楼头一瞬》）

11. 松散的平仄交替

散文不是韵文，不必处处讲究平仄节奏，但若能施之于部分重要词语，使其平仄交替，则不仅易于实现，且能获得良好的修辞效果。如：

黄龙洞绿得幽（平），屏风山绿得野（仄），九曲十八涧绿得闲（平）。

（宗璞《西湖漫笔》）

印书的字体有许多种：宋体挺秀有如柳（仄）字，麻沙体夭矫有如欧（平）字，书法体娟秀有如褚（仄）字，楷体端方有如颜（平）字。

（朱湘《书》）

可是啊，北国的秋，却特别地来得清（平），来得静（仄），来得悲凉（平平）。

（郁达夫《故都的秋》）

如果连这个要求也难以做到，那就只能提出最低的要求：避免较长的连平或连仄。如：

　　这时心下光明澄静（仄平平仄平平平仄），如登仙界，如归故乡。

（冰心《笑》）

文中若不迳"下"，而用平声的"中"，便形成六连平，念来未免呆板。"里"原为仄声，但作方位词用时念轻声，读来又轻又短，显然，用它破六连平是效果欠佳的。

（三）押　韵

最后谈谈押韵。押韵的基本功用，是利用具有相同、相似特点的语音的间隔性复现来达成某种整齐性，构建一种宽泛意义上的语音节奏。

1. 押韵的基本操作原则

押韵，就是在句末选用韵相同的音节，这是汉语押韵的基本要求。此外，为了烘托气氛，造成特定的朗诵效果，押韵时还可选择词语的音节数和声调。一般说来，用单音节词、仄声词押韵显得短促，用双音节词、平声词押韵则悠长平稳。试比较：

　　万里长江横渡，（仄）

　　极目楚天舒。（平）

　　不管风吹浪打，

　　胜似闲庭信步，（仄）

　　今日得宽余。（平平）

（毛泽东《水调歌头·游泳》）

又如：

　　白天放羊一整天，（平）

　　黑夜不睬一睬眼。（仄）

　　身子实碌精神好，（仄）

　　闹革命的心劲高又高。（平）

（李季《王贵与李香香》）

2. 押韵的进一步操作原则

用开口小的词语押韵，声音柔和细微，适宜于表达柔婉细腻的感情；用开口大的词语押韵，声音饱满响亮，适宜于表达雄壮、豪迈或者深沉厚重的感情。前者有一七、姑苏、灰堆、乜斜、梭坡韵等，后者有江阳、发花、遥条、中东、言前韵等。押韵时可利用这些差别。请看汉语北方曲艺押韵常用的十三辙如下：

1. 中东，韵为 eng、ong。	7. 人辰，韵为 en。
2. 江阳，韵为 ang。	8. 言前，韵为 an。
3. 一七，韵为舌尖元音－i、er 以及舌面元音 i、ü。	9. 发花，韵为 a。
	10. 乜斜（迭雪），韵为 ê。
4. 灰堆，韵为 ei。	11. 怀来，韵为 ai。
5. 油求（由求），韵为 ou。	12. 姑苏，韵为 u。
6. 梭坡（索拨），韵为 o、e。	13. 遥条（幺条），韵为 ao。

下面诗歌押的是开口小的姑苏辙：

> 天河何处？
>
> 远远的海雾模糊。
>
> 怕会有鲛人在岸，
>
> 对月流珠？

（郭沫若《静夜》）

下面诗歌押的是开口大的江阳辙：

> 将最初的叹息，
>
> 最后的悲伤，
>
> 一齐投入生命的熔炉，
>
> 铸炼成金色的希望。
>
>
>
> 给黑夜开一个窗子，
>
> 让那儿流进来星辉、月光，
>
> 在绝静的深山，一片风
>
> 就能激起松涛的巨响。

（陈敬容《铸炼》）

3. 散文也能押韵

散文押韵有助于暗中增强声音的和谐与旋律感。但散文毕竟不是韵文，押韵不宜过多，而应选择关键处。如下例押姑苏辙：

> 我并没有在雨中摸夜路。但是看见灯光，我却忽然感到安慰，得到鼓舞。难道是我的心在黑夜里徘徊，它被噩梦引入了迷阵，到这时才找到归路？

（巴金《灯》）

下例押言前辙：

　　我一个人走到甲板上，这时江风猎猎，上下前后，一片黑森森的，而无数道强烈的探照灯光，从船顶上射向江面，天空江上一片云雾迷蒙，电光闪闪，风声水声，不但使人深深体会到"高江急峡雷霆斗"的赫赫声势，而且你觉得你自己和大自然是那样贴近，就像整个宇宙，都罗列在你的胸前。水天，风雾，浑然融为一体，好像不是一只船，而是你自己正在和江流搏斗而前。

（刘白羽《长江三日》）

下例押灰堆辙：

　　但河上的风流还不止两岸的秀丽。你得买船去玩。船不止一种：有普通的双桨划船，有轻快的薄皮舟（canoe），有最别致的长形撑篙船（punt）。最末的一种是别处不常有的：约莫有二丈长，三尺宽，你站直在船梢上用长竿撑着走的。这撑是一种技术。我手脚太蠢，始终不曾学会。你初起手尝试时，容易把船身横住在河中，东颠西撞的狼狈。英国人是不轻易开口笑人的，但是小心他们不出声的皱眉！也不知有多少次河中本来悠闲的秩序叫我这莽撞的外行给搅乱了。

（徐志摩《我所知道的康桥》）

第十章 谋 篇

一、什么是谋篇?

交际过程中,几句话就结束的虽比比皆是,但动辄数百上千词语,乃至洋洋洒洒,达几万几十万言的也很常见。凡以若干语句相连缀而表意的,便构成了篇章。寥寥数句的是短文,万言之文则属长篇,皆有一定的结构。所谓谋篇,就是安排全篇的表达结构。

由于口语会话很难事先计划,故难以谋篇。典型的谋篇对象,是书面文章和演讲稿。诗、词、曲等当然也要谋篇,但在今天的交际活动中用得相对较少。本章容量有限,只谈书面散文体文章的谋篇。

二、谋篇的重要性

谋篇,近于《文心雕龙》的"附会"。"何谓附会?谓总文理,统首尾,定与夺,合涯际,弥纶一篇,使杂而不越者也。"(附会第四十二)其重要性,刘勰也说得很明白:"若筑室之须基构,裁衣之待缝缉矣。"(附会第四十二)这就是说,谋篇与构造一个完整篇章的关系,好比打地基与盖房子,缝纫与制衣服的关系。总之,谋篇具有构建全局的作用。

三、谋篇的制约因素

篇章的构造,首先是作者思路的表现。思路不顺、不合理,则篇章构造一定紊乱,作者便无法顺利、准确、明白地表达出自己的思想和意图。篇章的构造,又是文章规范的表现。经历了多少年来无数作者的语文实践,篇章的基本结构规律已经归纳出来,这就是所谓的章法。好文章都是符合章法的,差文章则大多违反了一条或数条章法。当然,文贵变通,但变通的是外表外形,骨子里仍得遵守章法。

谋篇好，不等于文章好，一篇好文章，是多种因素综合作用的结果。但总体上看，好文章一定有一个成功的谋篇，差文章则常常存在谋篇上的失误。

思路的整理，主要是认识能力的问题、逻辑思考能力的问题、百科知识的掌握程度的问题，在此处不拟多谈。本章谈谋篇，主要讲如何把握基本章法。

四、基本章法

基本章法约可分为如下两大类：宏观篇章结构和组篇要点。

（一）宏观篇章结构

这是对文章构造总体框架的概括分类，各种文章的典型构造可分别归为如下四类宏观篇章结构：

1. 一段式。其特点是分不出开头、主体、结尾等。
2. 二段式。它又可以再分为两个小类：
   （1）前二段式。其特点是：开头＋主体。
   （2）后二段式。其特点是：主体＋结尾。
3. 三段式。其特点是：开头＋主体＋结尾。
4. 分列式。设各类结构为 X，则分列式的特点是：$X_1 + X_2 + \cdots\cdots X_n$。

这些宏观篇章结构还可互相结合，比如不少文章的主体部分就是一个分列式结构。

以下分别举例。

1. 一段式例

通　　知

原定今日下午进行的校际足球对抗赛因雨改期，具体比赛日期经两校协商后另行通知。

教导处
×月×日

2. 前二段式例

从前听一位云南朋友潘孟琳兄谈及，云南有一种挑贩，挑着两个竹篓子，口头叫着："卖东西呵！"这种挑贩全是绍兴人，挑里面的东西全是绍兴东西；顾主一部分自然是绍兴旅滇同乡，一部分却是本地人及别处人。所谓绍兴东西就是干菜，笋干，茶叶，腐乳等等。

//绍兴有这许多特别食品，绍兴人在家的时候并不觉得，一到旅居外方的时候便一样一样的想起来了；绍兴东西的挑子就是应了这种需要而发生的；我在北京，在武汉，在上海，也常常看见这一类挑子。

解剖起来，所谓绍兴东西有三种特性：第一是干食，第二是腐食，第三是蒸食。

干食不论动植物质，好处在：（1）整年的可以享用这类食品，例如没有笋的时候可以吃笋干，没有黄鱼的时候可以吃白鲞（这字读作"响"，是一个浙东特有的字，别处连认也不认得）；（2）增加一种不同的口味，例如芥菜干和白菜干，完全不是芥菜和白菜的口味，白鲞完全不是黄鱼的口味，虾米完全不是虾仁的口味；（3）增加携带的便利，既少重量，又少面积，既没有水分，又不会腐烂。这便是干食的好处。

至于腐食，内容和外表的改变比干食还厉害。爱吃腐食不单是绍兴人为然，别处往往也有一样两样东西是腐了以后吃的，例如法国人爱吃腐了的奶油，北京人爱吃臭豆腐和变蛋（俗曰皮蛋）。但是，绍兴人确比别处人更爱吃腐食。腐乳在绍兴名曰"霉豆腐"。有"红霉豆腐"和"白霉豆腐"之别。

白霉豆腐又有臭和不臭两种，臭的曰"臭霉豆腐"，不臭的则有"醉方"和"糟方"，因为都是方形的。此外，千张（一名百叶）也有腐了吃的，曰"霉千张"。笋也腐了吃，曰"霉笋"。

菜根也腐了吃，曰"霉菜头"。苋菜的梗也腐了吃，曰"霉苋菜梗"。霉苋菜梗蒸豆腐是妙味的佐饭菜。这便渐渐讲到蒸食的范围里去了。

蒸食也有许多特别的东西。但绝没有别处的讲究，例如荷叶米粉肉的蒸食，和鲫鱼青蛤的蒸食，是各处都有的，但绍兴人往往蒸食青菜豆腐这类粗东西。这里我要请周启明先生原谅，没有得到他的同意，发表了他托我买盐奶的一张便条。盐奶是一种烧盐的余沥。烧盐的时候，盐汁有点点滴下的，积在柴灰堆里，成为灰白色的煤块样的东西，这便是盐奶。盐奶的味道仍是咸——（盐奶的得名和钟乳石的得名同一道理）——而别具鲜味，最宜于做"搌豆腐"吃。"搌"者是搅之搅之之谓。豆腐搌了之后，加以盐奶，面上或者加些笋末和麻油，在饭锅子里一蒸，是多蒸几次更好，取出食之，便是价廉味美的"搌豆腐"了。又如干菜蒸肉，是生肉一层，干菜一层，放在碗中蒸的，大约要蒸二十次或十五次，使肉中有干菜味，干菜中也有肉味。此外，用白鲞和鸡共蒸，味道也是无穷，西湖碧梧轩绍酒馆便以这"鲞拼鸡"名于世。

（孙伏园《绍兴东西》）

3. 后二段式例

照着镜子，看着，究竟镜子里的那个人，是不是我。这是一个疑问！在课室里听讲的我，在院子里和同学们走着谈着的我，从早到晚，和世界周旋的我，众人所公认以为是我的：究竟那是否真是我，也是一个疑问！

众人目中口中的我，和我自己心中的我，是否同为一我，也是一个疑问！

清夜独坐的我，晓梦初醒的我，一年三百六十五天之中偶然有一分钟一秒钟感到不能言说的境象和思想的我，与课室里上课的我，和世界周旋的我，是否同为一我，也是一个疑问。

这疑问永远是疑问！这两个我，永远不能分析。

既没有希望分析他，便须希望联合他。

周旋世界的我呵！在纷扰烦虑的时候，请莫忘却清夜独坐的我！

清夜独坐的我呵！在寂静清明的时候也请莫忘却周旋世界的我！

//相顾念！相牵引！拉起手来走向前途去！

（冰心《我》，署名"婉莹"）

4. 三段式列

我们浙江人（越）和江苏人（吴）都有一个爱国祖师，各有一套复仇法宝：吴王夫差叫一个人立在门口，替他喊口号；越王勾践睡在柴堆里，还挂一只苦胆在帐前。他们两人大概都是健忘的人，听了口号，他才想起，睡在柴上，他才想起。还亏了一套美人计，才把国仇复了。

//现在是用得复仇法宝的时候了，不过叫人立在门口喊口号，似乎不大便当。卧薪尝胆，商务印书馆出版的读物上虽有过一张榜样：越王睡在炕床上，用一捆柴放在颈下当枕头，炕床前挂了一只椭圆形的胆，他的眼钉在上头，不知道他是否在看有谁经过他的门口，或是在想象胆的苦味。但我总以为这个模样，似乎都不大真确，炕床的起源我虽不曾考证；但拿柴当枕头，又是放在炕床上，睡起来未尝不舒服，依旧可以做好梦。胆也不应当整个放在床前，多挂几天要烂臭，有害卫生。要尝胆时若怕苦可能整个吞下去，不怕苦可以破开胆皮把苦汁装在瓶里，一匙一匙地喝。可是我并不想修改，因为我不是修正派；也没有新的提议，若要那么样的卧薪尝胆我也不妨赞成。因为在复仇的爱国者中间，也许有少爷，也许有小姐，这样比较的便当。

//我只有一个小小的希望：要复仇的人要有相当的记性，不要太容易健忘才好。

（曹聚仁《论复仇》）

5. 分列式例

寄生树站在一株古木的高枝上，在空气中洋洋得意。它倨傲地俯瞰着下面的细草说道：

"你们可怜的小草儿，你看我的位置是多么高，你们是多么矮小！"

细草们没有回答。

//寄生树又自言自语地唱道：

"啊哈哟，我是大自然中的天骄。有大树做我庇护，有大树供我养料。我是神不亏而精不劳，高瞻乎宇宙，君临乎小草，披靡乎浮云，揖友乎百鸟。啊哈哟，我是大自然中的天骄。"

//一场雷雨，把大树劈倒了。寄生树和古木的高枝倒折在草上。细草儿们为它哀哭了一场。

//寄生树渐渐枯死了。每逢下雨的时候，细草们便追悼它，为它哀哭。

//寄生树被老樵夫捡拾在大箩筐里，卖到瓦窑里去烧了。每逢下雨的时候，细草们还在追悼它，为它哀哭。

（郭沫若《寄生树与细草》）

（二）组篇要点

组篇要点是在构建文章的过程中必须考虑或采纳的一些策略，它主要包括如下四个方面的内容：

1. 选择合适的文章结构，合理安排文章的开头、正文、结尾等，努力使文章的各组成部分主次分明、详略得当、层次清晰。

2. 精心设计叙述的线索、铺垫、过渡、照应等。突出文眼。

3. 选取合适的叙述角度：①决定顺叙、倒叙、插叙或更复杂的叙述方式。②决定叙述的人称。

4. 在文章中构建正确的逻辑关系。

以下结合若干文例来说明以上各点。

1. 选择合适的文章结构并合理安排文章的开头、正文、结尾等

多数文章在结构上采用三段式，这时文章开头、正文、结尾的基本安排原则是意义连贯、层次分明、重点突出，比例恰当。

下文中开头、正文、结尾的结构很清楚，开头很简洁，结尾更是只有一句话，但用的是反

问，很有力。正文是文章的重点所在，又分为四层：日将出——日出海——日入云——日出云。顺序合理，层次清晰。如：

为了看日出，我常常早起。那时天还没有大亮，周围非常清静，船上只有机器的响声。

//天空还是一片浅蓝，颜色很浅。转眼间天边出现了一道红霞，慢慢地在扩大它的范围，加强它的亮光。我知道太阳要从天边升起来了，便不转眼地望着那里。

果然过了一会儿，在那个地方出现了太阳的小半边脸，红是真红，却没有亮光。太阳好像负着重荷似的一步一步、慢慢地努力上升，到了最后，终于冲破了云霞，完全跳出了海面，颜色红得非常可爱。一刹那间，这个深红的圆东西，忽然发出了夺目的亮光，射得人眼睛发痛，它旁边的云片也突然有了光彩。

有时太阳走进了云堆中，它的光线却从云层里射下来，直射到水面上。这时候要分辨出哪里是水，哪里是天，倒也不容易，因为我就只看见一片灿烂的亮光。

有时天边有黑云，而且云片很厚，太阳出来，人眼还看不见。然而太阳在黑云里放射的光芒，透过黑云的重围，替黑云镶了一道发光的金边。后来太阳才慢慢地冲出重围，出现在天空，甚至把黑云也染成了紫色或者红色。这时候光亮的不仅是太阳、云和海水，连我自己也成了光亮的了。

//这不是很伟大的奇观么？

（巴金《海上的日出》）

下文中带下画线的部分是文章的主体部分，采用了列举分承的写法，所论也比较详细。如：

住在都市里，从早到晚，从晚到早，不知要听到多少种类多少次数的叫卖声。深巷的卖花声是曾经入过诗的，当然富于诗趣，可惜我们现在实际上已不大听到。寒夜的"茶叶蛋"、"细沙粽子"、"莲心粥"等等，声音发沙，十之七八似乎是"老枪"的喉咙，闷在床上听去，颇有些凄清。每种叫卖声，差不多都有着特殊的情调。<u>我在这许多叫卖者中，发现了两种幽默家。</u>

<u>一种是卖臭豆腐干的。</u>每日下午五六点钟，弄堂口常有臭豆腐干担歇着或是走着叫卖，担子的一头是油锅，油锅里现炸着臭豆腐干，气味臭得难闻，卖的人大叫"臭豆腐干！"

"臭豆腐干！"态度自若。

我以为这很有意思。"说真方，卖假药"，"挂羊头，卖狗肉"，是世间一般的毛病，以香相号召的东西，实际往往是臭的。卖臭豆腐干的居然不欺骗大众，自叫"臭豆腐干"，把"臭"作为口号标语，实际的货色真是臭的。如此言行一致，名副其实，不欺骗别人的事情，恐怕世间再也找不出了吧，我想。

"臭豆腐干！"这呼声在欺诈横行的现世，俨然是一种愤世嫉俗的激越的讽刺！

还有一种是五云日升楼卖报者的叫卖声。那里的卖报的和别处不同，没有十多岁的孩子，都是些三四十岁的老枪瘪三，身子瘦得像腊鸭，深深的乱头发，青屑屑的烟脸，看去活像是个鬼。早晨是不看见他们的，他们卖的总是夜报，傍晚坐电车打那儿经过，就会听到一片的发沙的卖报声。

他们所卖的似乎都是两个铜板的东西（如《新夜报时报号外》之类），叫卖的方法很特别。他们不叫"刚刚出版××报"，却把价目和重要新闻标题联在一起，叫起来的时候，老是用"两个铜板"打头，下面接着"要看到"三个字，再下去是当日的重要的国家大事的题目，再下去是一个"哪'字。"两个铜板要看到十九路军反抗中央哪！"在福建事变起来的时候，他们就这样叫。"两个铜板要看到剿匪胜利哪！"在剿匪消息胜利的时候，他们就这样叫。"两个铜板要看到日本副领事在南京失踪哪！"藏本事件开始的时候，他们就这样叫。

在他们的叫声里任何国家大事都只要花两个铜板就可以看到，似乎任何国家大事都只值两个铜板的样子。我每次听到，总深深地感到冷酷的滑稽情味。

"臭豆腐干！"两个铜板要看到××××哪！"这两种叫卖者颇有幽默家的风格。前者似乎富于热情，像个矫世的君子；后者似乎鄙夷一切，像个玩世的隐士。

（夏丏尊《幽默的叫卖声》）

2. 精心设计叙述的线索、铺垫、过渡、照应等并突出文眼

（1）精心排布贯穿全文的线索

下文以服装为线索，贯穿全文。说服装仅是手段，真意在反映社会世态。

幼年读书，遇"服之不衷，身之灾也"，曾想：衣所以蔽体，御寒而已，怎么穿得不当，还足招祸？遇孔丘"微服而过宋"，曾想：像所谓"万世师表"那样方正、古板，道貌岸然连走路都"行不由径"，吃饭也"割不正不食"，一旦人要杀他，为了避免人注意，怎么还把平常的衣服都换了逃走呢？此外还遇到许多有关穿着的话，当年都不求甚解，终以不了了之。

辛亥革命初年，我满身"土气"，第一次从万山丛中出来，到一百里远的县城考高小。有位年纪比我约大两倍的同乡说："进城考洋学堂，也该换一身像样的衣服，怎么就穿这一身来了。"

我毫不知天高地厚，一片憨直野气，土铳一样，这么铳了一句："考学问，又不是考衣服！"

这一镞非同小可，把对方的眼睛镞得又大又圆。他连声说："了不起！了不起！言之有理！有理！"

我当时不辨这是挖苦，还是正语。不求甚解，仍以不了了之。

总之，书是书，我是我。不识不知，书本于我何有哉！

"五四"风暴中，作为一个北方省城的中学生，到上海参加第一次全国学生代表会议。这宛如一枚刚出土的土豆，猛然落入金光耀目的十里洋场。"土气"之重，和当年从深山落入县城的情况比来，真有天渊之别了。

如此"土气"的穿着，加之满口土腔，甚至问路，十九都遭到白眼。举目所至，多为红红绿绿，油头粉面。不快之感，油然而起。碰壁之余，别有一番从所未尝的涩味在心头。我咀嚼，回味……后来读到鲁迅先生有关文章时，才恍然悟到：甚矣，穿着亦大有文章也！

鲁迅先生在《上海的少女》一文中，曾说过这样一段话："在上海生活，穿时髦衣服的比土气的便宜。如果一身旧衣服，公共电车的车掌会不照你的话停车，公园看守会格外认真地检查入门券，大宅子或大客寓的门丁会不许你走正门。所以，有些人宁可居斗室，喂臭虫，一条洋服裤子却每晚必须压在枕头下，使两面裤脚上的折痕天天有棱角。"

啊，原来如此。不过这只是一个方面。还有鲁迅先生尚未行之于文字的，这姑且放下不表。

且说当年北京，我总觉有所不同。尽管岁月飞逝，人事沧桑，而阴丹士林一类的蓝大褂"江山"，总稳如磐石。男女老幼，富贵贫贱，无不甘为"顺民"。春夏秋冬，时序更迭，蓝大褂却总与其主人形影相随也。溽暑盛夏，儒雅之士，倘嫌它厚，改换纺绸、夏布之类的料子而已。但其实，那也不见得真穿，出门时，多半搭在肘弯上作样子，表示礼貌罢了。短促的酷暑一过，又一元复始了。其他季节，不管"内容"如何随寒暖而变化：由夹而棉，或由棉而皮；也不管怎样"锦绣其内"，外面却总罩着一件"永恒的"蓝大褂。实在说，蓝大褂在长衣中也确有可取之处：价廉、朴素、耐脏、经磨，宜于御风沙……对终日在粉笔末的尘雾中周旋的穷教书匠说来，更觉相宜；这不仅使他雪人似地一出教室，轻轻一掸，便故我依然，且在一些富裕的同类和学子面前，代他遮掩了几许寒酸，使他厕身"士林"，满可无介于怀了。

不仅此也。在豺狼逞霸，猎犬四出的当年，据说蓝大褂的更大功能，在于它的"鱼目混珠"。但其实也不尽然。同样托庇于蓝大褂之下，而竟不知所终者，实大有人在！不过同其他穿着相比，蓝大褂毕竟"吉祥"得多了。虽然这是无可奈何中的聊以自慰的偏见而已。

某年秋夜，一个朋友把我从天津送到北平。另一个朋友相见之下，惊慌地说：

"呀，洋马褂！不行，换掉——换掉！"

我窘态万状，无言以对。殊不知我失掉"民族形式"的装备也久矣。他忽然若有所悟地转身到卧房里取了一件蓝大褂，给我换上，就讲起北平的"穿衣经"来。

实在说，我向来是不喜欢"洋马褂"，钟爱蓝大褂的。不过这以前，此一地，彼一地也。穿着蓝大褂在异邦马路上行走，其引人注目，正不亚于狗熊在广场上表演。而现在和蓝大褂重结不解之缘，恰是"适怀我心"了。

不久，我就穿着这"适怀我心"、而且又能"鱼目混珠"的蓝大褂，到了阔别的十里洋场。

不知怎的，也许因为久别重逢，分外兴奋了吧，我这如此"土气"的蓝大褂，昨天整整半日，鲁迅先生仿佛都没有发觉。第二天用过早饭，一同登楼。坐定之后，正不知话题从何开始。窗明几净，鸦雀无声，旭日朗照，满室生辉。我们恬淡闲适，万虑俱无。如此良辰，正大好倾谈境界也。这时鲁迅先生忽然把眉头一扬，好像哥伦布望见新大陆似的，把我这"是非之衣"一打量，惊异地说：

"蓝大褂！不行，不行。还有好的没有？"

我感慨地说："北方之不行也，洋马褂……"

他没待我说完，就接着说：

"南方之不行也，蓝大褂呀！洋马褂倒满行。还有好的没有？"

我一面答有，一面把那顿成"不祥之衣"的蓝大褂下襟，往起一撩，露出了皮袍面：这是深蓝色的，本色提花的，我叫不出名字的丝织品。堪称大方、素雅，而且柔和、舒适。

鲁迅先生一见，好像发现了我的保险单一样，喜不自胜地说：

"好！好！满及格！"

他放心了。面露微笑地喷了一口烟说：

"没事别出门。真要出门时，千万不能穿这蓝大褂。此地不流行。否则易被注意、盯梢，万一被盯上可不得了！"

当时的确如鲁迅先生所说："沪上实危地，杀机甚多，商业之种类又甚多，人头亦系货色之一，贩此为活者，实繁有徒，幸存者大抵偶然耳。"

接着他就谈到不但要注意穿着，而且要注意头发梳整齐，皮鞋擦光等等。蓬首垢面、衣冠不整、外表古怪，都足引起注意，闹大乱子。连举止也都要留神……

"这是用牺牲换来的教训呀。"

他结论似地这么来了一句，又点起一支烟，吸了一口，若有所思地沉默了一下，接着说：

"在上海过生活，就是一般人穿着不留心，也处处引起麻烦。我就遇到过。"

他又喷了一口烟，停顿了一下，用说故事的口气，从容不迫地一边回忆，一边说起来：

"有一次，我随随便便地穿着平常这一身，到一个相当讲究的饭店，访一个外国朋友，饭店的门丁，把我浑身上下一打量，直截了当地说：

'走后门去！'

这样饭店的'后门'，通常只运东西或给'下等人'走的。我只得绕了一个圈子，从后门进去，到了电梯跟前，开电梯的把我浑身上下一打量，连手都懒得抬，用脑袋向楼梯摆了一下，直截了当地说：

'走楼梯上去！'

我只得一层又一层地走上去。会见了朋友，聊过一阵天，告辞了。

据说这位外国朋友住在这里，有一种惯例：从来送客，只到自己房门为止，不越雷池一步。这一点，饭店的门丁、开电梯的，以及勤杂人员等等，都司空见惯了。不料这次可破例了。这位外国人不但非常亲切而恭敬地把我送出房门，送上电梯，陪我下了电梯，一直送到正门口，恭敬而亲切地握手言别，而且望着我的背影，目送着我远去之后，才转身回去。刚才不让我走正门的门丁和让我步行上楼的开电梯的人，都满怀疑惧地闷在闷葫芦中……"

他喷了一口烟，最后结束说：

"这样社会，古今中外，易地则皆然。可见穿着也不能等闲视之呀。"

（曹靖华《忆当年，穿着细事且莫等闲看！》）

(2) 精心地为下文设置铺垫

下文中带下画线的部分起铺垫作用，它的作用在于制造一种"扫兴"、"寂寥而深沉"的气氛，从而为写出下文因拉琴唱歌而引起的"温暖"的情调、"音乐的趣味"提供反差，同时也让文章的叙述有层次感，不显突兀。

前天司了两女孩到西湖山中游玩，天忽下雨。我们仓皇奔走，看见前方有一小庙，庙门口有三家村，其中一家是开小茶店而带卖香烟的。我们趋之如归。茶店虽小，茶也要一角钱一壶。但在这时候，即使两角钱一壶，我们也不嫌贵了。

茶越冲越淡，雨越落越大。最初因游山遇雨，觉得扫兴；这时候山中阻雨的一种寂寥而深沉的趣味牵引了我的感兴，反觉得比晴天游山趣味更好。所谓"山色空濛雨亦奇"，我于此体会了这种境界的好处。然而两个女孩子不解这种趣味，她们坐在这小茶店里躲雨，只是怨天尤人，苦闷万状。我无法把我所体验的境界为她们说明，也不愿使她们"大人化"而体验我所感的趣味。

茶博士坐在门口拉胡琴。除雨声外，这是我们当时所闻的惟一的声音。拉的是《梅花三弄》，虽然声音摸得不大正确，拍子还拉得不错。这好像是因为顾客稀少，他坐在门口拉这曲胡琴来代替收音机作广告的。可惜他拉了一会就罢，使我们所闻的只是嘈杂而冗长的雨声。为了安慰两个女孩子，我就去向茶博士借胡琴。"你的胡琴借我弄弄好不好？"他很客气地把胡琴递给我。

我借了胡琴回茶店，两个女孩很欢喜。"你会拉的？你会拉的？"我就拉给她们看。手法虽生，音阶还摸得准。因为我小时候曾经请我家邻近的柴主人阿庆教过《梅花三弄》，又请对面弄内一个裁缝司务大汉教过胡琴上的工尺。阿庆的教法很特别，他只是拉《梅花三弄》给你听，却不教你工尺的曲谱。他拉得很熟，但他不知工尺。我对他的拉奏望洋兴叹，始终学他不来。后来知道大汉识字，就请教他。他把小工调、正工调的音阶位置写了一张纸给我，我的胡琴拉奏由此入门。现在所以能够摸出正确的音阶者，一半由于以前略有摸 violin 的经验，一半仍是根基于大汉的教授的。在山中小茶店里的雨窗下，我用胡琴从容地（因为快了要拉错）拉了种种西洋小曲。两女孩和着了歌唱，好像是西湖上卖唱的，引得三家村里的人都来看。一个女孩唱着《渔光曲》，要我用胡琴去和她。我和着她拉，三家村里的青年们也齐唱起来，一时把这苦雨荒山闹得十分温暖。我曾经吃过七八年音乐教师饭，曾经用 piano 伴奏过混声四部合唱，曾经弹过 Beethoven 的 sonata。但是有生以来，没有尝过今日般的音乐的趣味。

两部空黄包车拉过，被我们雇定了。我付了茶钱，还了胡琴，辞别三家村的青年们，坐上车子。油布遮盖我面前，看不见雨景。我回味刚才的经验，觉得胡琴这种乐器很有意思。piano 笨重如棺材，violin 要数十百元一具，制造虽精，世间有几人能够享用呢？胡琴只要两三角钱一把，虽然音域没有 violin 之广，也尽够演奏寻常小曲。虽然音色不比 violin 优美，装配得法，其发音也还可听。这种乐器在我国民间很流行，剃头店里有之，裁缝店里有之，江北船上有之，三家村里有之。倘能多造几个简易而高尚的胡琴曲，使像《渔光曲》一般流行于民间，其艺术陶冶的效果，恐比学校的音乐课广大得多呢？我离去三家村时，村里的青年们都送我上车，表示惜别。我也觉得有些儿依依。（曾经搪塞他们说："下星期再来！"其实恐怕我此生不会再到这三家村里去吃茶且拉胡琴了。）若没有胡琴的因缘，三家村里的青年对于我这路人有何惜别之情，而我又有何依依于这些萍水相逢的人呢？古语云："乐以教和。"我做了七八年音乐教师没有实证过这句话，不料这天在这荒村中实证了。

（丰子恺《山中避雨》）

（3）精心设计不同论述部分之间的过渡环节

下文采用联想法，以香烟之烟气作为向秋的意味的过渡。其实，香烟之烟气与秋并无什么关系，但是抽烟往往引人遐想（或作为遐想的伴随），在袅袅升起的蓝烟中思绪随之弥散。

秋天的黄昏，一人独坐在沙发上抽烟，看烟头白灰之下露出红光，微微透露出暖气，心头的情绪便跟着那蓝烟缭绕而上，一样的轻松，一样的自由。不转眼，缭烟变成缕缕的细丝，慢慢不见了；而那霎时，心上的情绪也跟着消沉于大千世界，所以也不讲那时的情绪，而只讲那时的情绪的况味。待要再划一根洋火，再点起那已点过三四次的雪茄，却因白灰已积得太多而点不着，乃轻轻地一弹，烟灰静悄悄地落在铜炉上，其静寂如同我此时用毛笔写在纸上一样，一点的声息也没有。<u>于是再点起来，一口一口地吞云吐雾，香气扑鼻，宛如偎红倚翠温香在抱情调。于是想到烟，想到这烟一股温煦的热气，想到室中缭绕暗淡的烟霞，想到秋天的意味。</u>这时才想起，向来诗文上秋的含义，并不是这样的，使人联想的是萧杀，是凄凉，是秋扇，是红叶，是荒林，是蔓草。然而秋确有另一意味，没有春天的阳气勃勃，也没有夏天的炎烈迫人，也不像冬天之全入于枯槁凋零。我所爱的是秋林古气磅礴气象。有人以老气横秋骂人，可见是不懂得秋林古色之滋味。在四时中，我于秋是有偏爱的，所以不妨说说。秋是代表成熟，对于春天之明媚娇艳，夏日之茂密浓深，都是过来人，不足为奇了；所以其色淡，叶多黄，有古色苍茏之慨，不单以葱翠争荣了。这是我所谓秋的意味。大概我所爱的不是晚秋，是初秋，那时暄气初消，月正圆，蟹正肥，桂花皎洁，也未陷入凛烈萧瑟气态，这是最值得赏乐的。那时的温和，如我烟上的红灰，只是一股熏熟的温香罢了；或如文人已排脱下笔惊人的格调，而渐趋纯熟练达，宏毅坚实，其文读来有深长意味。这就是庄子所谓"正得秋而万宝成"结实的意义。在人生上最享乐的就是这一类的事。比如酒以醇以老为佳。烟也有和烈之辨。雪茄之佳者，远胜于香烟，因其味较和；倘是烧得得法，慢慢的吸完一支，看那红光炙发，有无穷的意味。……大概凡是古老，纯熟，熏黄，熟练的事物，都使我得到同样的愉快。如一只熏黑的陶锅在烘炉上用慢火炖猪肉时所发出的锅中徐吟的声调，是使我感到同观人烧大烟一样的兴趣；或如一本用过二十年而尚未破烂的字典；或是一张用了半世的书桌；或如看见街上一块熏黑了老气横秋的招牌；或是看见书法大家苍劲雄浑的笔迹，都令人有相同的快乐。人生世上如岁月之有四时，必须要经过这纯熟时期，如女人发育健全遭遇安顺的，亦必有一时徐娘半老的风韵，为二八佳人所绝不可及者。使我最佩服的是邓肯的佳句："世人只会吟咏春天与恋爱，真无道理。须知秋天的景色，更华丽，更恢奇；而秋天的快乐有万倍的雄壮，惊奇，都丽。我真可怜那些妇女识见偏狭，使她们错过爱之秋天的宏大的赠赐。"若邓肯者，可谓识趣之人。

（林语堂《秋天的况味》）

（4）精心组建前后文之间的照应关系

下文中首尾讲的是同一个意思，这就是前后照应的一种方式。

旧的悠悠死去，新的悠悠生出，不慌不忙，一个跟一个——这是演化。

新的已经来到，旧的还不肯去，新的急了，把旧的挤掉——这是革命。

挤是发展受到阻碍时必然的现象，而新的必然是发展的，能发展的必然是新的，所以青年永远是革命的，革命永远是青年的。

新的日日壮健着（量的增长），旧的日日衰老着（量的减耗），壮健的挤着衰老的，没有挤不掉的。所以革命永远是成功的。

革命成功了，新的变成旧的，又一批新的上来了。旧的停下来拦住去路，说："我是赶过路程来的，我的血汗不能白流，我该歇下来舒服舒服。"新的说："你的舒服就是我的痛苦，你耽误了我的路程"，又把它挤掉……如此，武戏接二连三的演下去，于是革命似乎永远"尚未成功"。

让曾经新过来的旧的，不要只珍惜自己的过去，多多体念别人的将来，自己腰酸腿痛，拖不动了，就赶紧让。"功成身退"，不正是光荣吗？"后生可畏焉知来者之不如今也！"这也是古训啊！

其实青年并非永远是革命的，"青年永远是革命的"这定理，只在"老年永远是不肯让路的"这前提下才能成立。

革命也不能永远"尚未成功'。几时旧的知趣了，到时就功成身退，不致阻碍了新的发展，革命便成功了。

旧的悠悠退去，新的悠悠上来，一个跟一个，不慌不忙，那天历史走上了演化的常轨，就不再需要变态的革命了。

但目前，我们还要用"挤"来争取"悠悠'，用革命来争取演化。"悠悠"是目的，"挤"是达到目的的手段。

于是又想到变与乱的问题。变是悠悠的演化，乱是挤来挤去的革命。若要不乱挤，就只得悠悠的变。若是该变而不变，那只有挤得你变了。

<u>子在川上，曰：“逝者如斯夫，不舍昼夜！”古训也发挥了变的原理。</u>

（闻一多《五四断想》）

（5）画龙点睛以突出文眼

所谓文眼是点明全文主旨的词、短语或句子。下文的文眼为"不是平凡的"。

白杨树实在<u>不是平凡的</u>，我赞美白杨树！

当汽车在望不到边际的高原上奔驰，扑入你的视野的，是黄绿错综的一条大毯子；黄的，那是土，未开垦的处女土，几百万年前由伟大的自然力所堆积成功的黄土高原的外壳；绿的呢，是人类劳力战胜自然的成果，是麦田，和风吹送，翻起了一轮一轮的绿波——这时你会真心佩服昔人所造的两个字"麦浪"，若不是妙手偶得，便确是经过锤炼的语言的精华。黄与绿主宰着，无边无垠，坦荡如砥，这时如果不是宛若并肩的远山的连峰提醒了你（这些山峰凭你的肉眼来判断，就知道是在你脚底下的）。你会忘记了汽车是在高原上行驶，这时你涌起来的感想也许是"雄壮"，也许是"伟大"，诸如此类的形容词，然而同时你的眼睛也许觉得有点倦怠，你对当前的"雄壮"或"伟大"闭了眼，而另一种味儿在你心头潜滋暗长了——"单调"！可不是，单调，有一点儿罢？

然而刹那间，要是你猛抬眼看见了前面远远地有一排——不，或者甚至只是三五株，一二株，傲然地耸立，像兵似的树木的话，那你的恹恹欲睡的情绪又将如何？我那时是惊奇地叫了一声的！

那就是白杨树，西北极普通的一种树，然而实在<u>不是平凡的一种树</u>！

那是力争上游的一种树，笔直的干，笔直的枝。它的干呢，通常是丈把高，像是加以人工似的，一丈以内，绝无旁枝；它所有的丫枝呢，一律向上，而且紧紧靠拢，也像是加以人工似的，成为一束，绝无横斜逸出；它的宽大的叶子也是片片向上，几乎没有斜生的，更不用说倒垂了；它的皮，光滑而有银色的晕圈，微微泛出淡青色。这是虽在北方的风雪的压迫下却保持着倔强挺立的一种树！哪怕只有碗来粗细罢，它却努力向上发展，高到丈许，二丈，参天耸立，不折不挠，对抗着西北风。

这就是白杨树，西北极普通的一种树，然而<u>绝不是平凡的树</u>！

它没有婆娑的姿态，没有屈曲盘旋的虬枝，也许你要说它不美丽——如果美是专指"婆娑"或"横斜逸出"之类而言，那么白杨树算不得树中的好女子；但是它却是伟岸，正直，朴质，严肃，也不缺乏温和，更不用提它的坚强不屈与挺拔，它是树中的伟丈夫！当你在积雪初融的高原上走过，看见平坦的大地上傲然挺立这么一株或一排白杨树，难道你觉得树只是树，难道你就不想到它的朴质，严肃，坚强不屈，至少也象征了北方的农民；难道你竟一点也不联想到，在敌后的广大土地上，到处有坚强不屈，就像这白杨树一样傲然挺立的守卫他们家乡的哨兵！难道你又不更远一点想到这样枝枝叶叶靠紧团结，力求上进的白杨树，宛然象征了今天在华北平原纵横决荡用血写出新中国历史的那种精神和意志。

白杨不是平凡的树。它在西北极普遍，不被人重视，就跟北方农民相似；它有极强的生命力，磨折不了，压迫不倒，也跟北方的农民相似。我赞美白杨树，就因为它不但象征了北方的农民，尤其象征了今天我们民族解放斗争中所不可缺的朴质，坚强，以及力求上进的精神。

让那些看不起民众，贱视民众，顽固的倒退的人们去赞美那贵族化的楠木（那也是直干秀颀的），去鄙视这极常见，极易生长的白杨罢，但是我要高声赞美白杨树！

（茅盾《白杨礼赞》）

3. 选取合适的叙述角度

（1）选择顺叙方式

顺叙即按事情发展的先后顺序来叙说，这是为文的常序，与时光流动的方向一致。如：

我们屋后有半亩隙地。母亲说："让它荒芜着怪可惜，既然你们那么爱吃花生，就辟来做花生园罢。"我们几姐弟和几个小丫头都很喜欢——买种的买种，动土的动土，灌园的灌园；过不了几个月，居然收获了！

妈妈说："今晚我们可以做一个收获节，也请你们爹爹来尝尝我们的新花生，如何？"我们都答应了。母亲把花生做成好几样的食品，还吩咐这节期要在园里的茅亭举行。

那晚上的天色不大好，可是爹爹也到来，实在很难得！爹爹说："你们爱吃花生么？"

我们都争着答应："爱！"

"谁能把花生的好处说出来？"

姐姐说："花生的气味很美。"

哥哥说："花生可以制油。"

我说："无论何等人都可以用贱价买它来吃；都喜欢吃它。这就是它的好处。"

爹爹说："花生的用处固然很多，但有一样是很可贵的。这小小的豆不像那好看的苹果、桃子、石榴，把它们的果实悬在枝上，鲜红嫩绿的颜色，令人一望而发生美慕的心。它只把果子埋在地底，等到成熟，才容人把它挖出来。你们偶然看见一棵花生瑟缩地长在地上，不能立刻辨出它有没有果实，非得等到你接触它才能知道。"

我们都说："是的。"母亲也点点头。爹爹接下去说："所以你们要像花生，因为它是有用的，不是伟大、好看的东西。"我说："那么，人要做有用的人，不要做伟大、体面的人了。"爹爹说："这是我对于你们的希望。"

我们谈到夜阑才散，所有花生食品虽然没有了，然而父亲的话现在还印在我心版上。

（许地山《落花生》）

（2）选择倒叙方式

倒叙即先说后发之事，或事情的结果，回过头去再说先发之事，具有制造悬念，促使读者探寻原由或前事的效果。如：

接到哥哥来信，说家乡失陷，希伯先生被迫做了几天维持会的新贵，设法逃到外县。他有一个儿子被日本兵打死了。

希伯先生是一位有风趣的好好先生。一张并不虚肿的圆脸，沿边布满了荆棘似的短髭；鼻梁虽高，眼睛却不算大；毛发浓密，然而皮肤白净：处处给人一种矛盾的印象。小孩子初次站在他的旁边，不免望而生畏，听他三言两语之后，便意会出这位大人是怎样一个赤子，心情和他的年龄又是一个可爱的对比。他是一位半新不旧的文人，字写得规规矩矩，圆圆润润，和他自己一样平稳，和他自己一样没有棱角，而且，原谅我，和他自己一样默默无闻。中等身材，相当宽大，夏天他爱脱掉上身衣服，露出他厚实的胸脯。他的健康和强壮值得人人美慕。谁也想不到这样一个结实的身体，藏着一颗比鸡胆还小的小胆。他虽说是一个文人，因为缺少名士的清骨，究竟还有撒野的地方，诏人喜爱。方才我说他赤裸上身，未免有伤风化，实际当着亲朋家小，他才敢这样洒脱无礼。有一个毛病，不问前面是否远客高谊，他依然夺口而出，顺口而下，好比清流霭霭，忽来一声鸦噪。这就是那句一般厮走的口头禅：狗的。

我喜欢他。十岁的光景，父亲托了两位朋友把我远迢迢从西安送到津浦沿线的一个小站。他是其中之一。另一位是著名的二楞子，一句话就瞪眼，两句话就打架的李逵一流的人物。他们两位永远在冲突，我夹在中间像一道坝，或者不如说像一位判官，因为最后排难解纷的一定是我。我很乖巧。他们一路在轿车上争吵，临到歇店的时候，我总插进一句：

——双叔，回头喝酒吗?

他们在这一点上永远是同意的。看着我矜矜在意打开我的小箱，一枚一枚数着我的铜元，顿备下了轿车请客，他们彼此望了望，眼睛全闭小了。我母亲给我小箱放了十块钱的铜元，因为我的乖巧，变成他们的调解费。

我想他们不会真打真闹起来的。希伯先生的性格先不允许。然而他之所以要抬杠的，大约只是寻开心，故意激逗而已。假如他晓得对方霸道的时候他会笑着脸，寻个机会，一转身溜掉的。

这种怕事的性格决定了他退守的行止。他不肯接受我父亲的介绍，孤零零到一个陌生的队伍。他指望我父亲有一天飞黄腾达，成就他的功名。同伴远走高飞，有的发了财，有的做了官，有的为害于民，有的为利于国，有的流转沟壑，死而不得其所；只有他，自从我父亲遇了害，收了他仅有的野心，烧掉所有我父亲寄给他的危险的书札，安分守己，默默然，做了一个良善的顺民。每一个人有他自己的磁石。我父亲是希伯先生的磁石。这块磁石碎了，也就没有谁能再吸引他这块顽铁了。年轻时候尝够了冒险，如今心灰了，血冷了，他牢牢守住他的处世哲学：明哲保身和与世无争。名有好处也有坏处，他不要了；利，他要的，然而也只是那饱暖无缺的蝇头小利。没有大奢望，他也就没有大风波。他像一条蚕，啃着它那一片桑叶。还不如蚕，他放弃了走动的念头。二十年来，难得有人听到他的名字。我晓得他在家乡一个什么职业学校教书，发两句无谓的牢骚，讲两句他那点儿半新不旧的破捞什子，如斯而已。

一阵狂风暴雨卷进了这和平的渺小的生活，他把自私当作他的硬壳，慵慵逸逸，拖拖沓沓，胶着在他绿英英的石头上面。他已经忘记什么叫做行动。万一他在滚转，那不是他，而是石头，是波浪。但是，可爱而又可怜的希伯先生，我同情你。现在你陷在沸腾的血海，还丢掉了你所依恃的小小石头。你心爱的儿子也被强敌打死了。逃到什么地方去，你这前不把天后不着地的田螺？你学会了生活，却不晓得怎样生活：生活是一条链子，你是一个环子。它不是一块一块不相连接的石头。

我一点没有责备希伯先生的意思。我宝贵我过去的生命，希伯先生是它一个寂寞的角落。他属于我的生命，他的悲哀正是我的悲哀。有谁说我不就是希伯先生呢？有谁说谁不是呢？站出来，让我崇拜你。

（李健吾《希伯先生》）

（3）选择插叙方式

插叙即打断叙述（一般为顺叙），加入另一段叙述。能以最直截而略显随意的方式说明交代一些必要的信息。为使插叙不至于太突兀，可同时使用过渡语。下文中下有波浪线的语句就是过渡语。如：

在到功德林去会见弘一法师的路上，怀着似乎从来不曾有过的洁净的心情；也可以说带着渴望，不过与希冀看一出著名的电影剧等的渴望并不一样。

弘一法师就是李叔同先生，我最初知道他在民国初年；那时上海有一种《太平洋报》，其艺术副刊由李先生主编，我对于副刊所载他的书画篆刻都中意。以后数年，听人说李先生已经出了家，在西湖某寺。游西湖时，在西泠印社石壁上见到李先生的"印藏"。去年子恺先生刊印《子恺漫画》，丏尊先生给它作序文，说起李先生的生活，我才知道得详明些；就从这时起，知道李先生现在称弘一了。

　　于是不免向子恺先生询问关于弘一法师的种种。承他详细见告。十分感兴趣之余，自然来了见一见的愿望，就向子恺先生说了。"好的，待有机缘，我同你去见他。"子恺先生的声调永远是这样朴素而真挚的。以后遇见子恺先生，他常常告诉我弘一法师的近况：记得有一次给我看弘一法师的来信，中间有"叶居士"云云，我看了很觉惭愧，虽然"居士"不是什么特别的尊称。

　　前此一星期，饭后去上工，劈面来三辆人力车。最先是个和尚，我并不措意。第二是子恺先生，他惊喜似地向我颔头。我也颔头，心里就闪电般想起"后面一定是他"。人力车夫跑得很快，第三辆一霎经过时，我见坐着的果然是个和尚，清癯的脸，颔下有稀疏的长髯。我的感情有点激动，"他来了！"这样想着，屡屡回头望那越去越远的车篷的后影。

　　第二天，就接到子恺先生的信，约我星期日到功德林去会见。

　　是深深尝了世间味，探了艺术之宫的，却回过来过那种通常以为枯寂的持律念佛的生活，他的态度该是怎样，他的言论该是怎样，实在难以悬揣。因此，在带着渴望的似乎从来不曾有过的洁净的心情里，还搀着些惝恍的成分。

　　走上功德林的扶梯，被侍者导引进那房间时，近十位先到的恬静地起立相迎。靠窗的左角，正是光线最明亮的地方，站着那位弘一法师，带笑的容颜，细小的眼眸子放出晶莹的光。丏尊先生给我介绍之后，叫我坐在弘一法师的侧边。弘一法师坐下来之后，就悠然数着手里的念珠。我想一颗念珠一声"阿弥陀佛"吧，本来没有什么话要向他谈。见这样更沉入近乎催眠状态的凝思，言语是全不需要了。可怪的是在座一些人，或是他的旧友，或是他的学生，在这难得的会晤时，似乎该有好些抒情的话与他谈，然而不然，大家也只默然不多开口。未必因僧俗殊途，尘净异致，而有所矜持吧。或许他们以为这样默对一二小时，已胜于十年的晤谈了。

（叶圣陶《两法师》节选）

（4）决定叙述的人称

大多数文章都以第一人称的口吻撰写，这是最自然的叙述角度。如：

　　一年前回上海来，对于久违了的上海人的第一个印象是白与胖。在香港，广东人十有八九是黝黑瘦小的，印度人还要黑，马来人还要瘦。看惯了他们，上海人显得个个肥白如瓠，像代乳粉的广告。

第二个印象是上海人之"通"。香港的大众文学可以用脍炙人口的公共汽车站牌"如要停车，乃可在此"为代表。上海就不然了。初到上海，我时常由心里惊叹出来："到底是上海人！"我去买肥皂，听见一个小学徒向他的同伴解释："喏，就是'张勋'的'勋'，'功勋'的'勋'，不是'薰风'的'薰'。"《新闻报》上登过一家百货公司的开幕广告，用骈散并行的阳湖派体裁写出切实动人的文字，关于选择礼品不当的危险，结论是："友情所系，讵不大哉！"似乎是讽刺，然而完全是真话，并没有夸大性。

上海人之"通"并不限于文理清顺，世故练达。到处我们可以找到真正的性灵文字。去年的小报上有一首打油诗，作者是谁我已经忘了，可是那首诗我永远忘不了。两个女伶请作者吃了饭，于是他就做诗了："樽前相对两头牌，张女云姑一样佳。塞饱肚皮连赞道：难觅任使踏穿鞋！"多么可爱的、曲折的自我讽嘲！这里面有无可奈何，有容忍与放任——由疲乏而产生的放任，看不起人，也不大看得起自己，然而对于人与己依旧保留着亲切感。更明显地表示那种态度的有一副对联，是我在电车上看见的，用指甲在车窗的黑漆上刮出字来："公婆有理，男女平权。"一向是"公说公有理，婆说婆有理"，由他们去吧！各有各的理。"男女平等"，闹了这些年，平等就平等吧！——又是由疲乏而起的放任。那种满脸油汗的笑，是标准中国幽默的特征。

上海人是传统的中国人加上近代高压生活的磨练。新旧文化种种畸形产物的交流，结果也许是不甚健康的，但是这里有一种奇异的智慧。

谁都说上海人坏，可是坏得有分寸。上海人会奉承，会趋炎附势，会混水里摸鱼，然而，因为他们有处世艺术，他们演得不过火。关于"坏"，别的我不知道，只知道一切的小说都离不了坏人。好人爱听坏人的故事，坏人可不爱听好人的故事。因此我写的故事里没有一个主角是个"完人"。只有一个女孩子可以说是合乎理想的，善良、慈悲、正大；但是，如果她不是长得美的话，只怕她有三分讨人厌。美虽美，也许读者们还是要向她叱道："回到童话里去！"在《白雪公主》与《玻璃鞋》里，她有她的地盘。上海人不那么幼稚。

我为上海人写了一本香港传奇，包括《沉香屑 第一炉香》、《沉香屑 第二炉香》、《茉莉香片》、《心经》、《琉璃瓦》、《封锁》、《倾城之恋》七篇。写它的时候，无时无刻不想到上海人，因为我是试着用上海人的观点来察看香港的。只有上海人能够懂得我的文不达意的地方。

我喜欢上海人，我希望上海人喜欢我的书。

（张爱玲《到底是上海人》）

少数用第三人称口吻写，具有一定程度的客观化效果。如：

舒舍予，字老舍，现年四十岁，面黄无须。生于北平，三岁失怙，可谓无父。志学之年，帝王不存，可谓无君。无父无君，特别孝爱老母，布尔乔亚之仁未能一扫空也。幼读三百千，不求甚解。继学师范，遂奠教书匠之基。及壮，糊口四方，教书为业，甚难发财；每购奖券，以得末彩为荣，示甘于寒贱也。二十七岁，发愤著书，科学哲学无所懂，故写小说，博大家一笑，没什么了不得。三十四岁结婚，今已有一女一男，均狡猾可喜。闲时喜养花，不得其法，每每有叶无花，亦不忍弃。书无所不读，全无所获，并不着急。教书做事，均甚认真，往往吃亏，亦不后悔。如是而已，再活四十年也许能有点出息！

著有：《老张的哲学》、《赵子曰》、《二马》、《小坡的生日》、《猫城记》、《离婚》、《赶集》、《牛天赐传》、《樱海集》、《蛤藻集》、《骆驼祥子》、《火车集》，皆小说也。当继续再写八本，凑成二十本，可以搁笔矣。散碎文字，随写随扔；偶搜汇成集，如《老舍幽默诗文集》及《老牛破车》，亦不重视之。

（老舍《自拟小传》）

4. 构建正确的逻辑关系

这个要求在议论文中尤为必需，因为在议论文中，所论是否有正确的逻辑关系，直接制约着说服力的大小。请看下例：

①和形而上学的宇宙观相反，唯物辩证法的宇宙观主张从事物的内部、从一事物对他事物的关系去研究事物的发展，即把事物的发展看做是事物内部的必然的自己的运动，而每一事物的运动都和它的周围其他事物互相联系着和互相影响着。②事物发展的根本原因，不是在事物的外部而是在事物的内部，在于事物内部的矛盾性。任何事物内部都有这种矛盾性，因此引起了事物的运动和发展。事物内部的这种矛盾性是事物发展的根本原因，一事物和他事物的互相联系和互相影响则是事物发展的第二位的原因。这样，唯物辩证法就有力地反对了形而上学的机械唯物论和庸俗进化论的外因论或被动论。这是清楚的，单纯的外部原因只能引起事物的机械的运动，即范围的大小，数量的增减，不能说明事物何以有性质上的千差万别及其互相变化。事实上，即使是外力推动的机械运动，也要通过事物内部的矛盾性。③植物和动物的单纯的增长，数量的发展，主要地也是由于内部矛盾所引起的。④同样，社会的发展，主要地不是由于外因而是由于内因。许多国家在差不多一样的地理和气候的条件下，它们发展的差异性和不平衡性，非常之大。同一个国家吧，在地理和气候并没有变化的情形

下，社会的变化却是很大的。（1）帝国主义的俄国变为社会主义的苏联，封建的闭关锁国的日本变为帝国主义的日本，这些国家的地理和气候并没有变化。（2）长期地被封建制度统治的中国，近百年来发生了很大的变化，现在正在变化到一个自由解放的新中国的方向去，中国的地理和气候并没有变化。整个地球及地球各部分的地理和气候也是变化着的，但以它们的变化和社会的变化相比较，则显得很微小，前者是以若干万年为单位而显现其变化的，后者则在几千年、几百年、几十年、甚至几年或几个月（在革命时期）内就显现其变化了。⑤按照唯物辩证法的观点，自然界的变化，主要地是由于自然界内部矛盾的发展。社会的变化，主要地是由于社会内部矛盾的发展，即生产力和生产关系的矛盾，阶级之间的矛盾，新旧之间的矛盾，由于这些矛盾的发展，推动了社会的前进，推动了新旧社会的代谢。唯物辩证法是否排除外部的原因呢？并不排除。唯物辩证法认为外因是变化的条件，内因是变化的根据，外因通过内因而起作用。⑥鸡蛋因得适当的温度而变化为鸡子，但温度不能使石头变为鸡子，因为二者的根据是不同的。⑦各国人民之间的互相影响是时常存在的。在资本主义时代，特别是在帝国主义和无产阶级革命的时代，各国在政治上、经济上和文化上的互相影响和互相激动，是极其巨大的。（1）十月社会主义革命不只是开创了俄国历史的新纪元，而且开创了世界历史的新纪元，影响到世界各国内部的变化，（2）同样地而且还特别深刻地影响到中国内部的变化，但是这种变化是通过了各国内部和中国内部自己的规律性而起的。⑧两军相争，一胜一败，所以胜败，皆决于内因。胜者或因其强，或因其指挥无误，败者或因其弱，或因其指挥失宜，外因通过内因而引起作用。一九二七年中国大资产阶级战败了无产阶级，是通过中国无产阶级内部的（中国共产党内部的）机会主义而起作用的。当着我们清算了这种机会主义的时候，中国革命就重新发展了。后来，中国革命又受了敌人的严重的打击，是因为我们党内产生了冒险主义。当着我们清算了这种冒险主义的时候，我们的事业就又重新发展了。⑨由此看来，一个政党要引导革命到胜利，必须依靠自己政治路线的正确和组织上的巩固。

（毛泽东《矛盾论》〈节选〉）

这一部分的论述，其逻辑关系如下：

① 提出唯物辩证法对事物发展中内因外因关系的根本看法。

② 对这个根本看法进一步解释。

③ 以动植物发展为例加以说明。

④ 以社会发展为例加以说明。

（1）外国社会例。

（2）中国社会例。

⑤ 回过头来再一次论述唯物辩证法对事物发展中内因外因关系的根本看法。

⑥ 以鸡蛋孵出小鸡为例加以说明。

⑦ 以社会革命为例加以说明。

（1）外国革命例。

（2）中国革命例。

⑧ 以斗争胜负为例加以说明。

⑨ 中国革命如欲胜利成功，关键在内因——中共路线必须正确，组织必须巩固。

谋篇方法与技巧甚多，此处容量有限，无法一一列举，请各位广泛参阅文章学、写作学等论著，必能得到更多裨益。

第十一章　辞格（一）

一、什么是辞格？

辞格通常称为修辞格，又有称为语格、辞藻、藻式或辞式的，它的意思是修辞的格式。给辞格下的定义很多，《中国大百科全书·语言文字》卷"修辞格"条解释为"是为了使说话增强表达效果而运用的一些修饰描摹的特殊方法"（第 432 页）。唐松波、黄建霖 1989 年主编《汉语修辞格大辞典》认为"修辞格就是特殊的或偏离常规的表达方式，它与一般的或常规的表达方式相对而存在"（第 3 页）。

其实，辞格是形成固定模式的修辞组合体，它们好比一个个现成的包裹，包括了一些已有的修辞手段，因而给人们的使用提供了快捷性、便利性和沿袭性。从这个角度看，众多辞格之间无法严格按照逻辑划分的标准进行分类，只能按近似性作分组罗列。

尽管并非每一个辞格都是修饰描摹的特殊方法，但由于在习惯上已经把它们看作特殊而又十分重要的修辞手段，因此尽管它们和炼词锻句等具有密切的关系，本稿中还是把它另立一类，单独论述。

到目前为止，被定名的辞格已达数百种，并且还有不断增加的趋势，比如唐松波、黄建霖 1989 年主编的《汉语修辞格大辞典》收录辞格 156 个，谭学纯、濮侃、沈孟璎 2010 年主编的《汉语修辞格大辞典》收录一、二级辞格 287 种。尽管如此，常见常用的辞格不过几十种，以下择要介绍。

二、常用辞格

（一）设　问

又叫提问，特点是自问自答。这看来显得多余，实则不然，其价值一是唤起别人对"答案"的注意，二是通过问、答，给话语添加波澜。如：

> 济南的小山是个什么样儿呢？你看，"小山整把济南围了个圈儿，只有北边缺着点口儿。"（一问一答）

（吴炫《一幅恬淡明丽的春之图——读老舍的〈济南的冬天〉》）

在问和答的数量上，常见的是一问一答，但也有数问一答，一问数答和连问连答的。连问连答的形式之一是 A？B，B'？C，……前后相连的答和问在意义上有密切关系，可称之为连环问。连环问往往给人以追根刨底的感觉。这三种设问的例子如下：

> 等冬天来临，天气冷了，蚊子、夜蛾死的死，躲的躲，蝙蝠什么吃的也没有了。<u>怎么办呢？是躺着等死，还是像大雁、燕子那样千里迢迢，飞到温暖的南方去？不，都不是。</u>蝙蝠是采取"睡眠"的办法来对待绝粮。（数问一答）

> 银行卡为何会被吞？那就是三次密码输错，超时操作（比如未在 20 秒到 30 秒内将卡取回），卡上磁条失效，卡已挂失，或者"机器故障"。（一问数答）

> 植物是不是也会睡眠呢？会的，不过，我们所指的是植物的种子。收成不久而且经过晒干汤净的谷子、麦子、玉米、油菜的种子，它们是死的还是活的？它们只要没受伤害，那就是活的，是在睡眠。（连问连答）

常见的设问，问和答是连在一起的，既自然又紧凑易懂。例如：

> 这样的笑话是不是苏东坡等人故意挖苦王安石的呢？当然不能说完全没有这种成分，这样的笑话并非凭空捏造，确是事实。

（马南邨《学问不可穿凿》）

但也有一些设问，问和答并不连属。这主要是为了及时说明发问的缘由，但在客观上对"答案"有遮掩作用，并使语气较为舒缓。如：

> <u>理论和事实比较起来，哪一个更重要呢？</u>这个问话好像是多余的。因为理论是理性知识，对事实的认识则仅仅是感性知识，感性知识上升为理性知识，理性知识当然高于感性知识。<u>但是如果没有感性知识做基础，那个理性知识就靠不住，就可能是骗人的玩意儿</u>（连本人也是受骗的）。

（吕叔湘《谈谈虚和实的关系》）

（二）飞　白

故意照录话语中的错误，不加改正，这就是飞白。例如小孩说话咬舌头，把"我要听<u>收</u>音机"说成了"我要听<u>修</u>音机"；把"快吃饭"，说成"快<u>稀</u>饭"。飞白可以表达幽默、戏谑或讽刺的意味。如：

> 二人正说着，只见湘云走来，笑道："二哥哥，林姐姐，你们天天一处顽，我好容易来了，也不理我一理儿。"黛玉笑道："偏是咬舌子爱说话，连个'二'哥哥也叫不出来，只是'爱'哥哥'爱'哥哥的。回来赶围棋儿，又该你闹'幺爱三四五'了。"宝玉笑道："你学惯了他，明儿连你还咬起来呢。"

> （曹雪芹《红楼梦》第二十回"王熙凤正言弹妒意 林黛玉俏语谑娇音"）

又如：

> 庵叫菩提庵，可是大家叫讹了，叫成荸荠庵。连庵里的和尚也这样叫。

> （汪曾祺《受戒》）

（三）反　复

这是为了强调或其他目的而有意地重复使用某些词语或句子，可分为间隔反复和连续反复。间隔反复的使用必须有规律，如散漫无序，便难免被人忽视。以下为间隔反复的例子：

> 哪里是山，哪里是房屋，哪里是菜园，我终于分辨出来了。

> （巴金《灯》）

> 瑞丽江水是温柔的又是有力的
> 瑞丽江水是宁静的
> 江心又隐现着旋涡
>
> 这只有洄游的鱼儿知道
> 只有长长的渡船知道

> （邵燕祥《瑞丽江的黄昏》）

以下为连续反复的例子：

> 伙伴们注意到了我的狼狈相，他们大声地说："没关系！没关系！"

> （乔传藻《挑柴——童年纪事》）

> 还拿天气说吧，老那么好，老那么好，没有变化，没有春夏秋冬，这就使人生厌。

> （老舍《老舍自传》）

反复是一种简单有效地突出相关信息的修辞手段，但也显得比较笨重。诗歌、唱词等文艺作品中使用反复手法，往往又是为了利用相同声音的反复出现来构成并强调节奏。如：

你苍白的指尖理着我的双鬓，
我禁不住像儿时一样
　　　紧紧拉住你的衣襟。
呵，母亲，
为了留住你渐渐隐去的身影，
虽然晨曦已把梦剪成烟缕，
我还是久久不敢睁开眼睛。

我依旧珍藏着那鲜红的围中，
生怕浣洗会使它
　　　失去你特有的温馨。
呵，母亲，
岁月的流水不也同样无情？
生怕记忆也一样褪色呵，
我怎敢轻易打开它的画屏？

为了一根刺我曾向你哭喊，
如今戴着荆冠，我不敢，
　　　一声也不敢呻吟。
呵，母亲，
我常悲哀地仰望你的照片，
纵然呼唤能够穿透黄土，
我怎敢惊动你的安眠？

我还不敢这样陈列爱的礼品，
虽然我写了许多支歌，
　　　给花、给海、给黎明。
呵，母亲，
我的甜柔深谧的怀念，
不是漩流，不是瀑布，

是花木掩映中唱不出歌声的古井。

（舒婷《呵，母亲》）

（四）排　比

排比又叫排迭、排句，是用三个或更多的结构相似、语气一致的短语或句子表达相关意思的辞格，具有铺张声势的作用。如：

这样，大自然把紫红的峰，雪浪云的海，虚无缥缈的雾，苍翠的松，拿过来组成了无穷尽的幻异的景。

（徐迟《黄山记》）

在此暂时可以忘却无数的落蕊与残红；亦可以忘却花荫中掉下的枯叶，私语地预告三秋的情意；亦可以忘却苦恼的僵瘪的人间，阳光与雨露的殷勤，不能再恢复他们腮颊上生命的微笑；亦可以忘却纷争的互杀的人间，阳光与雨露的仁慈，不能感化他们凶恶的兽性；亦可以忘却庸俗的卑琐的人间，行云与朝露的丰姿，不能引逗他们刹那间的凝视；亦可以忘却自觉的失望的人间，绚烂的春时与媚草，只能反激他们悲伤的意绪。

（徐志摩《北戴河海滨的幻想》）

排比所包含的各项可以音节数相同，语法结构一致。如：

那雄伟的城楼，那险要的形势，那悲壮的历史，那屈辱的陈迹，那塞上的风雪，那关外的离愁……

（峻青《雄关赋》）

排比也允许各项在语言形式上不一致，这主要表现为各排比项的音节数不一定相等，但这种放宽的程度是有限的。有时会看到某一句和其他几句差别颇大，这时应可发现其他各句较为整齐，或者长短有序，短句在前而长句在后，否则排比就瓦解了。如下例中第三个排比项比较长，而前两个短排比项的音节数和语法结构都一样：

我幻想：有一天，我能

流出奶，

流出蜜，

甚至流出香醇的酒，

并且能开出

各种色彩、各种形状、各种香味的花朵；

…………

（李瑛《我骄傲，我是一棵树》）

排比和反复不同，反复是所有词语的重复，排比至多只是部分词语的重复。如果这种重复是有意的、有规律的，可以认为是排比中包含了反复。如：

在那里，有阳光、有温暖、有笑脸，有绿草的气息、有蓝天白云、有灿烂的晚晴……

（吴炫《一幅恬淡明丽的春之图——读老舍的〈济南的冬天〉》）

（五）对　偶

对偶又叫"俪辞"。"春联"、"楹联"、律诗中的"对仗"都是对偶的典型代表。对偶是一种民族特色十分鲜明的修辞手段，由对称的两个句子或短语组成，在习惯上，把前一项称为出句，把后一项称为对句。其特点是：

1. 出句和对句音节数相等。

2. 出句和对句语法结构上相同，或至少大体对称。

3. 出句和对句分别可以实词对实词，虚词对虚词；甚至可以名词对名词，动词对动词，形容词对形容词等。

4. 出句和对句意义上密切相关，但忌讳意义相重相似。

如：

昔我往矣，杨柳依依；今我来思，雨雪霏霏。

（《诗经·采薇》）

池塘生春草，园柳变鸣禽。

（谢灵运《登池上楼》）

格律诗中对偶的限制更多，主要增加了以下要求：

1. 出句对句中的多数乃至全部音节以平声对仄声，以仄声对平声。

2. 对句一般要求以平声收尾。

3. 词语不宜重复。

如：

两个黄鹂鸣翠柳，一行白鹭上青天。

（中古音：仄仄平平平仄仄，仄平仄仄仄平平）

（杜甫《绝句》）

青山横北郭，白水绕东城。（中古音：平平平仄仄，仄仄仄平平）

（李白《送友人》）

对偶可从不同角度分类。

1. 按出句和对句之间的意义关系分

（1）正对，出句对句意思相近、互补。如：

余霞散成绮，澄江静如练。

（谢朓《晚登三山还望京邑》）

春蚕到死丝方尽，蜡炬成灰泪始干。

（李商隐《无题》）

（2）反对，出句对句意思相反对立。如：

<u>满招损，谦受益</u>，时乃天道。

（《尚书·大禹谟》）

横眉冷对千夫指，俯首甘为孺子牛。

（鲁迅《自嘲》）

这类对偶也可看作是对偶辞格和对比辞格的兼用。

2. 按出句和对句之间的语法关系分

（1）平对，是对正对和反对的概括，其共同特点是出句和对句之间具有并列、转折等复句关系。如：

仰手接飞猱，俯身散马蹄。狡捷过猴猿，勇剽若豹螭。

（曹植《白马篇》）

水光潋滟晴方好，山色空濛雨亦奇。

（苏轼《饮湖上初晴后雨》）

着意栽花花不发，等闲插柳柳成荫。

（关汉卿《包待制智斩鲁斋郎》）

（2）串对，又叫流水对，其特点是出句对句之间有连贯、因果、条件等复句关系，或者把一句话分为上下两对句。如：

才饮长沙水，又食武昌鱼。

（毛泽东《水调歌头·游泳》）

烽火连三月，家书抵万金。

（杜甫《春望》）

欲穷千里目，更上一层楼。

（王之涣《登鹳雀楼》）

唯将终夜长开眼，报答平生未展眉。

（元稹《遣悲怀三首·其三》）

3. 按出句和对句中相对应的词语是否属于同一意义范畴的标准分

（1）工对，其主要特征是以属于同一意义范畴的词语特别是名词（包括数词、物量词等）相配。所属的意义范畴类别越小，对偶就越工整。另外，所谓工对，也要求平仄相对。如：

草枯鹰眼疾，雪尽马蹄轻。（中古音：仄平平仄仄，仄仄仄平平）

（王维《观猎》）

上例中"枯"和"尽"表变化，"鹰"和"马"为打猎所用动物，"眼"和"蹄"均为动物的器官，"疾"和"轻"都表属性。以上对得都很工整，只有"草"和"雪"的关系远一点。

浮云游子意，落日故人情。（平平平仄仄，仄仄仄平平）

（李白《送友人》）

上例中"浮云"和"落日"都属古人所认为的天文类，"游子"和"故人"都指人，"意"和"情"均为情感类。整个对偶很工整。

（2）宽对，要求较松，相配词语的词性相同即可。如：

明月清风非俗物，轻裘肥马谢儿曹。

（黄庭坚《答龙门秀才见寄》）

上例中"明月清风"和"轻裘肥马"都为名词性词语，但前者属古人所认为的天文，后者属鸟兽虫鱼，既非同类，又非近类。"非"和"谢"都是动词，但意义上相差很大。"俗物"此处不指生物，"儿曹"指人，两者之间除了都属于名词之外，意义上也相差很远。因此这个对偶不算太工整。

对偶有对称、凝炼之美。对偶的大忌是太俗太白，如果犯忌，即使声音、语法等方面都符合标准，也算不得佳作。如："社区是我家，防范靠大家。"反之，有文采，有奇思妙想的对偶则令人击节赞赏。如陈从周给一人作的嵌名联。此人名为张锡九，联为"金银铜铁锡，五六七八九。"又如：

联大的学生见到预行警报，一般是不跑的，都要等听到空袭警报：汽笛声一短一长，才动身。

………—……

这道沟可以容数百人。有人常到这里，就利用闲空，在沟壁上修了一些私人专用的防空洞，大小不等，形式不一。这些防空洞不仅表面光洁，有的还用碎石子或碎瓷片嵌出图案，缀成对联。对联大都有新意。我至今记得两副，一副是：

　　人生几何

　　恋爱三角

一副是：

　　见机而作

　　入土为安

对联的嵌缀者的闲情逸致是很可叫人佩服的。前一副也许是有感而发，后一副却是记实。

（汪曾祺《跑警报》）

（六）错　综

这是故意不采用相似、相同的词语或构造，而追求表达形式上的差别的修辞手段，主要包括如下小类。

1. 抽换词面

选用同义、近义词语，以避免词语重复。如：

　　人间广泛，万汇难齐。沮洳是水作成的，江河也是水作成的；橘柚宜于南国，枣梨生长北方。万物各适其性，各有其宜。

（沈从文《沉默》）

　　我默默地注意一切乘客，想估计是不是有一个学生模样的年轻人，认识徐志摩，知道徐志摩。我想把一个新闻告给他，徐志摩死了，就是那个给年轻人以蓬蓬勃勃生气的徐志摩死了。

（沈从文《三年前的十一月二十二日》）

　　水上之波如此，天上之云如斯；云水无心，"人"却多了一种荒唐的眷恋，非自寻烦恼吗？

（俞平伯《清河坊》）

　　我在青岛居住四年，往事如烟。如今隔了半个世纪，人事全非，山川有异。

（梁实秋《忆青岛》）

2. 词句变序

词语或表述的顺序，在前后话语中安排不同，使语句不单调而有变化。如：

　　但你又不能否认，他诗里有真，有真情实感，有真切感受。虽然一些感受有深有浅，但浅浅深深都是他自己的东西。

（季振邦《平平淡淡才是真》，2007 年 8 月 24 日《文学报》）

如：

其他六场比赛的结果为：北京首钢主场 89 比 91 惜败于云南红河；上海西洋集团主场 81 比 93 负于辽宁盼盼；山东金斯顿主场 88 比 104 不敌广东宏远；江苏南钢主场 135 比 108 大胜吉林通钢；河南济钢主场 95 比 87 胜福建浔兴；新疆广汇主场 103 比 87 战胜浙江万马。

（《2004—2005 中国男篮甲 A 联赛第八轮综述》，
2007 年 8 月 27 日中国篮球协会官方网站）

上例中前三场比赛的结果都是“败者前胜者后”的语序，后三场比赛的结果则变成了“胜者前败者后”的语序。此外，“败于”、“负于”、“不敌”是抽换词面。

3. 结构变换

把本来可以是相同的话语结构变换成不同的结构，也是为了使语句有变化。如：

即使旅客不因之而减少，只教天上有暗淡的愁云蒙着，阶前屋外有几点雨滴的声音，那么围绕在我周围的空气和自然的景物，总要比现在更带有些阴惨的色彩，总要比现在和我的心境更加相符。（中心成分的结构分别为：兼语、动宾，动宾、偏正）

（郁达夫《还乡后记》）

忘年交之形成固有赖于兴趣之相近与互相之器赏，但年长的一方面多少需要保持一点童心，年幼的一方面多少需要显着几分老成。老气横秋则令人望而生畏，轻薄儇佻则人且避之若浼。（兼语，主谓）

（梁实秋《谈友谊》）

大幕又一挑，站出戏班头儿，大声叫喊要维持秩序；立即就跳出一个两个所谓“二干子”人物来。这类人物多是头脑简单，四肢发达，却十二分忠诚于秦腔，此时便拿了树条儿，哪里人挤，哪里打去，如凶神恶煞一般。人人恨骂这些人，人人又都盼有这些人，叫他们是秦腔宪兵，宪兵者越发忠于职责，虽然彻夜不得看戏，但大家一夜满足了，他们也就满足了一夜。（偏正，后补）

（贾平凹《秦腔》）

（七）顶　真

顶真又叫联珠、连环、蝉联、顶针，是有意用前一句的结尾做后一句的起头，使相邻句子头尾蝉联的辞格。典型的顶真至少要联两次，其格式是 A……B，B……C，C……D……。如：

后院那扇门，咿嗳地响了一声，开了。里面走出一个有福相的老太太，穿着尖细的小鞋子，带了一个<u>丫头</u>；<u>丫头</u>手提着竹<u>篮子</u>，<u>篮子</u>里放着三牲和金银纸香。

（吴浊流《先生妈》）

打人就要<u>费力气</u>，<u>费力气</u>就要<u>多吃饭</u>，<u>多吃饭</u>就要<u>费钱</u>，<u>费钱</u>就是破坏他的哲学，老张又何尝爱打人呢？

（老舍《老张的哲学》）

重复前句是构成顶真的又一种形式，其格式是 A，B；B，C；C，D……。如：

乒乒乓乓，<u>离开妈妈</u>。<u>离开妈妈</u>，<u>飘海过洋</u>。<u>飘海过洋</u>，<u>找到新家</u>。<u>找到新家</u>，<u>生根发芽</u>。<u>生根发芽</u>，<u>落叶开花</u>。<u>落叶开花</u>，<u>也做妈妈</u>。<u>也做妈妈</u>，孩子要要。一二三四，五六七八……个个都是，大头娃娃！（儿歌）

又如：

咱们做的事情越多，<u>老百姓就来得越多</u>，<u>老百姓来得越多</u>，<u>咱们的力量就越大</u>，<u>咱们的力量越大</u>，往后做的事就越多。

这两种形式的顶真在汉语中历史很悠久，《诗经》中就有一些。如：

静女其娈，贻我<u>彤管</u>。<u>彤管</u>有炜，说怿女美。

（《诗经·邶风·静女》）

相鼠有皮，<u>人而无仪</u>。<u>人而无仪</u>，不死何为？
相鼠有齿，<u>人而无止</u>。<u>人而无止</u>，不死何俟？
相鼠有体，<u>人而无礼</u>。<u>人而无礼</u>，胡不遄死？

（《诗经·鄘风·相鼠》）

多数顶真，前后蝉联的词语是一样或基本一样的，但有时候也有一些变化。如：

在我认识画家刘懋善之前，先认识了他的画；在认识他的画之前，先认识了苏州。

（方骏《彩墨淋漓画苏州》，2007 年 8 月 28 日《新民晚报》）

两家都很有钱，一家是本地的烧锅掌柜的，一家是白旗屯的大窝堡；两家是一家种高粱，是一家开烧锅。开烧锅的需要<u>高粱</u>，种<u>高粱</u>的需要烧锅买他的高粱……

（萧红《呼兰河传》）

湖水滋润着湖边的青草，青草喂肥了<u>羊群</u>，<u>羊奶</u>哺育着少女的后代子孙。

（碧野《天山景物记》）

典型的顶真多少带一点语言游戏的味道，因此不常为人所用。倒是不典型的仅蝉联一次的顶真，既能缀合前后语句，又不显斧凿，更为多见。如：

这么着，一说你我，你我便从一群人里除外，单独地相对着。

（朱自清《你我》）

人在孤寂时常发出奇异的语言，或是动作。动作也是语言的一种。

（何其芳《独语》）

（八）回　环

典型的回环是把后一句头尾的词语同前一句头尾的词语倒一下个儿，形成结构对称的两项。如："智者不惑，惑者不智"、"你中有我，我中有你"。又如：

苏青最好的时候能够做到一种"天涯若比邻"的广大亲切，唤醒了往古来今无所不在的妻性母性的回忆，个个人都熟悉，而容易忽略的。实在是伟大的。她就是"女人"，"女人"就是她。

（张爱玲《我看苏青》）

回环中的同义词语也可以"错综"一下。如：

烧锅非高粱不可，高粱非烧锅不行。

（萧红《呼兰河传》）

顶真和回环是不同的辞格。区别在于：

1. 顶真的格式是 A……B，B……C，……；或 A，B；B，C；C，D……。回环的格式是 A……B，B……A。前者不回环往复，后者一定要回环往复。

2. 顶真可以蝉联多次，回环至多只能有两句。

例如：

一家分两院，两院儿女多，多的倒比少的少，少的倒比多的多。（谜语）

上例中一、二、三句以顶真相连，三、四句是回环。又如：

人不犯我，我不犯人；人若犯我，我必犯人。

（毛泽东《和中央社、扫荡报、新民报三记者的谈话》）

上例中前两句是回环，二、三、四句以顶真相连。

还有一些回环以一个句子的面目出现，顺念反念都可以，如："人过大佛寺"、"绿叶衬红花"，可分别念或"寺佛大过人"、"花红衬叶绿"。这种回环可以称作"回文"。

回文可以成诗，自古就有，其特点是从头念或从尾念都成一首诗。如：

潮随暗浪雪山倾，

远浦渔舟钓月明。

桥对寺门松径小，

槛当泉眼石波清。

迢迢绿树江天晓，

蔼蔼红霞晚日晴。

遥望四边云接水，

碧峰千点数鸥轻。

（苏轼《题金山寺回文体》）

下面是一首 1985 年重建黄鹤楼时征集到的回文诗：

桥飞渡水架长虹，

滚滚江涛接远空。

宵碧耸峰青霭霭，

草芳笼树绿丛丛。

高楼一建新时盛，

老鹤归家国运隆。

豪客楚才人览胜，

飘云彩色日升东。

少数回环，两个句子可以被别的词语隔开。如：

扬州教场，茶馆林立，群贤毕至，少长咸集，倍可乐也。而抱陆羽之癖者，虽遇
到烈风雷雨，不能愆期，盖亦习尚使然。至浴堂之多，与沪上相等。而好洁者亦麇集
其门，时值隆冬，尤不稍却。故谚有之曰："早上皮包水，晚间水包皮"。

（颂予《扬州风俗记》）

固然，"鬼"、"诡"同音，但是究竟因"鬼"而"诡"，还是因"诡"而"鬼"，仰
乎是个兜不完的圈子。

（朱自清《话中有鬼》）

以下烧制于茶壶盖上的五个字所代表的语素也构成回环，其特点是如按顺时针方向取任一
个字开始阅读，都得一句话。

可
也　　以
心　清

以下无名氏《连环回文诗》更妙，可取任一字开始阅读，无论顺逆，都是一首五言诗。

　　由两项组成的回环，寓对立关系于对称形式之中，既反映了事物之间的矛盾统一关系，也有利于记忆，具有很强的表现力。但如果用得过多，则不免近于语言游戏。至于回文诗之类，往往是形式强于内容，离语言游戏更近了。

第十二章 辞格（二）

（九）仿　拟

又叫仿用，特点是依据现有格式改头换面。仿拟的妙处在于变习见为新鲜，化腐朽为神奇。好的仿拟多含幽默、讽刺之意，常可使人会心一笑。仿拟的对象小可以是语素词句，大可以是整个篇章。常见的有三类：

1. 仿　词
例如：

这特点是什么？原来就是狗道主义（仿"人道主义"）。狗，在S市是特别被尊崇的。S市的法律对于狗的生命安全，保护得十分周到。没有人敢杀害它，虐待它。狗的一切享受，也与众不同。初次来到S市的乡下曲辫子，见了那边的哈叭狗，住的是清洁的洋楼，套的是金银的项索，吃的是牛肉和乳酪，出来乘着龙飞行的汽车，亲着洋太太的香吻，都不免摇摇头，叹一声"我不如也"。

（胡愈之《X市的狗》）

猫才是好吃懒作，有肉即来，无食即去的东西。洋奴与小人理应被叫作"走猫"（仿"走狗"）。

（老舍《老舍自传》）

姐姐弟弟和鲁鲁原来就是朋友。他们有时到犹太老人那里去玩。他们大概是老人唯二（仿"唯一"）的客人了。

（宗璞《鲁鲁》）

仿词也包括仿成语。如：

有一天夜里非常的寒冷。急急地要往床里钻的时候，她说："视睡如归。"（仿"视死如归"）

（张爱玲《姑姑语录》）

类似的例子还有"见缝插绿"（仿"见缝插针"）、"坐而论文"（仿"坐而论道"）、"望车兴叹"（仿'望洋兴叹"）等。

2. 仿 句

如：

  "采菊东篱下，悠然见南山"是渊明的好句，但我们在上海学起来可就难了。没有南山，我们还可以改作"悠然见洋房"或"悠然见烟囱"的，然而要租一所院子里有点竹篱，可以种菊的房子，租钱就每月总得一百两，水电在外；巡捕捐按房租百分之十四，每月十四两。

（鲁迅《病后杂谈》）

  "春宵一刻值千金"这句老话，是谁也知道的，我觉得换一个字，就可以做我的题目。连小小一句题目，都要东抄西袭凑合成的，不肯费心机自己去做一个，这也可以见我的懒惰了。

（梁遇春《"春朝"一刻值千金》）

  呵！汗雨挥洒彩笔画：桂林山水——满天下！（仿"桂林山水甲天下"）

（贺敬之《桂林山水歌》）

3. 仿 篇

如鲁迅仿崔颢《黄鹤楼》诗。崔诗为：

  昔人已乘黄鹤去，

  此地空余黄鹤楼。

  黄鹤一去不复返，

  白云千载空悠悠。

  晴川历历汉阳树，

  芳草萋萋鹦鹉洲。

  日暮乡关何处是，

  烟波江上使人愁。

鲁迅仿拟的诗为：

  阔人已骑文化去，

  此地空余文化城。

  文化一去不复返，

  古城千载冷清清。

  专车队队前门站，

晦气重重大学生。

日薄榆关何处抗，

烟花场上没人惊。

仿刘禹锡《陋室铭》的篇章不少，《老人铭》即其中之一。该文作者不明，摘自刊于2011 年第 7 期《思维与智慧》的祥虎《仿〈陋室铭〉赏趣》一文。请阅：

年不在高，用脑则灵；资不在深，读书则明。斯是老年，唯吾独馨。书画怡且乐，花木映眼明。谈笑有知己，往来无俗丁。可以练书法，诵《诗经》。无谗言之乱耳，无虞诈之劳形。气清观宇宙，情趣在童心。心里云：何老之有！

下录《陋室铭》原文，以供比较：

山不在高，有仙则名；水不在深，有龙则灵。斯是陋室，惟吾德馨。苔痕上阶绿，草色入帘青。谈笑有鸿儒，往来无白丁。可以调素琴，阅金经。无丝竹之乱耳，无案牍之劳形。南阳诸葛庐，西蜀子云亭。孔子云："何陋之有？"

（十）反　语

这是故意用和本意恰好相反的话语来表达本意。反语可以分为两类：

1. 讽刺性反语

一般用听起来是肯定的话语来表达否定的意思。它比正说更为有力。例如：

此外，在你所推许底人物中间，还有许多是平时趾高气扬、临事一筹莫展底"民族英雄"。所以说，苍蝇也具有蜜蜂底模样，不仔细分辨不成。

（许地山《危巢坠简》）

上例中"民族英雄"的真正意思是"脓包狗熊"之类。又如：

只有烟枪和烟灯，虽然形式和印度、波斯、阿剌伯的烟具都不同，确可以算是一种国粹，倘使背着周游世界，一定会有人看，但我想，除了送一点进博物馆之外，其余的是大可以毁掉的了。

（鲁迅《拿来主义》）

上例中"国粹"的真正意思是"国之糟粕"之类。又如：

牌客除了师兄弟三人，常来的是一个收鸭毛的，一个打兔子兼偷鸡的，都是正经人。

（汪曾祺《受戒》）

上例中"正经人"的真正意思是"非正经人"。

2. 非讽刺性反语

可以用听来是肯定的话语来表达否定的意思， 也可以用听来是否定的话语来表达肯定的意思。 这类反语常常带有喜爱或者幽默等色彩。 例如：

我唱歌可<u>棒</u>着呢。每回只要我一唱歌，隔壁的邻居就兴奋得又敲墙壁又吼叫。

上例中 "棒" 的真正意思是 "难听"， 所以一唱歌， 隔壁的邻居就用敲墙壁和高声喊叫的方式提抗议。 又如：

那孩子<u>又鬼又坏</u>，仨大人加在一起都没他点子多。

上例中 "又鬼又坏" 的真正意思是 "非常聪明"。

反语常用来表示赞许。 如：

研究任何学问，欲求造诣深邃者，也不可不有几分<u>呆气</u>。

（邹韬奋《呆气》）

有时候， 反语中似乎兼有讽刺和打趣的意味。 如：

女儿：妈，你说，这短发好看吗？

母亲：好看。

女儿：可小王说还太长了<u>些</u>，不够时髦。

母亲：对，<u>要是剃个光头就更美啦</u>。

（十一） 转　品

这是一种临时改变词的语法特性， 尤其是词性的辞格， 最通常的做法是把名词临时用作动词、 形容词， 或把形容词临时用作动词。 以下是名词临时用作动词的例子：

可现实如此尖锐

爱情如今也<u>苛捐杂税</u>

没有厚实的胄甲如何面对？

（江熙《我不想改掉自己坏习惯》）

你<u>妮维雅</u>了吗？

（《新民晚报》2004 年 8 月 14 日第 24 版 "妮维雅" 广告）

以下是名词临时用作形容词例的例子：

提到马，想到的是盛装舞步，想到的是古老家族，想到的是庄园、是城堡——有足够的空间让马奔跑，有足够的气氛给马做衬；可见马是一种很贵族的宠物。

（《笑谈宠物之最》，2002 年 4 月 3 日《上海家庭报》）

更国际 更生活

以下是形容词临时用作动词例的例子：

他力图全面表现这一社会，其目的当然不会是单纯的泄愤或报复。他是锐意创新的，他想用这种白描式的社会人情小说，一新读者的耳目，并引导读者面对人生现实。

（孙犁《〈金瓶梅〉杂说》）

七万朵十字花 围成园 排成林 绕成百合的村

在风中不动 在雨里不动

沉默给马尼拉海湾看 苍白给游客们的照相机看

（罗门《麦坚利堡》）

也有仿照古汉语用法的转品，如下例中的第二个"爱"、"仇"，指的不是心理活动，也不是心理状态，而是"所爱"、"所仇"的对象：

一九三九年十一月，他又为延安鲁迅艺术学院捐款一事奔波，并在自己编辑的副刊《繁星》上刊出秋远的《记鲁迅艺术学院》一文，把这所延安学府向海外读者作了介绍，爱爱仇仇，毫不含糊。

（刘海粟《漫论郁达夫》）

虽未改变词性，但临时改变其语法特性的做法，也可归为转品。以下是非使动动词临时用作使动动词的例子：

我，一个狂想，充满深渊的魅力

偶然被你诞生。泥土和天空

二者合一，你把我叫作女人

并强化了我的身体

（翟永明《独白》）

以下是不及物动词临时用作（使动义）及物动词的又一个例子：

常春藤般柔软的手臂，

百合花般纯洁的嘴唇，

都在等待着你……

爱，膨胀了它的主人的心；

……

（林子《给他》）

转品的作用主要是通过对词语的"错误"用法制造新奇感，使读者、听者对所说内容加深印象。 无论在使用次数和使用词语方面， 转品用法都有很大的限制， 如果使用， 大多出现在文学作品、 通俗作品或广告中。

（十二） 摹 状

摹状是用词语来摹写客观事物的方式， 这是一种生动形象的立足于描写的辞格。 它可以分为三种：

1. 摹 声

用象声词模仿声音。 例如：

春天的日子多雨，常常淅沥淅沥地下着。可是只要琴声一奏起来，雨点也似乎就活泼起来，轻轻细细地洒在树叶上，洒在行人的雨伞上，也洒到人家关着的玻璃窗上……洒得长长的胡同里一片湿湿的，发出亮光来。它们多么淘气啊！跳着快乐的集体舞，跟着琴声的节拍——丁冬！丁冬！丁丁冬冬！……

（陈伯吹《弹琴的姑娘》）

两把芭蕉扇做的脚踏车，麻雀牌堆成的火车，汽车，你何等认真地看待，挺直了嗓子叫"汪——"，"咕咕咕……"，来代替汽笛。

（丰子恺《给我的孩子们》）

苏教授手持纸条，不知从何处找起；忽然听见对屋的楼窗上，有一个孩子有事没事地张口叫着：

"咪——咿——咿——咿——，吗——啊——啊——啊——"仿佛歌唱家在练声的样子。

（何为《第二次考试》）

2. 摹 色

用能够直接或间接地表示颜色的词语来描画事物的色彩。 例如：

把船停在菱塘边，我们伸手舷外，翻开丛丛的菱叶，摘下菱角，随剥随吃。菱壳是浅绿微带晕红，菱肉像脂润的白玉，美妙的色彩更增加滋味的鲜嫩。

（柯灵《忆江楼·采菱》）

这地方的火烧云变化极多，一会红堂堂的了，一会金洞洞的了，一会半紫半黄的，一会半灰兰百合色。葡萄灰、大黄梨、紫茄子，这些颜色天空上边都有。还有些说也说不出来的，见也未曾见过的，诸多种的颜色。

（萧红《呼兰河传》）

在原野中，地上是浓绿色的，雨时，这浓绿色上宛如涂上了一杯透明的油，于是便成了一种翡翠般的碧色。这般颜色是使我生一种极度的快感，同时亦有使你静止的暗示。至于青黛色的山水间，因笼罩上一阵春雨而成为淡青色。这种淡青色，异于月之青色，也异于海之青，它决没有月色那样的惨冷；也没有海色那样的光明。这种淡青色是幻想的，沉静的，不尽的，然而是温柔的。

（施蛰存《雨的滋味》）

3. 摹　形

用词语具体生动地描绘事物的形状或者人的体态神情。例如：

荔枝呈心脏形、卵圆形或圆形，通常蒂部大，顶端稍小。蒂部周围微微突起，称为果肩；有的一边高，一边低。顶端叫果顶，浑圆或尖圆。两侧从果顶到蒂部有一条沟，叫做缝合沟，显隐随品种而不同。旧记载中还有一些稀奇的品种，如细长如指形的"龙牙"、圆小如珠的"珍珠"，因为缺少经济价值，现在已经绝种了。

（贾祖璋《南州六月荔枝丹》）

老张的身材按营造尺是五尺二寸，恰合当兵的尺寸。不但身量这么适当，而且腰板直挺，当他受教员检定的时候，确经检定委员的证明他是"脊椎动物"。红红的一张脸，微点着几粒黑痣；按《麻衣相法》说，主多才多艺。两道粗眉连成一线，黑丛丛的遮着两只小猪眼睛。一只短而粗的鼻子，鼻孔微微向上掀着，好似柳条上倒挂的鸣蝉。一张薄嘴，下嘴唇往上翻着，以便包着年久失修渐形垂落的大门牙，因此不留神看，最容易错认成一个夹馅的烧饼。左脸高仰，右耳几乎扛在肩头，以表示着师位的尊严。

（老舍《老张的哲学》）

他说这冒昧话，准备碰个软钉子。苏小姐双颊涂的淡胭脂下面忽然晕出红来，像纸上沁的油渍，顷刻布到满脸，腼腆得迷人。她眼皮有些抬不起似地说："我们没有那么大的面子呀！"

（钱锺书《围城》）

从以上所举例子来看，摹形和摹色的界限有时不太清楚，这是因为摹形难免涉及色彩，而用间接的方式摹色又常常涉及比喻等手法。如下例中"朝露染青馒形的小岛"是摹形兼摹色，"玫瑰汁、葡萄浆、紫荆液、玛瑙精、霜枫叶"等均以比喻的方式来摹色。

玫瑰汁、葡萄浆、紫荆液、玛瑙精、霜枫叶——大量的染工，在层累的云底工作；无数蜿蜒的鱼龙，爬进了苍白色的云堆。

一方的异彩，揭去了满天的睡意，唤醒了四隅的明霞——光明的神驹，在热奋地驰骋……

云海也活了；眠熟了兽形的涛澜，又回复了伟大的呼啸，昂头摇尾地向着我们朝露染青馒形的小岛冲洗，激起了四岸的水沫浪花，震荡着这生命的浮礁，似在报告光明与欢欣之临莅……

（徐志摩《泰山日出》）

（十三）示　现

这是一种尽量逼真而传神地描述场面的表达方式，其特点是把不在眼前的、甚至是想象中的景象描述得活灵活现，如闻其声，如见其形。下文选自沈从文的《市集》，一篇被徐志摩评为"这是多美丽多生动的一幅乡村画"的散文。

廉纤的毛毛细雨，在天气还没有大变以前欲雪未能的时节，还是霏霏微微落将下来。一个小小乡场，位置在又高又大陡斜的山脚下，前面濒着躲躲儿的河，被如烟如雾雨丝织成的帘幕，一起把它蒙罩着了。

照例的三八市集，还是照例的有好多好多乡下人，小田主，买鸡到城里去卖的小贩子，花撲头大耳环丰姿隽逸的苗姑娘，以及一些穿灰色号褂子口上说是来察场讨人烦腻的副爷们，与穿高筒子老牛皮靴的团总，各从附近的乡村来做买卖。他们的草鞋底半路上带了无数黄泥浆到集上来，又从场上大坪坝内带了不少的灰色浊泥归去。去去来来，人也数不清多少。

集上的骚动，吵吵闹闹，凡是到过南方（湖湘以西）乡下的人，是都会知道的。

倘若你是由远远的另一处地方听着，那种喧嚣的起伏，你会疑心到是滩水流动的声音了！

这种洪壮的潮声，还只是一般做生意人在讨论价钱时很和平的每个论调而起。就中虽也有遇到卖牛的场上几个人像唱戏黑花脸出台时那么大喊大嚷找经纪人，也有因秤上不公允而起口角——你骂我一句娘，我又骂你一句娘，你又骂我一句娘……然而究竟还是因为人太多，一两桩事，实在是万万不能做到的！

卖猪的场上，他们把小猪崽的耳朵提起来给买主看时，那种尖锐的嘶喊声，使人听来不愉快至于牙齿根也发酸。

卖羊的场上，许多美丽驯服的小羊儿咩咩地喊着。一些不大守规矩的大羊，无聊似的，两个把前蹄举起来，作势用前额相碰。大概相碰是可以驱逐无聊的，所以第一次匋的碰后，却又作势立起来为第二次预备。牛场却单独占据在场左边一个大坪坝，因为牛的生意在这里占了全部交易四分之一以上。那里四面搭起无数小茅棚（棚内卖酒卖面），为一些成交后的田主们喝茶喝酒的地方。那里有大锅大锅煮得"稀糊之烂"的牛脏类下酒物，有大锅大锅香喷喷的肥狗肉，有从总兵营一带担来卖的高粱烧酒；也还有城里馆子特意来卖面的。假若你是城里人来这里卖面，他们因为想吃香酱油的缘故，都会来你馆子，那么，你生意便比其他铺子要更热闹了。

又如：

　　太阳刚刚下了地平线。软风一阵一阵地吹上人面，怪痒痒的。苏州河的浊水幻成了金绿色，轻轻地，悄悄地，向西流去。黄浦的夕潮不知怎的已经涨上了，现在沿这苏州河两岸的各色船只都浮得高高地，舱面比码头还高了约莫半尺。风吹来外滩公园里的音乐，却只有那炒豆似的铜鼓声最分明，也最叫人兴奋。暮霭挟着薄雾笼罩了外白渡桥的高耸的钢架，电车驶过时，这钢架下横空架挂的电车线时时爆发出几朵碧绿的火花。从桥上向东望，可以看见浦东的洋栈像巨大的怪兽，蹲在暝色中，闪着千百只小眼睛似的灯火。向西望，叫人猛一惊的，是高高地装在一所洋房顶上而且异常庞大的霓虹电管广告，射出火一样的赤光和青磷似的绿焰：Light，Heat，Power！

（茅盾《子夜》）

示现和摹状关系很密切，它们之间的区别主要在于：第一，示现是对场面的描写，摹状是对个别对象的描写。第二，示现往往综合运用了摹状的各种表现手法；摹状既可独立使用，也可作为示现的构成部分。

（十四）引　用

引用是一种用已有话语为自己的交际目的服务的格式，比如增强自己说法的可靠性、权威性，或充任自己观点的依据，等等。引用的对象可以是别人或自己的话语，或者谚语、格言、警句、成语、诗文、寓言、典故等等。引用按方法可分为三类：

1. 明　引

既引原话，又注明引文出处、作者名或者书名、篇名等，甚至写明页码、年代、版本等。比如：

　　且就"老爷"二字本身而论，《元史》上有"我董老爷也"句，宋徐梦莘所做《三朝北盟会编》有"鱼磨山寨军乱，杀其统领官马老爷"句，这两部书中能把"老爷"二字用入，半农岂有不能用入诗中之理。

（刘半农《奉答王敬轩先生》）

在重庆时，我就穿不起皮鞋，难道在美国也得光脚么？北京谚云"光脚的不怕穿鞋的"。好，这倒也有个意义，请捉摸捉摸看！

（老舍《老舍自传》）

又如载于《马克思恩格斯全集（第一卷）》的马克思的博士论文《德谟克利特的自然哲学和伊壁鸠鲁的自然哲学的差别》中有大量附注，其主要作用之一就是指出正文中引语的具体出处。如亥文第一部分"德谟克利特的自然哲学和伊壁鸠鲁的自然哲学的一般差别"中的"二、对德谟克利特的物理学和伊壁鸠鲁的物理学的关系的判断"中有这样一段话：

众所周知，近代作家大体上也同样认为，伊壁鸠鲁作为一个自然哲学家，仅仅是德谟克利特的剽窃者。**莱布尼茨**有一段话大致可以代表他们的见解：

"关于这个伟大人物〈德谟克利特〉，我们所知道的东西，几乎只是伊壁鸠鲁从他那里抄袭来的，而伊壁鸠鲁又往往不能从他那里抄袭到最好的东西。"[10]

正文末的附注中对该注释（10）的说明内容是："《**莱布尼茨给德梅佐的信**，包含着对说明的［一些］注释等等》［1768年日内瓦版］第2卷第66页，出版人杜唐。"

这种引文内容和出处说明相分离的明引形式，一般出现在严肃的学术论著之中。

2. 暗　引

只引用原话，不交代出处、作者名等。例如：

"性相近，习相远"，这话是真理；我们或许有一天可以进一步相信"人之初，性本善"哪！（引自《三字经》）

（徐志摩《再谈管孩子》）

正在"求之不得，寤寐思服"（引自《诗经》）的时候，忽然从友人的案头，见到《现代评论增刊》了，翻开一看，有李仲揆教授的大文《生命的研究》在，这实在有如刘百昭校长的骈文之所谓"风雨如晦之夕，天鸡一鸣"，不胜忻喜之至。

（许寿裳《"生命的研究"之难》）

3. 转　引

引用时不依原样，只转述原文大意，但交代出处或作者名等。例如：

过了几天，蔡先生在一大会中演说，最后说到此事，大意是说：

诸位在墙壁上攻击□□君的事，是不合做人的道理的。诸君对□君有不满，可以规劝，这是同学的友谊。若以为不可规劝，尽可对学校当局说。这才是正当的办法。至于匿名揭帖，受之者纵有过，也决不易改悔，而施之者则为丧失品性之开端。凡作此事者，以后都要痛改前非，否则这种行动，必是品性沉沦之渐。

这一篇话，在我心中生了一个大摆动。我小时，有一位先生教我"正心""诚意"

"不欺暗室"，虽然《大学》念得滚熟，却与和尚念经一样，毫无知觉；受了此番教训，方才大彻大悟，从此做事，决不匿名，决不推自己责任。大家听蔡先生这一段话之后印象如何我不得知，但北大的匿名"壁报文学"从此减少，几至绝了迹。

（傅斯年《我所景仰的蔡先生之风格》）

又如：

英国的优生学的建设者法兰西斯·戈尔登曾发表过一篇文字，后来收在他的论文集里，我曾把它译出来，在《新青年》上登过。题目是《合群与奴隶性》，大意是说澳洲某地有野牛，成群的生活于草原上。但其地又多猛兽，不时出来袭击它们的。牛群中也有独立性比较丰富的，则常常喜欢游散开去，但每被虎所搏食。只有奴隶性重的，不敢离开群众一步，却独得安全。猛兽如园丁般的在旁修剪，剪取个性较独立，较大胆的牛，而留下缺乏独立性的，富于奴隶性的个体在那里！并且他表示在人间社会里也有这种情形。他仅仅计算法兰西一国，只从一八五一年二月二日起到一八七〇年十月十七日止这几年中，他说被捕的政治犯多至一万四千一百十八人！这些人有的处徒刑，有的被流放。要之，虽然不都死掉，而总是生活在困难之中。

他这样讽示我们：社会有这样一种反优生的过程在那里作动，即淘汰其富于独立性的，而优容其奴隶性的！

（周建人《民族的衰颓》）

（十五）对　比

又叫对照，是把两个相反或相对的事物或现象，或同一个事物、现象的两个对立面放在一起加以对照的辞格。如：

大别言之，聪明人要理解生活，愚蠢人要习惯生活。聪明人以为目前并不完全好，一切应比目前更好，且竭力追求那个理想。愚蠢人对习惯完全满意，安于现状，保证习惯。（在世俗观察上，这两种人称呼常常相反，安于习惯的被呼为聪明人，怀抱理想的人却成愚蠢家伙。）

（沈从文《时间》）

一边是平静的湖水，迎着斜风细雨，懒洋洋只是欲步不前；一边却喑噁叱咤，似有千军万马，躲在绮丽的黄锦底下。

（李健吾《雨中登泰山》）

又如：

他和小丑的不同，是不扮横行无忌的花花公子，也不扮一味仗势的宰相家丁，他所扮演的是保护公子的拳师，或是趋奉公子的清客。总之：身分比小丑高，而性格却比小丑坏。

（鲁迅《二丑艺术》）

隔着一个窗子你还想明白多少事？昨天雇来吕姓倒水，今天又学洋鬼子东逛西逛，跑到下面养有鸡羊，上面挂有武魁匾额的人家，让他们用你不懂得的乡音招呼你吃菜，炕上坐，坐了半天出到门口，和那送客的女人周旋客气了一回，才恍然大悟，她就是替你倒脏水洗衣裳的吕姓王孙的妈，前晚上还送饼到你家来过！

（林徽因《窗子以外》）

下面是一个两组对比并举的例子：

陈凯歌说过：无论什么样的社会或政治灾难过后，总是有太多原来跪着的人站起来说：我控诉！太少的人跪下来说：我忏悔。当灾难重来时，总是有太多的人跪下去说：我忏悔。而太少的人站起来说：我控诉！——"文革"以后正是如此。

（李美皆《范曾与沈从文的一段纠葛》，2007 年 3 月 1 日《文学报》）

下面短文的主体部分由对比构成：

俄罗斯著名画家列宾，1899 年买下了芬兰湾岸边森林中的一处庄园，一栋三层小木楼，周围是一湖碧水和茂密的橡树，他给这庄园起名"别纳特"，是"老家"的意思。这里距离圣·彼得堡 40 公里，像老托尔斯泰、夏里亚平以及高尔基、叶赛宁等文化人，都曾到此跟画家相聚，并接受画家为他们画像。

今天这所列宾故居陈列着列宾名画《伏尔加河上的纤夫》草稿（油画原作收藏在圣·彼得堡国立博物馆）。二战爆发时，列宾故居所有陈列品全被转移。1942 年德军越过芬兰湾短暂占领列宾的"别纳特"，据说，德军冯·卡登上校在列宾的故居内没找到一张列宾的画，但他依然阻止了他的士兵对列宾故居的摧毁……

就在我读到这一篇游记的同一天，看到关于北京北总布胡同梁思成林徽因故居被拆的报道。

你想不对比、不联想都不行。

一个纳粹军队的上校，在战争期间入侵别国的军事行动中，居然阻止了他的士兵摧毁一位敌国画家的故居；而一家中国房地产商，在和平时期且当局一再强调振兴文化的"盛大节日"里，又是在负责监管的文物部门眼皮底下，硬是把一对文化名人夫妇（而且他们在建筑界具有不可替代的象征性）的故居拆成了一片瓦砾！

你叫人说什么好!？

我原来还想借此说道说道，转而一想，那就太低估读者的智商和思辨能力了。就此打住。

（邵燕祥《一样是故居》，2012 年 2 月 22 日《羊城晚报》）

（十六）衬　托

这是以有主有次的方式，用一物为背景，烘托突出另一物的辞格。它又可以分为两类：

1. 正　衬

又称陪衬，以具有相同或类似属性的现象来衬托。例如：

堂倌搬上新添的酒菜来，排满了一桌，楼上又添了烟气和油豆腐的热气，仿佛热闹起来了；楼外的雪也越加纷纷的下。

（鲁迅《在酒楼上》）

上例是用雪花的增多来陪衬楼上生气的增加。又如：

那雨已经是下了好几天了，连那屋子里面的地，都水汪汪的要津上水来。这一间草盖的房子，在一棵老槐树的旁边；房子上面的草，已是很薄的了，还有几处露出土来；在一个屋角的上面，盖的一块破席子。那屋子里面的墙，被雨水润透，一块一块的往下落泥。

（杨振声《渔家》）

上例是用屋外的连绵雨水和屋里的潮湿来陪衬房子的破旧。

四点钟以后，太阳渐渐的从花房斜过，只留得一角了，在微微的晚寒中我忙乱地画着。缓得几乎听不出的步声近我而来，到了我近旁时我才仰起头来看他。这就是种这菊花的杨寿卿先生。

（孙福熙《清华园之菊》）

上例是用阳光的悄悄西斜来陪衬杨先生的轻轻走近。

2. 反　衬

以具有相反属性的现象来衬托。例如：

红双喜啊！你可以作证，两个年轻人处得多么好，在一起过一辈子都过不够啊！双喜的红色褪了，这屋里的喜气却越来越浓。

（茹志鹃《离不开你》）

上例中是用喜字的红色的消褪来反衬这两个年轻人之间甜蜜情意的增浓。

秋收，秋耕，秋种，都要忙完了。正是大好的打猎季节。我们到红石崖去访问打豹英雄董昆。

············

看看三色晚了，外边不知什么时候渐渐沥沥地落起雨来。深山雨夜，格外感到林牧场的温暖。晚饭桌上摆满了热腾腾的蒸红薯，葱炒橡子凉粉和滚烫的新谷米汤。

（吴伯萧《猎户》）

上例中是用秋夜山雨来反衬屋内的温暖及食物的腾腾热气。

这时湖中正人声乱嚷着，且是争吵得厉害。我便慢慢地踱着向石道的那边走去。疏疏的柳枝与颤颤的芦苇旁的初开的蓼花随着微吹的西风，在水滨摇舞。这里可谓全湖上最冷静而幽僻的地方了。除了偶尔遇到一二个行人之外，只有噪晚的小鸟，在树上鸣着。而乱草中时有阁阁的蛙声，与它们作伴。

（王统照《湖畔儿语》）

上例中是用人声、蛙声、鸟鸣来反衬湖边的安静。

对比和衬托较为接近，有人把它们归为一类。然而对比的作用是揭示事物或现象间的反差，对象之间的地位是平等的；衬托的作用是用一个现象从背面来映衬另一现象，两者有主次之分。可见，对比和衬托具有不同的修辞作用，宜分为不同的辞格。

第十三章　辞格（三）

（十七）反　问

又叫激问，它是用问句的形式表达确定的意思。其特点是：从否定方面问的，实际表达肯定的意思；从肯定方面问的，实际表达否定的意思。例如：

我这才觉悟了我的姿态的奇特：凡拿手杖，总是无力担负自己的身体，所以叫手杖扶助的；可是现在我左手里却抱着一个十五、六个月的小孩！这矛盾岂不可笑？（从否定方面问）

（丰子恺《南颖访问记》）

在故乡，我们还会想象得到我们的小燕子是这样的一个海上英雄么？（从肯定方面问）

（郑振铎《海燕》）

因为采用的是提问形式，如果带上质问口气，反问句比起陈述句来更容易宣泄强烈的感情。如：

我这熊熊地燃烧着的生命，我这快要使我全身炸裂的怒火，难道就不能迸射出光明了吗？

（郭沫若《雷电颂》）

因为用疑问的形式来间接地表达确定的意思，和陈述句相比，反问句也可以使话语显得柔和一些。如：

在这薄霭和微漪里，听着那悠然的间歇的桨声，谁能不被引入他的美梦去呢？只愁梦太多了，这些大小船儿如何载得起呀？我们这时模模糊糊的谈着明末的秦淮河的艳迹，如《桃花扇》及《板桥杂记》里所载的。

（朱自清《桨声灯影里的秦淮河》）

反问连用可以增强话语的气势。例如：

不过仍旧回到"风景"吧；在这里，人依然是"风景"的构成者，没有了人，<u>还有什么可以称道的？</u> 再者，如果不是内生活极其充满的人作为这里的主宰，<u>那又有什么值得怀念？</u>

（茅盾《风景谈》）

反问和设问也可以合用， 能给话语增添波澜。 如：

有山没有水，<u>怎能清新而湿润？ 济南的水是怎样的呢？</u>"不但不结冰，倒反在绿萍上冒着点热气。"

（吴炫《一幅恬淡明丽的春之图——读老舍的〈济南的冬天〉》）

（十八）抑　扬

这种辞格的特点是先说出积极的、 肯定的一面， 再说出消极的、 否定的一面； 或者先说出消极的、 否定的一面， 再说出积极的、 肯定的一面。 前者称为先扬后抑， 可以在传递消极的、 否定的信息时缓和口气， 或者通过跌宕落差来突出消极因素； 后者称为先抑后扬， 可以起到强化积极因素或肯定因素的作用。 由于前后部分有明显的转折关系， 后说的抑、 扬的部分还经常令人产生出乎意料的感觉。 以下是先扬后抑的例子：

瞧， 小生命伸开油绿的巴掌， 拱破地皮儿了！ 我的心也随着膨胀起来。 那些日子， 在潇潇春雨里， 我谛听它细长身肢舒展的声音； 在盛夏的熏风里， 我观察它伸出卷须时， 生命的颤动。 浇水呀， 施肥呀， 松土呀， 绑架呀， 小心侍候到夏末， 见到小黄花儿了！ 噢， 宛如它擎着黄亮的铜喇叭， 吹着收获的序曲。 我想入非非了， 想到瓜儿的硕大、 沉重和甜味……

万万没想到， 赶到纽儿长大， 却是几颗苦瓜！

（韩静霆《种瓜小唱》）

又如：

查利·卓别林是公认的电影大师， 他在银幕上创造的流浪汉形象， 步履蹒跚地走遍了全世界， 他用"含泪的笑"， 剥光了资本主义社会摩登的外衣。 电影史上， 像卓别林这样对电影艺术做出卓越的贡献， 拥有如此广泛的观众和崇拜者的编剧、 导演、 演员、 制片人， 几乎是绝无仅有的。 据说， 在他的祖国已经为他立了铜像， 这本该是他当之无愧的。

但是， 人无完人。 电影艺术大师卓别林， 也有见不得人的"另一面"：美国电影喜剧演员斯坦·劳莱（不久前病故的我国著名电影演员韩兰根， 便有"东方劳莱"之称），是卓别林在杂耍戏班中的同伴，还曾和卓别林同住过一屋，按理说关系非同一般了。但为什么卓别林在自传中竟没有一次提到过劳莱这个人呢？劳莱传记的作者弗莱德指出，是因为"查利真的认为斯坦是他的劲敌，和他一样棒，有可能威胁到他的地位"。于是乎，卓别林故意闭口不谈劳莱的名字，唯恐劳莱可以与自己争辉。为了证明这一观点，弗莱德举出一部叫《海的女人》的影片为证——卓别林是这部影片的制片人，导演却是一个当时没有什么名气的人。《海的女人》拍成后，卓别林看过一次样片，便把它锁进了保险柜。直到卓别林死后两个月，他的女儿才告诉新闻界，她父亲把这唯——部《海的女人》的拷贝销毁了，"连副片也给销毁了"，"因为它太好"，"卓别林无法容忍别的导演的成功"！

（刘思《话说"卓别林的另一面"》，1982 年第一期《世界电影》）

以下是先抑后扬的例子：

大凡酷爱读书、钻研学问的人，在某些方面总是表现得"呆"一些。例如，对社会上的"关系学"可能不够"熟悉"；在待人接物，言谈举止方面可能有些"迟钝"，甚至"失礼"；争论问题、探讨学问时可能爱钻"牛角尖"；在衣着打扮上可能随随便便，不修边幅……所有这些，在一些人看来，似乎有点"不豁达"，我觉得正是"书呆子"的可爱之处。一个人如果把心思都用在生活琐事、吃喝玩乐、名誉地位、人情世故上，又怎能专心致志，强攻科学文化关呢？

《聊斋志异》的作者蒲松龄曾经说过："性痴，则其志凝。故书痴者文必工，艺痴者技必良。"古今中外许多有成就的文学家、艺术家和科学家，正是由于"痴"与"呆"，才得以工其文、精其艺、良其技的。王羲之"呆"得把墨汁当蒜泥吃，而终为中国的一代"书圣"。爱因斯坦"呆"得不知自己住在哪里，而他是世界上最杰出的物理学家。数学家陈景润走路碰在树上，还不知自己碰了谁，可谓"呆"矣；而他是摘取数学皇冠上明珠的捷足先登者。"呆"意味着有坚定的信念，执着的追求，不像"灵人子"那样朝三暮四，见异思迁；"呆"标志着朴实憨厚和求实的精神，不像"灵人子"那样八面玲珑，左右逢源。一个人有了一股"呆"劲，就会不畏艰辛，不辞劳苦，究其根源，穷其奥秘，不达目的，决不罢休。

（李昶林《做"书呆子"也难》）

罗贯中撰《三国演义》时多次使用了先抑后扬的表达手法，现下示一例：

统到耒阳县，不理政事，终日饮酒为乐；一应钱粮词讼，并不理会。有人报知玄德，言庞统将耒阳县事尽废。玄德怒曰："竖儒焉敢乱吾法度！"遂唤张飞分付，引从人去荆南诸县巡视："如有不公不法者，就便究问。恐于事有不明处，可与孙乾同去。"

张飞领了言语，与孙乾前至耒阳县。军民官吏，皆出郭迎接，独不见县令。飞问曰："县令何在？"同僚覆曰："庞县令自到任及今，将百余日，县中之事，并不理问，每日饮酒，自旦及夜，只在醉乡。今日宿酒未醒，犹卧不起。"张飞大怒，欲擒之。孙乾曰："庞士元乃高明之人，未可轻忽。且到县问之。如果于理不当，治罪未晚。"飞乃入县，正厅上坐定，教县令来见。统衣冠不整，扶醉而出。飞怒曰："吾兄以汝为人，令作县宰，汝焉敢尽废县事！"统笑曰："将军以吾废了县中何事？"飞曰："汝到任百余日，终日在醉乡，安得不废政事？"统曰："量百里小县，些小公事，何难决断！将军少坐，待我发落。"随即唤公吏，将百余日所积公务，都取来剖断。吏皆纷然赍抱案卷上厅，诉词被告人等，环跪阶下。统手中批判，口中发落，耳内听词，曲直分明，并无分毫差错。民皆叩首拜伏。不到半日，将百余日之事，尽断毕了，投笔于地而对张飞曰："所废之事何在？曹操、孙权，吾视之若掌上观文，量此小县，何足介意！"飞大惊，下席谢曰："先生大才，小子失敬。吾当于兄长处极力举荐。"

（罗贯中《三国演义》第五十七回"柴桑口卧龙吊丧 耒阳县凤雏理事"）

（十九）层　递

这是把事物、现象等按某属性的大小、多少、重轻、深浅、远近等顺序依次有等级排列的辞格。按曰大到小等顺序表达的是递降，反之是递升。例如：

一盘菜上桌，有人挥动筷子如舞长矛，如野火烧天横扫全境，有人胆大心细彻底翻腾如拨草寻蛇，更有人在汤菜碗里拣起一块肉，掂掂之后又放下了，再拣一块再掂掂再放下，最后才选得比较中意的一块，夹起来送进血盆大口之后，还要把筷子横在嘴里吮一下，于是有人在心里嘀咕：这样做岂不是把你的口水都污染了食物，岂不是让大家都于无意中吃了你的口水？

（梁实秋《圆桌与筷子》）

上例按粗选到反复细选的顺序排列，是递升。又如：

日子过得飞快，不是几天、几星期、几个月，而是几年了吧，仿佛这"丁冬！丁冬！丁令冬！"的琴声一直在耳朵旁边响着。

（陈伯吹《丁冬！丁冬！丁令冬！》）

上例按短时到长时的顺序排列，是递升。又如：

到这时，他的声名是跌落了，差事是挺脱了，连妻子也保不住了，但是浑身武艺是在着的，只要挣得出身子，一刀一枪，不难在边庭上图个出身；什么都舍得丢，只有这一身本事，他是不肯埋没的。

（欧小牧《林冲》）

上例以生活需求的程度为准由高到低排列，是递降。又如：

一切生物都有其生活方式和抵御外侮的本能。牛以角斗；虎豹以爪牙斗；骡马以蹄斗。没有武器的，便赖保护色避免敌人的侵袭。如菜虫，全身绿色，躲在菜叶里，使敌人难以发觉；如墨鱼，感到生命危险时，便射出墨汁，藏身墨汁中，使敌人难于辨认。其余能力薄弱的下等生物，便借伟大的繁殖力维持种族的延续，如蜉蝣、如臭虫虱子，虽朝生暮死，虽被人不断的捕捉，它们总有机会和人类共存共荣！

（彭家煌《虾和鳝及其他》）

上例按保护自身的能力由强到弱排列，是递降。

层递可以和排比相兼，这时，在形式上看是排比，在内容上看是层递。如：

他们思虑着：哪些溪涧在山洪到来时不好通过，就架起一座座石桥和板桥；哪些人家离河太远，就在散居的村舍边，挖下一口口水井；哪些水井靠近大路，又在水井上加了井盖。

（魏巍《谁是最可爱的人》）

又如：

与天奋斗，其乐无穷！与地奋斗，其乐无穷！与人奋斗，其乐无穷！

（毛泽东《奋斗自勉》）

虽然如此，排比和层递不是同一种辞格。层递的特点不在于语言形式上的整齐，而在于强调层层递进的意思；排比则要求各排比项在形式上整齐或相对整齐，却不一定有层层递进的意思。

(二十) 夸　张

一种常用的辞格，即故意言过其实。按照和事实的关系，夸张可分为三类。

1. 扩大夸张

即极言其大、长、多等。如：

青岛的整齐清洁的市容一直维持了下来。我想在全国各都市里，青岛是最干净的一个。"无风三尺土，有雨一街泥"的北平不能比。

（梁实秋《忆青岛》）

收豆子、红薯的时候，獾正肥哩。肉香、油多。俗话说"八斤獾肉七斤油"啊。

（吴伯箫《猎户》）

2. 缩小夸张

即极言其小、短、少等。如：

反正准会注意那段新闻，看到的人转背就忘了。

（钱锺书《围城》）

风雷动，旌旗奋，是人寰。三十八年过去，弹指一挥间。

（毛泽东《水调歌头·重上井冈山》）

被称为"不毛之地"的右玉县，正在变成塞上绿洲。

（杨士杰《昔日荒山变绿洲——山西省右玉县绿化山区的调查》）

3. 超前夸张

即把将来的结果或将来可能有的结果放到眼前来说。如：

他抓了一辈子鱼，吃了一辈子鱼，却从没感到过腻。

（白桦《渔人、渔鹰和鱼》）

俺弟兄三个，大哥没有女人，如今已经半截子入土了。

（姚雪垠《长夜》）

夸张的作用在于用不合事理的夸大其辞来冲击人们的常识经验，从而凸现事物的某一个方面。使用夸张时先要分清目的：是放大某现象的特性而不使人以为荒谬，还是通过夸大其辞来突出某现象的荒谬。目的不同，对以下两个原则的考虑就不相同。

原则一、含有真实成分。

鲁迅在《漫谈"漫画"》中说："'燕山雪花大如席'，是夸张，但燕山究竟有雪花，就含着一点诚实在里面，使我们立刻知道燕山原来有这么冷。如果说'广州雪花大如席'，那可就变成笑话了。"从修辞的角度看，这两个都是夸张，但前者含有真实成分，后者则无。

原则二、对事物某方面的凸现不能离常识太远。如以下夸张就离常识太远：

一朵棉花打个包，压得火车两头翘。两头翘，九丈高，胜过一门高射炮。

（大跃进时期民谣）

这是因为一般认为棉花的属性是轻、软、白，而这里偏从重的方面去夸张了。

如果使用夸张的目的只是放大某现象的特性，并非表现其荒谬性，则应遵守以上两条原则。如李白《夜宿山寺》：

危楼高百尺，

手可摘星辰。

不敢高声语，

恐惊天上人。

危楼即高楼，有楼且高，形容其高便具有真实性。高楼的主要属性是高，往高里夸张也符合常识。但楼即使高到百尺，夸张为"手可摘星辰"，"不敢高声语，恐惊天上人"，也似乎离常识太远。可再看标题，原来是《夜宿山寺》，那么楼是在山上的。山的高加上楼的高，就不同一般了。

如果是为了通过夸张来突出某现象的荒谬，宜违反以上两条原则。以元曲一首为例：

夺泥燕口，削铁针头，刮金佛面细搜求，无中觅有。　鹌鹑嗉里寻豌豆，鹭鸶腿上劈精肉。蚊子腹内刳脂油，亏老先生下手。

（无名氏《［正宫］醉太平·讥贪小利者》）

曲中所说六种行为，都不合常理，但作者偏从这些方面夸张，就是为了凸现贪小利行为的荒谬性。

(二十一) 增　动

这是故意比常规说法增强动势的表达方式，表现为对动词的推敲，选用的动词具有如下特点：词义所反映的是人的感官能直接把握的动态变化。例如：

屏幕上变幻着一幅幅色彩鲜艳的画面。（不用 "显示"）

天天黄昏，孔雀出来打食。路边上，野地里，三个一群，五个一伙，好像美人儿拖着翠色的长裙子，四处转游，根本也不躲避人。（不用 "穿"）

（杨朔《印度情思》）

任脚下响着沉重的铁镣，

任你把皮鞭举得高高，

我不需要什么自白，

哪怕胸口对着带血的刺刀！（不用 "戴"）

（陈然《我的"自白"书》）

增动的作用是用新鲜的词语配合吸引人们的注意力，突显动态，从而起到强调相关信息的作用。

增动和比拟关系密切，如：

及走上山顶，四顾空阔，面前蜿蜒着一条下山的路，若论初心，那时应当感到何等的颓唐呢。

（俞平伯《中年》）

若把上例中 "蜿蜒着一条下山的路" 看作比拟，也有道理；但 "蜿蜒" 又可说成 "躺"，"躺着一条下山的路" 也是比拟。由此看来，不用 "躺" 而说成 "蜿蜒"，这个变动就不是比拟，而是增动了。

（二十二）委 婉

委婉的特点是用曲折含蓄、隐而不露的方式使他人体会、理解到本意。它可以分为如下几类：

1. 烘 托
只说出条件，让他人去推出结果，或者只说出结果，让他人去推出原因。例如：

> 这些人家他走得很熟，看门的和狗都认识他。

（汪曾祺《鉴赏家》）

> 甲：你也会做木匠活？
>
> 乙：咱从小就跟斧头锯子是老朋友了。

> 甲：王老师最近身体怎么样？
>
> 乙：这半年来人瘦得厉害。

上例中第一个乙说的真正意思是 "咱的木匠手艺非止一日之功"，上例中第二个乙说的真正意思是 "王老师最近身体很不好"。

2. 闪烁其辞
故意回避本意不谈，让人从这种回避中去体会真意。例如：

（1）我一直不明白，像他这种人怎么会有那么多钱呢？现在，我终于懂了。

（2）这件事情上嘛，我虽的确有一些想法，但很不成熟，还是大家谈吧，大家谈吧。

上例（1）的真正意思是 "他的钱来路不明"，上例（2）的真正意思是 "我确有一定的想法，但不便轻易说出来"。

3. 词面绕折
用比直说更为费解的同义话语来兜着圈子表达本意。比如：

（1）咱可不敢说鞋子很耐穿，反正穿个三年五年没问题。

（2）三毛钱，这个价是不算便宜，可现在买个大饼还要五毛哩。

上例（1）的真正意思是"这鞋子很结实"，上例（2）的真正意思是"这个价够便宜的了"。

4. 避　讳

有些话直说不雅或者会触犯忌讳，所以用其他词语或表达方法来替代。例如不说"上厕所"，而说"上洗手间"；不说"负伤"，而说"挂彩"或"挂花"；不说"死"，而说"去世"或"永远离开了我们"。卖熟食的店家不爱说"舌头"，而说"门腔"或"口条"，是因为"舌"和"蚀本"的"蚀"音近（在某些方言中它们音同）。某些语言运用上的避讳甚至影响了人们的非语言交际行为。比如钟不宜作为礼物送人，是因为"送钟"和"送终"同音。但是某一避讳用得多了，就可能失去避讳的作用。例如过去说"回老家"，是一种委婉的表达法，可现在比直说"死"更难听。

（二十三）双关

有意利用语音或语义的条件，使话语同时具备两种含义，字面上言在此，字里上意在彼。运用双关能收到一箭双雕的效果。它通常可以分为三类。

1. 谐音双关

利用同音词语来造成双关。例如：

> 愁见蜘蛛起，寻丝直到明。（字面义：寻丝；字里义：寻思。）
>
> 老虎拉车——谁赶。（字面义：赶车；字里义：胆敢。）
>
> 宫霄宾馆（字面义：宫霄；字里义：供销。该宾馆是供销社系统出资建造的。）
>
> 空对着，山中高士晶莹雪（薛），终不忘，世外仙姝寂寞林（"林"姓）。
>
> （曹雪芹《红楼梦》第五回"游幻境指迷十二钗　饮仙醪曲演红楼梦"）
>
> "立秋的石榴——点子多。"
>
> "乐凯"胶卷（lucky）
>
> "乐久"羊毛衫（6，9。6＋9＝15，该羊毛衫是上海第十五羊毛衫厂出产的。）

2. 语义双关

利用特定语境中话语的多义性来造成双关。例如：

> 我越过那堆积着像山一样的十八年的长岁月，回到了生我养我而且让我刻印了无数儿时回忆的地方。我走了很多的路（字面义：供人车等通行的路；字里义：人生的道

路）。

（巴金《爱尔克的灯光》）

马尾捆豆腐——<u>提</u>不得　（字面义：用手提；　字里义：用话语谈论）。

虽云毫末技艺，却是<u>顶上</u>功夫。（理发店对联。字面义：①毫末，即头发；②顶上，即头顶。字里义：①毫末，即小小的；②顶上，即最好的。）

3. 对象双关

利用特定语境中词语所指的多种可能性来造成双关，所谓的指桑骂槐就属于这一类。例如：

<u>这种料子</u>，好看，不中用。（字面义：衣服料子华而不实；字里义：人华而不实。）

你这头<u>懒驴</u>，光会吃，不会干。（字面义：驴懒；字里义：人懒。）

他刚跑到自己卧房门前，就听得房里豁浪一片响，姨太太连声冷笑。冯云卿脸色全白了，猛站住在房门口，侧着头抓耳朵。但他立即打定了主意，轻轻揭开门帏，闪身进去，却看见只有姨太太满脸怒容坐在鸦片烟榻上，小大姐六宝跪在地下拾一些碎碗盏，烟榻前淡青色白花的地毯湿了一大块，满染着燕窝粥。梳头娘姨金妈站在姨太太背后，微笑地弄着手里的木梳。

冯云卿看见女儿不在场，心里就宽了一半。显然是女儿对姨太太取了攻势后就自己退去——所谓"坚壁清野"，因而姨太太只好拿小大姐六宝来泄怒了。

"嗳，你倒来了：恐怕你是走错了房间罢？你应该先去看看你的千金小姐。她吃亏了！"姨太太别转了面孔，却斜过眼光来睃着冯云卿这么波俏地说着。

冯云卿伛着腰苦笑，一面就借着小大姐六宝发话：

"吓！<u>越来越不成话了</u>。端惯了的东西也会跌翻么？还不快快再去拿一碗来，蹲在这里干什么？"

"你不要<u>指着张三骂李四</u>呀！"

姨太太厉声说，突然回过脸来对着冯云卿，凶恶地瞪出了一双小眼睛。看见冯云卿软洋洋地赔笑，姨太太就又冷笑一声，接着说下去：

"<u>连这毛丫头也来放肆了</u>。滚热的东西就拿上来！想烫坏我么？料想她也不敢，<u>还不是有人在背后指使么</u>？你给我一句嘴清舌白的回话——"

（茅盾《子夜》）

上例中，冯云卿的"越来越不成话了"，很容易被理解成指桑骂槐，因而引出姨太太"你不要指着张三骂李四呀"的指责。而姨太太所说的"连这毛丫头也来放肆了"，字面指小大姐六宝。字里实指冯云卿的女儿。顺此推论，"还不是有人在背后指使么"中的

"人"，字面义是不确定的某人，字里义就是冯云卿。

双关有时不易确认，辨别的关键在于掌握特征：（1）凡双关必须同时具备两个意思，字面字里都说得通。像"他不能在导弹部门工作，他只能在导弹部门'捣蛋'"，只能说通一个意思，就不是双关。（2）歧义不是双关。双关有两个意思，那是为了引导突出其中的一个意思；歧义不止一个意思，却使人搞不清到底是什么意思。如："蜡烛有芯，你可没芯（心）"是双关，而"我写东西，要<u>参考文件</u>"是歧义。

双关形式发展到今天，又出现了利用拉丁字母和外语的新方法，例如 2004 年上海部分公交车的车身外出现了"网易"（NetEase）为自身所做的广告，语句为：

> 趣味相投
>
> N 多快乐

"N"在这里可有多种理解：（1）"那"（na）的拼音首字母，代表"那"；（2）数学符号 n，表示无限；（3）"Netease"的首字母，代表"网易"；甚至还可理解为"Network"的首字母，代表"因特网"。如果将"N"解为"那"作为字面意看，其余意义便都成为字里意。那么，这个"N"已经不限于双关，而是三关、四关了。

（二十四）拈 连

把适用于甲事物的词或语素，顺势转用到乙事物上来的辞格。它的特点是：（1）起拈连作用的词至少出现两次。（2）先出现的用法是常用法，后出现的用法是变用法。例如：

> 这些天来，她第一次恍悟到他<u>活着</u>，他学的这些技术也<u>活着</u>，他的理想也<u>活着</u>，他那个倔强的性格也<u>活着</u>，这才是一个人最主要的东西。

（茹志鹃《离不开你》）

> 洗头，洗头，<u>洗</u>啥个头！还是<u>洗洗</u>你的脑子吧。

又如：

> 有一回一个小孩子小声说：
>
> "三槐，你奶奶那么老了，还来干什么呢？"
>
> 这叫那老太太听见了，便大声喊起来，第一句是："你们小王八羔子！"第二句是："<u>人老心不老</u>！"
>
> 还是"先生"调停了事。

（孙犁《识字班》）

有人认为存在一种单项的拈连，如"思想这个东西，用绳子是捆不住的"。假如接受这种观点，拈连和其他辞格如比拟的界限就难分了。权衡利弊，还是不承认为宜。

第十四章 辞格（四）

（二十五）比　喻

　　一种很常月的辞格，　也就是打比方，　是以不同事物之间的相似点为基础，　用乙事物来说明或描摹甲事物，　或突出相似性，　或突出相异性的方法。　在比喻的意义层面上，　总存在四个要素：　本体、　喻体、　相似点和相异点。　本体是被比喻的对象，　喻体是用来比喻的事物，相似点是本体和喻体都有的属性，　相异点又可分为两小类：　一是本体无而喻体有的属性，　可称为喻体属性；　二是本体有而喻体无的属性，　可称为本体属性。

　　以上这四个要素，　反映在比喻的言语构造上则有不同的表现形式。　按照表现的形式，　比喻主要可分为如下几类。

1. 明　喻

典型形式是：　本体＋喻词＋喻体　（＋相异点或相似点）。　括弧表示可以不出现。　如：

　　船<u>一下像流星随着怒涛冲去</u>，一下又绕着险滩迂回浮进。（出现相异点中的本体属性　"随着怒涛冲去"）

（刘白羽《长江三日》）

　　有<u>几枝没有烧死的瘦竹子</u>，被风吹着，在瓦砾堆里，<u>向梅丽点着头，好像是几个人</u>。（出现相异点中的喻体属性　"点着头"）

（张恨水《金粉世家》）

　　至于工人的长烟袋，更是奇特，<u>烟管的上端，略略弯曲，高约三尺，好像棉花匠人的弹弓</u>，下边连缀一个土罐，就是盛烟草的东西。（出现相似点　"略略弯曲，高约三尺"）

（苏雪林《在海船上》）

　　大罗天上，有玉宇琼楼，金阶银柱，<u>仙女如云</u>，<u>仙酒如渑</u>，阔得怕人，大家都想

一步登天，无非穷得见鬼，巴望跑去受用，其实好东西太多，消搅不掉，苦闷起来，也是难过的。（未出现相异点或相似点）

（欧小牧《严监生》）

明喻的喻词如果是 "似的"、 "一般" 之类， 则用在喻体之后。 如下例中 "呆鼠" 是喻体：

搜寻了一会，果然看见他的夫人呆鼠一般在人丛中瞎撞，前面护着那大的孩子，他们还没跨过电车轨道呢。

（叶圣陶《潘先生在难中》）

明喻的喻词可以同时出现在喻体前后， 如：

这些话好像一瓢冷水似的向琴的身上泼来，她觉得一身都冷了。

（巴金《家》）

下面以孙犁 《游击区生活一星期》 中的 "她们像受惊的鸟儿一样向天空突飞" 为例， 加以变化， 列表说明这四个要素与其语言表现的不同形式之间的关系。 如：

意义层面	本体		喻体	相似点	相异点	
					本体属性	喻体属性
语言层面	表示本体的词语	喻词	表示喻体的词语	表示相似点的词语	表示本体属性的词语	表示喻体属性的词语
	她们	像……一样	受惊的鸟儿	×	×	向天空突飞
	她们	像……一样	受惊的鸟儿	×	向四处奔逃	×
	她们	像……一样	受惊的鸟儿	向四处逃去	×	×
	她们	像……一样	受惊的鸟儿	×	×	×

有些明喻粗看起来， 似乎所带的相异点既非本体属性， 也非喻体属性， 而与此两者全异， 其实不然。 究其原因， 在于又接续使用了另一个修辞格， 如比拟等。 例如：

我的心这时候像一个小小的氢气球，虽然被一条线儿系住了，但它总是飘飘荡荡地向上浮着，想得个机会，挣断了线，好自由自在地飞向天空里去。

（苏雪林《鸽儿的通信·二》）

上面就是比喻后接比拟的例子， 其中 "虽然被一条线儿系住了， 但它总是飘飘荡荡的向上浮着" 是前一个比喻的相异点中的喻体属性， 此后带下画线的部分， 其实是紧接于后的比拟的拟点 （请参看下文的比拟部分）。

2. 暗　喻

典型形式是：本体（＋喻词）＋喻体。暗喻和明喻的主要区别在于喻词：

（1）明喻的喻词是"如、像、仿佛、好比、像……一样、一样、一般、似的"之类，暗喻的喻词是"是、成为、变成、成"之类。

（2）明喻中一定得有喻词，暗喻中不一定有喻词。

如：

然而，世间还有<u>一个次等的社会骗子</u>，和上述的骗子有同样的魅力，一样普遍，<u>就是时尚（fashion）</u>。（喻词为"是"）

（林语堂《生活的艺术》）

<u>世界成了一张漏光的胶卷</u>。刺眼的白。（喻词为"成"）

（刘心武《电梯中》）

股市内外冰火两重天（无喻词）

（《新民晚报》2004 年 8 月 17 日第 3 版文章标题）

暗喻中也可以出现相异点或相似点，但比较少见。如：

然而他挂牵着冬冬，<u>冬冬还只是一颗在地平线上闪烁，远远还没有升起来的小星星</u>。（出现相异点）

（王蒙《蝴蝶》）

他谛听着虫鸣，只觉得在缥缈的月光中，<u>自己也变成了那只发出抖颤的蝈蝈声的小虫</u>，它在用尽自己的生命力去鸣叫。（出现相异点）

（王蒙《听海》）

暗喻的喻体也能以修饰项的形式出现。如下例中的"笔"是喻体，而"亭亭"则修饰整个"笔立"：

船越驶越近，渐渐看清有<u>一高峰亭亭笔立于红雾之中</u>，渐渐看清那红雾原来是千万道强烈的阳光。（高峰：本体；笔：喻体；"亭亭"和"立"：相似点）

（刘白羽《长江三日》）

3. 借　喻

只出现喻体，是最为隐蔽的比喻。如：

据我看来，任何文化的最后试验是：这种文化所产生的是哪一类的夫妻父母？与这么一个简单而严肃的问题比较起来，其他的各种文化的产物——艺术、哲学、文学和物质生活，都变成不甚重要的东西了。

当我的同胞绞尽脑汁在比较中西文化的时候，我总送他们这一服减轻痛苦的<u>药剂</u>，这已经成为我的妙计，因为这种<u>药剂</u>始终很有功效。

（林语堂《人生不过如此》）

又如：

小英子比她娘还会说，一天咭咭呱呱地不停。大姐说：

"你一天到晚咭咭呱呱——"

"像个喜鹊！"

"你自己说的！——吵得人心乱！"

"心乱？"

"心乱！"

"你心乱怪我呀！"

二姑娘话里有话。大英子已经有了人家。小人她偷偷地看过，人很敦厚，也不难看，家道也殷实，她满意。已经下过小定，日子还没有定下来。她这二年，很少出房门，整天赶她的嫁妆。大裁大剪，她都会。挑花绣花，不如娘。她可又嫌娘出的样子太老了。她到城里看过新娘子，说人家现在绣的都是活花活草。这可把娘难住了。最后是<u>喜鹊</u>忽然一拍屁股："我给你保举一个人！"

（汪曾祺《受戒》）

石级是不为不宽阔的，两旁还有石栏，中间挂铁索，保护你。我们直上，直上，直上，不久后便已到了最险处的<u>鲫鱼背</u>。

（徐迟《黄山记》）

4. 前 喻

又叫饰喻，指喻体或喻体、喻词一起修饰本体而构成的比喻。如：

下雪了。我们踏着<u>碎玻璃碴似的</u>雪，检查葡萄窖，扛着铁锹。

（汪曾祺《葡萄月令》）

在太阳下，那<u>点点水泡似的</u>蒙古包闪烁着白光。

（碧野《天山景物记》）

在圆朗的明月中，<u>碧玉的</u>天上漾着几缕银云，有横空一鹤，素翅盘旋，依依欲下；忽然风转雪移，斗发一声长唳，冲天去了。

（俞平伯《芝田留梦记》）

5. 较 喻

是把喻体和本体加以比较的比喻，常用喻词有"比……还（更、都）……"、"赛过"、"胜过"等。如：

月亮上来了，夜风正紧，孩子们抬头看看，抱紧双肩，心中比夜空还要明净：老师说了，这是月球，正围着地球在转；风，空气对流而成。

（余秋雨《贵池傩》）

那女孩子年纪虽小，打扮得脸上颜色赛过雨后虹霓、三棱镜下日光或者姹紫嫣红开遍的花园。

（钱锺书《围城》）

6. 引 喻

语言形式是喻体在前作引导句，本体在后作续进句，构成复句或句群。诗歌中所谓的"兴"往往就是引喻。如：

关关雎鸠，在河之洲。窈窕淑女，君子好逑。（"君子与淑女的匹配"就好比"在河之洲关关叫着的成双成对的雎鸠鸟"）

（《诗经·周南·关雎》）

白生生的蔓菁一条根，庄户人和游击队是一条心。（意思为一条心的关系就好比一条根的关系）

（李季《王贵与李香香》）

桂英说："算了吧！你没听人家常言说：'天上下雨地下流，小两口打架不记仇，白天吃的一个锅里饭，晚上枕的一个枕头！'"（意思为忘却怨恨之快，就好比雨水流逝之快）

（李准《李双双小传》）

7. 博 喻

用多个比喻的铺陈排列来比喻一个本体，也可看作比喻和排比的结合。如：

海云指挥着，她的头发舞动如火焰，张思远看到了激情在怎样使她的年轻的身体颤抖。她就是刘胡兰，她就是卓娅，她就是革命的青春。（三个暗喻）

（王蒙《蝴蝶》）

山上有了小屋，好比一望无际的水面上飘过一片风帆，辽阔无边的天空掠过一只飞雁，是单纯的底色上一点灵动的色彩，是山川美景中的一点生气，一点情调。（前两个是明喻，后三个是暗喻）

（李乐薇《我的空中楼阁》）

有些博喻只由两个比喻构成，可视作非典型形式。如：

黄山松更有一种奇特的姿态：如果这株松树长在悬崖旁边，一面靠近岩壁，一面向着空中，那么它的枝条就全部向空中生长，靠岩壁的一面一根枝条也不生。这姿态就很奇特，好像一个很疏的木梳，又像学习的"习"字。

（丰子恺《黄山松》）

8. 反 喻

这其实不能算作独立的小类，只是以否定形式出现的比喻。如：

然而最可爱的紫，莫如映在夕阳中的初秋，而且这秋的奇光变灭得太快，更教人恋恋有"有余不尽"之致。荷叶上饮了虹光将倾泻的水珠，垂谢的蔷薇，将头枕在绿叶间的暗泣，红葡萄酒中隐约复现的青春之梦，珊瑚枕上临死美人唇边的微笑，拿来比这时的光景，都不像，都太着痕迹。（由明喻构成的博喻）

（苏雪林《我们的秋天·二 未完成的画》）

婚姻不是爱情的坟墓，而是更亲密的、灵肉合一的爱情的开始。（暗喻）

（冰心《论婚姻与家庭》）

新鲜的比喻最有感染力。新鲜的关键在于创造。技巧是：①相似点宜少。如"山如眉黛，小屋恰似眉梢的痣一点"，这个比喻很别致，其中"山"和"眉梢"的相似点只有两个：横卧和青黑色，"小屋"和"眉梢的痣"的相似点也只有两个：微小及位置居上。②若要说出相似点或相异点，则尽量选用相异点中的喻体属性。如"本质上，它是一幢房屋；形势上，却像鸟一样，蝶一样，憩于枝头，轻灵而自由！"这里的"憩于枝头"就是相异点中的喻体属性，试把它改成相似点"居于山脊"，或相异点中的本体属性"筑于山脊"，便逊色不少了。

比喻时易犯的毛病有两种：①本体和喻体在主要特征上差别明显甚至有严重冲突，难以构建相似关系。如"天上布满了鱼鳞云，好像舒展开一面巨大的旗帜"。②本体和喻体的感情色彩很不协调。如"恶奴就像猎狗一样地扑了上来"。

在辞格分析时，明喻、暗喻有时身份难定，这时应注意"如、像、仿佛、是、成为"等是多用途词，并非用了它们就都是比喻了。如底下带"仿佛"、"成为"的句子就不是比喻：

孙小姐忙向李先生报告，李先生皱了眉头正有吩咐，这汽车头轰隆隆掀动了好一会，突然鼓足了气开发，李先生头一晃，所说的话仿佛有手一把从他嘴边夺去向半空中扔了，孙小姐侧着耳朵全没听到。（比拟）

（钱锺书《围城》）

又说"初识冰心的人，都觉得她不是一个容易令人亲近的人，冷冰冰的好像要拒人于千里之外"。（非比喻，"似乎"的意思）

（冰心《忆实秋》）

可小时候，我连做梦都不曾想到过，二十八岁后我会成为一个北京人。（非修辞格）

（梁晓声《京华闻见录》）

在不少人看来，同类事物相比不算比喻。如"他像医生一样穿着白大褂"。当相比的目的是度量时也不算比喻。如"小树长得像屋顶一般高了"。这些看法并非没有道理，因为比喻作为修辞格，其典型的修辞特点是形象、生动、有感染力，而同类事物相比等几乎不能造成这些积极的修辞效果。但是，这些缺乏感染力的说法同样具备比喻的四要素，同样由"本体"、"喻体"、"喻词"等构造起来，因而，从本质上看它们仍应是比喻，只不过显得干巴巴的，缺乏艺术感染力罢了。

（二十六）比　拟

这是把人当作物，把物当作人，或把甲物当作乙物的表达法。

1. 比拟的分类

比拟可分为两类：

（1）拟人。即以人拟物。如：

不一会，你已经驱车直出和平门（？）在汤山的路上了，而那海军预算提案也正在作宰予的昼寝。

（林语堂《论政治病》）

山水是美妙的俦侣，而街市是最亲切的。它和我们平素十二分稔熟，自从别后，竟毫不踌躇，蓦然闯进忆之域了。

（俞平伯《清河坊》）

（2）拟物。或者以物拟人，如：

马走在花海中，显得格外矫健；人浮在花海上，也显得格外精神。

（碧野《天山景物记》）

母亲关什么就不能再多活两年？为什么在她儿子就快要碰撞开一条路的时候，她却忽然熬不住了？莫非她来此世上只是为了替儿子担忧，却不该分享我的一点点快乐？

（史铁生《我与地坛》）

或者以物拟物，如：

慌忙地回转身来，只见数不清的给电灯光耀得发白的面孔以及数不清的提箱与包裹，一齐向自己这边涌来，忽然觉得长衫后幅上的小手没有了，不知什么时候放了的；

心头怅惘到不可言说，只是无意识地把身子乱转。

（叶圣陶《潘先生在难中》）

在初夏阳光渐暖时你去买一支小船，划去桥边荫下躺着念你的书或是做你的梦，槐花香在水面上飘浮，<u>鱼群的唼喋在你的耳边挑逗。</u>

（徐志摩《我所知道的康桥》）

2. 比拟和比喻的联系与差别

比拟和比喻在实质上是相通的。比拟在语义层面上也有本体、喻体、相似点和相异点。但在语言层面上，只出现本体和相异点中的喻体属性（即所谓的"拟点"）。从语言形式变化的角度看，比拟是明喻去掉喻词和喻体，保留本体和喻体属性的结果；明喻是在比拟中说出喻体，再加上喻词的结果，而喻体属性可出现亦可不出现。下面以吴伯箫《难老泉》中的比喻"太行山、吕梁山像两只巨大的膀臂从东西两面环抱着它"为例，加以变化，作一说明：

	意义层面：	本体		喻体	相异点中的喻体属性 （在比拟中称为"拟点"）
	语言层面：	表示本体的词语	喻词	表示喻体的词语	表示喻体属性的词语
比拟	太行山、吕梁山从东西两面环抱着它	太行山、吕梁山	×	×	从东西两面环抱着它
明喻	太行山、吕梁山像两只巨大的膀臂从东西两面环抱着它	太行山、吕梁山	像	两只巨大的膀臂	从东西两面环抱着它

有一些比拟是拟人还是拟物界限不清，因为拟点所代表的可能是人，也可能是动物。如：

电灯自然是辉煌着，但不知怎地忽有淡淡的哀愁来袭击我的心，我似乎有些后悔印行我的杂文了。

（鲁迅《写在〈坟〉后面》）

<u>我的声音白白地被寂寞吞食了</u>，墙壁上母亲的照片也不看我一眼。

（巴金《我的幼年》）

拟人和拟物也常合用。如下例中，前一个比拟近于拟人，后一个比拟则是拟物：

而海呢，你看她没有一刻静止！从天边微波粼粼的直卷到岸边，触着崖石，<u>更欣然的溅跃了起来，开了灿然万朵的银花！</u>

（冰心《山中杂记之七——说几句爱海的孩气的话》）

比拟是一种适宜表现生动气氛的辞格，在严肃的交际活动中很少使用。

（二十七）移　就

移就是用原本甲事物才有的性质来形容乙事物的表达方式，最常见的是用人才有的性质来形容原本无生命的乙事物，其语句构造特点是把具有形容作用的词语用作修饰成分。例如：

钟声徐动，一下下敲破<u>寂寞</u>空气。

（苏雪林《收获》）

沉重的锣声在静夜的积雪的街中<u>悲怆</u>地响着。

（巴金《家》）

这里正是高桥沙一带，浦面宽阔；小火轮<u>庄严</u>地朝北驶去，工业的金融的上海市中心渐离渐远。

（茅盾《子夜》）

如：

香槟般的季节哪
　　　　　浮起了
遍野的花香，莹莹的
　　　　浮起大地<u>欢畅</u>的呼啸

（高准《香槟季》）

跳窜在每一双灼热的瞳孔里
燃烧着<u>焦渴</u>的生命

（黄翔《火炬之歌》）

田野很静。静静的田野上，轻轻地回响起一个小女孩幽远而纯净的哭声。
那时，<u>慈和</u>的暮色正笼上田野……

（曹文轩《蓝花》）

又如：

湖心恬且冷；四岸浮动着的歌声人语，灯火的微芒，合拢来却晕成一个繁热的光圈儿围裹着它。

（俞平伯《西湖的六月十八夜》）

(二十八) 移 觉

1. 移觉的特点

移觉是用原本甲感官才有的感觉来描摹乙感官的感觉的表达方式，其语句构造特点是把表示移觉的词语用作修饰成分。例如：

> 秋风里，时时有玉钱蝴蝶，翩翩飞来，停在花上，好半天不动，幽情凄恋。它要僵了，它愿意僵在花儿的冷香里！

（苏雪林《我们的秋天·七 秃的梧桐》）

> 我俩有一晌沉沉的苦梦，几回想告诉你们总怕你们不信。

（俞平伯《冬晚的别》）

> "过年了，怎么也得叫坝下人吃上一口肉！"我老是想着大个儿的这句话，心里很感动，很久未能入睡。这是一句朴素、美丽的话。

（汪曾祺《七里茶坊》）

2. 移觉不同于通感

有人主张移觉就是通感，其实两者有别。通感是一种意义关系，反映了一种心理状态，移觉则是修辞格，它们不在同一个范畴之中。比如"甜甜的气味"是移觉，"气味甜甜的"是比拟，"气味像奶糖一样甜甜的"是比喻，它们分属三种不同的修辞格，但都具通感意义。

3. 移觉和比喻、比拟、移就的关系

从意义构造上看，比拟、移就、移觉和比喻是相通的，因为在深层语义上，这四种辞格都具备本体、喻体、相似点和相异点这四个要素。

（1）本体：说话者要加以形容的对象。在比拟、移就、移觉、明喻、暗喻等之中须说，在借喻中不说。

（2）喻体：用来形容本体的另一个客体。在比拟、移就、移觉中不说，在比喻中须说。

（3）相似点：本体和喻体都具有的特点。在比拟、移就、移觉中不说，在比喻中可说。

（4a）相异点中的本体属性。在比拟、移就、移觉中不说，在比喻中可说。

（4b）相异点中的喻体属性：客体有，本体无的特点。在比拟、移就、移觉中须说，在比喻中可说。

以上要素经过转换以一定的表层形式出现，再增减喻词等词语之后，就有了比喻、比拟、移就、移觉等的区别。它们之间的比较见下表：

本体	喻体	相似点	相异点中的本体属性	相异点中的喻体属性	语句表达形式	修辞格
气味	奶糖	令人愉悦	×	×	气味像奶糖一样令人愉悦	比喻
	×	令人愉悦	×	×	气味令人愉悦	×
					令人愉悦的气味	×
	奶糖	×	好闻	×	气味像奶糖一样好闻	比喻
	×	×	好闻	×	气味好闻	×
					好闻的气味	×
	奶糖	×	×	甜	气味像奶糖一样甜	比喻
	×	×	×	甜	气味甜甜的	比拟
					甜甜的气味	移觉
	奶糖	×	×	被包裹起来	气味像奶糖一样被包裹起来	比喻
	×	×	×	被包裹起来	气味被包裹起来	比拟
					被包裹起来的气味	移就

比拟和移就的区别在于拟点（即相异点中的喻体属性）的语法位置不同：比拟中拟点在本体后面作谓语。移就中拟点在本体前面作定语，如"寂寞空气"；有时在谓语动词前作状语，如"悲怆地响着"。移觉可看作一种特别的移就：移觉的拟点表示一种通感，移就的拟点不表示通感。至于比喻和比拟的区别，在于比喻必须说出喻体，比拟则必须说出拟点而不能说出喻体。

（二十九）借　代

又叫代替、换名、转喻，是用相关物来指称某个对象的方法。借代的特点是不直接说出某人或某物（本体）的名称，而用和它有密切关系的其他人或物（代体）的名称来代替。借代大多能够凸现本体的某个特点，往往比直说有更多的形象性。借代分为两类。

1. 借代的内部分类

按照本体和代体的关系，借代可以分为两类。

（1）旁代，代体是本体的特征、标记、籍贯、产地、品牌、作者、所在、所属、材料、工具等。例如：

长脚和胖子是一对好搭档。（以特征代说相声的人）

"昨天挂了牌的行李，还堆在站里呢，——喏，那边，你看！今天的么？明天后天，说不定哪天能装出。"

月台上一个"红帽子"大声对一个旅客说。（以标记"红帽子"代搬运工）

（茅盾《苏嘉路上》）

这个老山东脾气倒挺大的。（以籍贯代人）

我喜欢喝龙井。（以产地名代茶叶名）

身上是阿迪达斯，脚上是耐克。（以品牌名代该类的运动服和运动鞋）

他最近一直在读莎士比亚。（以作者名代作品名）

这个消息立刻引起了白宫的注意。（以所在地点代美国政府最高决策人物）

希望国脚们不要气馁，打好底下的比赛。（以所属"脚"代足球运动员）

那时一个伙计跨过船来，拿着摊开的歌折，就近塞向我的手里，说，"点几出吧"！他跨过来的时候，我们船上似乎有许多眼光跟着。同时相近的别的船上也似乎有许多眼睛炯炯的向我们船上看着。我真窘了！（用所属"眼睛"来代人）

（朱自清《桨声灯影里的秦淮河》）

一根短短的竹管在他的嘴下，竟能发出这么清远悠扬的声音来。（以材料代笛子）

你吃大碗，我吃小碗。（以工具代食物）

据说他是靠八千钱起家的，所以大家背后叫他八千岁。（以原因代人）

（汪曾祺《八千岁》）

因为我看见地上不缺少碎砖瓦，怕万一他们高兴，将我当作岳坟前的铁像！（兼地点和材料等，用来指代秦桧）

（苏雪林《归途》）

（2）对代，本体和代体（或代体和本体）之间有具体和抽象，特定和一般等关系。如：

家里吃喝不愁。（以具体的"吃喝"代抽象的"生活"）

最后，乔尔丹诺·布鲁诺不得不离开自己的家乡，自己热爱的土地，越过阿尔卑斯山，逃亡到国外去。（以具体的"土地"代抽象的"祖国"）

他也知道"物质变精神，精神变物质"的道理，可现在，手里真的有了这么些"物质"的时候，他却不知道怎么办好了。（以抽象的"物质"代具体的"机械"）

汉皇帝、唐天子的时代早已经过去了。（以特称代一般的 "中国封建帝王"）

总经理，有人拜访。（以一般的 "总经理" 代特定的某个总经理）

借代中的某些形式用得久了，就会失去原来的间接表达功能，以至于人们不觉得是借代。例如 "阁下、殿下、陛下" 等。

2. 借代和借喻的区别

借代和借喻最难分清，分清的关键是始终坚持下述标准：借代的两事物间只有相关性，没有相似性；借喻的喻体和本体间一定有相似性。鉴别的方法是看能不能和所指的对象一起构成明喻。如：

"芦柴棒" 着急地要将大锅子里的稀饭烧滚，但是倒冒出来的青烟引起了她一阵猛烈的咳嗽。她十五六岁，除了老板之外大概很少有人知道她的姓名。手脚瘦得像芦柴棒一样，于是大家就拿 "芦柴棒" 当了她的名字。

（夏衍《包身工》）

这个 "芦柴棒" 是借喻，因为她瘦得像芦柴棒。有人说第一次叫她 "芦柴棒" 是借喻，以后变成了绰号，就是借代了。这个说法不好。一是混淆了比喻和借代的区别；二是有时候我们不清楚某个说法，是比喻的第一次使用还是用久后变成了绰号。如：

黑屁股指的是一种救生船。这种船专在大风大浪的湖水中救人、救船，因为船尾涂成黑色，所以叫做黑屁股。说的是船，不是人。

（汪曾祺《故里三陈·陈泥鳅》）

这个 "黑屁股" 可以和 "救生船的船尾" 构成明喻，即 "救生船的船尾像一个黑屁股"，但在这里 "黑屁股" 指的不是船尾巴这个局部，而是整条船，不能说 "救生船像一个黑屁股"，所以它是借代，不是借喻。

三、辞格的综合使用

以上四章共介绍了二十九大类辞格。这些辞格的用法很多，不仅可以单用，还常常综合在一起使用。辞格的综合使用，多指在一段话语中使用不同类别的辞格。按照综合的方式，可分为三类。

（一）连 用

指几种辞格先后使用。如：

此外在热狂的夏天，风雪载途的冬季我也常常出乎意料地获到不可名言的妙境，滋润着我的心田。会心不远，真是陆放翁所谓的"何处楼台无月明"。

（梁遇春《途中》）

这是比拟和引用的连用。

（二）套　用

指辞格中套着另外的辞格。如：

什么是青春的力量？这就是青春的力量。无论遇到什么样的曲折，只要有一点条件，就要向上，就要生长，就要创造自己的未来。

这是设问中套用排比，排比中套用反复。

（陈桂连《我眼中的青春最美》）

（三）兼　用

指不同的辞格融为一体。如：

冬天，打冰夹鱼的时候，她们一个个登在流星一样的冰船上来回警戒。

（孙犁《荷花淀》）

这是比喻和夸张的合二为一。

连用的辞格不难分清，套用和兼用的辞格较难分析。区分套用的辞格，关键在于弄清套叠的层次关系。一般方法是先找出处于最高层次的辞格，然后依次往低层次分析。当辞格较多，层次较复杂时，层次的套叠关系往往需要反复比较才能确定。分辨兼用的辞格时，有两个要点应该把握：一是确认是哪些辞格的兼用，二是兼用的辞格中以谁为主。常见的兼用类型有比喻和夸张、比拟和夸张、对偶和对比等。既然是兼，当然是你中有我，我中有你，但是毕竟还有主次可分，一般的做法是以语言形式明显的那个辞格为主。若比喻和夸张兼用，语言形式上体现的是比喻格的特点，所以是比喻为主，例如"他像蜗牛一般慢吞吞地挪到张老师办公室的门口"。

套用和兼用有时也不易分清，比如排比格的各项之中，往往有反复出现的词语，这是套用还是兼用呢？其实所谓兼用，和歧义的情况相似，即同一个对象，从某角度看是一种样子，换个角度看又是一种样子，除此之外就不是兼用了。例如："善有善报，恶有恶报"，从形式上看是对偶，从内容上看是对比，因此它是辞格的兼用。按照这个标准分析，排比和反复只能是套用，不是兼用。

上述辨别方法，对于确定同一类别辞格的套用也是有效的。

第十五章 语体

一、什么是语体？

所谓语体，就是依据语言交际的不同特点和需求的制约下形成的话语的功能类型。语体的形成，受制于交际的目的、内容、场合、对象、媒介等多种因素。由此可见，语体是语言交际活动所涉各种因素的共同作用的产物，也是前文说过的定调、炼词、锻句、调声、谋篇、辞格等因素综合作用的产物。

语体是语言变体之一，语言变体的范围很广。比如有地域方言和标准语之分；有口语和书面语之分；有各种特定的社会方言，如老年人用语、男性用语、行业语等。有文学用语、事务用语等，有现代语言、近代语言、古代语言等。语体一般不包括地域方言、标准语，如现代语言、近代语言、古代语言等，按照中国修辞学家的习惯，语体仅包括文学用语（准确地说是"文学语体"）、事务用语（准确地说是"事务语体"）等一部分语言变体。

语体的形成归根结底取决于人类语言交际活动的多样性，以及不同方式、不同手段的交际活动对语言运用提出的不同要求。这和人的非语言行为必须分类，必须有相应的不同评价标准是一样的道理。比如一个人在家中穿着睡衣，趿着拖鞋，自由散漫；可是当他出席一个欢迎上级的仪式时，就得穿戴整齐，举止庄重。语言的运用既然是一种人类的行为，自然也和人类的其他行为具有许多相同点。因此，一个人在家中可以和家人说些直率话，甚至对孩子发发脾气，但若对一般同事说话不讲礼貌，甚至乱发脾气，骂粗话，在正常情况下都会被视为破坏了行为规范，得到负面的评价。正因为如此，熟练而准确地掌握不同的语体，是达成修辞活动中"完满地表情达意"的必要条件，也是塑造语言交际者良好形象的基本手段。

《修辞学发凡》中没有语体之称，只有文体或辞体的说法，释为语文的体式。陈望道认为文体或辞体有很多类别，大约可以分为八种：

1. 民族的分类，如汉文体、藏文体等。

2. 时代的分类，如《沧浪诗话》所举的建安体、黄初体、正始体、太康体、元嘉体、永明体等。

3. 对象或方式上的分类，旧的如《文心雕龙》分为骚、赋、颂赞、祝盟等。新的如《作文法》分为描记、叙述、诠释、评议等。

4. 目的任务上的分类，如通常分为实用体和艺术体等类，或分为公文体、政论体、科学体、文艺体等。

5. 语言的成色特征上的分类，如所谓语录体、口头语体、文言体等。

6. 语言的排列声律上的分类，如所谓诗和散文之类。

7. 表现上的分类，就是《文心雕龙》所谓"体性"的分类，如分为简约、繁丰、刚健、柔婉、平淡、绚烂、谨严、疏放等。

8. 依写说者个人的分类，如《沧浪诗话》所举的苏李体、曹刘体、陶体、谢体、徐庾体、韩昌黎体、柳子厚体等。

陈望道认为这八类中在国外修辞书上说得最热闹，已往我国论述文体的书上也讨论得最起劲的便是这里的第七种体性上的分类（《修辞学发凡》第 256 页）。陈望道所说的文体或辞体，包括面甚广，明显超过了现今所说"文体"的概括范围。而他在《修辞学发凡》中着重探讨的文体或辞体，如简约、繁丰、刚健、柔婉、平淡、绚烂、谨严、疏放等，现在一般称为风格。

陈望道的上述说法被后学者放弃，现在中国修辞学界，已经不怎么采用陈望道那样意义的文体、辞体等术语，对相关现象的研究主要用两个术语来概括，即"语体"和"风格"。比如胡裕树主编《现代汉语（增订本）》的第五章第六节，其标题就是"语体和风格"。胡本《现代汉语（增订本）》所说的语体，主要指《修辞学发凡》的第四类文体，还包括了上述陈望道所说的第五、第六类文体的一部分，即公文语体、政论语体、科技语体、文艺语体、口头语体、书面语体、散文语体、韵文语体等。它所说的风格，指的是《修辞学发凡》的第七类文体，即简约、繁丰、刚健、柔婉、平淡、绚烂、谨严、疏放之类，尽管其分类及称说名目和《修辞学发凡》不尽相同。

王希杰《汉语修辞学（第三版）》说："语体就是语言的功能变体。语言的交际功能是在语境中实现的。语体是适应语境而形成的言语表达类型。"（第 147 页）　这个解释过于笼统，但他又引用了两个说法，让我们对他所说的"语言的功能变体"有了进一步的了解。他先引用了《现代汉语词典（第 6 版）》对语体的解释："语言为适应不同的交际需要（内容、目的、对象、场合、方式等）而形成的具有不同风格特点的表达形式。通常分为口头语体和书面语体。"后又引用了《辞海（第六版）》对语体的解释："语言的社会功能变体。指适应不同的社会活动领域的交际需要所形成的具有一定功能风格特点的语文表达体式，是语言交际历史发展的产物。有各种不同的分类。"王希杰还认为在说法上"表达形式"不如"表达体式"为佳，因为"语体是一个种类——语言运用中形成的相互区别的类"（第 147 页）。这样一说我们就大体知晓王希杰的看法了。他认为语体是为适应不同的交际需要（如内容、目的、对象、场合、方式等）而形成的具有不同特点的语文表达体式。他的这一看法和当前中国修辞学界对语体的看法基本一致。

二、语体的大类

现代汉语的语体类型到底有多少，应该怎么划分，目前尚无一致的看法。据张涤华、胡裕树、张斌、林祥楣主编的《汉语语法修辞词典》之释，通行的划分方法是：先区分为口头语体与书面语体两大基本类型。口头语体内部又分为日常谈话体和演讲体，书面语体则分为政论语体、科技语体、事务语体和文艺语体四个变体。

事实上，语体的分类是运用多个不同标准的结果，其分类并不具备上述的层级关系。例如：以话语的内容分类，可以有政论语体、科技语体、事务语体、文艺语体等；以人际关系分类，可以有正式语体和亲切语体等；以表达媒介分，可以有口头语体和书面语体；以说话的目的分，可以有议论语体、描写语体、叙述语体、说明语体、抒情语体等；以语篇本身的语言特点分，可以有散文体和韵文体；以同受话者之间的合作方式分，则可以有会话语体、演讲语体，等。

这样，同一段话语，其实通常是多种语体的综合体现。例如：

> 金先生的样子有点怪。他常年戴着一顶呢帽，进教室也不脱下。每一学年开始，给新的一班学生上课，他的第一句话总是："我的眼睛有毛病，不能摘帽子，并不是对你们不尊重，请原谅。"他的眼睛有什么病，我不知道，只知道怕阳光。因此他的呢帽的前檐压得比较低，脑袋总是微微地仰着。他后来配了一副眼镜；这副眼镜一只的镜片是白的，一只是黑的。这就更怪了。后来在美国讲学期间把眼睛治好了——好一些了，眼镜也换了，但那微微仰着脑袋的姿态一直还没有改变。他身材相当高大，经常穿一件烟草黄色的麂皮夹克，天冷了就在里面围一条很长的驼色的羊绒围巾。联大的教授穿衣服是各色各样的。闻一多先生有一阵穿一件式样过时的灰色旧夹袍，是一个亲戚送给他的，领子很高，袖口极窄。联大有一次在龙云的长子，蒋介石的干儿子龙绳武家里开校友会——龙云的长媳是清华校友，闻先生在会上大骂"蒋介石，王八蛋！混蛋！"那天穿的就是这件高领窄袖的旧夹袍。朱自清先生有一阵披着一件云南赶马人穿的蓝色毡子的"一口钟"。除了体育教员，教授里穿夹克的，好像只有金先生一个人。他的眼神即使是到美国治了后也还是不大好，走起路来有点深一脚浅一脚。他就这样穿着黄夹克，微仰着脑袋，深一脚浅一脚地在联大新校舍的一条土路上走着。

（汪曾祺《金岳霖先生》）

从不同的角度看，上例体现了文艺语体、叙述语体的特点，又体现了散文语体、书面语体的特点。

议论语体、描写语体、叙述语体、说明语体、抒情语体等，现在修辞学者一般不归入语体。对正式语体、亲切语体大家谈得也很少。以内容为标准，本来可以分出许多语体，可人们谈论的一般只有四五种类别。考虑到这些习惯，这里所说的语体分类和一般的划分相差不远。其划分标准及类别有四种。

1. 传递媒介：口头语体和书面语体。

2. 语言表达形式的特点：散文语体和韵文语体。

3. 交际者的合作方式：会话语体和演讲语体。

4. 语言交际活动的领域：日常生活语体、事务语体、政论语体、科技语体、文艺语体和网络语体。

以下逐类简述诸种语体，其中事务语体、政论语体、科技语体和文艺语体四种语体在修辞活动中具有突出的作用，事实上也成为书面语体的典型代表，值得大家注重。

（一）口头语体

口头语体是以语音为传递媒介的语言变体。口语的特点决定了话语的计划时间局促，组织上难以周全复杂。此外，由于一发即逝，为了让受话者尽可能一次就听清听懂，需要尽量降低话语的分辨和理解难度。口头语体的主要特点由此产生，现列示如下：

1. 句子较短，语法结构简单。

2. 常用词语多，口语词多，在同义词中间，动词以单音节的为多，名词、连词以双音节的为多。

3. 句间联系比较松散，连贯性不强。

4. 语调、语速变化多，重音强调多。往往伴有音素脱落、同化、异化等现象。

以下是口头语体的例子，选自谢小毛答采访者马龙之语：

> 任何搞艺术肯定跟你的经历有关，这是肯定的。但我这个到底是否跟经历有关，我倒没有去深究过。如果说跟河南不一样的话，这就应该从"弄潮展"开始，当时那个作品确实很大。我对书法的认识，给我震撼最大应该是第一次八五年国际书法展，那简直在长春没见过那种场面，那字挂起来一丈高啊，当时真的很震撼，这是干嘛的这是。以前书法不就是写写字嘛，是这种认识。没想到书法可以弄这么大。第二个就是"弄潮展"，咱是肯定参与不了的，当时是在北京，后来在郑州干了一次，我就看当

时的那些大对联，它们都是特别大。突然间我想，书法还可以这样玩，这样弄；这可能对以后的创作有影响，那可以按自己的意思来嘛。所以对我以后书法观的形成应该说有一定影响。我感觉书法形成现在这个样子，还更多的是跟你的性格和你对艺术的认识有关，就是你认为艺术是干什么的，你认为书法应该能够干什么。因为任何一种艺术形式都有它的功能，或者它的局限，你能把你这一门艺术的功能发挥到极致就可以了。书法我现在理解已经很明确了，书法不仅仅是写字，它是表达你个人感觉的东西，表达你性格的东西。这种东西如果你去做作的话，太讲究到位，那你的东西就做作了。就像咱俩说话一样，你老是掩掩藏藏的，就不是你的真性情。如果说书法现在的这个样子，和自己的性格，和你对书法的认识有关。你有什么样的世界观、艺术观，你就可能有什么样的作品。从整个方面说"字如其人"是一个正确的命题，而且从我来看，不仅仅是"字如其人"，是"事如其人"，每一个人办的所有事都是跟这个人有关的。你的所有的行为，都和你的思想意识有关，也可以说你所有的行为是受你的思想意识支配的。你所做的事，超不出你的意识范围，所以书法成什么样，这个人是什么样的。"风格即人"这个话还是正确的。

（谢小毛、马龙《谢小毛访谈录》2012 年 8 月 31 日张学军书法博客）

（二）书面语体

书面语体是以文字为表达媒介的语言变体。使用书面语时可以精心修改、反复推敲，因此话语的计划条件好；和口语相比，书面语在组织结构上比较周全复杂。现将书面语体的主要特点列示如下：

1. 句子结构完整，会使用比较复杂的句法结构。
2. 句间联系比较紧密、连贯，没有修正语、中断和无意义的重复。
3. 讲究谋篇布局。
4. 一般不用过于口语化的词语，书面语词使用较多，甚至使用一些文言词语。
5. 使用标点符号表示停顿和语气口气。
6. 有时使用一些图表、符号、图画来代替词语表情达意。
7. 大多采用标准语的形式。

以下是书面语体的例子：

　　诸子散文，是春秋战国时代各个学派阐述自己学说的著作，是百家争鸣的产物。其思想各执一端，精彩纷呈。正因为它是随着争辩的风气而发展起来的，其基本趋向，就是从简约到繁富，从零散到严整。愈是后期的著作，篇幅愈宏大，组织愈严密。

就本来的意义说，诸子散文是政治、哲学、伦理等方面的论说文，不是文学作品。但同历史散文一样，多少不等地包涵着文学因素，在文学史上具有一定价值。再从更大的范围，即文化史的意义来说，诸子的思想，尤其是儒家和道家的思想，影响中国一代又一代的知识分子，这也是研究中国文学史所不可忽视的。

（章培恒、骆玉明《中国文学史（上）》）

（三）散文语体

这里所说的"散文"是广义概念，而包含于文艺语体之中的"散文"则是狭义概念。散文语体的主要特点是句子长短的安排相当自由，句末一般不押韵。现代口语和书面语绝大部分皆可归为散文语体，例如：

高明的作家，是能够在外国文学里进出自如的。只有进去，才能够摈弃皮毛，得到精髓；只有跳出来，才能够发挥自己的特长，利用自己掌握的具有个性的创作素材，施展自己独特的才能，写出具有原创性的作品。沈从文自己好像没有说过受哪个外国作家影响的话，但他对于外国文学肯定是不陌生的。尽管他不懂外语，但翻译作品肯定还是读了不少的；但他的小说和散文，无论从语言还是从素材，以及他在这些作品里呈现出的他对于人生和社会的看法，都是具有个性和原创性的。他的学生汪曾祺先生八十年代初期的作品，呈现出十分鲜明的个人风格和中国特色，根本看不出外国文学的影响，但汪先生自己说："我是从契诃夫、海明威、萨拉杨的语言中学到一些东西的。"受到影响而没在自己的作品里留下痕迹，这就是高手。而为什么有人受到影响留下了痕迹，而有人受到影响却没有留下痕迹呢？我想这就是摆在我们面前急需解决的一个问题。

（莫言《影响的焦虑》）

（四）韵文语体

它的特点主要是句末押韵，其次还有如下特点：

1. 句子一般比较整齐，常用对偶、排比等修辞手段；

2. 节奏感很强；

3. 有时对句子的音节数和词语的平仄有一定的要求。

韵文语体的例子如下：

> 撑着油纸伞，独自
> 彷徨在悠长，悠长
> 又寂寥的雨巷，
> 我希望逢着
> 一个丁香一样地
> 结着愁怨的姑娘。
>
> 她是有
> 丁香一样的颜色，
> 丁香一样的芬芳，
> 丁香一样的忧愁，
> 在雨中哀怨，
> 哀怨又彷徨；
>
> 她彷徨在这寂寥的雨巷，
> 撑着油纸伞
> 像我一样，
> 像我一样地
> 默默彳亍着
> 冷漠，凄清，又惆怅。
> ……………

（戴望舒《雨巷》）

（五）会话语体

这是在≥2个人共同参与的语言交际中使用的口语变体。会话语体的特点由交际者共同合作、轮流发言这一基本特点所决定。它主要表现为：

1. 各个交际者所说的话语常常是不完整的，或者是不自足的，要和前边他人所说的话语联系起来看方才完整或者自足。

2. 在所说内容上，后说者经常和先说者提出的主题相关联；但后说者也经常引出新的主题，和先说者的谈论主题无直接关系。

3. 信息传递对交际环境的依赖度较高，句中成分省略多，以至于话语显得破碎而不完整。

4. 较多使用叹词、语气词、插说语等。

5. 姿势、脸部表情等有时替代语言传递一些信息。

下面是会话语体的例子，取自北京大学学生马瑜琼（甲）对北京大学食堂某阿姨（乙）的采访：

甲：哎？你们员工宿舍在哪呀？

乙：在 45 乙楼。

甲：哦，在那一块呀。那就是像我们宿舍一样吗？普通宿舍。

乙：对，我们在 45 乙楼的地下室，上面住的就是学生。

甲：哦，下面还有地下室哦。

乙：对。

甲：我们还不知道呢。那就是，你们一间有多少人啊？

乙：一间呀，有 8 个人。

甲：8 个人呀！

乙：嗯。

甲：哇，那平常感觉会很挤吗？我们 4 个人就觉得挺挤的。

乙：不挤。

甲：不挤呀。

乙：对，我们感觉就像一家人，少了谁还不舒服呢。有的时候还说，哎呀，谁谁哪去了这样。

甲：哦！那挺好！

乙：嗯，住习惯了。上下铺 8 个人就 4 对床。

甲：那平常洗澡啊什么的？

乙：哦，那单位里很方便，洗澡，就每天洗都提供方便的条件，你一天洗再多次都没关系。就单位洗澡。

甲：单位洗？哦，那不在宿舍里呀？那边就随时给您供热水吗？

乙：宿舍里没有热水，宿舍里有洗手间，你可以洗衣服，那都是凉水；但是你可以上那个开水房去打。没错。

（马瑜琼《北大食堂女工访谈录音稿整理》，2011 年 8 月 28 日百度文库）

（六）演讲语体

这是单方向传递信息的语言交际变体。在会议上做报告，教师课堂教学，电视台节目主持人主持节目，使用的就是演讲语体，它的特点如下：

1. 较多地使用口语词和容易理解的书面语词，不太使用过分口语化和过分书面语化的词。
2. 句子不太长，句法结构比较完整。
3. 话题比较集中。
4. 话语衔接比较顺畅，逻辑联系比较清楚。
5. 修正、口断、结巴少。
6. 常用重音、语调、语速等手段强调重要部分。

以下是演讲语体的例子，选自华中科技大学校长李培根的一次演讲：

亲爱的 2013 届毕业生同学们：

你们好！首先，向你们完成学业表示最热烈的祝贺！

过几天，你们中间的大多数就要告别大学生活，告别你们的同学、老师，告别华中科技大学。

也许近一段时间以来，你们早就开始了告别活动。听说紫菘 13 栋的同学们用感恩心语向周凤琴阿姨告别："走得了的是人，散不去的是情。"我还知道，为了告别，你们很多人一定哭过、笑过、喊过；为了告别，你们拥抱过、沉默过、醉过。酸甜苦辣，个中滋味，只有你们最清楚。

你们即将告别抢座位的日子，告别没有空调的宿舍，告别你怎么都不相信没赚你们一分钱的食堂；告别教室里的乏味，告别图书馆中的寻觅，告别社团中的忘我；告别留下你浪漫、青涩的林间小道和石凳，告别你至今还未看懂、读懂的华中科技大学，告别你们背后的靠山——瑜珈山。

（李培根《告别——在 2013 届本科生毕业典礼上的致词》，2013 年 6 月 25 日新浪博客）

（七）日常生活语体

这主要是人们在工作学习之余进行语言交际时使用的语体。在工作学习过程中，离开工作学习等话题而进行的较轻松的交际，如问答、开玩笑等使用的也是日常生活语体。日常生活语体的使用面很广，诸如和陌生人的结识、熟人之间的寒暄、朋友间的聊天、家庭成员之间的交谈、在商店购物时顾客和营业员间的对答等，使用的都是日常生活语体。日常生活语体的作用面是如此之广，为了弄清它的特点，最好是进一步划分次类。底下说的仅是日常生活语体的最普遍的特征：

1. 所说内容不太正式，说话方式比较随意。

2. 句子结构不一定完整。

3. 若是对话，则过渡语、补充语、修正语较多，跳跃、中断较多，还往往出现一些插话。

下面是日常生活语体的例子，选自网友"巡洋舰9999"的网文：

> 快要路考了，最后的几天，俺们每人都去了。早上，热好了车，头一个是老大。挂挡、起步、灭了，着车、再起步、又灭了。俺们在后面都已经听见师傅骂他了。又着车、再起，这次老大给大油，慢抬离合，终于老解放一拱一拱的走了。俺们说："大哥这是怎么了，该考试了，怎么开始掉链子啦？"突然，老七指着地下的一道黑印说："没松手刹吧？"俺们赶紧敲玻璃，让老大停车，师傅下来一看，说："刹车管堵了。"俺们老解放是气刹，刹车管里进了水蒸气，天冷冻上了，就堵了，气放不出去，刹车瓦抱死了。师傅把车开到路边，叫俺们找来热水，浇刹车气管。过了一会，可能好点了，师傅钻到车下面去看，二哥也跟下去了，就听师傅喊："踩一脚刹车试试！"俺就坐在副驾驶上，刚要踩，老七说他来，俺就没动；结果就听"轰"的一声，他踩在油门上了。二哥和师傅马上从下面钻了出来，"你跟我们有仇啊，这都成烧鸡啦！"师傅在检查后胎，爬出来就说，"就看见排气管里一筒烟，'嗡'的一下子就出来了！"老七真惨，给师傅打水洗脸、倒茶，还请了俺们一顿午饭。

（巡洋舰9999《真实的经历》，2001年新浪论坛汽车时代）

(八) 事务语体

这是国家机关、社会团体以及人民大众之间相互处理事务时使用的语体。事务语体可以通过以下形式体现出来，它们是：国书、照会、公报、备忘录、通报、决议、纪要、命令、指示、通知、公告、计划、总结、调查报告、情况综述、请示报告、工作报告、法规、法令、规章制度、条例、公约、守则、须知、注意事项、起诉书、抗诉书、判决书、裁定书、证词笔录、辩护词、书信、启事、条据、倡议书、广告、使用说明等。事务语体的主要特点是：

1. 句子一般比较简练，表达比较明确周密，省略较少。

2. 除了因某些原因只能使用模糊词语的情况外，大多数场合都要求用词明晰准确，以避免产生歧义和误解。

3. 经常使月一些专用词语，如：兹、兹因、欣悉、际此、值此、惊闻、如下、特此函达、妥否、是否有当、希即、此致、为荷、顺颂、恭祝。

4. 有限度地使用一些文言句式，如：凡……者。

5. 往往各有固定的程式。例如公文文件往往包括标题、编号、收文单位、正文、附件、发文单位、发文日期、保密等级、缓急程度等，规章制度有的分为总则、分则、附则等，甚至私人来往的信件也有一定的格式。

6. 一般不宜采用生动形象的表达方式，但也有例外，比如调查报告、私人信件的某些部分以及书面广告等。

事务语体的列子如：

中华人民共和国上海海事局航行通告

沪海航〔2014〕173 号

黄浦江大件吊装作业

作业时间：2014 年 4 月 17 日至 20 日，每天 07：00 至 19：00。

作业地点：沪东中华造船（集团）有限公司浦东侧 6 号码头前沿。

作业方式：作业船"秦航工 1"长 102.6 米、宽 41.6 米。作业时艏顶码头，艉向江心抛八字开锚，两锚间距约 200 米，最远处锚位距码头前沿线 120 米。

注意事项：1. 作业船应在显明易见处显示作业信号，并在锚缆入水处显示标志，不作业时松缆入江底；2. 作业船应加强值班、瞭望与 VHF06 频道守听，随时采取安全措施和保持通信联络；3. 航行船舶应距作业船 100 米外缓速通过；4. 风力大于 6 级或能见度小于 500 米，暂停作业并顺延 1 天。

> 2014 年 4 月 15 日

> （2014 年 4 月 16 日《解放日报》）

又如：

第一节　民事权利能力和民事行为能力

第九条　公民从出生时起到死亡时止，具有民事权利能力，依法享有民事权利，承担民事义务。

第十条　公民的民事权利能力一律平等。

第十一条　十八周岁以上的公民是成年人，具有完全民事行为能力，可以独立进行民事活动，是完全民事行为能力人。

十六周岁以上不满十八周岁的公民，以自己的劳动收入为主要生活来源的，视为完全民事行为能力人。

第十二条　十周岁以上的未成年人是限制民事行为能力人，可以进行与他的年龄、智力相适应的民事活动；其他民事活动由他的法定代理人代理，或者征得他的法定代理人的同意。

不满十周岁的未成年人是无民事行为能力人，由他的法定代理人代理民事活动。

第十三条　不能辨认自己行为的精神病人是无民事行为能力人，由他的法定代理人代理民事活动。

不能完全辨认自己行为的精神病人是限制民事行为能力人，可以进行与他的精神健康状况相适应的民事活动；其他民事活动由他的法定代理人代理，或者征得他的法定代理人的同意。

第十四条　无民事行为能力人、限制民事行为能力人的监护人是他的法定代理人。

第十五条　公民以他的户籍所在地的居住地为住所，经常居住地与住所不一致的，经常居住地视为住所。

（《中华人民共和国民法通则·第二章　公民（自然人）》）

又如 1938 年 4 月 21 日贾植芳写给胡风的信：

胡风先生：

来武汉后，得见《七月》，颇觉喜欢。因为生活的缘故，不能用热烈的题材，现即寄上来汉写的《蜘蛛》一篇，现在用这样晦涩的写法，似觉不当。但也就真存在着这样的境遇。如认为不合格，请即退下。

副标题用"呈献为真正人权斗争着的日本兄弟"，就是写它的用意。两年前在日本的海滨，在夜雨声中，辗转于席上，想着过去的人与事，爬起来写了这样一篇，用以纪念友人；两年后的今日，从报上看到了动人的记载，我又不禁把它从记忆中抄出，转赠于这一更广泛和伟大的运动的支撑者和受难者。

有一个时候我不相信文字，但现在又糊涂地写出了这些。也算是纪念自己罢。

此祝

大安。

贾植芳
四，二一日，午。

又如戴比尔斯（De Beers）公司的钻石广告语：

钻石恒久远，一颗永留传。

顺便说一句，其广告词原为"A diamond is forever"，在音律和意蕴上，汉译更胜原辞一筹。

（九）政论语体

政论语体又称作宣传鼓动语体。它主要以如下形式体现出来：社论、政治评论、思想评论、国际时事评论、宣言、党和国家领导人的重要文章或报告、短评、杂感、涉及社会政治问题的演讲、短评等。政论语体是由于政治斗争、社会活动等需要而进行宣传鼓动所形成的一种语言变体。它的主要特点有：

1. 多取常用词语，句子一般比较简单，以便大多数人都能理解。

2. 有明显的政治倾向性和道德倾向性。

3. 理性的分析论证往往和形象的譬解相结合。

4. 为了突出逻辑性和加强气势，经常使用设问、反问、对偶、排比、对比等修辞手段，论证时常用驳论的方法；特别讲究句子衔接时的前后贯通。

以下是政论语体的例子：

> 这后一种就是我们当时提倡的"健全的个人主义"。我们当日介绍易卜生（Ibsen）的著作，也正是因为易卜生的思想最可以代表那种健全的个人主义。这种思想有两个中心见解：第一是充分发展个人的才能，就是易卜生说的："你要想有益于社会，最好的法子莫如把你自己这块材料铸造成器。"第二是要造成自由独立的人格，像易卜生的《国民公敌》戏剧里的斯铎曼医生那样"贫贱不能移，富贵不能淫，威武不能屈"。这就是张熙若先生说的"养成忠诚勇敢的人格"。

> 近几年来，五四运动颇受一班论者的批评，也正是为了这种个人主义的人生观。平心说来，这种批评是不公道的，是根据于一种误解的。他们说个人主义的人生观是资本主义社会的人生观。这是滥用名词的大笑话。难道在社会主义的国家里就可以不用充分发展个人的才能了吗？难道社会主义的国家里就用不着有独立自由思想的个人了吗？难道当时辛苦奋斗创立社会主义共产主义的志士仁人都是资本主义社会的奴才吗？我们试看苏俄现在怎样用种种方法来提倡个人的努力（参看《独立》第一二九号西滢的《苏俄的青年》，和蒋廷黻的《苏俄的英雄》），就可以明白这种人生观不是资本主义社会所独有的了。

> （胡适《个人自由与社会进步》）

又如：

> 万人期待的大消息终于揭晓了，5月2日红军完全占领柏林！法西斯的老巢捣毁了，魔鬼们的彗星摘下了！光荣啊，伟大不朽的红军！全世界的人民感谢你们，全人

类的后代感谢你们，你们旋转了乾坤，你们创造了历史。12 年来人类的历史就安排下这一个问题：是这一个世界毁灭柏林呢，还是柏林毁灭这一个世界？回头看去，我们所经历过的道路是多么艰险啊！从柏林流出去的首先是弥漫于全世界的反民主反共反人民的狂潮，其次是柏林—罗马—东京的三脚轴心，其次是杀人放火无恶不作的第五纵队和特务制度；柏林张开了血盆大口，吞噬了西班牙共和国、奥地利和捷克，奴役了整个欧洲，威胁着全部世界。试一回想 1942 年的夏天，当希特勒在非洲威胁着亚历山大港，在苏联陈兵斯大林城的时候，那时候全世界的反动分子是怎样把柏林看成他们朝山进香的三跪九叩的圣地啊！但如今这 20 世纪反动的巴比伦是被伟大的红军捣毁了！单从这一点，我们就可以看出红军的攻克柏林，是具有怎样巨大的深远的历史意义了。在人类的历史上，往往有这样的一种战役，它是以决定其后几十年乃至几百年的历史；红军在柏林的伟大胜利，就是属于这一种具有历史决定的意义。在柏林胜利的不是哪一个国家的哪一个军队，在柏林胜利的是一个世纪；那是人民世纪的胜利，假如柏林不能阻止这一个世纪的凯旋，世界上还有什么力量能够阻止它的前进？

（乔冠华《一个世纪的胜利》）

（十）科技语体

它是以社会科学、自然科学等专门领域的知识为论说内容而形成的语言变体。科技语体主要以专著、学术论文、科学报告、读书笔记和科普读物等形式体现出来。科技语体一般具有如下特点：

1. 句子结构完整，长句较多，复句特别是多重复句较多。语句组织上层次常较复杂，词语省略少，有时出现一些欧化句子。

2. 陈述句多，感叹句、祈使句很少。

3. 长定语比较多，有许多定语状语都由介词结构充当。

4. 复指、总分等方法使用较多。

5. 逻辑严密，表达精细准确，较多使用逻辑关联词。

6. 大量使用专门的名词术语或行话，往往特地加以界定，表意精确单一。

7. 大量使用书面语词，适当使用文言词；很少使用感情色彩、地域色彩明显的词语，很少使用惯用语、歇后语等。

8. 适当使用外来词，经常使用符号、图表等，有时甚至以符号为主。

9. 辞达而已，夸张、拟人、借代、双关、拈连等修辞手段不用或很少使用，要求体现出逻辑上的严密和准确。

下面是科技语体的例子，选自蒋严、潘海华的《形式语义学引论》：

人名、地名属专名，作为语言符号被用来命名外部世界特定的个人或地点，如：
"李贺"、"长安"等。别的词（或语言的其他表意单位，以下从略）也可被用来与外部
世界的一个或一类事物及现象相联系。我们把这种词与物的较固定的联系称为**指谓关
系**（denotation），据此我们可以说：词**指谓**（denote）外部世界的某物或某种事物。
实际上，更严格的说法应该是：词指谓人脑在认识外部事物的基础上所形成的概念。
以下有关词与物的论述都要从这个角度来理解，即这个"物"并非具体的外物，而是
相关的概念。进一步说，概念还可以反映现实世界不存在的东西，如"麒麟"、"龙"、
"圆的方"等。这是因为它们可以出现在**可能世界**（possible world）里。

词与物的指谓关系是约定俗成的，固定的，它体现了一种类别（type）上的联系，
不涉及语言的具体运用。在实际使用中，交际者可以用某个词来表示符合其指谓类别
的某个具体的事例（token），但在另一个话语中则可用相同的词来表示另一个具体的
事例。换了别的人，同样的词也可以意指不同的事例。这种因使用者和语境而异的、
使用中的词与特定对象之间的暂时联系称作**指称关系**（reference）。比如，"那本书"
指谓独一的印刷读物，然而，如果张三在某日买书时说"请把那本书给我看看"，"那
本书"可以**指称**（refer to）一本名为《西游记》的书。但是，当另一位顾客说同样的
话时，"那本书"却可以指称《废都》。

通俗的科普读物和专业的科技作品相比，在表达的精密性、词语的专门性方面，要求都较
为放松，其特点三要有：

1. 句子结构不那么复杂。

2. 少用甚至不用专门术语或者行话，如果用，也或者选择易懂的，或者加以一些解释。

3. 采用易于让读者理解的说明方式，比如使用比喻辞格。

4. 一部分兼具文艺语体的色彩。

下例选自科普作品《梦幻纳米》：

介观是指介于宏观和微观之间的意思，纳米是一个介观尺度的度量单位，1纳米
等于十亿分之一米，是人类毛发直径的一万分之一，是可见光最短波长的四百分之一。
这是一个比微观尺度（原子大小为0.1纳米）大，又比宏观尺度（光学显微镜分辨极
限的微米尺度）小的世界。在这个世界里的研究工作是从基础物理学的角度对这个尺
度上的结构（纳米结构——nano-structure）所表现出的奇异特性的认识开始的。如果
考察电子通过纳米圆环所组成的电路，它的行为将不遵守欧姆定律，而表现出彼此之

间的关联性（AB效应）。在这个尺度上的物质，表面原子或分子占了相当大的比例，已经无法区分它们是长程有序（晶态）、短程有序（液态），还是完全无序（气态）了，而成为物质的一种新的状态——纳米态。并且，人们很早就注意到这种纳米态的性质不主要取决于其体内的原子或分子，而是主要取决于表面或界面上分子排列的状态。由于它们具有量子力学上的强关联性而表现出完全不同于宏观和微观世界的介观性质，这就是纳米材料。

（吕洞庭《梦幻纳米》）

下面节选的是兼具文艺语体色彩的科普作品：

一般讲到兰花，总要引用《易经》的"同心之言，其臭如兰"，《离骚》的"纫秋兰以为佩"、"余既滋兰之九畹兮，又树蕙之百亩"，以及"国香"、"王者香"等等旧记载来称誉它，并用以说明兰花观赏栽培历史的悠久。其实这完全是误解，是把现在的"兰花"与古代所说的"兰"合二而一了。

现在的兰花是北宋诗人黄庭坚首先记载的。清初《广群芳谱》一书说："兰花蕙花，一类二种……皆非古之所谓兰草蕙草也……今以兰花蕙花合为一谱；兰草蕙草附录于后，以备参考。"这样区分，完全正确。但谱内记载的资料，仍不免互相混淆。

古代的兰，有兰草、蕙草和泽兰三种，都是菊科植物。

（贾祖璋《兰和兰花》）

（十一）文艺语体

这是以形象或者以虚构的方法进行描写、叙述和抒发感情时使用的语言变体。它主要体现为小说、散文、诗歌、剧本、报告文学等等。它的主要特点是：

1. 表述上往往具有形象性或感情色彩。

2. 经常或者大量地使用各种可以造成生动活泼气氛的修辞手段，如夸张、双关、比喻、比拟、借代等。

3. 句子形式多样，常用省略句、非主谓句、短句。

4. 节奏协调，声音悦耳。

以下是文艺语体的例子，选自张天翼的短篇小说《华威先生》：

转弯抹角算起来——他算是我的一个亲戚。我叫他"华威先生"。他觉得这种称呼不大好。

"嗳，你真是!"他说。"为什么一定要个'先生'呢。你应当叫我'威弟'。再不然叫'阿毳'。"

把这件事交涉过了之后,他立刻戴上了帽子:

"我们改日再谈好不好?天翼兄。我总想畅畅快快跟你谈一次——唉,可总是没有时间。今天刘主任起草了一个县长公余工作方案,硬叫我参加意见,叫我替他修改。三点钟又还有一个集会。"

这里他摇摇头,没奈何地苦笑了一下。他声明他并不怕吃苦:在抗战时期大家都应当苦一点。不过——时间总要够支配呀。

"王委员又打了三个电报来,硬要请我到汉口去一趟。这里全省文化界抗敌总会又成立了,一切抗战工作都要领导起来才行。我怎么跑得开呢,我的天!"

于是匆匆忙忙跟我握了握手,跨上他的包车。

他永远挟着他的公文皮包。并且永远带着他那根老粗老粗的黑油油的手杖。左手无名指上带着他的结婚戒指。拿着雪茄的时候就叫这根无名指微微地弯着,而小指翘得高高的,构成一朵兰花的图样。

下例取自徐志摩的散文《我所知道的康桥》:

静极了,这朝来水溶溶的大道,只远处牛奶车的铃声,点缀这周遭的沉默。顺着这大道走去,走到尽头,再转入林子里的小径,往烟雾浓密处走去,头顶是交枝的榆荫,透露着蒙愣愣的曙色;再往前走去,走尽这林子,当前是平坦的原野,望见了村舍,初青的麦田,更远三两个馒形的小山掩住了一条通道。天边是雾茫茫的,尖尖的黑影是近村的教寺。听,那晓钟和缓的清音。这一带是此邦中部的平原,地形像是海里的轻波,黡沉沉的起伏;山岭是望不见的,有的是常青的草原与沃腴的田壤。登那土阜上望去,康桥只是一带茂林,拥戴着几处娉婷的尖阁。妩媚的康河也望不见踪迹,你只能循着那锦带似的林木想象那一流清浅。村舍与树林是这地盘上的棋子,有村舍处有佳荫,有佳荫处有村舍。这早起是看炊烟的时辰:朝雾渐渐的升起,揭开了这灰苍苍的天幕(最好是微霞后的光景),远近的炊烟,成丝的,成缕的,成卷的,轻快的,迟重的,浓灰的,淡青的,惨白的,在静定的朝气里渐渐地上腾,渐渐地不见,仿佛是朝来人们的祈祷,参差地翳入了天厅。朝阳是难得见的,这初春的天气。但它来时是起早人莫大的愉快。顷刻间这田野添深了颜色,一层轻纱似的金粉糁上了这草,这树,这通道,这庄舍。顷刻间这周遭弥漫了清晨富丽的温柔。顷刻间你的心怀也分润了白天诞生的光荣。"春"!这胜利的晴空仿佛在你的耳边私语。"春"!你那快活的灵魂也仿佛在那里回响。

（十二）网络语体

网络语体是近些年来伴随着互联网的广泛使用而产生的，用于网络聊天、网络论坛、各类BBS、网络文学、短信、微信等。在主要参考了李军、刘峰（2005）的看法之后，现将网络语体的若干特点归纳如下：

1. 一般通过显示屏阅读，通过键盘输入。

2. 所用表意载体极为丰富，外语、方言、拼音、符号、图形等都可使用。

3. 表达上追求新奇、时尚、戏谑感，喜用网络新词语。

4. 句子简短，句法灵活，语序富于变化，较少使用关联词语及语义、结构复杂的复句。

5. 日常聊天式的语言形式很受青睐。

6. 喜用各种修辞格，喜用形貌修辞手法。所谓的形貌修辞手法，主要指《修辞学发凡》所说的"插用图符"，比如：:-) 表示微笑、:) 表示开玩笑、:D 表示高兴地张嘴大笑、;-) 表示眨眼睛笑、:} 表示抿着嘴唇笑、:] 表示傻笑、:O 表示"哇"。

7. 近年来通过仿拟手法，已产生多种各具特色的网络语体次类，如：陈欧体、凡客体、纺纱体、梨花体、蜜糖体、脑残体、淘宝体、元芳体、知音体、甄嬛体等。（此条参考百度百科"网络体"释义）

8. 新词语、新鲜表现手法的更替速度快。

网络语体的例子如江苏大学版"陈欧体"：

> 你只看到我不在省会，却没看到我以省命名。你有你的985，我有我的百年归属。你否定我的学校，我掌握我的未来。你嘲笑我们宿舍落后，食堂坑爹；我可怜你不经历坎坷，受不得挫折。你可以轻视我们低调的学校，我们会证明这是谁的时代。大学注定是孤独的旅行，总免不了解释"我在镇江"的无奈，但那又怎样？哪怕住在山沟沟的化学园区里，我也可以活得很漂亮。我在江苏大学，我为自己代言！

（2013 年 2 月 19 日龙虎网）

附陈欧体原版如下：

> 你只闻到我的香水，却没看到我的汗水；你有你的规则，我有我的选择；你否定我的现在，我决定我的未来；你嘲笑我一无所有不配去爱，我可怜你总是等待；你可以轻视我们的年轻，我们会证明这是谁的时代。梦想，是注定孤独的旅行，路上少不了质疑和嘲笑；但，那又怎样？哪怕遍体鳞伤，也要活得漂亮。我是陈欧，我为自己代言。

（2013 年 2 月 19 日龙虎网）

又如南京理工大学的"淘宝体"录取短信：

亲，祝贺你哦！你被我们学校录取了哦！亲，9月2号报到哦！录取通知书明天"发货"喽！亲，全5分哦！给好评哦！

（百度百科"淘宝体"）

附淘宝体典型风格的辞句如下：

亲！！

亲，熬夜不好哦！！！亲，包邮哦！！！

亲，你有没有感觉，每一次完毕淘宝支付，我都想这么说话呢？

（百度百科"淘宝体"）

又如魅族版"凡客体"：

做音乐，做数码，

做手机，做移动互联网，

做品牌，要做国产手机的 No. 1，

我不是什么巨头，

不是谁的山寨，

我是魅族，

我只代表我自己。我与众不同，

I'm MEIZU.

（百度百科"凡客体"）

附韩寒原版凡客体如下：

爱网络，爱自由，

爱晚起，爱夜间大排档，爱赛车；

也爱59元的帆布鞋，我不是什么旗手，

不是谁的代言，我是韩寒，

我只代表我自己。

我和你一样，我是凡客。

（百度百科"凡客体"）

又如"甄嬛体"煎饼别放葱版：

"阿姨，这碎碎的一抹青翠，好似乱坠了丫头的眼，平摊于日下，甚是沁人心脾。提神醒脑可是极好的！若忍心炙烤煎熬，蔫萎而焦灼，岂不是辜负了？"

（百度百科"甄嬛体"）

附甄嬛体的来源和特点：

2012 年 4 月，随着电视连续剧《后宫甄嬛传》的热播，观众们被剧中古色古香的台词所倾倒。剧中人物对话文艺调十足，语调不急不缓，口气不惊不乍，从容大方，复古之风明显，语言风格接近《红楼梦》；于是引起网友纷纷效仿，并将这种文体称为甄嬛体。（引自百度百科"甄嬛体"）

三、辨　析

（一）语体在表现时具有个体差异

以上说了几种语体的整体特征，至于某一个人所说的某一篇具体的话语，自然可以视作带有某一种语体或某几种语体的特点，但它不一定是该种语体或几种语体的典型代表。语体在表现上具有个体差异，这可以用认知原型（prototype）的范畴模式加以解释。根据这个模式，仅有一部分话语能够典型地表现某种或某几种语体的特点，它们居于原型范畴的核心区域；其他话语只能或多或少地表现出某种或某几种语体的一部分特点，散布于核心区域和边缘区域之间；剩下的话语弥漫于原型范畴的边缘区域，它们难以显现某种语体或某几种语体的特点。事实上，能够典型地、充分地反映某一种语体特点的话语并不多见。比如小说《锻炼锻炼》具有文艺语体的特点，但该特点在这部小说中表现得并不明显。请看下面的节选：

> 小腿疼见主任王聚海一回来，马上长了精神。她不接着往下交代了。她离开自己站的地方走到王聚海面前说："老弟呀！你走了一天，人家就快把你这没出息嫂嫂摆弄死了！"她来了这一下，群众马上又都站起来："你不用装蒜！""你犯了法谁也替不了你！"……主任站起来走到小四旁边面向大家说："大家请坐下！我先给大家谈谈！没有了不了的事……"有人说："你请坐下！我们今天没有选你当主席！""这个事我们会'了'！"……支书急了，又把主任拉住说："你为什么这么肯了事？先打听一下情况好不好？让人家开会，我们到社房休息休息！"又问副支书说："你要抽得出身来的话，抽空子到社房给我们谈谈这两天的事！"副支书说："可以！现在就行！"

> 他们三个离了会场到社房，副支书把他和杨小四、高秀兰怎样设计把那些光想讨巧不想劳动的妇女调到南池边，怎么批评了她们，怎么分配人力摘花、拔花杆，怎样碰上小腿疼她们偷花……详细谈了一遍，并且说："棉花明天就可以摘完，今天下午犁

地的牲口就全都出动了，花杆拔得赶得上犁，剩下的男劳力仍然往准备冬浇的小麦地里运粪。"他报告完了情况，就先赶回会场去。

（赵树理《锻炼锻炼》）

相比之下，小说《鉴赏家》的文艺语体特点就鲜明多了。请看：

> 这年是叶三五十岁整生日，一家子商量怎么给老爷子做寿。老大老二都提出爹不要走宅门卖果子了，他们养得起他。
>
> 叶三有点生气了：
>
> "嫌我给你们丢人？两位大布店的'先生'，有一个卖果子的老爹，不好看？"
>
> 儿子连忙解释：
>
> "不是的。你老人家岁数大了，老在外面跑，风里雨里，水路旱路，做儿子的心里不安。"
>
> "我跑惯了。我给这些人家送惯了果子。就为了季四太爷一个人，我也得卖果子。"
>
> 季四太爷即季匐民。他的排行是老四，城里人都称之为四太爷。
>
> "你们也不用给我做什么寿。你们要是有孝心，把四太爷送我的画拿出去裱了，再给我打一口寿材。"这里有这样一种风俗，早早就把寿材准备下了，为的是讨个吉利：添福添寿。于是就都依了他。

（汪曾祺《鉴赏家》）

（二）会话语体和日常生活语体是最本原的语体

和书面语相比，口语是第一性的。一个人出生以后，在无意之中首先习得的是如何与他人交谈说话，谈论最多的主题、内容都和日常生活相关，由此决定了会话语体和日常生活语体具有本原语体的属性。相比之下，对书面语体的掌握，对事务语体、政论语体、科技语体、文艺语体的掌握，对演讲语体的掌握，甚至对网络语体的掌握，都得通过有意识地学习；甚至是比较用心的学习才能达成。

因此一个人若不能很好地掌握书面语体，不能很好地掌握和书面语体关系十分紧密的事务语体、政论语体、科技语体、文艺语体，或者演讲语体等，往往就会在他的话语中呈现出会话语体和日常生活语体的特点来，露出"原形"。

（三）语体可以交叉

语体是从不同角度划分的，一段话语可以兼具几种语体，这种情况称为语体的交叉。一般来说，会话语体属于口头语体，日常生活语体大多表现为口语形式。至于事务语体、政论语体、科技语体、文艺语体则和书面语体的关系较为密切。网络语体的情况相当复杂，其传播媒介并非语音，而是视觉符号，似应都归为书面语体。实际上网络语言的一部分，例如日常聊天，例如淘宝体等非常接近口头语体；另一部分，例如甄嬛体等则比较接近书面语体。至于演讲，使用口语，但要求用词不宜随便，句子结构应当完整，前言后语更须衔接顺畅，所以演讲语体虽和口头语体有所交叉，但和书面语体相交的部分更多一些。

以上是分属不同大类的语体之间的交叉，此外还有同属一个大类的语体之间的交叉。比如杂文是文艺语体和政论语体的交叉产物，书信体小说是事务语体和文艺语体交叉的结果。不过，这种交叉并不影响它们在语体上的类属，比如杂文可依其特点，或归为政论语体，或归为文艺语体，而书信体小说则一般归为文艺语体。一般情况下语体交叉并不会产生新的杂交语体，至多只产生像杂文之类的新的文章体裁。同理，语体交叉也不是不同语体的融合，而是不同语体在某一具体话语之上的并存共现。

当一篇话语兼具几种语体特点时，其中的某一种或者某两种可能比较突出，从而形成该话语的代表性语体特点。例如周作人的《思想革命》和《吃烈士》均可归为杂文；但前者更多地体现政论语体的特点，后者则更多地表现出文艺语体的特点。请看下列节选：

> 近年来文学革命的运动渐见功效，除了几个讲"纲常名教"的经学家，同做"鸳鸯瓦冷"的诗余家以外，颇有人认为正当。在杂志及报章上面，常常看见用白话做的文章。白话在社会上的势力，日见盛大，这是很可乐观的事。

> 但我想文学这事物本合文字与思想两者而成，表现思想的文字不良，固然足以阻碍文学的发达，若思想本质不良，徒有文字，也有什么用处呢？我们反对古文，大半原为他晦涩难解，养成国民笼统的心思，使得表现力与理解力都不发达；但别一方面，实又因为他内中的思想荒谬，于人有害的缘故。这宗儒道合成的不自然的思想，寄寓在古文中间，几千年来，根深蒂固，没有经过廓清，所以这荒谬的思想与晦涩的古文，几乎已融合为一，不能分离。我们随手翻开古文一看，大抵总有一种荒谬思想出现。便是现代的人做一篇古文，既然免不了用几个古典熟语，那种荒谬思想已经渗进了文字里面去了，自然也随处出现。譬如署年月，因为民国的名称不古。写作"春王正月"，固然有宗社党气味；写作"己未孟春"，又像遗老。如今废去古文，将这表现荒谬思想的专用器具撤去，也是一种有效的办法。但他们心里的思想，恐怕终于不能一时变过，将来老瘾发时，仍旧胡说乱道的写了出来，不过从前是用古文，此刻用了白话罢了。话虽容易懂了，思想却仍然荒谬，仍然有害。好比"君师主义"的人，穿上洋服，挂上维新的招牌，难道就能说实行民主政治？这单变文字不变思想的改革，也

怎能算是文学革命的完全胜利呢?

(周作人《思想革命》)

又如:

民国以来久矣没有什么烈士,到了这回五卅——终于应了北京市民的杞天之虑,因为阳历五月中有两个四月,正是庚子豫言(旧同"预言")中的"二四加一五"——的时候,才有几位烈士出现于上海。这些烈士的遗骸当然是都埋葬了,有亲眼见过出丧的人可以为凭,但又有人很有理由地怀疑,以为这恐怕全已被人偷吃了。据说这吃的有两种方法,一曰大嚼,一曰小吃。大嚼是整个的吞,其功效则加官进禄,牛羊繁殖,田地开拓;有此洪福者闻不过一二武士,所吞约占十分七八,下余一两个的烈士供大众知味者之分尝。那些小吃者多不过肘臂,少则一指一甲之微,其利益亦不厚,仅能多卖几顶五卅纱秋;几双五卅弓鞋,或在墙上多标几次字号,博得蝇头之名利而已。呜呼,烈士殉国,于委蜕更有何留恋,苟有利于国人,当不惜举以遗之耳。然则国人此举既得烈士之心,又能废物利用,殊无可以非议之处,而且顺应潮流,改良吃法,尤为可喜,西人尝称中国人为精于吃食的国民,至有道理。我自愧无能,不得染指,但闻"吃烈士"一语觉得很有趣味,故作此小文以申论之。

(周作人《吃烈士》)

(四)"语体"和"语域"的关系

西方语言学家,尤其是韩礼德(M. A. K. Halliday)所创的"功能语法"一派,使用"语域"(register)一词表达中国修辞学家用术语"语体"或"语体风格"来表达的相似概念。语域一词,戴维·克里斯特尔编写的《现代语言学词典》解释为:"风格学和社会语言学术语,指按其使用的社会情境定义的语言变体,例如有科技英语、宗教英语、正式英语等语域。在韩礼德式语言学中,这个术语专门与按使用者特点定义的语言变体(即地域或阶级方言)对立,并细分为语场、语式、话语方式等。"(第 303 页) 如今,register 的这个"语域"的意思也为一般英语词典收录,如《牛津高阶英汉双解词典(第 7 版)》对 register 有如下解释:(*linguistics*) the level and style of a piece of writing or speech, that is usually appropriate to the situation that it is used in. 这一段解释的汉译为:"(适合特定场合使用的)语体风格,语域。"(第 1 672 页)

对语场、语式、语旨,《现代语言学词典》分别解释如下:

1. 语场(field of discourse)"简称'场',指按主要内容区分的语域,如化学、宗教、广告等'语场'"(第 140 页)。

2. 语式（mode of discourse）"指决定语言在情景中所起作用的语言活动的媒体"。"主要指言语和文字之间的选择（还可作进一步细分，如高声朗读，照本宣科等），但也指体裁的选择（如新闻、评论、诗歌等）"（第 226 页）。

3. 语旨（tenor of discourse），"指一项语言活动中各参与者之间的关系，特别指他们采纳的正式性的层次（口语的，正式的，等）"（第 357 页）。语旨又可称为"话语方式"（manner of discourse）（第 214 页）。

由此可见，若和中国修辞学家对语体的划分思路对照，"语场"近于按语言交际活动领域分出的语体，如事务语体、政论语体、科技语体、文艺语体等；"语式"近于按语言形式特点分出的语体，如散文语体、韵文语体，还包括中国修辞学家不列于语体之中的文章体裁，如新闻、评论等；"语旨"近于按传递媒介和交际者的合作方式等分出的语体。当然，韩礼德学派的想法和中国修辞学家的看法并不完全相同，他们对语场、语式等的分类标准、分类细度有其自身特点，他们对话语如何反映社会文化、社会结构，如何反映交际者之间的社会关系等问题的理论重视是中国修辞学家所不及的。但不管怎样，双方的研究领域毕竟有较大范围的重合，若能借鉴韩礼德学派的语域理论，当会帮助我们拓宽并加深对语体的认识。

第十六章　风格

一、什么是风格?

本稿中把"风格"一词约定为仅指话语的表现风格，即陈望道《修辞学发凡》所说的表现上的分类，如简约、繁丰、刚健、柔婉、平淡、绚烂、谨严、疏放等。根据前文第十五章所论，可知此处所说风格的范围较窄，至少它不包括语体风格。

《中国大百科全书·语言文字》卷"风格学"条把风格学分为广义和狭义两种，广义的风格学主要有两个特点：第一，研究范围不限于书面语言，也扩充到口语；第二，研究的学派众多。而"狭义的风格学古已有之，即修辞学。在中国，对于语言运用之术早就有人注意，所以孔子说：'辞达而已矣'，'言之无文，行之不远'。春秋战国诸子百家各逞雄辩的时候，更是讲究说话作文的本领。研究这些问题，而在理论上加以总结的是 5 世纪的刘勰（约 465—约 532）。他的论著《文心雕龙》把文章按风格分为八体，'一曰典雅，二曰远奥，三曰精约，四曰显附，五曰繁缛，六曰壮丽，七曰新奇，八曰轻靡'（《体性》），并且进一步指出：'雅与奇反，奥与显殊，繁与约舛，壮与轻乖'，将风格分成了两种对立的类型"（第 81 页）。该词条的解释显示了"风格学"一词的多义性。如何理解风格学之义，本章不作辨析，此处仅谈如何理解风格，看《中国大百科全书·语言文字》卷"风格学"条对风格的解释，仅用它来指表现风格，这和本章的说法是一致的。

何为表现风格？陈望道没作说明，王希杰在《汉语修辞学（第三版）》中说："言语风格学可研究两个方面的问题，一是语体的风格，一是表现的风格。语体的风格是社会的、客观的、相对稳定的、规范的、保守的，具有求同性。表现风格则是个人的，即个人风格。通常所说的'风格'就是这种个人风格。个人风格是复杂多变的、创新的、求新求异的。"（第 431—432 页）他还说："司马迁和班固、李白和杜甫、吴承恩和曹雪芹、鲁迅和茅盾、朱自清和赵树理、闻一多和徐志摩，在语言运用方面是大不一样，就是说他们各自具有独特的言语风格。"（第 431页）由此可见，王希杰认为表现风格具有高度的个体性，难以概括。这一看法似较偏颇，因为若采取这个立场，表现风格就难以概括为数量有限的若干类别，也难以成为修辞学的研究对象。而且王希杰的这一说法还和他自己的做法不一致，因为在《汉语修辞学（第三版）》的第十二章中，他把表现风格分为四组八大类：藻丽和平实、明快和含蓄、繁丰和简洁、典雅和通俗。这证明表现风格并不等于个人风格，否则怎能把它分为数量极为有限的这几个类别呢？

我认为表现风格是对话语所含语言美的特点的辨析和概括，是从审美角度划分出来的具有代表性和普遍性的话语美感类型。世间之美形形色色，各有特点：云蒸霞蔚，草长莺飞，这是自然之美；龙章凤姿，明眸皓齿，这是仪容之美；绕梁三日，珠落玉盘，这是音乐之美；玉宇琼楼，雕梁画栋，这是建筑之美；笔底烟花，波澜老成，这是辞章之美。各种优秀作品，给人以不同的美感，若从中除去作者个人因素、语体差别因素等的作用，对这些美感各按特点加以梳理，即可得到若干类别，这便是表现风格，也即本章所说的风格。

塑造风格，使语言交际进入审美境界，这不仅是文学艺术活动的追求目标，也是一般语言交际活动的需要。美的话语令人赏心悦目，可以极大地增强感染力，它既是完满地表情达意的催化剂，也是完满地表情达意的内涵之一。其实若全面地理解，所谓的"完满"已包括了"完美"、"语言美"这一层意思。

人之为人，重要的一点就是具有自觉的审美意识，并将这种意识渗透到语言及语言运用之中，这也是人类说话撰文区别于动物鸣叫的重要方面。正如刘勰在《文心雕龙·原道》中所说："心生而言立，言立而文明，自然之道也。傍及万品，动植皆文。龙凤以藻绘呈瑞，虎豹以炳蔚凝姿。云霞雕色，有逾画工之妙；草木贲华，无待锦匠之奇。夫岂外饰，盖自然耳。至于林籁结响，调如竽瑟；泉石激韵，和若球锽。故形立则章成矣，声发则文生矣。夫以无识之物，郁然有彩；有心之器，其无文欤？"这段话译成白话就是："人都具有思想感情，从而产生出语言来；有了语言，就会有文章：这是自然的道理。人以外其他事物，无论是动物或植物，也都有文采。龙和凤以美丽的鳞羽，表现出吉祥的征兆；虎和豹以动人的皮毛，而构成壮丽的雄姿。云霞的彩色，比画师的点染还美妙；草木的花朵，也并不依靠匠人来加工。这些都不是外加的装饰，而是它们本身自然形成的。还有林木的孔窍因风而发出声响，好像竽瑟和鸣；泉流石上激起的音韵，好像磬钟齐奏。所以，只要有形体就会有文采，有声音就会有节奏。这些没有意识的东西，都有浓郁的文采；那么富有智慧的人，怎能没有文章呢？"（刘勰著，陆侃如、牟世金译注《〈文心雕龙〉译注》）

因此，大家都应该以塑造语言美为追求目标，完满地表情达意，美丽地、魅力地表情达意，使我们的语言交际活动闪烁出人类文明之光。

和语体一样，风格是语言交际活动所涉各种因素的共同作用的产物，也是定调、炼词、锻句、调声、谋篇、辞格等因素综合作用的产物。当然，风格的塑造，也和言谈的主题、内容等因素密切相关，有关论述请看下文"辨析"部分。

如何划分风格的类别，至今各家并无统一看法。参考了若干修辞学家的分类之后，我在此选取六大类十二种风格为其代表，它们是繁富和简约、绚丽和素淡、典雅和通俗、庄严和诙谐、豪放和柔娓、含蓄和明快。以下顺次简述，并举例说明。

二、风格的大类

（一）繁富和简约

1. 繁　富

　　又叫繁丰、细密，其特点是在表达思想、感情，描写场景、过程、事物、人物时，不吝笔墨，详尽其意。所用手法或是多用修饰语，精心刻画，严密限定；或是铺列语句，状物摹形，详加述说；或是围绕主题，变换角度，层层敷陈。

　　繁富的例子如叶圣陶的《生活》（节录）：

　　　　城市里有一种茶社，比起"来扇馆"就像大辂之于椎轮了。有五色玻璃的窗，有仿西式的红砖砌的墙柱，有红木的桌子，有藤制的几和椅子，有白铜的水烟袋，有洁白而且洒上花露水的热的公用手巾，有江西产的茶壶茶杯。到这里来的先生们当然是非常大方，非常安闲，宏亮的语音表示上流人的声调，顾盼无禁的姿态表示绅士式的举止。他们的谈话和"来扇馆"里大不相同了。他们称他人不称"某老"就称"某翁"。报上的记载是他们谈话的资料：或表示多识，说明某事的因由；或好为推断，预测某事的转变。一个人偶然谈起了某一件事，这就是无穷的言语之藤的萌芽，由甲而及乙，由乙而及丙，一直蔓延到癸；癸和甲是决不可能牵连在一席谈里的，然而竟牵连在一起了。看破世情的话常常可以在这里听到，他们说什么都没有意思都是假。某人干某事是"有所为而为"，某事的内幕是怎样怎样的；而赞誉某妓女称扬某厨司也占了谈话的一部分。他们或是三三两两同来，或是一个人独来；电灯亮了，坐客倦了，依旧三三两两同去，或是一个人独去。这都不足为奇，可怪的是明天来的还是这许多人；发出宏亮的语音，做出顾盼无禁的姿态还同昨天一样；称"某老""某翁"，议论报上的记载，引长谈话之藤，说什么都没有意思都是假，赞美食色之欲，也还是重演昨天的老把戏！岂止是昨天的，也就是前月，去年，去年的去年的老把戏。他们的生活就是这样了！

　　又如冰心的《宇宙的爱》（节录）：

　　　　四年前的今晨，也清早起来在这池旁坐地。

依旧是这青绿的叶，碧澄的水。依旧是水里穿着树影来去的白云。依旧是四年前的我。

这些青绿的叶，可是四年前的那些青绿的叶？水可是四年前的水？云可是四年前的云？——我可是四年前的我？

它们依旧是叶儿，水儿，云儿，也依旧只是四年前的叶儿，水儿，云儿。——然而它们却经过了几番宇宙的爱化，从新的生命里欣欣的长着，活活的流着，自由的停留着。

它们依旧是四年前的，只是渗透了宇宙的爱，化出了新的生命。——但我可是四年前的我？

四年前的它们，只觉得憨嬉活泼，现在为何换成一片的微妙庄严？——但我可是四年前的我？

2. 简　约

又叫简洁，是繁富的反面，表现为文辞精炼扼要，少用修饰语，言简意赅。极端的简约，是在不妨碍意思表达的前提下，把话说到不能再少的地步。

简约的例子如鲁迅的《立论》：

我梦见自己正在小学校的讲堂上预备作文，向老师请教立论的方法。

"难！"老师从眼镜圈外斜射出眼光来，看着我，说。"我告诉你一件事——

一家人家生了一个男孩，合家高兴透顶了。满月的时候，抱出来给客人看——大概自然是想得一点好兆头。

一个说：'这孩子将来要发财的。'他于是得到一番感谢。

一个说：'这孩子将来要做官的。'他于是收回几句恭维。

一个说：'这孩子将来是要死的。'他于是得到一顿大家合力的痛打。

说要死的必然，说富贵的许谎。但说谎的得好报，说必然的遭打。你……"

"我愿意既不谎人，也不遭打。那么，老师，我得怎么说呢？"

"那么，你得说：'啊呀！这孩子呵！您瞧！多么……。阿唷！哈哈！Hehe！he，hehehehe！'"

又如许地山的《〈空山灵雨〉弁言》：

生本不乐，能够使人觉得稍微安适的，只有躺在床上那几小时，但要在那短促的时间中希冀极乐，也是不可能的事。

自入世以来，屡遭变难，四方流离，未尝宽怀就枕。在睡不着时，将心中似忆似想的事，随感随记；在睡着时，偶得趺离过爱，引领我到回忆之乡，过那游离的日子，更不得不随醒随记。积时累日，成此小册。以其杂沓纷纭，毫无线索，故名《空山灵雨》。

（二）绚丽和素淡

1. 绚 丽

又叫藻丽、华丽、华美、富丽、绚烂。其特点是密集使用富丽华美的词语，多用具有鲜明色彩和热烈效果的修饰成分，常用比喻、比拟、夸张、摹状等增加生动性和形象性的辞格。

绚丽的例子如孙福熙的《红海上的一幕》（节录）：

> 我俯首看自己，见是照得满身光彩。正在欣幸而惭愧，回头看见我的青影，从船上投射海口，眼光跟了他过去，在无尽远处，窥见紫帏后的圆月，岂敢信他是我的影迎来的！

> 天生丽质，羞见人世，他启幕轻步而上；四顾静寂，不禁迟回。海如青绒的地毯，依微风的曲调而抑扬吟咏。薄霭是紫绢的背景，衬托皎月，愈显丰姿。青云侍侧，桃花覆顶，在这时候，他预备他灵感一切的事业了。

> 我渐渐的仰头上去，看红云渐淡而渐青，经过天中，沿弧线而下，青天渐淡而渐红，太阳就在这红云的中间。月与日正在船的左右，而我们是向正南进行——海行九天以来，至现在始辨方向。

> 我很勇壮，因为我饱餐一切色彩；我很清醒，因为我畅饮一切光辉。我为我的朋友们喜悦：他们所属望的我在这富有壮丽与优秀的大宇宙中了！

> 水面上的一点日影渐与太阳的圆球相接而相合，迎之而去了，太阳不想留恋，谁也不能挽留；空虚的舞台上惟留光明的小云，在可美的布景前闪铄，听满场的鼓掌。

又如徐迟的《黄山记》（节录）：

> 而大风呼啸，摇撼松树，如龙如凤，显出它们矫健多姿。它们的根盘入岩缝，和花岗石一般颜色，一般坚贞。它们有风修剪的波浪形的华盖；它们因风展开了似飞翔之翼翅。从峰顶俯视，它们如苔藓，披复住岩石；从山腰仰视，它们如天女，亭亭而玉立。沿着岩壁折缝，一个个的走将出来，薄纱轻绸，露出的身段翩然起舞。而这舞松之风更把云雾吹得千姿万态，令人眼花缭乱。这云雾或散或聚；群峰则忽隐忽现。刚才还是顶盆雨，迷天雾，而千分之一秒还不到，它们全部散去了。庄严的天都峰上，收起了哈达；俏丽的莲蕊峰顶，揭下了蝉翼似的面纱。阳光一照，丹崖贴金。这时，云海滚滚，如海宁潮来，直拍文殊院宾馆前面的崖岸。朱砂峰被吞没；桃花峰到了波

涛底。耕云峰成了一座小岛；鳌鱼峰游泳在雪浪花间。波涛平静了，月色耀眼。这时文殊院正南前方，天蝎星座的全身，如飞龙一条，伏在面前，一动不动。等人骑乘，便可起飞。而当我在静静的群峰间，暗蓝的宾馆里，突然睡醒，轻轻起来，看到峰峦还只有明暗阴阳之分时，黎明的霞光却渐渐显出了紫蓝青绿诸色。初升的太阳透露出第一颗微粒。从未见过这鲜红如此之红；也从未见过这鲜红如此之鲜。一刹间火球腾空；凝眸处彩霞掩映。光影有了千变万化；空间射下百道光柱。万松林无比绚丽；云谷寺豪光四射。忽见琉璃宝灯一盏，高悬始信峰顶。奇光异彩，散花坞如大放焰火。焰火正飞舞，那喑呜变色，叱咤的风云又汇聚起来。笙管齐鸣，山呼谷应。

2. 素 淡

又叫平实、平易、朴实、质朴等，是绚丽的反面。其特点是尽量少用华丽热烈、色彩鲜艳的词语，尽量少用比喻、夸张等形象化的修辞方式，少用形容词之类的修饰附加成分，而是选用朴素的词语，平常的字眼，采用素色白描的手法叙述事件、摹写景物，采用直抒胸臆的方式表明观点、剖析事理。鲁迅在《南腔北调集·作文秘诀》中说："'白描'却并没有秘诀。如果要说有，也不过是和障眼法反一调：有真意，去粉饰，少做作，勿卖弄而已。"这可看作对素淡的另一种解释。

素淡的例子如苏雪林的《喝茶》（节录）：

> 西人喝茶是当咖啡的，一天不过一次的，或于饭后，或于午倦的时候，余是口渴，仅饮气蒸冷水，不像中国人将壶泡着茶整天喝它；他们初次见面，谈话而已，也不像中国人定要仆人捧出两杯茶来，才算敬客之道。这是中西习惯不同之处，无所谓优劣，我所联带要说的，是外国人对于应酬的经济。

> 我仅到过法国，来讲一点法国人的应酬罢。法人禀受高卢民族遗风，对于"款客之道"（Hospitalite）素来注重，但他们的应酬，都是经过艺术化的，以情趣为主，物质为轻，平常酬酢，不必花费什么钱财，而能尽交际之乐。

> 中国人朋友相见不久，便要请上馆子吃饭；法人以请吃饭为大事，非至亲好友，不大举行，而且也不大上馆子，家中日常蔬菜外添设一两样便算请了客。至于普通请客，就是"喝茶"（Prendre du the）了。每次茶点之费不过合华币一元，然而可同时请四五客。初交不请，一定要等相见三四次，友谊渐熟之后再请。他们无论男女自小养成一种口才，对客之际，清言娓娓，诙谐杂出，或纵谈文艺，或叙述故事，或玩弄乐器，或披阅名画，口讲指画，兴会淋漓，令人乐而忘倦，其关于国家社会不得意的问题，从不在这个时候提起。他们应酬宗旨，本要使客尽欢，若弄得满座欷歔，有何趣味呢？

又如李叔同的《我在西湖出家的经过》（节录）：

我第一次到杭州，是光绪二十八年七月。（本篇所记年月，皆依旧历。）在杭州住了约莫一个月光景，但是并没有到寺院里去过。只记得有一次到涌金门外去吃过一回茶而已，而同时也就把西湖的风景，稍为看了一下子。

第二次到杭州时，那是民国元年的七月里。这回到杭州倒住得很久，一直住了近十年，可以说是很久的了。

我的住处在钱塘门内，离西湖很近，只两里路光景。在钱塘门外，靠西湖边有一所小茶馆，名景春园，我常常一个人出门，独自到景春园的楼上去吃茶。当民国初年的时候，西湖那边的情形，完全与现在两样。那时候还有城墙及很多柳树，都是很好看的。除了春秋两季的香会之外，西湖边的人总是很少，而钱塘门外，更是冷静了。

在景春园的楼下，有许多的茶客，都是那些摇船抬轿的劳动者居多。而在楼上吃茶的就只有我一个人了。所以我常常一个人在上面吃茶，同时还凭栏看看西湖的风景。

在茶馆的附近，就是那有名的大寺院——昭庆寺了。我吃茶之后，也常常顺便地到那里去看一看。

（三）典雅和通俗

1. 典 雅

就是斯文雅致，有书卷气，乃至于带有一些贵族气息。特点是多用规范的书面语词甚至文言词语，句子规整，甚至使用文言句法，言辞远离粗鄙，表述中规合矩。王希杰认为典雅风格具备如下特点："追寻书面语言的传统，努力回避现代口语，排斥方言土语口语词语，尽量拉大同日常生活语言之间的距离。"（《汉语修辞学（第三版）》，第459—460页）可视作从反面对典雅的界说。

典雅的例子如钟敬文的《荔枝》（节录）：

我们这里荔枝上市的时候，大约是在大地如火炉般热烘着的五、六月。这时，杨梅、李子等，已经渐渐过去，黄皮子、山梨等，又多俗而寡味，荔枝总算是一种当行出色的水果了。我们当日影已斜的午后，或银月初上的黄昏，独自的或多人的，坐在那清风徐来，绿阴如盖的树下，吃着这一颗颗晶丸般的荔枝，比起古人"浮瓜沉李"的故事，不知谁要风韵得多？犹记得数年前曾以荔枝一筐，馈送某女郎，简上附以诗云："眼前三百堪消夏，纤指无劳雪藕丝。"实在的，这种风味，即比之杜甫所盛称的"公子调冰水，佳人雪藕丝"，也何须多让呢？

吾粤有著名的荔枝湾，其地荔枝夹岸，白莲满塘，相传是南汉时候的昌华旧苑。每当夏季，荔枝繁结，避暑游人，云簇于此。我数年前客广州，正值岁暮天寒，不是它轻红高挂，招徕游客的时候，所以无缘打桨一至其地，畅尝所谓仙城风味。这件事，现在回想起来，还觉得很为可惜呢！

又如徐蔚南的《快阁的紫藤花》（节录）：

　　快阁是陆放翁饮酒赋诗的故居，离城西南三里，正是鉴湖绝胜之处；去岁初秋，我曾经去过了，寒中又重游一次，前周复去是第三次了。但前两次都没有给我多大印象，这次去后，情景不同了，快阁的景物时时在眼前显现——尤其使人难忘的，便是那园中的两架紫藤。

　　快阁临湖而建，推窗外望：远处是一带青山，近处是隔湖的田亩。田亩间分出红黄绿三色：红的是紫云英，绿的是豌豆叶，黄的是油菜花。一片一片互相间着，美丽得远胜人间锦绣。东向，丛林中，隐约间露出一个塔尖，尤有诗意，桨声渔歌又不时从湖面飞来。这样的景色，晴天固然极好，雨天也必神妙，诗人居此，安得不颓放呢？放翁自己说：

　　桥如虹，水如空，一叶飘然烟雨中，天教称放翁。

　　是的，确然天叫他称放翁的。

　　阁旁有花园二，一在前，一在后。前面的一个又以墙壁分成为二，前半叠假山，后半凿小池。池中植荷花；如在夏日，红莲白莲，盖满一池，自当另有一番风味。池前有春花秋月楼，楼下有匾额曰"飞跃处"，此是指池鱼言。其实，池中只有很小很小的小鱼，要它跃也跃不起来，如何会飞跃呢？

2. 通俗

就是大众化，浅显易懂，平易近人，近于陈望道说的"疏放"，是典雅的反面。特点是多用口语词，多造口语句，不端文人架子，不板着脸说话。王希杰认为"通俗风格，就是尽量接近日常生活用语，不避俚俗粗俗，甚至追求粗俗。"（《汉语修辞学（第三版）》，第461页）此说有失偏颇。"通俗"风格并非源于简单地模仿日常生活用语，而是对日常生活用语有所选择、有所提炼之后的产物。所以若将"不避俚俗粗俗，甚至追求粗俗"改为"不避俗词俚语，尽力贴近普通大众的健康、生动、形象、活泼的语言表达方式"，那就比较准确了。

通俗的例子如吕叔湘的《把我国语言科学推向前进》（节录）：

　　达尔文的物种起源的理论不是凭空得来的。他进行了多年的观察，他在比格尔号船上航行五年，在南美洲和南太平洋的海岛上考察各种生物形态，他在自己的园子里培养各种植物，观察它们的变异，逐渐形成他的生物演化的理论。没有这样积累起来的知识，就是达尔文那样的天才也不可能创造出什么理论。科学史上这样的例子多得很。从前明朝时候有两位理学家，一位姓刘，一位姓丘。姓刘的讥笑姓丘的，说他只有一屋子散钱，可是没有一根钱串子（绳子），意思是说他写了些书，里边琐琐碎碎讲了不少事情，可是没有一个大道理把它贯通起来。姓丘的针锋相对作了回答，他说，刘某人倒有一屋子钱串子，可惜没有一个散钱，意思是说他空讲大道理，没有事实依据。你们说散钱和钱串子哪个重要呢？当然成串的钱最有用，可是如果二者不可得而兼，那末，散钱虽然不便携带，捡起一个钱来还有一个钱的用处，光有绳子没有钱可是毫无用处。

又如赵树理的《李有才板话》（节录）：

阎家山有个李有才，外号叫"气不死"。

这人现在有五十多岁，没有地，给村里人放牛，夏秋两季捎带看守村里的庄稼。他只是一身一口，没有家眷。他常好说两句开心话，说是"吃饱了一家不饥，锁住门也不怕饿死小板凳"。村东头的老槐树底有一孔土窑还有三亩地，是他爹给留下的，后来把地押给阎恒元，土窑就成了他的全部产业。阎家山这地方有点古怪：村西头是砖楼房，中间是平房，东头的老槐树下是一排二三十孔土窑。地势看来也还平，可是从房顶上看起来，从西到东却是一道斜坡。西头住的都是姓阎的；中间也有姓阎的也有杂姓，不过都是些在地户；只有东头特别，外来的开荒的占一半，日子过倒楣了的杂姓，也差不多占一半，姓阎的只有三家，也是破了产卖了房子才搬来的。

又如陶行知的《小孤山》：

（一）

谁说孤山小？

脚根三住了！

号令长江水：

"东流两边绕！"

（二）

谁说孤山小？

年纪忘记了。

为问往来舟，

浮沉知多少。

（四）庄严和诙谐

1. 庄　严

就是庄重、严肃，不苟言笑之意，近于陈望道说的"谨严"，该风格适用于谈论严肃、重要的主题。其特点是表述上多用有书面语色彩的词语，适应正式场合的句式及格式，句子结构规范，句间衔接连贯而规整，表述时郑重认真，不随便，不轻浮，不戏谑，不讽刺挖苦。

庄严的例子如陈独秀的《〈新青年〉宣言》（节录）：

> 我们相信世界上的军国主义和金力主义，已经造了无穷罪恶，现在是应该抛弃的了。

> 我们相信世界各国政治上、道德上、经济上因袭的旧观念中，有许多阻碍进化而且不合情理的部分。我们想求社会进化，不得不打破"天经地义"、"自古如斯"的成见，决计一面抛弃此等旧观念，一面综合前代贤哲、当代贤哲和我们自己所想的，创造政治上、道德上、经济上的新观念，树立新时代的精神，适应新社会的环境。

> 我们理想的新时代新社会，是诚实的、进步的、积极的、自由的、平等的、创造的、美的、善的、和平的、相爱互助的、劳动而愉快的、全社会幸福的。希望那虚伪的、保守的、消极的、束缚的、阶级的、因袭的、丑的、恶的、战争的、轧轹不安的、懒惰而烦闷的、少数幸福的现象，渐渐减少，至于消灭。

> 我们新社会的新青年，当然尊重劳动；但应该随个人的才能兴趣，把劳动放在自由愉快艺术美化的地位，不应该把一件神圣的东西当做维持衣食的条件。

> 我们相信人类道德的进步，应该扩张到本能（即侵略性及占有心）以上的生活；所以对于世界上各种民族，都应该表示友爱互助的情谊。但是对于侵略主义、占有主义的军阀、财阀，不得不以敌意相待。

又如《中华人民共和国宪法·序言》（节录）：

> 中国是世界上历史最悠久的国家之一。中国各族人民共同创造了光辉灿烂的文化，具有光荣的革命传统。

> 一八四〇年以后，封建的中国逐渐变成半殖民地、半封建的国家。中国人民为国家独立、民族解放和民主自由进行了前仆后继的英勇奋斗。

> 二十世纪，中国发生了翻天覆地的伟大历史变革。

> 一九一一年孙中山先生领导的辛亥革命，废除了封建帝制，创立了中华民国。但是，中国人民反对帝国主义和封建主义的历史任务还没有完成。

一九四九年，以毛泽东主席为领袖的中国共产党领导中国各族人民，在经历了长期的艰难曲折的武装斗争和其他形式的斗争以后，终于推翻了帝国主义、封建主义和官僚资本主义的统治，取得了新民主主义革命的伟大胜利，建立了中华人民共和国。从此，中国人民掌握了国家的权力，成为国家的主人。

中华人民共和国成立以后，我国社会逐步实现了由新民主主义到社会主义的过渡。生产资料私有制的社会主义改造已经完成，人剥削人的制度已经消灭，社会主义制度已经确立。工人阶级领导的、以工农联盟为基础的人民民主专政，实质上即无产阶级专政，得到巩固和发展。中国人民和中国人民解放军战胜了帝国主义、霸权主义的侵略、破坏和武装挑衅，维护了国家的独立和安全，增强了国防。经济建设取得了重大的成就，独立的、比较完整的社会主义工业体系已经基本形成，农业生产显著提高。教育、科学、文化等事业有了很大的发展，社会主义思想教育取得了明显的成效。广大人民的生活有了较大的改善。

2. 诙 谐

就是幽默风趣，甚至语带嘲讽，是庄严的反面。其特点是遣词造句轻松自由且活泼多趣，或出语奇巧，或夸大其辞，或假作正经，或装呆卖萌，或褒贬颠倒，或鹦鹉学舌，或张冠李戴，或时空挪移，或大词小用，或正话反说，凡此种种，手法甚多；然而目的相同，就是凸显怪诞，制造滑稽效果，引人一笑，或者令人笑后有所领悟。

诙谐的例子如林语堂的《粘指民族》（节录）：

染指，中饱，分羹，私肥，还是中国民族亘古以来上自王公大臣下至贩夫小卒文武老幼男女贤愚共同擅长的技术。根据这技术之普遍性及易学性，我们几乎可以主观的演绎的断定这染指性已是中国人之第二天性了。最近普斯基大学生物学教授摩尔君发明，中国人巴掌上分泌出来一种微有酸味之粘性液质，分泌管之后有脑系膜直通第五脊椎与眼系脑筋联络。凡眼帘射到金银铜时，即引起自然反应作用分泌额外加多，钱到手时尤甚。此时所发出之泌液特富粘性，特别见于拇指与食指之末，而巴掌正中的一生蒂米突见方亦然。因此银钱到手，必有一部分胶泥手上，十元过手，必泥一元，乃无可如何之事。故中国人向来认为钱不沾手，违反天性，"粪夫挑粪，亦必蘸一蘸"。此粘指性，科学名词名为 Agglutindigitalism。最近赈灾委员（记不清姓名，但必是慈善家，又必是仁义之徒），以侵水灾款而被老蒋枪毙，即粘指性下之冤魂。又本日（十一月五日）《福尔摩斯》载，"《东北捐款七百万元查无着落》"一文，令人想到"若不染指，非中国人"八个大字。因此我们梦想中国自杀团计划也不能实行了。原来中国人很可以自杀，大规模的相约投入东海，以免身受亡国之痛。但自杀团亦必举出几位委员，办理该团旅行购票事项。然而自杀委员如果是中国人，定必大做其中饱，克扣，私肥，分羹的玩意起来；因此自杀委员之旅费亦无着落，并自杀亦不得。呜呼，神明帝胄！

又如钱锺书的《释文盲》（节录）：

> 文盲这个名称太好了，我们该向民众教育家要它过来。因为认识字的人，未必不是文盲。譬如说，世界上还有比语言学家和文字学家识字更多的人么？然而有几位文字语言专家，到看文学作品时，往往不免乌烟瘴气眼前一片灰色。有一位语言学家说："文学批评全是些废话，只有一个个字的形义音韵，才有确实性。"拜聆之下，不禁想到格利佛（Gulliver）在大人国瞻仰皇后玉胸，只见汗毛孔，不见皮肤的故事。假如苍蝇认得字——我想它是识字的，有《晋书·苻坚载记》为证——假如苍蝇认得字，我说，它对文学一定和那位语言学家看法相同。眼孔生得小，视界想来不会远大，看诗文只见一个个字，看人物只见一个个汗毛孔。我坦白地承认，苍蝇的宇宙观，极富于诗意：除了勃莱克（Blake）自身以外，所谓"一花一世界，一沙一天国"的胸襟，苍蝇倒是具有的。它能够在一堆肉骨头里发现了金银岛，从一撮垃圾飞到别一撮垃圾里，领略到欧亚长途航空的愉快。只要它不认为肉骨之外无乐土，垃圾之外无五洲，我们尽管让这个小东西嗡嗡地自鸣得意。训诂音韵是顶有用、顶有趣的学问，就只怕学者们的头脑还是清朝朴学时期的遗物，以为此外更无学问，或者以为研究文学不过是文字或其他的考订。朴学者的霸道是可怕的。圣佩韦（Sainte-Beuve）在《月曜论文新编》第六册里说，学会了语言，不能欣赏文学，而专做文字学的工夫，好比向小姐求爱不遂，只能找丫头来替。不幸得很，最招惹不得的是丫头，你一抬举她，她就想盖过了千金小姐。有多少丫头不想学花袭人呢？

（五）豪放和柔婉

1. 豪 放

又叫刚健、雄健，表现为境界开阔，气势磅礴，激情洋溢，有阳刚之美，适于表达洒脱不羁的气度，抒发高远博大的情怀。其特点是多用豪言壮语，或者充满理想、正义色彩的词语。表述中常见语势强劲的反问句子，雄浑酣畅的韵律节奏，激昂有力的排比形式，大气夸张的比喻比拟结构。

豪放的例子如峻青的《雄关赋》（节选）：

> 啊！雄关！

这固若金汤的雄关！

这"一夫当关，万夫莫开"的雄关！

在我们古老的中华民族的伟大历史上，在那些干戈扰攘征战频仍的岁月里，这雄关，巍然屹立于华夏的大地之上，山海之间，咽喉要地，一次又一次地抵御着异族的入侵，捍卫着神圣的祖国疆土。这高耸入云的坚固的城墙上的一块块砖石，哪一处没洒上我们英雄祖先的殷红热血？这雄关外面的乱石纵横野草丛生的一片片土地上，哪一处没埋葬过入侵者的累累白骨！

啊，雄关，它就是我们伟大的民族的英雄历史的见证人，它本身就是一个热血沸腾顶天立地的英雄好汉！

又如光未然的歌词《黄河颂》：

我站在高山之巅，

望黄河滚滚，

奔向东南。

金涛澎湃，

掀起万丈狂澜；

浊流宛转，

结成九曲连环；

从昆仑山下

奔向黄海之边；

把中原大地

劈成南北两面。

啊！黄河！

你是中华民族的摇篮！

五千年的古国文化，

从你这儿发源；

多少英雄的故事，

在你的身边扮演！

啊！黄河！

你是伟大坚强！

像一个巨人

出现在亚洲平原之上，

用你那英雄的体魄

筑成我们民族的屏障。

啊！黄河！

你一泻万丈，

浩浩荡荡，

向南北两岸

伸出千万条铁的臂膀！

我们民族的伟大精神，

将要在你的哺育下，

发扬滋长！

我们祖国的英雄儿女，

将要学习你的榜样，

像你一样地伟大坚强！

像你一样地伟大坚强！

2. 柔　婉

又叫婉约、优美，是豪放的反面，表现为精巧细密，清丽温润，情意绵长，有阴柔之美，适于表达缠绵深厚的意绪，细腻灵敏的感受。其特点是话语中多见雅丽委婉的字词短语，精雕细刻的形象描写，动人心弦的感情抒发，柔和舒缓的声韵节律。

柔婉的例子如朱自清的《匆匆》（节录）：

燕子去了，有再来的时候；杨柳枯了，有再青的时候；桃花谢了，有再开的时候。但是，聪明的，你告诉我，我们的日子为什么一去不复返呢？——是有人偷了他们罢：那是谁？又藏在何处呢？是他们自己逃走了罢：现在又到了哪里呢？

我不知道他们给了我多少日子；但我的手确乎是渐渐空虚了。在默默里算着，八千多日子已经从我手中溜去；像针尖上一滴水滴在大海里，我的日子滴在时间的流里，没有声音，也没有影子。我不禁头涔涔而泪潸潸了。

去的尽管去了，来的尽管来着；去来的中间，又怎样地匆匆呢？早上我起来的时候，小屋里射进两三方斜斜的太阳。太阳他有脚啊，轻轻悄悄地挪移了；我也茫茫然跟着旋转。于是——洗手的时候，日子从水盆里过去；吃饭的时候，日子从饭碗里过去；默默时，便从凝然的双眼前过去。我觉察他去的匆匆了，伸出手遮挽时，他又从遮挽着的手边过去，天黑时，我躺在床上，他便伶伶俐俐地从我身上跨过，从我脚边飞去了。等我睁开眼和太阳再见，这算又溜走了一日。我掩着面叹息。但是新来的日子的影儿又开始在叹息里闪过了。

又如张秀亚《星的故事》（节录）：

    星般的花朵闪烁着，向着沉默的古城墙，向着夜空，向着寂寞的梧桐。

    星般的花朵又落了，掉在梧桐下雨点滴湿的地方，缤纷、散乱，像是一枚小小的贝壳，晶莹、闪亮，散置在夏天寂静的海岸，贝壳不曾忘记海，海的感情，海的声音。星星般的，寻梦草的花朵，依稀也似记得一个故事，一个属于过去的岁月的故事。

    寻梦草孤独地生长着，在那古城墙边，它以为自己是被遗忘了，连同那个变得苍老了的青春的故事。它寂寞的开着、落着，落了的花也飞不到那扇窗子的前面，因为太远，太远。

    在一座远方的小城里，一个初秋风起的夜晚，星星变得稀疏了，瑟瑟颤摇着，像是灯笼，像是挂在秋树上的几颗果实。一个女人在窗前，望着疏星，她拍着矇眬思睡的孩子说：

    "夜凉了，天晚了，小星星都怕冷回家了，睡吧，孩子！"末了，她也和孩子一同睡着了。

    她像是有一个梦，梦见她在学校读书时的日子，梦见梧桐树叶上的星星，梧桐叶下的雨点，还有那古老的城墙边的寻梦草。

    她醒来。星星的花朵印在她的窗帘上。一个声音，使她看见了那失去的日子：

    寻梦草，

    开着星星一样的花，

    寻梦草，开花在梦中。

（六）含蓄和明快

1. 含　蓄

就是意不尽露，耐人寻味。其特点为并不直说真意，或者并不完全直说真意，而是通过已说之语让读者推测领悟作者的真意。常用比喻、反语等辞格。

含蓄的例子如郭沫若的《杜鹃》，在这部作品中作者是将杜鹃比喻某类人。

杜鹃，敝同乡的魂，在文学上所占的地位，恐怕任何鸟都比不上。

我们一提起杜鹃，心头眼底便好像有说不尽的诗意。

它本身不用说，已经是望帝的化身了。有时又被认为薄命的佳人，忧国的志士；声是满腹乡思，血是遍山蹽躅；可怜，哀惋，纯洁，至诚……在人们的心目中成为了爱的象征。这爱的象征似乎已经成为了民族的感情。

而且，这种感情还超越了民族的范围，东方诸国大都受到了感染。例如日本，杜鹃在文学上所占的地位，并不亚于中国。

然而，这实在是名实不符的一个最大的例证。

杜鹃是一种灰黑色的鸟，毛羽并不美，它的习性专横而残忍。

杜鹃是不营巢的，也不孵卵哺雏。到了生殖季节，产卵在莺巢中，让莺替它孵卵哺雏。雏鹃比雏莺大，到将长成时，甚且比母莺还大。鹃雏孵化出来之后，每将莺雏挤出巢外，任它啼饥号寒而死，它自己独霸着母莺的哺育。莺受鹃欺而不自知，辛辛苦苦地哺育着比自己还大的鹃雏，真是一件令人不平、令人流泪的情景。

想到了这些实际，便觉得杜鹃这种鸟大可以作为欺世盗名者的标本了。然而，杜鹃不能任其咎。杜鹃就只是杜鹃，它并不曾要求人把它认为佳人、志士。

人的智慧和莺也相差不远，全凭主观意象而不顾实际，这样的例证多的是。

因此，过去和现在都有无数的人面杜鹃被人哺育着。将来会怎样呢？莺虽然不能解答这个问题，人是应该解答而且能够解答的。

下文是廖沫沙的《广告摘要》，作者明里批的是色情演出广告，实则抨击了已达到"崩溃、无力"地步的"这旧世界的艺术"乃至整个旧世界。

看报不看广告，正像吃蟹不吃蟹脚。有许多从新闻，从时论，或从报屁股上看不到的奇文佳作，却往往从广告中发现出来。这里抄一段作例，是某家影戏院的歌舞广告：

"自有歌舞班以来，能……成名者，仅××歌舞班而已，盖该班艺员之精彩在：肥臀颤动，变化无穷，能销柳惠之魂，曲线微呈，已足醉鲁男之魄，观其身，使人目迷神眩，心荡意消，近其旁，则麝馥兰芳，更使人筋酥骨软……实有无穷之新奇艳异妖冶神秘之本能存乎其间也。"

不消说，这当然是销魂夺魄的文章，并不要实地去看歌舞，就已经使人筋酥骨软。顺便一检查当天所有的电影广告，其中有八家是加演粉腿酥胸，牺牲色相的肉感歌舞的，一家是表演"新兴革命艺术"歌舞。从这些广告中，再"忍痛"抄下两则来示例：

"妠歌艳舞，现代的、艺术的、空前的、诱人的，自有真价，毋待吹嘘。群雌颜如玉，裸而歌，裸而舞，裸而撩拨人们的青春，妙乐似仙音，荡人魂，销人魄，感人的心，醉人的意。"

"同时聘请×国女子歌舞班全体美貌年轻女子登台表演特种裸体艳舞，美感艺化，达于极点。不仅艺术公开，亦且牺牲色相。幼童不过十六岁恕不招待。"

这八家有歌舞表演的戏院中，有七家的歌舞班是从外国来的碧眼女子，一家是"××团滑稽大家"，国货也。而且也是"粉腿与酥胸，曲线尽呈现"。再一查这几家所开映的影片通是舶来片，而且也通是侠盗，色欲，野兽，恐怖之类的片子。从这一个小而又小的统计，于是乎恍然大悟：这旧世界的艺术的崩溃、无力，到了怎样的程度，至于不能不拿肉体来翻本。我们只要看最近几张从神怪武侠中解放出来的国产片，卖座之盛，就可以了然于市民们心理的趋向了。这就是有力的反证。况且，市民们所代表的意识并不是最前线。

至于这些锦绣文章的广告，实在使人无话可说，索性，再剪一点东西贴在下面：

"诸君阅报至此，请虔诵南无阿弥陀佛，或千遍，或百遍，或十遍，当获现世十种功德。"

2. 明 快

就是通畅而直率，是含蓄的反面。其特点为不矫情掩饰，不虚语绕折，而是干脆利落，想说就说，竹筒倒豆子，直陈其意。

明快的例子如梁实秋的《小声些！》：

我觉得我们中国人的喉咙之大，在全世界，可称首屈一指。无论是开会发言，客座谈话，商店交易，或其他公众的地方，说话的声音时常是尖而且锐，声量是洪而且宽，耳膜脆弱一点的人，往往觉得支持不住。我们的华侨在外国，谈起话来，时常被外国人称做"吵闹的勾当"（noisy business），我以为是良有以也。

在你好梦正浓的时候，府上后门便发一声长吼，接着便是竹帚和木桶的声音。那一声长吼是人人喉咙里发出来的，然而这喉咙就不小，在外国就是做一个竞争选举时的演说员，也绰绰有余。

挑着担子的小贩，走进弄堂，扯开嗓子连叫带唱地喊一顿，我时常想象着他的面红筋突的样子。假如弄里有出天花的老太太，经他这一喊，就许一惊而绝。

坐在影戏院里，似乎大家都可以免开尊口了，然而也不尽然，你背后就许有两位太太叽叽咕咕地谈论影片里的悲欢离合，你越不爱听，她的声音越高。在火车里，在轮船里，听听那滔滔不断的谈话的声音，真足以令人后悔生了两只耳朵。

喉咙稍微大一点，不算丑事。且正可以表示我们的一点国民性——豪爽，直率，堂皇。不过有时为耳部卫生起见，希望这一点国民性不必十分地表现出来。朋友们，小声些！

又如马相伯《中国人的心理》：

中国人有一个最大的毛病，就是不肯努力，说白些，就是好吃懒做。从这一种心理发展下去，便是亡国亡种的心理。大家都是各顾其私，只要自己过得衣食饱暖，什么国家社会，什么公共福利，皆一概不管。就是对于国家现状抱着忧虑，表示不满的，也只是在那里嗟叹或希望"天生圣人"来替他们打江山。这里我要说件故事——

据说，有两个叫化子在那儿"各言尔志"，一个说，假使我发了财，我买它五百石米，我睡在米堆里；饿的时候左边吃一口，右边吃一口，多么快活！另一个说，假使我发财，我一定买它一大堆棉絮，我睡在棉絮上头，左边冷了，向右边堆里钻钻，右边冷了，向左边堆里滚滚，岂不温暖一世！——这是一件。

又有人说：有一大群虾蟆在池塘里商量，说蚂蚁有王，蜜蜂也有王，为什么我们不要一个王，于是大家就朝着天乱叫，叫得上天不安，从天空里降下一个大木板下来！落在水面上，把这一群虾蟆吓得屁滚尿流，个个都伏在水底，不敢出头。其中有一个胆大地跑出水面，跳在木板上，以为很得意，大叫起来；其余的虾蟆也都相继跳到板上，乱叫起来，上天听得不耐烦，道，这些东西真讨厌，它们要个"王"，好！就降了一条赤练蛇下来。这条赤链蛇下来以后，便把那一群虾蟆吞得干净。凡事之不能自救，不肯牺牲，而只希望外力来拯救者，皆虾蟆之流，叫化子之续也！

三、辨　析

（一）并非所有话语都带有鲜明的风格

不是每篇话语中都可找到鲜明的风格的，只有那些达到相当修辞水平，具备相当语文质量的话语才有鲜明的风格，因为风格乃话语美的表现，而美的话语只占话语总量的一部分。这好比人的仪容相貌，妍媸平庸各异，美人的数量终究有限。当然，人的美丑是天生的，修辞能力主要是后天养成的。但每个人的境遇和努力程度不同，这就决定了必定存在差别。

那些修辞上无功无过的话语，那些因语文水平太差而让人无法卒读的文章，谈不上有什么鲜明的风格，若一定要用"风格"一词概括，也只能是"略带某风格色彩"的风格、"平庸"的风格、杂乱的风格，甚至是庸俗的风格、"低劣"的风格。

有人或许会说，其他风格可能不易做到鲜明的表达，但要达到通俗还会难吗？那不就是说说大白话吗？此言看似有理，实则谬矣。前文讲到通俗风格时把它定为对日常生活用语进行选择和提炼的产物，由此可见，平常各色人等说话时表露出来的"通俗"，和通俗风格的"通俗"并不同义，后者源于对前者中有营养的、健康的成分的汲取和升华，不下一番工夫是掌握不了的。如果不分良莠，对普通大众的语言表达方式和俗词鄙语照单全收，学到手的可能不是通俗，而是粗俗，甚至是庸俗了。

（二）风格在展露时含有个人差异

和语体风格一样，（表现）风格在展露时也含有个人差异，对此也可用原型范畴模式加以解释。以书面作品为例，古往今来，算得上具有风格的何止成千上万，但大浪淘沙，得到广泛承认的各个风格的代表作为数不多。这些美文佳作，居于各相应风格范畴的核心区域。至于其他，离这些核心区域的距离远近不等，而数量最多的，则是那些略带某某风格色彩的作品，它们接近边缘区域，或者就弥散在边缘区域，其风格是"平庸"的，甚至是杂乱的。

苏轼的词《念奴娇·赤壁怀古》借古抒怀，意境弘大，一直是豪放风格的典型代表，如：

> 大江东去，浪淘尽，千古风流人物。故垒西边，人道是，三国周郎赤壁。乱石穿空，惊涛拍岸，卷起千堆雪。江山如画，一时多少豪杰。　　遥想公瑾当年，小乔初嫁了，雄姿英发。羽扇纶巾，谈笑间，樯橹灰飞烟灭。故国神游，多情应笑我，早生华发。人生如梦，一尊还酹江月。

范仲淹的《渔家傲·秋思》被公认为发豪放词之先声，流传至今，如：

> 塞下秋来风景异，衡阳雁去无留意。四面边声连角起，千嶂里，长烟落日孤城闭。
>
> 浊酒一杯家万里，燕然未勒归无计。羌管悠悠霜满地，人不寐，将军白发征夫泪。

这两首词风格同类，但苏词放眼于"千古风流人物"，范词则限于眼前的"塞下之秋"，论胸怀，前者大于后者；苏词写道"谈笑间，樯橹灰飞烟灭"，范词却说"燕然未勒归无计"，论气势，前者盛而后者弱；至于词末的感慨，苏词为"多情应笑我，早生华发"，"人生如梦，一尊还酹江月"，范词为"人不寐，将军白发征夫泪"，前者洒脱而后者悲凉。正因有此诸种差别，在豪放程度上，《渔家傲·秋思》不及《念奴娇·赤壁怀古》。

（三）塑造风格时应注意协调

吕叔湘在给王希杰《汉语修辞学》写的序言中提醒道："有一个原则贯穿于一切风格之中，

也可以说是凌驾于一切风格之上。这个原则可以叫做'适度'，只有适度才能不让藻丽变成花哨，平实变成呆板，明快变成草率，含蓄变成晦涩，繁丰变成冗杂，简洁变成干枯。这个原则又可以叫做'恰当'，那就是该藻丽的地方藻丽，该平实的地方平实……不让一篇文章执著于一种风格。综合这两个方面用一个字眼来概括，就是'自然'，就是一切都恰到好处。"（《汉语修辞学（第三版）》，序言）他在上文中其实说了如下两个意思：

1. 塑造风格时不能走极端，太极端就会走向反面，损害表达效果，违背了初衷。

2. 塑造何种风格，应注意各要素之间能够配合相容，和包括语境、言谈主旨等在内的交际需要能够吻合。而不能自以为是，生拉硬拽。

陈望道在《修辞学发凡》中认为存在两种或多种风格相兼的情况，"例如简约而兼刚健，或简约而兼刚健又兼平淡，繁丰而兼柔婉，或繁丰而兼柔婉又兼绚烂，都属可能。所难以相兼的，恐怕只有一组中互相对待的两体，如简约兼繁丰、刚健兼柔婉之类"（第275页）。陈望道的意思可以概括为如下第三点：

3. 不同的风格可以兼容在同一篇话语之中，而且经常兼容，当然，其前提是彼此之间不相冲突。

以上三点说的不是同一种情况，但都符合协调的要求，是协调规则的体现。

风格相兼使不同的风格渗透融合，色彩更加丰富，可谓相得益彰。但那是以修辞者的出众的语文能力为保障的，若力不能逮，强而为之，不仅做不到相得益彰，反致风格杂乱。朱自清是出类拔萃的作家，其文常常兼具繁富、柔婉、绚丽和典雅的风格，温婉柔美，优雅精致，动人心弦。比如散文《绿》，把他对梅雨潭的绿色的喜爱表达得十分细腻、生动和形象，堪为楷模。下面为其节录：

> 梅雨潭闪闪的绿色招引着我们；我们开始追捉她那离合的神光了。揪着草，攀着乱石，小心探身下去，又鞠躬过了一个石穹门，便到了汪汪一碧的潭边了。瀑布在襟袖之间；但我的心中已没有瀑布了。我的心随潭水的绿而摇荡。那醉人的绿呀！仿佛一张极大极大的荷叶铺着，满是奇异的绿呀。我想张开两臂抱住她；但这是怎样一个妄想呀。——站在水边，望到那面，居然觉着有些远呢！这平铺着，厚积着的绿，着实可爱。她松松的皱缬着，像少妇拖着的裙幅；她轻轻的摆弄着，像跳动的初恋的处女的心；她滑滑的明亮着，像涂了"明油"一般，有鸡蛋清那样软，那样嫩，令人想着所曾触过的最嫩的皮肤；她又不杂些儿尘滓，宛然一块温润的碧玉，只清清的一色——但你却看不透她！我曾见过北京什刹海拂地的绿杨，脱不了鹅黄的底子，似乎太淡了。我又曾见过杭州虎跑寺近旁高峻而深密的"绿壁"，丛叠着无穷的碧草与绿叶的，那又似乎太浓了。其余呢，西湖的波太明了，秦淮河的也太暗了。可爱的，我将

什么来比拟你呢？我怎么比拟得出呢？大约潭是很深的，故能蕴蓄着这样奇异的绿；仿佛蔚蓝的天融了一块在里面似的，这才这般的鲜润呀。——那醉人的绿呀！我若能裁你以为带，我将赠给那轻盈的舞女；她必能临风飘举了。我若能把你以为眼，我将赠给那善歌的盲妹；她必明眸善睐了。我舍不得你；我怎舍得你呢？我用手拍着你，抚摩着你，如同一个十二三岁的小姑娘。我又掬你入口，便是吻着她了。我送你一个名字，我从此叫你"女儿绿"，好么？

（四）言谈主题及内容是风格塑造时的重要因素

风格常被当作仅仅取决于词句的运用，这是误解。杨鸿儒在《当代中国修辞学》里认为，风格指作家固有的独具的写作技巧和表现手法特点的综合，是文章的题材选择、主题提炼、构思剪裁、布局谋篇、人物塑造、语言运用、韵味格调等诸方面的综合表现。这个看法是对的。要说他的概括有什么缺陷，那便是仅提到作家的作品有风格，而忽略了口语作品也可有风格，忽略了普通交际者说的话、写的文章也可以具有风格。

话语的主题、话语的内容是塑造风格的重要因素。试想一下，一篇论述理论物理学的科学论文若带上了明显的诙谐风格，那会产生什么结果？显然，它将不再被人们看作严肃的科学论文，而变成了一个玩笑。再想一下，若宪法、民法、刑法等带上柔婉的风格，它们还像法律文件吗？

家常生活小事用庄严的方式述说，严肃庄重之事以通俗的方式表达，就会导致主题、内容和风格之间的冲突，很不得体，很不合适。一些文艺作品的搞笑效果，就是借助这样的手法制造出来的。下例取自电视连续剧《我爱我家》第一集：

　　傅老：我先说几句啊！我主持家庭日常工作以来，有一个星期了吧？主要是搞了一些调查研究，发现咱们这个家里问题很多，积重难返，一定要下大决心、花大力气来整顿。首先是开源节流，在家庭日常开支方面要从严控制，第一步是要大幅度削减支出，比如小凡和圆圆的零花钱。第二步……

　　小凡：别呀，爸！我每月才100块零花钱，够干什么的呀！正想要求增加呢，怎么还削减呀！您要真把我逼急了，我可敢上医院卖血去！

上例中带下画线的语句说的是家中减少开支的事情，然而一家之主、退休干部傅老却用了适用于讨论集体正事、国家大事的庄严风格来说，自然显得滑稽了。

又如下例，取自电视连续剧《正者无敌》第一集里川军将领冯天魁在海陆空军成立大会上的讲话：

兄弟今天把大家召来是为了什么呢？都是为了这个海陆空三军的成立。兄弟我是个大老粗，狗屁都不懂，所以今天说得有什么不对的地方，也请你们大家啊……互相的原谅。

兄弟跟你们比不了啊，你们这群乌合之众，好多都是有文化的。都是从笔筒子里爬出来的。兄弟我是从炮筒子里爬出来的。所以跟你们讲话，就好像是那个……呵呵……对牛弹琴。

（一架飞机飞过）看见了吧，这就是我英勇的空军。

今天这个成立大会呢，本来蒋委员长要来，可是他老人家最近有点烦，听说是让日本人给搞了，那兄弟我就谅解他了。谁让他是我大爷呢。大爷不来，刘总司令就是二爷，可也巧了，二爷今天拉稀了，拉的是稀里哗啦的，把他们家的茅房都给冲垮了，二爷这会儿正忙着修他们家的茅房了，也就顾不上我们了。所以呢，也就只好委屈兄弟我自己了。

在陆海空军成立大会上的讲话应该呈现庄严的风格，但冯天魁却用了通俗、诙谐加胡扯的表达方式，反差强烈，喜剧效果油然而生。

（五）风格类型与人的禀性有一定关系

风格类型与人的禀性相关。刘勰将这一关系的重要性提得很高，他在《文心雕龙·体性篇》中说："若夫八体屡迁，功以学成，才力居中，肇自血气；气以实志，志以定言，吐纳英华，莫非情性。是以贾生俊发，故文洁而体清；长卿傲诞，故理侈而辞溢；子云沈寂，故志隐而味深；子政简易，故趣昭而事博；孟坚雅懿，故裁密而思靡；平子淹通，故虑周而藻密；仲宣躁锐，故颖出而才果；公干气褊，故言壮而情骇；嗣宗俶傥，故响逸而调远；叔夜俊侠，故兴高而采烈；安仁轻敏，故锋发而韵流；士衡矜重，故情繁而辞隐。触类以推，表里必符，岂非自然之恒资，才气之大略哉！"这里所说的八体指典雅、远奥、精约、显附、繁缛、壮丽、新奇、轻靡。这里所说的贾生是贾谊，长卿是司马相如，子云是扬雄，子政是刘向，孟坚是班固，平子是张衡，仲宣乃王粲，公干乃刘桢，嗣宗乃阮籍，叔夜乃嵇康，安仁乃潘岳，士衡乃陆机。上述刘勰所言用现代白话文翻译的话，则为："这八种风格常常变化，其成功在于学问；但才华也是个关键，这是从先天的气质来的。培养气质以充实人的情志，情志确定文章的语言；文章能否写得精美，无不来自人的情性。因此，贾谊聪明卓越，所以文辞简洁而风格清新；司马相如骄傲放诞，所以说理夸张而辞藻繁复；扬雄性格沉静，所以作品内容含蓄而意味深长；刘向性格坦率，所以文章中志趣明显而用事广博；班固雅正温和，所以论断精密而文思细致；张衡深沉通达，所以考虑周到而辞采细密；王粲性急才锐，所以作品锋芒显露而才识果断；刘桢狭隘急遽，所以文辞有力而令人惊骇；阮籍放逸不羁，所以文气奔放而不同凡响；嵇康性格豪爽，所以志趣高尚而言辞犀利；潘岳轻率敏捷，所以文辞锐利而音节流畅；陆机性格庄重，所以内容繁杂而文辞隐晦。由此推论，内在的性格与表达于外的文章是一致的。这不是作者天赋资质和作品中所体现的才气的一般情况吗？"（上述白话翻译基本摘自刘勰著，陆侃如、牟世金译注《〈文心雕龙〉译注》，略有改动。）

我同意风格的塑造和为文者、言谈者的秉性有一定的关系，甚至有很大的关系，但实际情况并不那么简单。前文提到朱自清的《荷塘月色》雅丽柔美而《背影》直白朴素，这说明一个人因其秉性所致而擅长塑造某种风格，但也可以视交际需要或心境的变化而换用其他风格。当然，这种变换风格的能力是有个体差异的。

（六）风格不等于个人风格

说到风格（即表现风格），应该把它和个人风格区别开来。以上文所引《文心雕龙·体性篇》为例，其中所谈"八体"即是八种风格，而谈论贾谊、司马相如、扬雄、刘向、班固、张衡、王粲、刘桢、阮籍、嵇康、潘岳、陆机等的目的，既是为把这十二人的作品作为八种风格的代表，也为了描述他们作品的各自特点。

风格是从众多个人话语所带的特点中概括出来的大类，具有普遍性。个人风格则不同，它既包含了风格的要素，还糅合了交际者的个人特点。不同交际者的个人风格有别，这是由他们在思想观念、经历学养、脾气秉性等诸方面的独特性决定的。比如朱自清和俞平伯曾经相约，以《桨声灯影里的秦淮河》为题各写一篇散文，这两篇文章都带有繁富、典雅的风格，但个人风格并不全同：朱文中作者触景而生情，情景交融，弥散流动着或淡或浓的怅惘。俞文中作者虽然也细细地绘景抒情，但最终未被景情所羁，显得超然物外。请看这两篇佳作的末尾部分，并作对比。

朱自清《桨声灯影里的秦淮河》的结尾：

这一带地方夜色甚浓，又有两头的灯火招邀着；桥外的灯火不用说了，过了桥另有东关头距疏的灯火。我们忽然仰头看见依人的素月，不觉深悔归来之早了！走过东关头，有一两只大船湾泊着，又有几只船向我们来着。嚣嚣的一阵歌声人语，仿佛笑我们无伴的孤舟哩。东关头转弯，河上的夜色更浓了；临水的妓楼上，时时从帘缝里射出一线一线的灯光；仿佛黑暗从酣睡里眨了一眨眼。我们默然的对着，静听那汩——汩的桨声，几乎要入睡了；朦胧里却温寻着适才的繁华的余味。我那不安的心在静里愈显活跃了！这时我们都有了不足之感，而我的更其浓厚。我们却又不愿回去，于是只能由懊悔而怅惘了。船里便满载着怅惘了。直到利涉桥下，微微嘈杂的人声，才使我豁然一惊；那光景却又不同。右岸的河房里，都大开了窗户，里面亮着晃晃的电灯，电灯的光射到水上，蜿蜒曲折，闪闪不息，正如跳舞着的仙女的臂膊。我们的船已在她的臂膊里了；如睡在摇篮里一样，倦了的我们便又入梦了。那电灯下的人物，只觉得像蚂蚁一般，更不去萦念。这是最后的梦；可惜是最短的梦！黑暗重复落在我们面前，我们看见傍岸的空船上一星两星的，枯燥无力又摇摇不定的灯光。我们的梦醒了，我们知道就要上岸了；我们心里充满了幻灭的情思。

俞平伯《桨声灯影里的秦淮河》的结尾：

犹未下弦，一九鹅蛋似的月，被纤柔的云丝们簇拥上了一碧的遥天。冉冉地行来，冷冷地照着秦淮。我们已打桨而徐归了。归途的感念，这一个黄昏里，心和境的交萦互染，其繁密殊超我们的言说。主心主物的哲思，依我外行人看，实在把事情说得太嫌简单，太嫌容易，太嫌分明了。实有的只是浑然之感。就论这一次秦淮夜泛罢，从来处来，从去处去，分析其间的成因自然亦是可能；不过求得圆满足尽的解析，使片段的因子们合拢来代替刹那间所体验的实有，这个我觉得有点不可能，至少于现在的我们是如此的。凡上所叙，请读者们只看作我归来后，回忆中所偶然留下的千百分之一二，微薄的残影。若所谓"当时之感"，我决不敢望诸君能在此中窥得。即我自己虽正在这儿执笔构思，实在也无从重新体验出那时的情景。说老实话，我所有的只是忆。我告诸君的只是忆中的秦淮夜泛。至于说到那"当时之感"，这应当去请教当时的我。而他久飞升了，无所存在。

…………

凉月凉风之下，我们背着秦淮河走去，悄默是当然的事了。如回头，河中的繁灯想定是依然。我们却早已走得远，"灯火未阑人散"；佩弦，诸君，我记得这就是在南京四日的酣嬉，将分手时的前夜。

需要指出，并非人人都能拥有语言表达上的个人风格。个人风格是语言表达能力提升到一定阶段，形成稳定的、独具个性的语言美的特色的结果。至于普通人的语言表达，虽然也常能体现出一些个人特点，但大多尚未形成稳定而有鲜明个性的语言美的特色。这时，称之为具有个人特点比较妥当，若说也具备个人风格，未免夸大其辞了。

主要参考文献

[1] 陈光磊. 修辞论稿 [M]. 北京：北京语言文化大学出版社，2001.

[2] 陈松岑. 社会语言学导论 [M]. 北京：北京大学出版社，1985.

[3] 陈望道. 修辞学发凡 [M]. 上海：上海教育出版社，1997.

[4] 戴维·克里斯特尔. 现代语言学词典 [Z]. 沈家煊，译. 4 版. 北京：商务印书馆，2000.

[5] 戴炜华. 新编英汉语言学词典 [Z]. 上海：上海外语教育出版社，2007.

[6] 范家材. 英语修辞赏析 [M]. 上海：上海交通大学出版社，1992.

[7] 弗里德里希·尼采. 古修辞学描述 [M]. 屠友祥，译. 上海：上海人民出版社，2001.

[8] 胡曙中. 西方新修辞学概论 [M]. 湘潭：湘潭大学出版社，2009.

[9] 胡裕树. 现代汉语 [Z]. 上海：上海教育出版社，1981.

[10] 华东修辞学会、复旦大学语言文学研究所. 语体论 [C]. 合肥：安徽教育出版社，1987.

[11] 霍恩比. 牛津高阶英汉双解词典 [Z]. 王玉章等，译. 7 版. 北京：商务印书馆，2009.

[12] 霍凯特. 现代语言学教程（上）[Z]. 索振羽、叶蜚声，译. 北京：北京大学出版社，1986.

[13] 李军、刘峰. 网络语体 [J]. 宁夏大学学报（人文社会科学版），2005，27（2）：64—67.

[14] 李名方. 关于中国修辞学史的分期 [J]. 扬州大学学报（人文社会科学版），2005，9（6）：53—57.

[15] 陆侃如、牟世金.《文心雕龙》译注 [M]. 济南：齐鲁书社，1995.

[16] 倪宝元. 汉语修辞新篇章 [M]. 北京：商务印书馆，1992.

[17] 倪宝元. 修辞 [M]. 杭州：浙江人民出版社，1980.

[18] 倪宝元. 修辞学习 [M]. 上海：东方书店，1954.

[19] 濮侃. 辞格比较 [M]. 合肥：安徽教育出版社，1983.

[20] 沈开木. 汉语话语语言学 [M]. 北京：商务印书馆，1996.

[21] 谭学纯、濮侃、沈孟璎. 汉语修辞格大辞典 [Z]. 上海：上海辞书出版社，2010.

［22］ 谭永祥.汉语修辞美学［M］.北京：北京语言学院出版社，1992.

［23］ 谭永祥.修辞新格［M］.福州：福建教育出版社，1983.

［24］ 唐松波、黄建霖.汉语修辞格大辞典［Z］.北京：中国国际广播出版社，1989.

［25］ 王德春.修辞学探索［M］.北京：北京出版社，1983.

［26］ 王德春、陈晨.现代修辞学［M］.上海：上海外语教育出版社，2001.

［27］ 王希杰.汉语修辞学［M］.3 版.北京：商务印书馆，2014.

［28］ 王希杰.修辞学导论［M］.杭州：浙江教育出版社，2000.

［29］ 王希杰.修辞学新论［M］.北京：北京语言学院出版社，1993.

［30］ 薛海兵."推敲"典故的误读与教学策略［J］.现代语文（学术综合），2013，（10）：
119—120.

［31］ 亚里士多德.修辞学［M］.罗念生，译.上海：上海人民出版社，2006.

［32］ 杨鸿儒.当代中国修辞学［M］.北京：中国世界语出版社，1997.

［33］ 杨树达.中国修辞学［M］.北京：科学出版社，1954.

［34］ 张弓.现代汉语修辞学［M］.天津：天津人民出版社，1963.

［35］ 张涤华、胡裕树、张斌，等.汉语语法修辞词典［Z］.合肥：安徽教育出版社，1988.

［36］ 赵丕杰.一种花能说"姹紫嫣红"吗？ ［J］.新闻与写作，2008（6）：45.

［37］ 郑颐寿.比较修辞［M］.福州：福建人民出版社，1982.

［38］ 中国大百科全书总编辑委员会《语言文字》编辑委员会、中国大百科全书出版社编辑
部.中国大百科全书·语言文字［Z］.北京：中国大百科全书出版社，1988.

［39］ 中国社会科学院语言研究所词典编辑室.现代汉语词典［Z］.6 版.北京：商务印书
馆，2012.

［40］ 周振甫.中国修辞学史［M］.北京：商务印书馆，1991.

［41］ 朱光潜.朱光潜美学文学论文选集［C］.长沙：湖南人民出版社，1980.

［42］ 宗廷虎、陈光磊.中国修辞史［M］.长春：吉林教育出版社，2007.

［43］ CRYSTAL D. The cambridge encyclopedia of language ［M］.3rd. Cambridge：Cambridge
University Press， 2010.

练习题及参考答案

一、练 习 题 ···

（一）下面有三句话，请你说出它们是什么人在什么时候、什么地方说的，并说出你的理由。

1. 请慢慢看。
2. 我马上就来。
3. 抱歉，让您久等了。

（二）请比较下面据说是唐伯虎写的诗和自称老秀才的人仿写的诗，说出两者在修辞效果上的差异及原因。

这个敖东不是人

沂水秀才

看到这个题目，以长春针人为代表的沙龙中来自吉林的"坏分子"们，眼睛一定瞪得比牛还大。咱可提前说好了，这不怪老秀才，怪只怪唐伯虎，这"老东西"几百年前给人家四个儿子的老母亲写寿联，下笔就一句"这个婆娘不是人"，害得四个儿子差一点动拳揍他。也亏这"老家伙"手快，刷刷刷来了第二句，"九天仙女下凡尘"，四个儿子顿时眉开眼笑。哪知这花花肠子又来了一句，"四个儿子都是贼"，气的那四兄弟又瞪大了眼睛，要跟他急眼。这个时候，只见秋香佃男人妙笔一转，"偷得蟠桃孝至亲"！四个儿子一见，赶忙接过唐寅唐伯虎的联，千恩万谢，一人捧着一张，笑嘻嘻地去了！

各位看官，只因最近足协实在没有多少意思，老秀才故而说个典故，让大家轻松轻松。

言归正传，山陬海角的吉林敖东为何给大家留下了深刻印象？无非疯疯癫癫，做事怪异，

1997年，靠了高丽能人崔殷泽点拨，一路过关斩将，差一点名列探花。不料到了1998年，小鬼当道，害得敖东几乎全年"熬冬"，以至于善良无争的朝鲜族兄弟要杀上京都，到金銮殿上讨个说法，据说连皇帝老儿都赔着笑脸唱了个"不是"的"诺"儿。1999年，这敖东越发疯癫得不行了，好像得了专看"老大"不顺眼的毛病。也奇怪，那些"杀人不眨眼魔头"，见了敖东，一个个乖乖地就范，好像遇到了天煞星。莫非这世界上，冥冥中，真的有一个"一物降一物"的神？

敖东与国安这"两块货"，虽然一个居庙堂之高，一个处江湖之远，但做事好像是一个"娘"养的一样，吃柿子专拣硬的捏。有时候，老秀才酒足饭饱之后，就奇怪地想啊想啊，你说他们整天这样，也不怕硌着牙，莫非是习惯了吃馕饼，牙进化了？

不过，这敖冬与国安虽然路子好像是一路的，但出发点好像不太一样。老秀才觉得国安之犯上"屠龙"病，是因为他自己是个王爷，这王爷，对小小百姓当然是仁慈的，对其他王爷可能就会暗中叫劲，免得被他们瞧不起；这敖东呢？可能就是另一个想法：都是穷乡亲们，谁家也不富裕，何苦呢？有本事还是到地主老财家里偷点或抢点吧。所以……这大概是国安和敖东的区别了，不知老秀才编的谎儿，各位看官服不服。打油诗曰：

"都说敖东不是人，天上盗星下凡尘；一群汉子都是贼，偷得老财帮穷亲"。

（三）请指出下例中闹笑话的原因。

1. 贴春联本来是件很有"文化"的事，却有人闹了笑话——杭城一家医院的门诊部大门的春联，日前被传到网上。上联是"生意火红红四海"，下联是"财运兴旺旺九洲"，横批"生意兴隆"。（《一副春联闹了笑话 引发诸多"文化"联想》）

2. 过六一节了，小朋友们联欢，大家都表演节目。吴旋旋最厉害了，上台表演弹钢琴，演奏完后下面看节目的爸爸妈妈们都一直在喊，要她再弹一个。安安老师就问旋旋要不要再弹一首，结果旋旋急得快要哭出来："我又没有弹错，为什么还要我再弹一次？"（《小破孩语录》）

（四）请说出你是怎么明白"雷亚尔"的意思的。

巴西是拉美第一经济大国，1998年国民生产总值达8 000多亿美元，占整个拉美地区的45%。90年代初以来，巴西为抑制高额通货膨胀，采取了稳定货币的政策，并把雷亚尔对美元的比值定得很高，据认为至少超过其实际价值的25%。（《雷亚尔比值过高 巴西经济受抑制》）

（五）请说出"小包车的神效"是怎么造成的。

有朋自北京来，电告我在江南站接车，但我是把他的食宿安排在江北的，于是赶到江北站去，请求在列车进站时代为广播一下，请他提前下车。不料播音员一看广播条子，就皱眉而且掷还了，说是："普通人的一般事，我们播不了这许多！"

同去一友人，却颇懂当今"世故"，他改写了条子，由他出面再交播音员。这次被欣然接受并播出了，条子写法并未大动，只在后面加上这样一句："我们已派来小包车在出站口恭候。"

我们扯谎了，但因而接到了来客。共乘公共汽车回寓的路上，我一直在想：小包车是莫须有的，只须借其芳名，为什么就能产生如此神效？！（陈泽群《小包车》）

（六）请分析下述条幅为何出错，应怎么改正，并说明你是怎么得出自己的判断的。

有媒体报道：上周在济源市梨林镇东蒋村惊现一条雷人条幅"做守法公民，当焚烧模范"，沿路还能看到路边、地里在焚烧，一字之差竟然闹了笑话。（《一字之差　闹了笑话》）

（七）阅读下列对话，回答下列三个问题，并说出你这样分析的理由。

1. 下文中老头子说"为什么不来的呢？"他要阿Q来做什么事？
2. 阿Q说"我本来要……来投……"，他要"投"什么/谁？
3. 阿Q又说"假洋鬼子不准我！""假洋鬼子"不准阿Q做什么事情？

"你从实招来，免得吃苦。我早都知道了。招了可以放你。"那光头的老头子看定了阿Q的脸，沉静的清楚的说。

"招罢！"长衫人物也大声说。

"我本来要……来投……"阿Q胡里乱涂的想了一通，这才断断续续的说。

"那么，为什么不来的呢？"老头子和气的问。

"假洋鬼子不准我！"（鲁迅《阿Q正传》）

（八）从下面括弧中挑选一个最合适的词语，并说出理由。

1. 大雨倾盆似的朝地面（泻、泼）下来。
2. 这就是白杨树，西北极（一般、普通）的一种树，然而决不是（普通、平凡）的树。

3. "我有法子。"第三个王妃得意地说，"咱们大王的（龙准、鼻梁）是很高的。"

4. （赤县、神州）翻成银世界，青山齐放白梅花。

5. 大拱的两肩上，（各、都）有两个小拱。

6. 风（卷、裹）着雪花，狂暴地扫荡着山野、村庄，（摇、摇撼）着古树的躯干，（撞开、吹开）了人家的门窗。

7. 把自己比做风雨中的一叶孤舟，正是他的（心地、心曲）的真实表白。

8. 十三次春种秋收，不知暖过多少人的（心田、心房）。

9. 婚事不能再拖了，两家的老人已经对他们（定、下）了（期限、最后通牒令）。

10. 心顿时像刀绞一般疼痛，情绪一下子降到了（冰点、最低点），败兴极了。

11. 一件灰白的长衫套在他瘦小的身上，翻过来的袖口露出雪白的里子，乌靴净袜，黑白分明，干净利索。（瘦脸形、瘦巴脸儿），圆框眼镜，镜片后面的一双眼睛像年轻人那样（亮堂、炯炯）有神，下巴蓄着一缕胡须，捋得顺顺溜溜。

12. 虽然这个帐篷最大，而且（拿掉、取去）了帐篷"帽"，可是里边仍然显得闷暗，有一股油味。

13. 伙计，你也该（收拾收拾、拾掇拾掇）吧，看来是快开拔了。

14. 他说出了大家的心里话，大伙儿都（赞同、附和）他的意见。

15. 说到这里，上身凑前一点，脸上（呈出、显出）不大自然的笑容。

16. 在淡淡的晨雾中，她显得（娇小、瘦小）、（纤弱、纤细），美得像一片轻柔漫卷的云，一支清新动听的歌。

17. 吉格资力玛回来的消息，一下在草原上传开了，牧民们骑着马，骑着骆驼，兴冲冲地都向嘉尔寸大叔的毡房里（奔、跑）来，都来看自己的（爱木其、医生）。

18. 据他们对该区六所中学的调查，中学生中心理不健康者就占了 22. 86％，这大抵与国外心理研究所得出的每四人中有一人发生心理（障碍、疾病）的结论相吻合。

19. 烟贩经常（勾结、串通）单位里的公车驾驶员，在夜间帮忙运烟，这样既省钱又安全。

20. 杜武志的（父亲、爹）是卖烤红薯的，所以，同学们便替他取了一个绰号叫"（番薯、红薯）仔"。

（九）请在下文的括弧里选择一个你认为最合适的词语，并说说理由。

1. 打"太极拳"
郭松民

某省一县建筑工程公司（下称"县建"）在招标（1）（活动/过程）中中标，结果却被该县建设局一（2）（张/纸）红头文件宣布无效。县建不甘心这么（3）（窝窝囊囊/不明不白）地出局，于是将建设局告上法庭。谁知建设局在自己的文件被法院判决撤销之后，既不上诉，也不硬顶，而是换了一个理由再发一份同样（4）（精神/结论）的红头文件。如是者三，县建就是（5）（得/拿）不到这个工程。

如果建设局拒不执行法院的判决，那么这还是一个相对（6）（简单/普通）的"执行难"问题；如果建设局上诉，那么在更高一级的审判机关那里，县建还有为自己（7）（找/讨）说法的机会。但建设局（8）（显然/明显）不想让事件脱离自己的控制范围，它选择了规避，行政权和司法权打起了"太极拳"。

在这个问题上，如果我们不想落入人治的窠臼，那么就只有立法权的（9）（介入/参与）才能打破这个僵局——县建应该要求县人大启动"质询"程序。因为根据宪法和地方人大组织法的规定，公民有权向国家权力机关提出对任何国家机关及其工作人员违法（10）（同/和）不当行使职权行为的控告、申诉和批评。在县一级，只要有三位人大常委会委员联名就可以（11）（启动/进入）"质询"程序。

和法院不同　人大及其常委会可以主动地（12）（过问/询问）"一府两院"的工作。"质询"从表面上看只不过是人大在对"一府两院"（13）（使用/行使）知情权，但在实践中却多是对政府部门的不适当行为提出质询案，对被质询者则是一种责成纠正不适当行为的性质。

"太极拳"现象，让人（14）（深省/深思）。已经出台的法律和已经建立起来的权力制约（15）（规则/机制）有没有被"用足"？"法治国家"的一根柱石是法律和制度的建设，另一根柱石就是一个个"个案"的（16）（积淀/积累）。这两根柱石缺一不（17）（可/行）。假如我们都贪图捷径而依赖"批示"来解决问题，那么现有的权力制约机制就难以被（18）（尊重/激活）！

2. 人为什么会笑

若　水

（1）（日新月异/千变万化）的科学技术已让人类登上了月球，日益精湛的无性繁殖也使人类"制造"出了动物，然而对一些看来（2）（似乎/十分）简单的问题，如"人究竟为什么会笑"，人们却至今（3）（半知半解/不甚了了）。

美国的拉玛昌达拉医生在这方面作了新（4）（探究/探索）。他指出，在听笑话或发生什么可笑事情的时候，你可能感到会出现了某种（5）（结果/结局），但往往（6）（结果/结局）却是出乎意料的，于是你得从根本上（7）（从头/重新）作出解释，可见人们正是通过笑来（8）（告之/告诉）周围人，刚才出现的是"假警报"。

（9）（按照/遵照）这种理论，如果有个人走路时踩到了一块香蕉皮，摔了个（10）（头晕眼花/头破血流），你见了不会笑，但要是摔倒后又爬了起来，拍了拍身子又重新（11）（赶路/走路），你就可能会发笑——其实这是你通过笑来告诉周围人，完全不必去（12）（救助/援助）他，原来是"假警报"。

拉玛昌达拉医生进而（13）（断定/推断）说，在远古时期，担任警戒的原始人（14）（几乎/也许）是通过一阵哈哈大笑来解除刚刚发布的"假警报"（如狼来了）的。

拉玛昌达拉医生是在印度（15）（诊断/诊治）一名患奇怪脑病的妇女时，发现这种"假警报"现象的。（16）（当时/那时）他用一根针戳进她的皮肤，她竟会"咯咯"地笑个不停。对此他（17）（猜测/分析）说，如果针触击的是一个正常人，皮肤接受的疼痛（18）（感觉/信号）即会被送至大脑中负责对疼痛作出反应的部分，接着这一信息又从那里传到大脑中的感觉中心，最后使（19）（她/他）感到疼痛。但对该妇女来说，信息只到了大脑的疼痛中心，而未传到感觉中心，因为两者之间的联系被（20）（意外/异常）地切断了。因而她只是感到一点痛，而不是（21）（刺痛/剧痛），对此其大脑只能解释为"假警报"，于是便"咯咯"大笑了。

3. 说戏岂可戏说
史 谭

某电视台播出戏曲知识问答题，请在场观众（1）（应/试）答。（2）（我/偶）闻两题，两度惊讶。

其一（3）（是/曰）："《萧何月下追韩信》是演哪个朝代的故事？A、秦代，B、汉代。"主持人亮出的答案（4）（竟/却）是"汉代"。萧何是汉相，"追韩信"似乎应在汉代；秦（5）（灭/亡）于公元前206年，刘邦称帝（6）（建立/开创）汉朝是在公元前202年，其间4年（7）（无/非）秦非汉，是楚汉（8）（两/相）争时期，韩信登台拜将就在这个阶段，（9）（其/那）时刘邦还是汉王（受楚霸王之封），可知（10）（尚/还）未进入汉朝。说是汉朝事（11）（当然/固然）不对，（12）（如/若）说秦朝，（13）（亦/也）不甚相合。陶君起《京剧剧目初探》把该剧（14）（标/列）作"秦代故事戏"，以其时尚未入汉，又因不立楚汉专章而附（15）（于/在）秦末，倒勉强说得过去。与其称（16）（其/之）为汉代故事，还不如说是秦末故事；当然，出题时（17）（能/倘）另立"楚汉相争时期"一（18）（项/类），就没有在选择上为自己设置障碍之虑了。

其二曰："卓文君故事……给后人留下的成语是什么？"有人回答"孔雀东南飞"，显然（19）（大误/大错），主持人说是"举案齐眉"，也不对。举案齐眉是汉代梁鸿、孟光的故事，与卓文君无（20）（涉/关）；相关的典故有"当垆涤器"，元·关汉卿《窦娥冤》："这一个似卓氏般当垆涤器，这一个似孟光般举案齐眉。"前人以此两事对（21）（举/比），今人却有混为一谈

（22）（的/者）。

说戏是为了（23）（普及/传播）戏曲知识，但说戏不能变成戏说。

（十）请分析下列各对同义句，指出它们之间的差别，并说说在修辞效果上的优劣。

1. {
   （1）一个从后面挤向前来的三十左右的纠察队员表示殷勤地回答：……
   （2）一个三十左右的纠察队员从后面挤向前来，殷勤地回答：……
   }

2. {
   （1）偶然有几个全裸体的小孩子，奔走追赶，故作怪声直吼，这才打破些平静的空气。
   （2）偶然有几个全裸体的小孩子，奔走追赶，故作怪声直吼，这才把平静的空气打破。
   }

3. {
   （1）什么叫做教育家，就是教导孩子们，养护孩子们，使孩子们样样都好，样样都长进的。
   （2）什么叫做教育家，就是教导孩子们养护孩子们使他们样样都好都长进的，这谁都知道。
   }

4. {
   （1）草包不够用，大坝合不拢口，洪水眼看就要把大坝冲垮了。
   （2）草包不够用，大坝合不拢口，眼看就要被洪水冲垮了。
   }

5. {
   （1）……我把这个点化说为飞跃性的点化，这里表现着时代的、思想的、艺术的飞跃。
   （2）……我把这个点化说为飞跃性的点化，这里表现着时代的飞跃、思想的飞跃、艺术的飞跃。
   }

6. {
   （1）我无论如何明天决计要走了。
   （2）无论如何，我明天决计要走了。
   }

7. {
   （1）房子很好，原来的摆设也是好的，如今却破破烂烂，乱七八糟……
   （2）房子很不坏，原来的摆设也不错，如今却破破烂烂，乱七八糟……
   }

8. {
   （1）组合家具和新奇沙发全部现货供应。随行就市，并且价格浮动，售完为止。欢迎光临选购。
   （2）组合家具、新奇沙发，现货供应。随行就市，价格浮动，售完为止。欢迎顾客，光临选购。
   }

9. {
   （1）这房间就在楼下，有一张床，一盏电灯，一张桌子，两把椅子……
   （2）这房间就在楼下，有一个床，一盏灯，一桌，两椅……
   }

10. {
    （1）功课已经完毕的学生，他们都匆匆地回去了。
    （2）功课已经完毕的学生，都匆匆地回去了。
    }

（十一）请说出下列各组句子是怎样衔接起来的。

1. 这样的哭使老人又伤心又害怕。伤心的是一声就像一针，针针刺着自己的心。害怕的是单墙薄壁，左邻右舍留心一听就会起疑念。

2. 露天会场。西边是黑黝黝的群山。东边是流水汤汤的延河，隔河是清凉山。南边是隐隐约约的古城和城上的女墙。北边是一条路，沿了延河，蜿蜒过蓝家坪、狄青牢，直通去三边的阳光大道。

3. 唐主任也立刻紧张起来，又是倒水，又是让茶，又是剥糖果。他的动作是机械的，机械得近乎可笑；他的表情是尴尬的，尴尬得有些可怜。几次吞吞吐吐，欲言又止。

4. 啊啊，我知道你那时候心里并不怨我的，我知道你并不怨我的。我看了你的眼泪，就能辨出你的心事来，但是我哪能不哭，我哪能不哭呢！

5. 有人卷一条被单，睡在光滑的石板上；有人搬几块床板，一头搁着长凳，一头就搁在桥栏杆上，铺一张草席躺下。

6. 春节过后，大地渐渐地从沉睡中苏醒过来。冰雪融化，草木萌发，各种花草次第开放。再过两个月，燕子翩然归来；不久，布谷鸟也来了。于是转入炎热的夏季，这是植物孕育果实的时期。到了秋天，果实成熟，植物的叶子渐渐变黄，在秋风中簌簌地落下来。北雁南飞，活跃在田间草际的昆虫也都销声匿迹，到处呈现一片衰草连天的景象，准备迎接漫天风雪的严冬。

（十二）请修改下列句子，并说明理由。

1. 华东地区的六十余位专门工作者出席了中国华东修辞学会主办的《修辞学习》杂志昨天在上海举行的创刊三周年改革座谈会。

2. 但是我们不能很深刻地去表现它，就因为没有掌握一个最基本的一点。

3. 他让老太婆把瓶子反复洗刷清洁。然后，他用煮过的白纱布挤压和过滤葡萄原汁，先用一个搪瓷盆子把葡萄汁盛起，再通过漏斗，将葡萄汁灌入两个玻璃瓶里。

4. 在那个时候，报纸和我接触的机会是很少的。

5. 仅仅一年多的时间，不仅把他培养成为"三好"学生，而且学会了高中数学课程，在数学竞赛中，取得了好成绩，引起了人们的极大注意。

6. 这种吸尘器吸力强大，经济实惠，可以调速，欢迎选购。

7. 久闻西山角下有一处具有近百年历史的琉璃制品厂，这个古琉璃厂从清代中期以来一直延续了二百多年。这家厂是在乾隆年间（十八世纪中叶）由城南迁往该地的。

8. 荔枝原产于我国，是我国的特产。海南岛和廉江有野生的荔枝林，可为我国是原产地明证。

9. 各种构造不同的眼睛，又都有特殊的功能。研究、认识眼睛的各种构造和功能，从中可以得到重要的启示。

10. 你把鲜蘑菇在溪水里洗净，不要油，不要盐，光是白煮来吃就有一种特别鲜甜的滋味；如果再加上一条野羊腿，那就鲜甜浓香。

（十三）请在下文的括弧里选择你认为最合适的句子。

1. 孩子们还会感动吗？

大　明

不久前，学生写了一篇作文，题目是《一件让我感动的事》，作文交上来以后，（1）（没有一篇让我觉得感动/我没有被一篇所感动），全班 60 个小学四年级的学生，有 32 人写了在车上看见有人让座而感动，有 15 人写看见有人拾金不昧而感动，（2）（毫无感情的平板艰涩的叙述，千篇一律无一点新意的题材/千篇一律无一点新意的题材，毫无感情的平板艰涩的叙述），让我这个中文专业的语文老师大汗淋漓，我们的孩子怎么了?!

（3）（我心有不甘/我不甘心）。又一次对学生进行启发，（4）（有一个学生说弟弟给外公吃饭时拿了筷子，他觉得感动/有一个学生说吃饭时弟弟给外公拿了筷子，他觉得感动）。我又问："还有吗？"见他一片苦思冥想之状，我进一步启发："当你生病时，（5）（你的父亲有没有半夜三更地背着尔上医院/有没有半夜三更被你的父亲背着上医院），有的请举手!"举手者有 35 人；我又说："当你的父亲和母亲卧病在床时，却勉力支撑为你做饭，有这种事的请举手!"手齐刷刷地举着。"感动过吗？"学生一脸木然。（6）（我站在讲台上，终于不能再冷静了/站在讲台上的我终于不能再冷静了）。

（7）（这就是吃着肯德基，喝着娃哈哈，听着流行歌曲成长的一代/这就是正在成长的一代，他们吃着肯德基　喝着娃哈哈，听着流行歌曲）。他们的物质生活比任何一个时代都要丰裕，情感世界却比任何一个时代都要贫乏；他们会为自己给父辈们拿了一双筷子而津津乐道，却不曾为父母们给自己的无数关爱而感动。（8）（当他们拉着父辈陌生又神往的小提琴，嘴里不时蹦出几个英语单词，随着悠扬的乐曲优美地旋转，坐在电脑桌前熟练地按着键盘时/当他们坐在电脑桌前熟练地按着键盘，嘴里不时蹦出几个英语单词，拉着父辈陌生又神往的小提琴，随着悠扬的乐曲优美地旋转时），我们都在为他们而骄傲。但我却不得不为大家敲这当头一棒，

（9）（我们竭尽所有为孩子铺设锦绣前程，用爱和物质/我们竭尽所有用爱和物质为孩子铺设锦绣前程），在他们学会知识与技能的同时，（10）（自私与怯懦、偏狭与麻木也随之一同成长/自私、怯懦、偏狭与麻木也随之一同成长）。在这日新月异的时代，我们的孩子将和今天的我们一样，面临的不是无知，而是比无知更可怕的自私与冷漠。感动脱离了我们文明的躯体，（11）（不再有沧桑人世、冬去春来的感怀/不再有冬去春来、人世沧桑的感怀），不再有悲天悯人、热血沸腾的豪情，唯有高科技手段制作的电影电视上刺激性的镜头才能引起津津乐道，雪天街道里瑟瑟发抖的乞丐早已司空见惯，试问还有谁能写出"对酒当歌，人生几何"的千古绝唱？（12）（这一幕是多么可怕/这是多么可怕的一幕），我们的孩子将不再有心灵的感动与关爱，（13）（也不会再有真正的亲情、友情和爱情/也不会再有真正的爱情、友情、亲情），人人都把自己的情感裹于茧中，不付出也得不到，不交流也不沟通，没有感性与冲动，注定我们都将越来越孤独。

人人都为我们的下一代的智商而努力时，（14）（也要注重孩子"情商"的培养/也要注重培养孩子的"情商"），让我们的孩子学会感动，学会爱与被爱，学会关爱与同情。

2. 种树人与攀折人
顾云卿

（1）（在古代，攀折树枝也许并非一种有违公德的事情。西安城东有一地方名曰"灞桥"。按《西安府志》载："灞桥两岸，筑堤五里，栽桥万株。"唐代在灞桥设立驿站，凡东往西来的人们搞迎送活动，都在灞桥进行。于是折取灞桥岸边的柳枝在送别者来讲也就相沿成习/西安城东有一地方名曰"灞桥"。按《西安府志》载："灞桥两岸，筑堤五里，栽桥万株。"唐代在灞桥设立驿站，凡东往西来的人们搞迎送活动，都在灞桥进行。于是折取灞桥岸边的柳枝在送别者来讲也就相沿成习。可见，在古代攀折树枝也许并非一种有违公德的事情）。李白说"年年柳色，灞陵伤别"；柳永则曰"参差烟树灞陵桥，风物尽前朝。衰杨古柳，几经攀折，憔悴楚宫腰"；（2）（杨巨源在《赋得灞桥柳留辞郑员外郎》中更说道/杨巨源《赋得灞桥柳留辞郑员外郎》讲得更直接）："杨柳含烟灞岸春，年年攀折为行人。"不光是灞桥有攀折人，其他地方也有。李白有《金陵白下亭留别》诗，中有"驿亭三柳树，正当白下门……别后若见之，为余一攀翻"句，（3）（什么是攀翻？这就是攀折/这攀翻也就是攀折）。

但也有对攀折人提出意见的。《全唐诗》第10册收有于鹄的一首诗《种树》，（4）（如下为全文/全文如下）：

一树新栽益四邻，野夫如到旧山春。

树成多是人先老，垂白看他攀折人。

这是一个种树人对攀折人的提醒和告诫。（5）（一树新栽，有益四邻/栽树有益四邻），这本是浅显的道理。前人种树，后人乘凉，（6）（年年成活，早日成荫，这当然是种树人的希望/种树人当然希望他所种的树年年成活，早日成荫）。另一位唐人叫李头陀的，在一沙堤葬母，他守堤三年，并种树相伴，他写了一句"种树为阴出世恩"的诗。（7）（"种树为阴"也是"益四邻"的一个方面/"益四邻"也是"种树为阴"的一个方面）。

可是，十年树木，百年树人，树要成荫，人却先老，（8）（种树人往往看不到自己种树的**最终效果**/自己种树的**最终效果**种树人往往看不到），于是，垂白者（即白发下垂者）只能眼睁睁地看着那些攀折人"攀条折其荣""攀玩众所争""攀林搴落英"，（9）（充满着伤感/他无力阻止，**充满着伤感**）。读于鹄的诗，感觉到种树人与攀折人真是一对矛盾。减少"攀折"的行为，就是增加"树成"的机会；不要让"垂白"者感到伤心，就会使新栽之树有益于四邻，才会使"旧山"即家乡、故地充满春的气息。（10）（《种树》诗的这一别解，对我们今天保护绿化、保护环境有很大的启示。/对《种树》诗的这一别解，对我们今天保护绿化、保护环境有何启示呢？）

3. 六千年文明史的凸现
陈燮君

（1）（上海博物馆新春伊始举办了"上海考古新发现"特展/新春伊始，上海博物馆举办了"上海考古新发现"特展）。在古朴的展览场景中展示了良渚文化的红陶异形盉、红陶三联匜、黑衣灰陶鹿钺纹尊、灰陶扁腹实足鬶，观众可以直面广富林遗存灰陶弦纹垂腹鼎、四孔拱背 V 字形大石犁、南京龙泉窑青釉长颈瓶、执荷童子金耳坠、明代银发罩、双鱼纹铜镜、鎏金蚱蜢银发簪和鎏金楼阁人物纹银发簪……

（2）（人们长期以来认为上海只是在近几百年才从海边渔村发展而来的新兴城市/长期以来，人们认为上海只是在近几百年才从海边渔村发展而来的新兴城市）。比较可靠的文献记载也只能将上海郊区的历史定格在唐代的华亭县，上海市区则更晚，要到元代。（3）（再现上海历史风貌的任务理应由上海考古工作者承担/上海考古工作者理应承担再现上海历史风貌的任务）。1949 年建国之前，首先在金山戚家墩发现了一处春秋战国时期的遗址。（4）（建国以来，经过上海考古工作者的不懈努力，取得了丰硕的成果，发现了自新石器时代以来各个时期的遗址和墓葬/建国以来，上海考古工作者不懈努力，取得了丰硕的成果，发现了自新石器时代以来各个时期的遗址和墓葬）。悠久而精绝的古代遗存证明，先民们已经在上海这片土地上创造了六千年的历史。

（5）（半个世纪的上海考古已经证明，早在 6 000 多年前上海就已超越渔村，上海人不仅种水稻、吃大米，而且还捕鱼狩猎，过着自给自足的定居生活/半个世纪的上海考古已经证明，早在6 000多年前上海就已超越渔村，上海人不仅捕鱼狩猎，而且还种水稻、吃大米，过着自给自足的定居生活）。中国考古学上的两个专用术语——崧泽文化和马桥文化就是以上海青浦的崧泽村和闵行的马桥镇命名的，在那里首先发现了5 000年前和3 000多年前的两个典型的古文化遗存。青浦福泉山是全国文物保护单位，那里发现了良渚文化的贵族墓葬，出土了许多精美绝伦的玉器。一系列的考古发现说明，（6）（作为现代大都市的上海还具有深厚的历史文化底蕴、悠远而灿烂的古代文明/上海作为现代大都市，还具有深厚的历史文化底蕴、悠远而灿烂的古代文明）。

（7）（"上海考古新发现"特展展示了上海考古的最新发现和近年来在上海发掘出土的文物精品/"上海考古新发现"特展展示了上海考古的最新发现，展示了近年来在上海发掘出土的文物精品）。松江广富林遗址已连续发掘5年，不仅发现了艺术珍品，丰富了馆藏，而且考古研究工作也取得了新的突破。（8）（这里发现了几十座良渚文化墓葬，是当时社会中下层成员的墓葬，它埋藏在一个台地之上/这里发现了几十座良渚文化墓葬，它埋藏在一个台地之上，这是当时社会中下层成员的墓葬），墓地中可以划分不同的墓区，用以埋葬分属不同血缘的家族成员。广富林出土了由中原地区移民使用过的一批生活器具，这些黄河人不远千里来到长江之尾，他们的行为给我们探寻长江文明发展史带来了新课题。（9）（广富林遗存的发现对于研究黄河与长江流域古代文明的交流以及环太湖地区的文明化进程具有重要意义/对于研究黄河与长江流域古代文明的交流，对于研究环太湖地区的文明化进程，广富林遗存的发现具有重要意义）。从广富林遗址中还出土了许多春秋战国至汉代的地砖、瓦当等大型建筑的构件，为探寻上海城镇的源起和了解上海早期的城镇形态提供了极其重要的线索。

（10）（志丹苑水闸遗址是一处元代水闸，由闸门、驳岸、过水石面等几部分构成，总面积1 300平方米左右，它的发现是2002年中国重大考古发现/志丹苑水闸遗址的发现是2002年中国重大考古发现，这是一处元代水闸，由闸门、驳岸、过水石面等几部分构成，总面积1 300平方米左右）。它规模大、做工考究、保存比较完好。发掘完成后，计划将在水闸原址建造世界一流的遗址博物馆。

宋代至明清时期，是上海地区发展的重要时期，也是上海今天成为现代大都市的历史和文化根基。（11）（精美文物在有水乡桥乡美誉的青浦、遐迩闻名的松江、上海的老城厢都有问世/上海的老城厢、遐迩闻名的松江、有水乡桥乡美誉的青浦都有精美文物问世）。当时佛教盛行的烙印给上海留下了不少佛教建筑塔和寺，从这些建筑中出土了许多珍贵的文物。（12）（展品中从上海电视大学松江分校出土的南宋金器金色纯正，工艺精湛/从上海电视大学松江分校出土的展品南宋金器金色纯正，工艺精湛）。从青浦寺前村遗址出土的龙泉青瓷器出自寺庙前的一个水井中，很可能是僧人为避战乱所遗留。（13）（四件青瓷器釉色温润，是少见的文物精品/青瓷器四件，釉色温润，是少见的文物精品）。明代金银玉首饰等精美的文物均出自上海老城厢和松江城周围的墓葬中，从中可以看到当时的生活时尚。（14）（宋元明清的文物是上海历史文化根基的生动写照，反映出了当时上海地区经济繁荣的一个侧面/宋元明清的文物既反映出当时上海地区经济繁荣的一个侧面，也是上海历史文化根基的生动写照）。

4. 一尘不到

顾云卿

过年清扫居室，谓之"掸尘"；窗明几净，整洁无垢，（1）（谓之"一尘不染"/"一尘不染"之谓也）。绍兴徐文长故居"青藤书屋"内有一匾，上有屋主自书"一尘不到"四个大字。

（2）（"一尘不到"既形容环境清洁外，又说明人的精神境界/"一尘不到"除了形容环境清洁外，更多的是说明人的精神境界）。佛教有"六根"、"六尘"之说。六根指人的眼、耳、鼻、舌、身、意；六尘则指世间的色、声、香、味、触、法。六根与六尘相接触，（3）（就产生了人的欲念和烦恼/人的欲念和烦恼就产生了）。晋释僧肇《不真空论》认为"不染尘累，般若力也"。般若，（4）（意为理解一切事物的智慧之意/是理解一切事物的智慧之意）。只有依靠这种智慧的力量，才能做到六根清净，不被六尘玷污。所以，（5）（在禅寺门口常常有这样的楹联/我们常常在禅寺门口见到这样的楹联）："净土清幽，一尘不到菩提地；禅关寂静，万善同归般若门。"唐诗人唐彦谦有《游清凉寺》一诗："白云红树路纡萦，古殿长廊次第行。南望水连桃叶渡，北来山枕石头城。一尘不到心源净，万有俱空眼界清。竹院逢僧旧曾识，旋披禅衲为相迎。"（6）（《题淡水岩》一诗为清代留筠（端父）所撰/清代留筠（端父）在《题淡水岩》中说）："起仰高山识有年，忽看岩窬锁云烟。一尘不到飞凡地，六月当如不暑天。昔有秦人尝穴外，世从山谷始名传。品题自古因人重，我漫邀僧煮石泉。"

（7）（在佛、道圣地，多有"一尘不到"的题词/"一尘不到"的题词多见于佛、道圣地）。如福建武夷山之"响声岩"，就有"一尘不到处"的崖刻，"尘无而道性生"，喻指此地为道家修炼之地的空灵高洁。河北承德梨树峪"创得斋"之左的"枕碧室"，内有一块"一尘不到"匾。湖南桃花源"问津亭"上的对联是"万劫犹存，世上蜉蚁忘岁月；一尘不到，洞中鸡犬亦神仙。"（8）（今人如浙江永嘉的画家徐顺恩，也将"一尘不到"作为自己的书斋名/今人也有将"一尘不到"作为自己书斋名的，如浙江永嘉的画家徐顺恩）。

（9）（陶渊明在《归园田居五首》（之一）中写过："户庭无尘杂，虚室有余闲。久在樊笼里，复得返自然"，真是一语双关。既指庭院的清净，身体回归大自然；又指心灵的空旷，自觉洗涤众杂念。"一尘不到"非常值得今人作为座右铭/"一尘不到"非常值得今人作为座右铭。陶渊明在《归园田居五首》（之一）中写过："户庭无尘杂，虚室有余闲。久在樊笼里，复得返自然",真是一语双关。既指庭院的清净,身体回归大自然;又指心灵的空旷,自觉洗涤众杂念)。许多贪官污吏染满红尘,贪得无厌,污点累累,黑心烂肠。他们如早一点能以"一尘不到"自戒自律、自勉自励,也许能始终保持清白名节,求得心灵舒畅坦荡。

商品经济大潮并不可怕,出污泥可以不染,(10)(南京路上好八连就是"身居闹市,一尘不染"。/南京路上好八连不是"身居闹市,一尘不染"吗?)握有重权并非必遭腐蚀,你不搞权钱交易就行了么!"一尘不到"是一种理想境界,不易做到,故须日夜念叨,时刻提醒,反复对照,永远努力。参观青藤书屋,观摩"一尘不到"横匾,(11)(最大的启迪也许就在此吧/这也许就是最大的启迪)!

(十四)请指出下面诗歌押的是什么韵。思考一下这些韵在诗歌情调的渲染上有没有作用。如果有,又是什么作用。

1. 笑

林徽因

笑的是她的眼睛,口唇,
和唇边浑圆的旋涡。
艳丽如同露珠,
朵朵的笑向
贝齿的闪光里躲。
那是笑——神的笑,美的笑:
水的映影,风的轻歌。

笑的是她惺忪的卷发,
散乱的挨着她耳朵。
轻软如同花影,
痒痒的甜蜜
涌进了你的心窝。
那是笑——诗的笑,画的笑:
云的留痕,浪的柔波。

2. 祖国在我心中(节录)

李瑛

没有一条路走近我,
但你,却在我心中,
祖国在我心中。

我要像小儿女般向你倾诉,
我高举着沉甸甸的今天,
献给你黄金般的赤诚和深情;
北京,山顶洞的篝火可以作证,

中国海可以作证，
东方大陆架可以作证，
那古老的山脉水系，
和我心脏的搏动如此一致的
一条条腾跃的曲线可以作证：
我是你极小极小的一部分，
但却属于你
贫穷而圣洁的血统。
啊，祖国在我心中！

属于丽日的女性的南方，
和属于风雪的男性的北方，
在我心中；
经线——纬线，
九百六十万平方公里
在我心中；
无论是黄河浩瀚
或昆仑峥嵘；
即使那最远最远的
在波涛里明灭的小岛，
即使乱山雪谷间
一缕炊烟在上升；
哦，东海渔歌，高原乳香，山野花红，
中原，小小"蜜蜂Ⅲ号"的翅膀在闪光，
我知道这就是你的笑容，
哦，祖国在我心中。

我不知道，
你是什么时候、是怎样

走进我的心，
只感到由于你的存在，
我周身常幸福得轻轻颤动。

祖国，我爱你每寸土地上
降落或升起的
每个黎明或傍晚，
我爱你醒来的岁月，
以及终年不倦地
工作的春夏秋冬；
我爱你沸腾的矿山，
高大的厂房，闪光的铁轨，
我爱你射线，电子程序，
以及操作台前闪耀的小灯；
我爱妇产院稚嫩的啼哭，
我爱户户新居：
台布雪白，美酒绛红；
我是甜蜜的，在水乡，
看着鹧鸪声里
甘蔗在骄傲地生长；
我是充实的，在塞北，
听着蝈蝈鼓翅
催得高粱似火，大豆摇铃；
我爱长江烟波里矫健的翅膀，
我爱长城漠风里骏马嘶鸣。
祖国啊，我爱你的
每把泥土，每粒石子，
每滴雨，每阵风，
祖国在我心中！

（十五）阅读下面诗、文，然后说说作者是怎样安排语音节奏，以造成优美的修辞效果的。

1. 荷塘月色（节录）
朱自清

　　曲曲折折的荷塘上面，弥望的是田田的叶子。叶子出水很高，像亭亭的舞女的裙。层层的叶子中间，零星地点缀着些白花，有袅娜地开着的，有羞涩地打着朵儿的；正如一粒粒的明珠，又如碧天里的星星，又如刚出浴的美人。微风过处，送来缕缕清香，仿佛远处高楼上渺茫的歌声似的。这时候叶子与花也有一丝的颤动，像闪电般，霎时传过荷塘的那边去了。叶子本是肩并肩密密地挨着，这便宛然有了一道凝碧的波痕。叶子底下是脉脉的流水，遮住了，不能见一些颜色；而叶子却更见风致了。

2. 牵 牛 花（节录）
郭　风

看啊，
田野里的麦穗，
把雾的白色细纱轻轻地拨开，
小涧边的红蓼花，
对着明亮的水面在那里梳头，
林中的野菇，打开了小红伞，
河岸边的蔷薇，张开了花瓣，
竹篱上的豌豆花，在自己的发辫上打了蝴蝶结，过了不久，池塘里的睡莲，也张开了雪白的花冠……
于是——
世界变得这样繁华，这样芬芳……

3. 采 莲 曲

朱 湘

小船呀轻飘，
杨柳呀风旦颠摇；
荷叶呀翠盖，
荷花呀人样娇娆。
日落，
微波，
金丝闪动过小河。
左行，
右撑，
莲舟上扬起歌声。

菡萏呀半开，
蜂蝶呀不许轻来，
绿水呀相伴，
清净呀不染尘埃。
溪间，
采莲，
水珠滑走过荷钱。
拍紧，
拍轻，
桨声应答着歌声。

藕心呀丝长，
羞涩呀水底深藏；
不见呀蚕茧，
丝多呀蛹裹中央？
溪头，

采藕，
女郎要采又夷犹。
波沉，
波升，
波上抑扬着歌声。

莲蓬呀子多：
两岸呀榴树婆娑，
喜鹊呀喧噪，
榴花呀落上新罗。
溪中，
采莲，
耳鬓边晕着微红。
风定，
风生，
风飔荡漾着歌声。

升了呀月钩，
明了呀织女牵牛；
薄雾呀拂水，
凉风呀飘去莲舟。
花芳，
衣香，
消溶入一片苍茫；
时静，
时闻，
虚空里袅着歌音。

（十六）在下列各题中指出一种修辞格。

1. 这个连长太"军阀"了！年纪不大，脾气可不小。

2. "祥林嫂？怎么了？"我又赶紧地问。"老了。"

3. 虚心竹有低头叶，傲骨梅无仰面花。

4. 什么是路？就是从没有路的地方践踏出来的，从只有荆棘的地方开辟出来的。

5. "刚才，四老爷和谁生气呢？"我问。"还不是和祥林嫂？"那短工简捷的说。

6. 自称盗贼的无须防，得其反倒是好人；自称正人君子的必须防，得其反则是盗贼。

7. 药补不如食补，食补不如心补，心补远胜于药补。

8. 集邮册的那页上什么也没有。老人一看也慌了，忙翻其他的几页。空白、空白、全是空白。

9. 世上万物都有它的对立面，有水就有火，有阴就有阳，有天才，也就有地才。

10. 冻坏了皮肉，冻不坏俺们杀敌复仇的决心。

11. 二河两岸双江口，单人独马一杆枪。

12. 一个阔人说要读经，嗡的一阵一群狭人也说要读经。

13. 有的人骑在人民头上："啊，我多伟大！"

有的人俯下身子给人民当牛马。

14. 带织入狗中，狗织入白云中，白云织入村女中……

15. 道边有许多小贩，照相的，卖点心、汽水的，卖皮毛、山货的；更多的是卖绣花小帽的。

16. 血书所能挣来的是什么？不过就是你的一张血书，况且并不好看。

17. 啊！夜来香，多好听的名字，多美好的童年，多温暖的母亲的怀抱。

18. 假若当时我已经能够记事儿，我必会把联军的罪行写得更具体、更"伟大"、更"文明"。

19. 桂芬的眼哭肿了，心哭乏了，没有力气更没有勇气。……

20. 在这里，人依然是"风景"的构成者，没有了人，还有什么可以称道的？再者，如果不是内生活极其充满的人作为这里的主宰，那又有什么值得怀念？

21. 这里的土，插根筷子都会发芽。

22. 随着太阳渐渐西沉，阴影慢慢地爬上了那片原本就是灰色的高墙。

23. 我躺着，听船底潺潺的水声，知道我在走我的路。

24. 油灯不拨不亮，真理呐，不辩不明。

25. 风啊，撕开这暑气，切开这暑气，把它撕成碎片。

26. 何况现在不是学的孔夫子，学的是新鲜的国语、历史、地理和自然常识。这些文化学好了，到处有用。

27. 要节约每一块铜板，一分钱要掰成两半花。

28. 那时（无产阶级文化大革命时期），首都剧场附近有一阵子颇贴了一些所谓揭露卫先生罪状的印刷品。

29. 新做大梁四方方，拣好时日就上梁，三堂四横做做尽，问妹要廊不要廊。

30. 你这个榆木疙瘩啥也不懂。

（十七）请用 A、B、C、D、E 标明下列各比喻中的本体、喻词、喻体、相似点或相异点。

1. 江南春象酒一样浓。

2. 我就知道，我们之间已经隔了一层可悲的厚障壁了。

3. 灿烂的阳光下盛开的百合花就是您的笑容。

4. 你的话比刀子还尖，比辣椒还辣。

5. 黄花丛里，有时会挺起一枝火焰般的野百合花。

（十八）请比较下列各对句子，指出它们分别使用了什么修辞格。

1.
  - (1) 决定历史命运的不是秦皇汉武、唐宗宋祖，而是人民自己。
  - (2) "胖猪"满心想把味道调理得好一点，不料手一抖，把一大勺盐全撒进了锅里。

2.
  - (1) 床头仿佛靠着个小谷仓，谷仓前边有几口缸，缸上面有几口箱，箱上面有几只筐。
  - (2) 天连水，水连天。

3.
  - (1) 时间就是金钱，时间就是力量，时间就是生命。
  - (2) 上百人，不，上千人，还不，仿佛全体到会的上万人，都一齐歌唱。

4.
  - (1) "是叫浪花咬的。"一个欢乐的声音从背后插进来。
  - (2) 车队像一条河，缓缓地流在深冬的风里……

5.
  - (1) 右边十里稻花，左边烟囱入云，实在令人兴奋。
  - (2) 双喜的红色褪了，这屋里的喜气却越来越浓。

6.
  - (1) 我的车子缓缓驰过快乐的绿林翠木，驰过那阳光之下奇花盛开的山谷。
  - (2) 有的松树自得其乐，显出一副潇洒的模样。

（十九）请比较下面两篇文章，指出其异同，并分析文章 2 是怎么仿拟文章 1 的。

1. 论雷峰塔的倒掉
鲁 迅

听说，杭州西湖上的雷峰塔倒掉了，听说而已，我没有亲见。但我却见过未倒的雷峰塔，破破烂烂的映掩于湖光山色之间，落山的太阳照着这些四近的地方，就是"雷峰夕照"，西湖十景之一。"雷峰夕照"的真景我也见过，并不见佳，我以为。

然而一切西湖胜迹的名目之中，我知道得最早的却是这雷峰塔。我的祖母曾经常常对我说，白蛇娘娘就被压在这塔底下。有个叫作许仙的人救了两条蛇，一青一白，后来白蛇便化作女人来报恩，嫁给许仙了；青蛇化作丫鬟，也跟着。一个和尚，法海禅师，得道的禅师，看见许仙脸上有妖气——凡讨妖怪做老婆的人，脸上就有妖气的，但只有非凡的人才看得出——便将他藏在金山寺的法座后，白蛇娘娘来寻夫，于是就"水满金山"。我的祖母讲起来还要有趣得多，大约是出于一部弹词叫作《义妖传》里的，但我没有看过这部书，所以也不知道"许仙"、"法海"究竟是否这样写。总而言之，白蛇娘娘终于中了法海的计策，被装在一个小小的钵盂里了。钵盂埋在地里，上面还造起一座镇压的塔来，这就是雷峰塔。此后似乎事情还很多，如"白状元祭塔"之类，但我现在都忘记了。

那时我惟一的希望，就在这雷峰塔的倒掉。后来我长大了，到杭州，看见这破破烂烂的塔，心里就不舒服。后来我看看书，说杭州人又叫这塔作保叔塔，其实应该写作"保俶塔"，是钱王的儿子造的。那么，里面当然没有白蛇娘娘了，然而我心里仍然不舒服，仍然希望他倒掉。

现在，他居然倒掉了，则普天之下的人民，其欣喜为何如？

这是有事实可证的。试到吴越的山间海滨，探听民意去。凡有田夫野老，蚕妇村氓，除了几个脑髓里有点贵恙的之外，可有谁不为白娘娘抱不平，不怪法海太多事的？

和尚本应该只管自己念经。白蛇自迷许仙，许仙自娶妖怪，和别人有什么相干呢？他偏要放下经卷，横来招是搬非，大约是怀着嫉妒罢——那简直是一定的。

听说，后来玉皇大帝也就怪法海多事，以至荼毒生灵，想要拿办他了。他逃来逃去，终于逃在蟹壳里避祸，不敢再出来，到现在还如此。我对于玉皇大帝所做的事，腹诽的非常多，独于这一件却很满意，因为"水满金山"一案，的确应该由法海负责；他实在办得很不错。只可惜我那时没有打听这话的出处，或者不在《义妖传》中，却是民间的传说罢。

秋高稻熟时节，吴越间所多的是螃蟹，煮到通红之后，无论取那一只，揭开背壳来，里面就有黄，有膏；倘是雌的，就有石榴子一般鲜红的子。先将这些吃完，即一定露出一个圆锥形的薄膜，再用小刀小心地沿着锥底切下，取出，翻转，使里面向外，只要不破，便变成一个罗汉模样的东西，有头脸，身子，是坐着的，我们那里的小孩子都称他"蟹和尚"，就是躲在里面避难的法海。

当初，白蛇娘娘压在塔底下，法海禅师躲在蟹壳里。现在却只有这位老禅师独自静坐了，非到螃蟹断种的那一天为止出不来。莫非他造塔的时候，竟没有想到塔是终究要倒的么？

活该。

2. 论萨达姆的倒掉

佚　名

听说，中东伊拉克的萨达姆倒掉了，听说而已，我没有亲见。但我却见过未倒的萨达姆，独裁政权，金碧辉煌的宫殿映掩于破破烂烂的城市之间，就是'萨氏行宫'，中东十景之一。伊拉克的真景我也在电视里见过，并不见佳，我以为。

然而一切中东各国的统治者之中，我知道得最早的却是这萨达姆。外国的电视报纸上常常说，伊拉克人民就被压在这独裁政权下！以前伊拉克有石油，靠卖石油伊拉克人民过得还不错，后来萨达姆上了台，石油的收入都归他了，对不听话的人民是决不留情，还命了伊拉克人民去打伊朗，到底是没打过，却建了个凯旋纪念碑；又去打科威特，结果被"沙漠风暴"赶回了老家。此后似乎事情还很多，如对库尔德人使用毒气之类，但我现在都忘记了。

那时我惟一的希望，就在这萨达姆的倒掉。后来我长大了，一看到中东，看见这破破烂烂的独裁政权，心里就不舒服。后来我看看电视，美国人已攻占了伊拉克，但萨达姆却杳无音信。那么，伊拉克确是解放了，然而我心里仍然不舒服，仍然希望他倒掉。

现在，他居然倒掉了，则普天之下的人民，其欣喜为何如？

这是有事实可证的。试到伊拉克的山间海滨，探听民意去。凡有田夫野老，蚕妇村氓，除了几个脑髓里有点贵恙的之外，可有谁不为被萨达姆所杀的无辜平民抱不平，不怪萨达姆太独裁的？

总统本应该支持民主自由。人民自爱民主，自由属于人民。他偏要搞侵略独裁，大约是怀着罪恶目的罢？？那简直是一定的。

听说，后来连美国佬也都怪萨达姆搞侵略独裁，以至荼毒生灵，想要拿办他了。他逃来逃去，终于逃在提特里克的地洞里避祸，不敢再出来，到现在还如此。我对于美国佬所做的事，腹诽的也不少，独于这一件却很满意，因为"侵略独裁"案，的确应该由萨达姆负责；他实在办得很不错的。只奇怪我现在打听了这话的出处，非但在 CNN 中，却也在 CCTV 中罢了。

冬日酷寒时节，提克里特乡间所多的是地洞。美国大兵接到线报，派兵搜查了地下室，揭开伪装，里面就有一个洞；派人一探，就抓出来一个老头模样的东西，有头脸，身子，还有假胡子。我们那里的粪青都称他"民族英雄萨老爹"，就是躲在里面避难的萨达姆。

当初，伊拉克人民被压在独裁政权的铁塔下，萨达姆躲在总统府里。现在却只有这位老领袖等着审判了，非到民主断种的那一天为止出不来。莫非他当初搞独裁的时候，竟没有想到独裁政权是终究要倒的么？

活该。

（二十）分析下列各题，看看分别使用了哪些修辞格。

1. 凭着崇高的理想、豪迈的气概、乐观的态度，克服困难不也是一种享受吗？

2. 新水井，亮闪闪，好像姑娘水汪汪的眼：看得玉米露牙笑，看得地瓜浑身甜；看得谷子垂下了头，看得高粱羞红了脸；看得粮食堆成山，看得日子像蜜甜。

3. 天上的云，真是姿态万千，变化无常。它们有的像羽毛，有的像鱼鳞，有的像羊群，有的像雄狮，还有的像奔马、像河川……

4. 一天是阴沉的上午，太阳还不能从云里面挣扎出来，连空气都疲乏得不爱动了。

5. 他用手摸着鞭捻子用纸烟点着，一刹时火星迸射，银花飞溅，那挂火鞭像炒豆子似的劈劈啪啪欢笑着响起来。

（二十一）下列各句在运用修辞格方面如有不妥之处，请加以改正，并说明理由。

1. 洒水车在马路上欢快地驰过，身后飞出一条银色的飘带。

2. 本药品经过临床试用，证明疗效显著。患者如果不信，不妨亲身试用一次，保管一药在手，病根立除，益寿延年，返老还童。

3. 威武的战舰劈开茫茫的夜幕，高速前进，海水在它面前纷纷惊恐地往两边退让。

4. 安定团结形势好，大搞四化气象新。

5. 几年来，全所八十余名职工被称为党委的"好参谋"，粮管所里的"农科站"。

6. 他们爱祖国，爱人民，爱和平，谁还去计较个人的生死，个人的得失，个人的利害呢！

7. 同志啊，你可不能小看这个工作哪，它的意义不是很渺小，而是很渺大，很重要。

8. 飞机在跑道上滑行，速度越来越快，突然机头向上一抬，就像一只巨大的风筝，乘风直上蓝天。

9. 她跳水的时候，姿态那样优美，好像敦煌壁画上的飞天一样。

10. 她根本不像一个女子，泼辣得很，比男人还厉害，真正是敢哭、敢骂、敢打、敢说、敢笑。你可别惹她，小心下不来台！

（二十二）指出下列各段文章的语体类型，并举例说明相应的语体特点。

1. 书 信

祖芬同志：

你怎么有心脏病呢？得你信十分惦记，是否去阜外医院看一看？我那边有熟人，那里专看心脏病，你千万不要来看我，太远了，打电话就行。

我并没有去福建，一时也不想动，走起来太麻烦了。你那篇文章《经济和人》不是登在《当代》吗？那序自然也在那边了。请他们不要给我稿费，给我订一年的《当代》吧。匆匆。

祝健康！

冰心三、廿

2. 备 忘 录

致：××市机械局

日期199×年×月×日

书写人：××轴承厂×××

事情：我国第一台大型真空渗碳炉

由××大学和我厂共同研制的我国第一台150千瓦大型真空渗碳炉，最近在我厂投入安装。

这台大型真空渗碳炉是采用真空高温深层渗碳的工艺，使整个渗碳过程在真空中进行，具有能耗低、温度高、无污染、工件变形小，不易氧化脱炭等特点，而且可以使渗碳速度从现行工艺的同一渗层每炉120小时缩短到20小时。仅此一项，年可节电150万度。建成后，不仅解决了目前国内新采用的常规渗碳工艺对大型轴承或机械零部件进行深层渗碳时渗层质量不稳定而影响产品质量的问题，同时还可以为科研部门进一步研究渗碳工艺的理论提供参考数据。

3. 通 告

中国人民银行通告

明日起发行1990年版壹圆券人民币

经国务院批准，我行定于1995年3月1日起发行1990年版壹圆券人民币。

一、1990年版壹圆券与1980年版壹圆券比较，总体设计不变，对局部图案和色调稍有调整，具有以下特征：

（一）由双面凹印改为正面单面凹印；

（二）正面：中间部位的底纹全部由假金色底纹代替了原来的黄色和橘黄色底纹。两侧部分的底纹全部由大红色代替了原来的大红色和黄色。背面：以橘黄色代替了假金色。

（三）年号由 1980 年改为 1990 年。

二、新发行的 1990 年版壹圆券人民币与现行壹圆券人民币在市场上同时流通使用，任何单位和个人不得拒收其中任何一种人民币。

行长　朱镕基

1995 年 2 月 22 日

4. 对　话

赵元任与程沧波先生及赵叔诚夫妇的谈话记录（节录）

程沧波：我现在想问问元任先生小时候到常州读书的情形。还是在私塾里读的呐，还是进学堂里头读的？

赵元任：起头是在家里，刚从北边回来的时候，请了个常州先生来教书。那时候我九岁，九岁是前清——是庚子第二年。

程：庚子第二年辛丑，光绪二十七年。

元：我属龙的乜，壬辰年生的。

程：那么你是十岁了？

元：叫名儿都十一岁了。请个先生么，在家里教了一年，后来就是我先父教我了。

程：那么在家里读了？

元：在家里读。后来就到苏州去读。

程：苏州从什么人？

元：苏州庞家。庞敦敏、庞京周是我的表兄弟。那么他们家的老大庞恩长就是我们的先生。

程：读了多少时候呐？

元：就读了一年。读了一年又回到常州。

程：那么读些什么书呐？

元：就是普通那种经书啊，比方《左传》啊，古文啊，什么的。

程：读了多少时候呐？

元：在苏州就读了一年。读了一年就回到常州了。十五岁就进了常州的溪山小学。

程：溪山小学我不大知道在哪儿？

元：我记得在城的北边儿，走过北岸，又过县衙门前头。

程：哦，就是后来的武阳公学，有个姓朱的办的，就是以前的隆城书院。

元：对了。是个姓朱的办的。溪山高小，就进了一年，那么后来就到南京去读书了。

程：那么当时溪山小学的同学后来来往的还有吧？

元：哎呀，现在一个都——一个都不知道在哪儿了。有几个知道是已经过去了。有几个么……

程：校长是谁？

元：校长是——校长是姓朱的。

程：常州人？

元：常州人，朱什么——不记得了。

程：那是私立的还是公立的？

元：私立的。

程：那这种人，办学堂的人，都是有志之士啊。

元：那么我们先生当中有个姓吕，吕诚之。

程：哦，吕诚之，现在还在乜。还在上海教书，叫吕思勉乜。

元：那八九十岁了。

程：不会九十岁，总八十以上了。乜，他一直在上海教书的。

元：诚实的诚。

程：叫吕思勉嘿。教西洋历史。

元：思勉是怎么两个字？

程：思么是思想的思，勉励的勉，他的大名叫吕思勉，他的号叫吕诚之。一直教书的。后来常州中学也教。

元：还有一立叫沈——沈问梅吧？——上海人。还有一位刘先生，还有一位姓杜的，杜先生。

程：乜，吕诚之先生学问很好，很博的，博而精么——根底非常深。他从前在常州中学教地理——他历史地理都教略——他就拿这个《嘉庆统一志》来教。后来一直在上海光华大学教，教历史，他写过两部历史书，是商务出版的，叫《本国史》、《高中本国史》。

元：有一回我从外国回来在京沪火车上看见了吕先生。多年没说常州话了。讲到外国情形，用常州话讲外国事情真不容易。

程：他恐怕还是说常州话？

元：乜，他还是说常州话。

赵叔诚太太（以下简称叔太）：特别着呐，常州话才特别着呐！

程：赵先生，你进商务印书馆是哪一年？

赵叔诚：1921 年。

元：那时候高梦旦先生还在吧？

叔：还在，编辑所所长。

程：1921 年王云五还没进去吧？

叔：进去了，还没做编译所所长，还是在梦旦先生的办公室里头。

程：从前的编译所在什么地方？

叔：从前的编译所，就在这个印刷所的背后，后来东方图书馆造么，就搬过去了。

程：就是在宝山路。

叔：乜，在宝山路。

元：呃——印刷所在哪儿呐？

叔：也在宝山路。

元：棋盘街就是——

叔：棋盘街是发行所，专门是发行所。从前棋盘街 1921 年左右盛极了。

5. 演　讲

反对党八股（节录）

毛泽东

今天会场上散发了一个题名《宣传指南》的小册子，里面包含四篇文章，我劝同志们多看几遍。

第一篇，是从《苏联共产党（布）历史简要读本》上摘下来的，讲的是列宁怎样做宣传。其中讲到列宁写传单的情形："在列宁领导下，彼得堡'工人阶级解放斗争协会'第一次在俄国开始把社会主义与工人运动结合起来。当某一个工厂里爆发罢工时，'斗争协会'因为经过自己小组中的参加者而很熟悉各企业中的情形，立刻就印发传单、印发社会主义的宣言来响应。在这些传单里，揭露出厂主虐待工人的事实，说明工人应如何为自身的利益而奋斗，载明工人群众的要求。这些传单把资本主义机体上的痛疽，工人的穷困生活，工人每日由十二小时至十四小时的过度沉重的劳动，工人之毫无权利等等真情实况，都揭露无余。同时，在这些传单里，又提出了相当的政治要求。"

是"很熟悉"啊！是"揭露无余"啊！

"一八九四年末，列宁在工人巴布石金参加下，写了第一个这样的鼓动传单和告彼得堡城塞棉尼可夫工厂罢工工人书。"

写一个传单要和熟悉情况的同志商量。列宁就是根据这样的调查和研究来写文章做工作的。

"每一个这样的传单，都大大提高了工人们的精神。工人们看见了，社会主义者是帮助他们、保护他们的。"

我们是赞成列宁的吗？如果是的话，就得依照列宁的精神去工作。不是空话连篇，言之无物；不是无的放矢，不看对象；也不是自以为是，夸夸其谈；而是要照着列宁那样地去做。

第二篇，是从季米特洛夫在共产国际第七次大会的报告中摘下来的。季米特洛夫说了些什么呢？他说："立当学会不用书本上的公式而用为群众事业而奋斗的战士们的语言来和群众讲话，这些战士们的每一句话，每一个思想，都反映出千百万群众的思想和情绪。"

"如果我们没有学会说群众懂得的话，那末广大群众是不能领会我们的决议的。我们远不是随时都善于简单地、具体地、用群众所熟悉和懂得的形象来讲话。我们还没有能够抛弃背得烂熟的抽象的公式。事实上，你们只要瞧一瞧我们的传单、报纸、决议和提纲，就可以看到：这些东西常常是用这样的语言写成的，写得这样地艰深，甚至于我们党的干部都难于懂得，更用不着说普通工人了。"

怎么样？这不是把我们的毛病讲得一针见血吗？不错，党八股中国有，外国也有，可见是通病。（笑）但是我们总得照着季米特洛夫同志的指示把我们自己的毛病赶快治好才行。

"我们每一个人，都应当切实领会下面这条起码的规则，把它当作定律，当作布尔什维克的定律：当你写东西或讲话的时候，始终要想到使每个普通工人都懂得，都相信你的号召，都决心跟着你走。要想到你究竟为什么人写东西，向什么人讲话。"

这就是共产国际给我们治病的药方，是必须遵守的。这是"规则"啊！

第三篇，是从《鲁迅全集》里选出的，是鲁迅复北斗杂志社讨论怎样写文章的一封信。他说些什么呢？他一共列举了八条写文章的规则，我现在抽出几条来说一说。

第一条："留心各样的事情，多看看，不看到一点就写。"

讲的是"留心各样的事情"，不是一样半样的事情。讲的是"多看看"，不是只看一眼半眼。我们怎么样？不是恰恰和他相反，只看到一点就写吗？

第二条："写不出的时候不硬写。"

我们怎么样？不是明明脑子里没有什么东西硬要大写特写吗？不调查，不研究，提起笔来"硬写"，这就是不负责任的态度。

第四条："写完后至少看两遍，竭力将可有可无的字、句、段删去，毫不可惜。宁可将可作小说的材料缩成速写，决不将速写材料拉成小说。"

孔夫子提倡"再思"，韩愈也说"行成于思"，那是古代的事情。现在的事情，问题很复杂，有些事情甚至想三四回还不够。鲁迅说"至少看两遍"，至多呢？他没有说，我看重要的文章不妨看它十多遍，认真地加以删改，然后发表。文章是客观事物的反映，而事物是曲折复杂的，必须反复研究，才能反映恰当；在这里粗心大意，就是不懂得做文章的起码知识。

第六条："不生造除自己之外，谁也不懂的形容词之类。"

我们"生造"的东西太多了，总之是"谁也不懂"。句法有长到四五十个字一句的，其中堆满了"谁也不懂的形容词之类"。许多口口声声拥护鲁迅的人们，却正是违背鲁迅的啊！

最后一篇文章，是中国共产党六届六中全会论宣传的民族化。六届六中全会是一九三八年开的，我们那时曾说："离开中国特点来谈马克思主义，只是抽象的空洞的马克思主义。"这就是说，必须反对空谈马克思主义；在中国生活的共产党员，必须联系中国的革命实际来研究马克思主义。

"洋八股必须废止，空洞抽象的调头必须少唱，教条主义必须休息，而代之以新鲜活泼的、为中国老百姓所喜闻乐见的中国作风和中国气派。把国际主义的内容和民族形式分离起来，是一点也不懂国际主义的人们的做法，我们则要把二者紧密地结合起来。在这个问题上，我们队伍中存在着的一些严重的错误，是应该认真地克服的。"

这里叫洋八股废止，有些同志却实际上还在提倡。这里叫空洞抽象的调头少唱，有些同志却硬要多唱。这里叫教条主义休息，有些同志却叫它起床。总之，有许多人把六中全会通过的报告当做耳边风，好像是故意和它作对似的。

中央现在做了决定，一定要把党八股和教条主义等类，彻底抛弃，所以我来讲了许多。希望同志们把我所讲的加以考虑，加以分析，同时也分析各人自己的情况。每个人应该把自己好好地想一想，并且把自己想清楚了的东西，跟知心的朋友们商量一下，跟周围的同志们商量一下，把自己的毛病切实改掉。

6. 评　论

朝韩会晤能否影响亚太格局演变
金一南

尽管各国舆论对南北朝鲜首脑会谈分析评论了两个月，但当金正日与金大中穿过世界上最长的红地毯紧紧拥抱，当他们手拉手一起合唱"统一是我们的心愿"之时，世界还是被惊呆在这样的场景面前。

朝鲜半岛是全世界军事力量部署最稠密、战争准备程度最高的地区。全副武装的军人在戒备森严的军事分界线附近，整整对峙半个多世纪。朝鲜半岛又是东北亚的中心地带，在这里大国利益高度集中，任何重大事态的发生，都要牵动该地区的力量均衡。朝鲜半岛还是长期被人涂黑的地区，美国定义所谓"无赖国家"，美日策划所谓"周边事态"，都与这个半岛紧紧相连。美国"打赢两场大规模地区性战争"的军事战略，其一便是针对这里；闹得沸沸扬扬的

"战区导弹防御计划（TMD)"，更是从这里起步。在世界不少人印象中，朝鲜半岛似乎天生为战争而准备，为杀戮而准备，天生与和平、与协商、与和解无缘。

现在北南双方的领导人金正日、金大中突然肩并肩站在一起，代表三千里江山和七千万人民宣称不但要消弭冲突、消除战争，而且要"团结起来，自主地解决统一问题"，世界不能不为之目瞪口呆。

转机来得如此突然，人们纷纷兴奋地做出判断。"天时、地利、人和" 6 个字被一次又一次用来形容朝鲜南北首脑会谈取得的重大进展。

如果从和平与发展是全世界人心所向、大势所趋的角度来考虑，从军事强权越来越不得人心，地区和平的呼声与世界和平的呼声越来越强劲的角度考虑，可以这么讲。这就是孙中山先生曾经说过的那句话："世界潮流，浩浩荡荡，顺之则昌，逆之则亡。"

但如果以为可以在"天时、地利、人和"之下端坐不动，天上就会掉下硕果，便脱离了今天的世界。我们仅仅认识人心不可违、潮流不可挡，还不能解释另外一种历史现象：为什么在某些时候、某些地区会出现另外的态势。

朝鲜半岛不但是冷战痕迹残留最重的地区，也是冷战思维遗留最多的地区。它反复被指定为世界上未来两个主要战场之一，反复被形容为极易引爆且极具爆炸力的火药桶。从东京到华盛顿都有一批喋喋不休的政客，需要寻找一种紧张，需要维持一种紧张，需要用此紧张引发彼紧张。这既是争选票的伎俩、争军火的伎俩，更是争公众注意从而获得更大权力的伎俩。为了减少风险，他们也允许朝鲜半岛出现一定程度的缓和，但这是符合他们利益的缓和，是他们能够控制的缓和。

以为缓和是世界大势的人们，一定不要忘记，紧张也是可以通过"造势"获得的。

今年 5 月 30 日，在朝鲜南北双方宣布首脑会谈一个半月之后，美国国防部依然正式公布"2020 联合展望"。这份阐述其未来军事战略的报告提出，美国军事力量部署的重点将实施冷战结束后最大的转变——部署重点由传统的欧洲转向新兴的亚洲。并且提出只有在亚太地区广泛驻军并建立起稳固的联盟，才可以防范"无赖国家"对美国的挑战。

对亚太尤其是东北亚地区的造势活动，还不仅仅是这份"2020 联合展望"。

1997 年美日制定《新日美防卫合作指针》，通过"周边事态"这种有意模糊的表述，已经把包括朝鲜半岛在内的整个东北亚地区纳入美日"防御范围"；1999 年 4 月，日本国会通过与《新日美防卫合作指针》配套的《确保日本周边地区安全法案》、《自卫队法改正案》和《日美相互提供物资、劳务协议案》，以法律形式确认在"周边地区发生紧急事态时"，美日将并肩作战。

应该说，这些造势者从朝鲜半岛的紧张局势中获益非浅。日本由此获得重新武装，美国的TMD 计划，也是用其驻日基地受到朝鲜导弹的威胁来麻痹世人的警觉。在这种包装之下，俄罗斯曾于 1997 年 3 月和 9 月与美国达成谅解，为 TMD 计划开了绿灯。当 TMD 计划变戏法一般扩展到违背 1972 年《反弹道导弹条约》的 NMD 计划之时，俄罗斯坚决反对，西方国家也纷纷表示不同意，这种时候美国拿出的挡箭牌，依然是"朝鲜已开始实施一项发展远程弹道导弹计划，这种导弹能够到达美国大部地区和某些欧洲国家"；NMD 计划依然要在朝鲜半岛局势掩护下进行。

这就是当我们谈论世界总体发展趋势时，军事强权可以在某些地区制造出与世界大势完全不同的形势。仅仅认识一个"大势"，不足以挥去某些地区被刻意营造的黑云压城之势。在这种环境下出现的南北朝鲜首脑会谈及这一会谈产生的成果，它所需要克服的众多阻力和障碍，决不是"天时地利人和"6 个字能概括得了的。没有冲破强权势力对亚太局势描述与规划的决心，不敢自己主掌自己的命运，就无法在天不那么逢时、地不那么有利的情况下，取得如此重大的成果。

朝鲜南北会谈的成果表明，虽然在当今的世界上，强权集团可以用其拥有的军事力量和舆论工具，主导并解释、定义某一地区的形势，但世界上任何一个民族都是可以自主的，都是可以不必总看别人的眼色行事的，都是可以在自己的舞台上，把节目演出得有声有色的。那些把希望寄托于强权的庇护、把问题的解决寄托于问题的国际化之上的人，真正违反了世界大势。

没有天时，没有地利，朝鲜南北领导人也敞开心胸，营造了人和。

首脑会谈中，金正日、金大中两人未加任何修饰的话语，给人留下深刻印象。

金大中说：我本来以为这辈子不可能有机会到朝鲜访问了。又说：现在让我们一道开创历史。

金正日说：毕竟我们一样，都是朝鲜民族。又说：全世界的眼光都集中在我们身上，我们一起合作，为世界提供答案。

为金大中、金正日这两句话，南北双方不知多少人热泪滚滚而下。这些流泪的人，有白发苍苍的南北双方离散家庭成员，更有一生下来国家便已分裂的青年。看到朝鲜人民表现出来的强烈的向心力与亲和力，看到他们对民族大义的历史责任和对国家统一的共同追求，结论只有一个：这个民族大有前途。

现在对朝鲜南北双方来说，最大的问题不是双方的长期分离，也不是社会制度的巨大差异，而是外部势力的牵制。

美国已经因为朝鲜南北出现的和解势头变得分外敏感。在其西太平洋的军事部署中，日本、韩国、台湾和菲律宾构成一道战略防护链。链条中任何环节的松动，都将使美国在这一地区的战略部署受到影响。虽然在形势逼迫下，美国已经于朝鲜南北首脑会谈后悄悄从外交词汇中删去了"无赖国家"这样的字眼，代之以"值得关注的国家"；但如果朝鲜北方不再是刻意刻画的"魔鬼"，不但美国在韩国的驻军变得无根据，武装日本也显得无根据，连美日规划已久的建立 TMD 系统也将失去名义上的合理性。

今后有两点十分明显：

第一，美军不会从韩国撤出。韩国驻美大使李洪九 6 月 14 日说，驻韩美军仍将无限期地留在那里。南北首脑会谈刚刚结束，驻韩美军立即恢复了在韩国的轰炸演习，驻韩美空军发言人说，"再拖延下去，将削弱我们的防卫能力。"

第二，TMD 计划虽然在东北亚将要失去存在的借口和基础，但它依然要继续进行下去。朝鲜北方的借口丢掉了，寻找另外一个借口就是了。

为了坚持这两个不变，美国已经开始变得神经兮兮的敏感。事实很明显：在南北双方追求统一的进程中，驻韩美军将变为和平与和解的最大障碍。这个事实令美国实在不舒服。南北首脑会谈前后韩国有数千民众在美军基地前示威，要求美军撤出韩国，已使美国相当尴尬。现在连俄罗斯总统普京宣布行将对朝鲜进行的访问，也被华盛顿的观察家认为俄罗斯要通过说服朝鲜放弃导弹计划，使美国找不到建立 NMD 系统的理由。《国际先驱论坛报》的分析最为可笑，竟然说"如果朝鲜半岛最终统一已是大势所趋，美国必须确保它参与制定韩朝统一的条件。美国会全力抵御中国将它挤出局的一切努力。"

愿意也好，不愿意也好，随着南北和解趋势的持续，朝鲜半岛有可能从"危险的热点"，逐渐变成东北亚地区相互合作、共同发展的样板。冰冻三尺，非一日之寒；融三尺之冰，也非一日之暖。对南北双方来说，仍将有一段风萧萧、路迢迢的艰苦行程，但首脑会谈之后，朝鲜半岛统一的进程已经开始。这一进程告诉世人几条道理：首先，社会制度的差异不是国家统一的必然障碍；其次，一个民族若想获得世界的尊重，第一位的是民族自身的自尊自爱，是与生俱来的民族自豪感和认同感；其三，分裂国家决不是一件光彩的事业。总想将大国势力引入民族内部问题的人，充其量不过是大国棋盘上的一粒棋子。这样的人在被大国抛弃之前，已经被历史抛弃。

7. 说　明

a. 黄铭新名誉主编，汪绍基、陆汉明、张延龄主编《家庭医学百科》对支气管哮喘的症状和治疗方法的说明

支气管哮喘是呼吸道的变态反应性疾病（以往称为过敏性疾病）。常见的病因是吸入某些可以引起变态反应的物质如花粉、尘螨、兽毛、油漆等。个别的由于进食某些食物引起。部分患儿幼时患哮喘性支气管炎，以后转为支气管哮喘。患儿幼时有湿疹，或同时有过敏性皮炎、过敏性鼻炎等其他过敏的表现，家族成员中常有过敏性疾病史。

发病时常有喷嚏、流清水鼻涕、鼻痒、喉痒和咳嗽等先兆症状，以后有呼气性呼吸困难，呼气时可听到哮吼声。严重时不能平卧，面色苍白，鼻翼扇动，口唇和指甲青紫，出冷汗等。

哮喘发作时需去医院治疗。如果哮喘持续 24 小时以上而不能控制者更不应留在家里，因为随时有生命危险，必须急症观察或住院。

预防哮喘的自我保健措施：

提倡母乳喂养　母乳中的分泌型免疫球蛋白 A 可阻断肠道内变态反应性（又称为过敏性）物质的吸收，可以减少婴儿哮喘发生的机会。

去除病因　避免接触变态（过敏）反应原，例如患儿卧室的空气要流通，室内清洁。若怀疑呼吸道感染是诱发哮喘的原因时，应积极治疗感染病灶。平时应注意营养，提高机体的抵抗力，减少感染的机会。

脱敏疗法　在查明变态（过敏）反应原（如花粉、尘埃、螨）的基础上，应作脱敏疗法。如果发作有季节性，脱敏治疗应在发作前 1 个月开始。

其他　如酮替芬既有预防，又有治疗哮喘的作用。色甘酸二钠虽然可以阻止机体发生变态反应，具有预防哮喘的作用，但此药是气雾吸入，患儿不易掌握。中医的冬病夏治方法，如伏天的敷贴疗法。一部分患儿至青春期有自然痊愈的可能。

对支气管哮喘的患儿平时应加强体育锻炼，增强体质。疾病对患儿带来了严重的心理威胁和学业上的影响。为此，家长要帮助患儿树立战胜疾病的信心。

b.　齐家仪主编《儿科手册》对支气管哮喘（Bronchial Asthma）的症状和治疗方法的说明

哮喘是呼吸道变态反应性疾病，由各种不同抗原（如花粉、灰尘、兽毛、螨、细菌、霉菌等）所引起，常在幼儿期起病，患者男多于女。毛细支气管痉挛、黏膜水肿和黏液分泌增多，致使毛细支气管管腔狭窄，造成呼吸困难，是发病的基础。气候变化及情绪激动常能诱发症状。小儿哮喘一般预后较好，大部分病儿在青春期前后终止发作。

【诊断要点】

（一）病史　常有家庭及个人过敏史，过去有婴儿湿疹、变态反应性鼻炎、哮喘性支气管炎等，有时可闻及父母溺爱或歧视史。

（二）临床表现　多次屡发的呼吸性呼吸困难，伴刺激性咳嗽及白色泡沫痰。哮鸣可夜间突然发作，或白天发作而夜间加重。肺部呼气延长，在婴儿偶可闻及少许湿性罗音。常有喷嚏、流鼻水、鼻痒（过敏性鼻炎）、喉痒、咳嗽（过敏性咳嗽）等先兆症状。部分病儿发作时有腹痛或发热（并不表示感染）。

（三）哮喘持续状态　部分哮喘病儿，急性症状持续发作数天，用一般平喘药未能控制者，称哮喘持续状态。因支气管持续痉挛，出现明显缺氧症状，可有紫绀、出汗，甚至神志不清，痰液多黏稠，可因此阻塞毛细支气管而使病情加重。

（四）化验　血白细胞分类中嗜酸粒细胞一般在 6％以上，可高至 30％。

（五）首次发作时要全面考虑诊断，可用 1∶1 000 肾上腺素皮下注射（2 岁以下 0. 1 ml；2 岁以上 0. 2 ml）作为诊断性治疗试验，支气管哮喘的病儿接受注射后症状迅速缓解或好转。

（六）第一次发作者，宜与急性肾炎时急性左心衰竭的心源性哮喘相鉴别，后者有血尿、高血压。

【处理要点】

（一）控制发作　常用肾上腺能药（肾上腺素、异丙肾上腺素、麻黄素、氯喘、羟甲叔丁肾上腺素、间羟异丙肾上腺素），黄嘌呤类药物（氨茶碱、喘定），祛痰剂，镇静剂，抗组胺药物及激素类药物。可根据临床单独或混合应用。

1. 肾上腺素　解除平滑肌痉挛，作用快（1 min 内），维持时间短（1 小时）。适用于较为明显的气喘发作。皮下注射 1∶1 000 溶液，2 岁以上 0. 2 ml，2 岁以下 0. 1 ml（避免用药过量，部分病儿诉心悸而拒绝再次注射，多因用量过多所致）。

2. 异丙肾上腺素　1∶200 喷雾剂，发作早期应用效果好。作用快，维持时间短，似水剂肾上腺素，故两药均宜紧接加用其他药物维持疗效。

氯喘、羟甲叔丁肾上腺素、间羟异丙肾上腺素与异丙肾上腺素不同，具有较强的舒张支气管平滑肌作用，而对心脏兴奋作用较弱，属 β 作用的药物。

3. 麻黄素　解除平滑肌痉挛。作用较慢（1h），但维持疗效较长（4～6 h），故紧接肾上腺素后应用，最为理想。此药不仅能接替肾上腺素的作用，且能抑制肾上腺素酶的活力，使肾上腺素作用延长。剂量每次 0. 5 mg/kg，每天 3 次，口服。麻黄素可引起神经兴奋，故常同时用苯巴比妥（鲁米那）。

…………

10. 干扰素。

（二）哮喘持续状态的治疗　首先宜分析持续发作的原因，如：①体液耗损过多，未予适当纠正，使痰液稠厚，不易排出；②继发感染未及时控制，毛细支气管持续存在分泌物，引起痉挛；③变态反应原持续存在；④精神过度紧张；⑤严重缺氧，二氧化碳潴留；⑥并发肺不张、气胸等。

1. 补液　因持续发作后进食不足，又因多汗、呼吸快易呈脱水状态。补液可使黏痰变薄。每天入水量不宜少于正常需要量，有酸中毒或呼吸衰竭者可酌用碳酸氢钠（5％溶液约 5 ml/kg，或参照血气分析结果计算）。

…………

7. 其他

…………

（三）发作间歇的处理

1. 饮食　一般不忌口，但有明显引起哮喘发作的食物当避免。

2. 治疗慢性病灶　如龋齿、慢性扁桃体炎、副鼻窦炎等，消除精神因素，注意教养，切勿偏爱，亦勿过分批评或放任不管。

…………

7. 通过家长及病儿座谈会，介绍哮喘病防治知识，增强治愈信心，勿让家长将紧张情绪影响病儿。

8. 散　文

西 溪 的 晴 雨

郁达夫

西北风未起，蟹也不曾肥，我原晓得芦花总还没有白，前两星期，源宁来看了西湖，说他倒觉得有点失望，因为湖光山色，太整齐，太小巧，不够味儿，他开来的一张节目上，原有西溪的一项。恰巧第二天又下了微雨，秋原和我就主张微雨里下西溪，好叫源宁去尝一尝这西湖近旁的野趣。

天色是阴阴漠漠的一层，湿风吹来，有点儿冷，也有点儿香，香的是野草花的气息。车过方井旁边，自然又下车来，去看了一下那座天主圣教修士们的古墓。从墓门望进去，只是黑沉沉、冷冰冰的一个大洞，什么也看不见，鼻子里却闻吸到了一种霉灰的阴气。

把鼻子掀了两掀，耸了一耸肩膀，大家都说，可惜忘记带了电筒，但在下意识里，自然也有一种恐怖、不安和畏缩的心意，在那里作恶，直到了花坞的溪旁，走进窗明几净的静莲庵（?）堂去坐下，喝了两碗清茶，这一些鬼胎，方才洗涤了个空空脱脱。

游西溪，本来是以松木场下船，带了酒盒行厨，慢慢儿地向西摇去为正宗。像我们那么高坐了汽车，飞鸣而过古荡、东岳，一个钟头要走百来里路的旅客，终于是难度的俗物，但是俗物也有俗益，你若坐在汽车里，引颈而向西向北一望，直到湖州，只见一派空明，遥盖在淡绿成阴的斜平海上。这中间不见水，不见山，当然也不见人，只是渺渺茫茫，青青绿绿，远无岸，近亦无田园村落的一个大斜坡，过秦亭山后，一直到留下为止的那一条沿山大道上的景色，好处就在这里，尤其是当微雨朦胧，江南草长的春或秋的半中间。

从留下下船，回环曲折，一路向西向北，只在芦花浅水里打圈圈，圆桥茅舍，桑树蓼花，是本地的风光，还不足道。最古怪的，是剩在背后的一带湖上的青山，不知不觉，忽而又会得移上你的面前来，和你点一点头，又匆匆的别了。

摇船的少女，也总好算是西溪的一景，一个站在船尾把摇橹，一个坐在船头上使桨，身体一伸一俯，一往一来，和橹声的咿呀，水波的起落，凑合成一大又圆又曲的进行软调。游人到此，自然会想起瘦西湖边，竹西歌吹的闲情，而源宁昨天在漪园月下老人祠里求得的那枝灵签，仿佛是完全的应了，签诗的语文，是《鄘风·桑中》章末后的三句，叫做"期我乎桑中，要我乎上宫，送我乎淇之上矣"。

此后便到了交芦庵，上了弹指楼，因为是在雨里，带水拖泥，终于也感不到什么的大趣，但这一天向晚回来，在湖滨酒楼上放谈之下，源宁却一本正经地说："今天的西溪，却比昨日的西湖，要好三倍。"

前天星期假日，日暖风和，并且在报上也曾看到了芦花怒放的消息，午后日斜，老龙夫妇，又来约去西溪，去的时候，太晚了一点，所以只在秋雪庵的弹指楼上，消磨了半日之半。一片斜阳，反照在芦花浅渚的高头，花也并未怒放，树叶也不曾凋落，原不见秋，更不见雪，只是一味的晴明浩荡，飘飘然，浑浑然，洞贯了我们的肠腑。老僧无相，烧了面，泡了茶，更送来了酒，末后还拿出了纸和墨，我们看看日影下的北高峰，看看庵旁边的芦花荡，就问无相，花要几时才能全白？老僧操着缓慢的楚国口音，微笑着说："总要到阴历十月的中间。若有月亮，更为出色。"说后，还提出了一个交换的条件，要我们到那时候，再去一玩，他当预备些精馔相待，聊当作润笔，可是今天的字，却非写不可。老龙写了"一剑横飞破六合，万家憔悴哭三吴"的十四个字，我也附和着抄了一副不知在哪里见过的联语："春梦有时来枕畔，夕阳依旧上帘钩。"

喝得酒醉醺醺，走下楼来，小河里起了晚烟，船中间满载了黑暗，龙妇又逸兴遄飞，不知上哪里去摸出了一枝洞箫来吹着。"其声呜呜然，如怨如慕，如泣如诉，余音袅袅，不绝如缕"，倒真有点像是七月既望，和东坡在赤壁的夜游。

9. 诗 歌

再 别 康 桥
徐志摩

轻轻的我走了，
正如我轻轻的来；
我轻轻的招手，
作别西天的云彩。

那河畔的金柳，
是夕阳中的新娘；
波光里的艳影，
在我的心头荡漾。

软泥上的青荇，

油油的在水底招摇；

在康河的柔波里，

我甘心做一条水草！

那榆荫下的一潭，

不是清泉，是天上虹

揉碎在浮藻间，

沉淀着彩虹似的梦。

寻梦？撑一支长篙，

向青草更青处漫溯，

满载一船星辉，

在星辉斑斓里放歌。

但我不能放歌，

悄悄是别离的笙箫；

夏虫也为我沉默，

沉默是今晚的康桥！

悄悄的我走了，

正如我悄悄的来；

我挥一挥衣袖，

不带走一片云彩。

（二十三）请比较下面两篇文章在意义表达方面的各自特点和优缺点。

1. 上海再造客机

拥有自主知识产权的飞机年底开工

　　上海又将生产客机。据总部设在上海的中航商用飞机公司介绍，拥有自主知识产权的 ARJ21 飞机已完成预发展设计方案，首架飞机今年年底正式开工，在上海总装，2006 年试飞后投入商业营运。

　　ARJ21 飞机设计上以上海、西安为基地，借助全国民航客机研发力量，按照中国的自然环境来建立设计标准。它以格尔木机场和拟建中的九寨黄龙机场作为临界条件，并用西部 57 条航线来检验飞机的航线适应性。与同类支线飞机相比，ARJ21 客舱宽度比竞争飞机宽 15 到 25 英寸，预计造价与加拿大、巴西等开发过的同类型飞机相比可便宜 10％左右。目前，开工前准备工作进展顺利，首架飞机的不同部件将于年底在上海飞机厂、西安飞机厂等地同时开工。先生产 85 座的基本型，再生产加长型与通用型。

　　这是上海继 20 世纪 90 年代总装麦道 82、麦道 90 飞机之后，再次总装客机。预计年底正式开工时，能持有 35 架左右的订单。

（2003 年 8 月 18 日《新民晚报》）

2. "长城"异彩新春里

辞旧迎新岁，情满人间。亲情、友情、爱情，在扑面而来的春风里，在温情荡漾的喜气里，我们有溢着浓香的"长城"葡萄酒为节日助兴。

而以长城精神酿就的"长城"葡萄酒，也自然而然牵惹着浓浓的中华情怀，悠悠的东方神韵在美酒中得以再现。

节庆话"长城"

春节是中国人最为重大、最为传统的节日。

这是一个阖家团圆的日子：暂且放下一年的繁忙，即便是身处异乡，也要在春节的日子里与亲人团聚，最家常的一餐一羹里，都融入了浓浓亲情；

这是一个走亲串友的日子：在春节里，多日不见的亲朋好友聊天闲叙，一份朴素的真情流动，足以温暖你我的身心；

这是一个有情人喜结连理的日子：挽着春节的喜庆，双喜临门……

——辞旧迎新岁，情满人间。亲情、友情、爱情，在扑面而来的春风里，在温情荡漾的喜气里，我们有溢着浓香的"长城"葡萄酒为节日助兴。

"长城"葡萄酒——但这名字就足以让人浮想联翩。

想到长城，几千年连绵的秦汉文化瞬息穿越时间的壁垒，它凝聚了整整一个民族的精魂。想当初修造长城原为抵御外侵，今日却成为一种联系古今中外的纽带，一个了解中华民族、中国文化的窗口。从某种意义上，长城是中国的象征，而站在整个人类的历史高度，长城代表的却是全体人类的文明，所以中国长城又是世界的长城……

而以长城精神酿就的"长城"葡萄酒，也自然而然牵惹着浓浓的中华情怀，悠悠的东方神韵在美酒中得以再现。

新春佳节，我们品饮"长城"，将悠悠的思古之情、将今朝的亲情友情、将优雅的生活品质一同啜饮……

优秀的"长城"品质

长城以其建筑智慧的不朽巍然屹立，"长城"葡萄酒以其品质的不俗卓然超群。

天地大美，浑然天成；"长城"葡萄酒为其精华，不张扬、不外露，含蓄如蓓蕾欲绽姿容，只将所有高贵隐在繁复的细节中，待知音来归。

——恰如其分的土壤、气温、降水，纷至沓来的好年份，非天赐莫属；

——世界规范的葡萄酒庄，国际标准的酿造全程；

——独具一格的贮藏工艺；

——有时间为证的酿造经验；

——禀赋神异的酿酒师最为虔诚的守候……

酿就的"长城"葡萄酒晶莹剔透、圆熟醇厚、甘烈芬芳。其品牌先后在国内国际酒展上多次获殊荣，成为葡萄酒类唯一获得中国消费者协会许可使用 3.15 标志的品牌，受到众多海内外消费者的一致认可。

地道好酒，天赋灵犀。

有"长城"葡萄酒的地方，便有福至心灵的虔诚祝福；有"长城"葡萄酒的地方，便有纯美的心香萦绕。

新春里的"长城"异彩

"长城"葡萄酒强调一个"品"字，因为它是极具内涵的酒。眼看、鼻闻、舌与酒液的充分接触，才能真正领悟酒中的独特个性。

这个春节，选一款上好的"长城"葡萄酒，在浓烈的亲情氛围中，慢慢品尝——体会酿酒者的辛劳和他们所注入的想象，了解酒中酸甜苦辣的和谐，了解酒中的真善美。"长城"中有感官的满足，有亲人朋友的相互祝福，也有对文化的深深思索。

有心有品者如你，和着喜庆的新年，有"长城"唇齿留香；

有醇美如"长城"酒液，溢满欣欣向荣的又一年。

(2004 年 1 月 17 日《新民晚报》)

（二十四）指出下列文章的主要风格类型，并举例说明其典型表现。

1. 银 杏

郭沫若

银杏，我思念你，我不知道你为什么又叫公孙树。但一般人叫你是白果，那是容易了解的。

我知道，你的特征并不专在乎你有这和杏相仿佛的果实，核皮是纯白如银，核仁是富于营养——这不用说已经就足以为你的特征了。

但一般人并不知道你是有花植物中最古的先进，你的花粉和胚珠具有着动物般的性态，你是完全由人力保存了下来的奇珍。

自然界中已经是不能有你的存在了，但你依然挺立着，在太空中高唱着人间胜利的凯歌。

你这东方的圣者，你这中国人文的有生命的纪念塔，你是只有中国才有呀，一般人似乎也并不知道。

我到过日本，日本也有你，但你分明是日本的华侨，你侨居在日本大约已有中国的文化侨居在日本的那样久远了吧。

你是真应该称为中国的国树的呀，我是喜欢你，我特别的喜欢你。

但也并不是因为你是中国的特产，我才特别的喜欢，是因为你美，你真，你善。

你的株干是多么的端直，你的枝条是多么的蓬勃，你那折扇形的叶片是多么的青翠，多么的莹洁，多么的精巧呀！

在暑天你为多少的庙宇戴上了巍峨的云冠，你也为多少的劳苦人撑出了清凉的华盖。

梧桐虽有你的端直而没有你的坚牢；

白杨虽有你的葱茏而没有你的庄重。

熏风会媚妩你，群鸟时来为你欢歌；上帝百神——假如是有上帝百神，我相信每当皓月流空，他们会在你脚下来聚会。

秋天到来，蝴蝶已经死了的时候，你的碧叶要翻成金黄，而且又会飞出满园的蝴蝶。

你不是一位巧妙的魔术师吗？但你丝毫也没有令人掩鼻的那种的江湖气息。

当你那解脱了一切，你那槎丫的枝干挺撑在太空中的时候，你对于寒风霜雪毫不避易。

那是多么的嶙峋而又洒脱呀，恐怕自有佛法以来再也不曾产生过像你这样的高僧。

你没有丝毫依阿取容的姿态，但你也并不荒伧；你的美德像音乐一样洋溢八荒，但你也并不骄傲；你的名讳似乎就是"超然"，你超在乎一切的草木之上，你超在乎一切之上，但你并不隐遁。

你的果实不是可以滋养人，你的木质不是坚实的器材，就是你的落叶不也是绝好的引火的燃料吗？

可是我真有点奇怪了：奇怪的是中国人似乎大家都忘记了你，而且忘记得很久远，似乎是从古以来。

我在中国的经典中找不出你的名字，我很少看到中国的诗人咏赞你的诗，也很少看到中国的画家描写你的画。

这究竟是怎么一回事呀，你是随中国文化以俱来的亘古的证人，你不也是以为奇怪吗？

银杏，中国人是忘记了你呀，大家虽然都在吃你的白果，都喜欢吃你的白果，但的确是忘记了你呀。

世间上也尽有不辨菽麦的人，但把你忘记得这样普遍，这样久远的例子，从来也不曾有过。

真的啦，陪都不是首善之区吗？但我就很少看见你的影子；为什么遍街都是洋槐，满园都是幽加里树呢？

我是怎样的思念你呀，银杏！我可希望你不要把中国忘记吧。

这事情是有点危险的，我怕你一不高兴，会从中国的地面上隐遁下去。

在中国的领空中会永远听不着你赞美生命的欢歌。

银杏，我真希望呀，希望中国人单为能更多吃你的白果，总有能更加爱慕你的一天。

2. 美　文
周作人

外国文学里有一种所谓论文，其中大约可以分作两类。一批评的，是学术性的。二记述的，是艺术性的，又称作美文，这里边又可以分出叙事与抒情，但也很多两者夹杂的。这种美文似乎在英语国民里最为发达，如中国所熟知的爱迪生、兰姆、欧文、霍桑诸人都做有很好的美文，近时高尔斯威西、吉欣、契斯透顿也是美文的好手。读好的论文，如读散文诗，因为他实在是诗与散文中间的桥。中国古文里的序、记与说等，也可以说是美文的一类。但在现代的国语文学里，还不曾见有这类文章，治新文学的人为什么不去试试呢？我以为文章的外形与内容，的确有点关系。有许多思想，既不能作为小说，又不适于做诗（此只就体裁上说，若论性质则美文也是小说，小说也就是诗，《新青年》上库普林作的《晚间的来客》，可为一例），便可以用论文式去表他。他的条件，同一切文学作品一样，只是真实简明便好。我们可以看了外国的模范做去，但是须用自己的文句与思想，不可去模仿他们。《晨报》上的浪漫谈，以前有几篇倒有点相近，但是后来（恕我直说）落了窠臼，用上多少自然现象的字面，衰弱的感伤的口气，不大有生命了。我希望大家卷土重来，给新文学开辟出一块新的土地来，岂不好么？

3. 长江三日（节录）
刘白羽

在信中，我这样叙说："这一天，我像在一支雄伟而瑰丽的交响乐中飞翔。我在海洋上远航过，我在天空中飞行过，但在我们的母亲河流长江上，第一次，为这样一种大自然的伟力所吸引了。"

朦胧中听见广播说，到了奉节。"江津号"停泊时，天已微明。起来看了一下，峰峦刚刚从黑夜中显露出一片灰蒙蒙的轮廓。起碇续行，我来到休息室里。只见前边两面悬崖绝壁，中间一条狭狭的江面，船已进入瞿塘峡了。江随壁转，前面天空上露出一片金色阳光，像横着一条金带，其余各处还是云海茫茫。瞿塘峡口为三峡最险处。杜甫《夔州歌》云："白帝高为三峡镇，瞿塘险过百牢关。"古时歌谣说："滟滪大如马，瞿塘不可下；滟滪大如猴，瞿塘不可游；滟滪大如龟，瞿塘不可回；滟滪大如象，瞿塘不可上。"这滟滪堆原是对准峡口的一堆黑色巨礁。万水奔腾，冲进峡口，便直奔巨礁而来，你可想象得到那真是雷霆万钧。船如离弦之箭，稍差分毫，便会撞得粉碎。现在，这巨礁早已炸掉。不过，瞿塘峡中依然激流澎湃，涛如雷鸣，江面形成无数旋涡。船从旋涡中冲过，只听得一片哗啦啦的水声。过了八公里长的瞿塘峡，乌沉沉的云雾突然隐去，峡顶上一道蓝天，浮着几小片金色浮云，一柱阳光像闪电样落在左边的峭壁上。右面峰顶上一片白云像银片样发亮了，但阳光还没有降临。这时，远远前方，层峦叠嶂之上，迷蒙云雾之中，忽然出现一团红雾。你看，绛紫色的山峰衬托着这一团雾，真美极了，就像那深谷之中反射出红色宝石的闪光，令人仿佛进入了神话境界。这时，你朝江流上望去，也是色彩缤纷：两面巨崖，倒影如墨；中间曲曲折折，却像有一条闪光的道路，上面荡着细碎的波光；近处山峦，则碧绿如翡翠。时间一分钟一分钟过去，前面那团红雾更红更亮了。船越驶越近，渐渐看清有一高峰亭亭笔立于红雾之中，渐渐看清那红雾原来是千万道强烈的阳光。八点二一分，我们来到这一片明朗的金黄色朝晖之中。

抬头望处，已是巫山。上面阳光垂照下来，下面浓雾滚涌上去，云蒸霞蔚，颇为壮观。刚从远处看到的那个笔直的山峰，就站在巫峡口上，山如斧削，隽秀婀娜。人们告诉我，这就是巫山十二峰的第一峰。它仿佛在招呼上游来的客人说：你看，这就是巫山巫峡了。"江津号"紧贴山脚进入峡口。红通通的阳光恰在此时射进玻璃厅中，照在我的脸上。峡中，强烈的阳光与乳白色云雾交织在一起，数步之隔，这边是阳光，那边是云雾，真是神妙莫测。几只木船从下游上来，帆给阳光照得像透明的白色羽翼。山峡越来越狭，前面两山对峙，看去连一扇大门那么宽也没有，而门外完全是白雾。

八点五十分，满船人都在仰头观望。我也跑到甲板上，看到万仞高峰之巅，有一细石耸立，如一人对江而望，那就是充满神奇色彩的传说的美女峰了。据说一个渔人在江中打鱼，突遇狂风暴雨，船覆灭顶，他的妻子抱着小孩从峰顶眺望，盼他回来，一天一天，一月一月，他终未回来，而她却依然不顾晨昏，不顾风雨，站在那儿等候着他——至今还在那儿等着他呢。

如果说瞿塘峡像一道闸门，那么巫峡简直像江上一条迂回曲折的画廊。船随山势左一弯，右一转，每一曲，每一折，都向你展开一幅绝好的风景画。两岸山峰连绵不断，山势奇绝，巫山十二峰各有各的姿态，人们给它们以很高的评价和美的命名，使我们的江山增加了诗意。而诗意又是变化无穷的：突然是深灰色石岩从高空直垂而下，浸入江心，令人想到一个巨大的惊叹号；突然是绿茸茸的草坂，像一支充满幽情的乐曲。特别好看的是悬崖上那一堆堆给秋霜染得红艳艳的野草，简直像是满山杜鹃了。峡陡江急，江面布满大大小小的旋涡，船只能缓缓行进，像一个在崇山峻岭之间慢步前行的旅人。但这正好使远方来的人有充裕时间欣赏这莽莽苍苍、浩浩荡荡长江上大自然的壮美。苍鹰在高峡上盘旋，江涛追随着山峦激荡，山影云影，日光水光，交织成一片。

十点，江面渐趋广阔，"江津号"急流稳渡，穿过了巫峡。十点十五分到巴东，进入湖北境内。十点半到牛口，江浪汹涌，船在浪头上摇摆着前进。江流刚奔出巫峡，还没来得及喘息，却又冲入第三峡——西陵峡了。

西陵峡比较宽阔，但是江流至此变得特别凶恶，处处是急流，处处是险滩。船一下像流星随着怒涛冲去，一下又绕着险滩迂回浮进。最著名的三个险滩是：泄滩、青滩和崆岭滩。初下泄滩，看着那万马奔腾的江水，到这里突然变成千万个旋涡，你会感到江水简直是在旋转不前。"江津号"剧烈地震动起来。这一节江流虽险，却流传着无数优美的传说。十一点十五分到秭归。秭归是楚先王熊绎始封之地，也是屈原的故乡。后来屈原被流放到汨罗江，死在那里。民间流传着：屈大夫死日，有人在汨罗江畔看见他峨冠博带，骑一匹白马飘然而去。又传说：屈原死后，被一条大鱼驮回秭归，终于从流放之地回到故乡。这一切初听起来过于神奇怪诞，却正反映了人民对屈原的无限怀念之情。

秭归正面有一大片铁青色礁石，森然耸立江面，经过很长一段急流才绕过泄滩。在最急峻的地方，"江津号"用尽全副精力，战抖着、震颤着前进。急流刚刚滚过，前面有一奇峰突起，江水沿着这山峰右面流去。山峰左面却又出现一道河流，原来这就是王昭君诞生地香溪，它一下就令人记起杜甫的诗："群山万壑赴荆门，生长明妃尚有村。"我们遥望了一下香溪，船便沿着山峰进入一道无比险峻的长峡——兵书宝剑峡。这儿完全是一条窄巷。我到船头上，抬头仰望，只见黄石碧岩，高与天齐。再驶行一段，就到了青滩。江面陡然下降，波涛汹涌，浪花四溅，你还没来得及仔细观看，船已像箭一样迅速飞下，巨浪被船头劈开，旋卷着，合在一起，一下又激荡开去。江水像滚沸了一样，到处是泡沫，到处是浪花。船上的同志指着岩上一处乡镇告诉我："长江航船上很多领航人都出生在这儿……就是木船要想渡过青滩，也得请这儿的人引领过去。"这时我正注视着一只逆流而上的木船，看起来这青滩的声势十分吓人，但人们只要从汹涌浪涛中掌握了一条前进的途径，也就战胜大自然了。

中午，"江津号"到了崆岭滩跟前，长江上的人都知道："泄滩青滩不算滩，崆岭才是鬼门关。"可见其凶险了。眼看一片灰色石礁布满水面，船抛锚停泊了。原来崆岭滩一条狭窄航道只能过一只船，这时有一只江轮正在上行，我们只好等着。谁知竟等了好久，可见那上行的船是如何小心翼翼了。"江津号"驶下崆岭滩时，只见一片乱石林立，我们简直不像在浩荡的长江上，而是在苍莽的丛林中寻找小径跋涉前进了。

4. 想 北 平

老 舍

设若让我写一本小说,以北平作背景,我不至于害怕,因为我可以捡着我知道的写,而躲开我所不知道的。让我单摆浮搁的讲一套北平,我没办法。北平的地方那么大,事情那么多,我知道的真觉太少了,虽然我生在那里,一直到廿七岁才离开。以名胜说,我没到过陶然亭,这多可笑!以此类推,我所知道的那点只是"我的北平",而我的北平大概等于牛的一毛。

可是,我真爱北平。这个爱几乎是要说而说不出的。我爱我的母亲。怎样爱?我说不出。在我想做一件事讨她老人家喜欢的时候,我独自微微地笑着;在我想到她的健康而不放心的时候,我欲落泪。言语是不够表现我的心情的,只有独自微笑或落泪才足以把内心揭露在外面一些来。我之爱北平也近乎这个。夸奖这个古城的某一点是容易的,可是那就把北平看得太小了。我所爱的北平不是枝枝节节的一些什么,而是整个儿与我的心灵相黏合的一段历史,一大块地方,多少风景名胜,从雨后什刹海的蜻蜓一直到我梦里的玉泉山的塔影,都积凑到一块,每一小的事件中有个我,我的每一思念中有个北平,这只有说不出而已。

真愿成为诗人,把一切好听好看的字都浸在自己的心血里,像杜鹃似的啼出北平的俊伟。啊!我不是诗人 我将永远道不出我的爱,一种像由音乐与图画所引起的爱。这不但是辜负了北平,也对不住我自己,因为我的最初的知识与印象都得自北平,它是在我的血里,我的性格与脾气里有许多地方是这古城所赐给的。我不能爱上海与天津,因为我心中有个北平。可是我说不出来!

伦敦,巴黎,罗马与堪司坦丁堡,曾被称为欧洲的四大"历史的都城"。我知道一些伦敦的情形;巴黎与罗马只是到过而已;堪司坦丁堡根本没有去过。就伦敦,巴黎,罗马来说,巴黎更近似北平——虽然"近似"两字要拉扯得很远——不过,假使让我"家住巴黎",我一定会和没有家一样的感到寂苦。巴黎,据我看,还太热闹。自然,那里也有空旷静寂的地方,可是又未免太旷;不像北平那样既复杂而又有个边际,使我能摸着——那长着红酸枣的老城墙!面向着积水潭,背后是城墙,坐在石上看水中的小蝌蚪或苇叶上的嫩蜻蜓,我可以快乐的坐一天,心中完全安逸,无所求也无可怕,像小儿安睡在摇篮里。是的,北平也有热闹的地方,但是它和太极拳相似,动中有静。巴黎有许多地方使人疲乏,所以咖啡与酒是必要的,以便刺激;在北平,有温和的香片茶就够了。

论说巴黎的布置已比伦敦罗马匀调得多了,可是比上北平还差点事儿。北平在人为之中显出自然,几乎是什么地方既不挤得慌,又不太僻静:最小的胡同里的房子也有院子与树;最空旷的地方也离买卖街与住宅区不远。这种分配法可以算——在我的经验中——天下第一了。北平的好处不在处处设备得完全，而在它处处有空儿，可以使人自由地喘气；不在有好些美丽的建筑，而在建筑的四围都有空闲的地方，使它们成为美景。每一个城楼，每一个牌楼，都可以从老远就看见。况且在街上还可以看见北山与西山呢！

好学的，爱古物的人们自然喜欢北平，因为这里书多古物多。我不好学，也没钱买古物。对于物质上，我却喜爱北平的花多菜多果子多。花草是种费钱的玩艺，可是此地的"草花儿"很便宜，而且家家有院子，可以花不多的钱而种一院子花，即使算不了什么，可是到底可爱呀。墙上的牵牛，墙根的靠山竹与草茉莉，是多么省钱省事而也足以招来蝴蝶呀！至于青菜、白菜、扁豆、毛豆角、黄瓜、菠菜等等，大多数是直接由城外担来而送到家门口的。雨后，韭菜叶上还往往带着雨时溅起的泥点。青菜摊子上的红红绿绿几乎有诗似的美丽。果子有不少是由西山与北山来的，西山的沙果、海棠，北山的黑枣、柿子，进了城还带着一层白霜儿呀！哼，美国的橘子包着纸；遇到北平的带霜儿的玉李，还不愧杀！

是的，北平是个都城，而能有好多自己产生的花、菜、水果，这就使人更接近了自然。从它里面说，它没有像伦敦的那些成天冒烟的工厂；从外面说，它紧连着园林，菜圃与农村。采菊东篱下，在这里，确是可以悠然见南山的；大概把"南"字变个"西"或"北"，也没有多少了不得的吧。像我这样的一个贫寒的人，或者只有在北平能享受一点清福了。

好，不再说了吧；要落泪了，真想念北平呀！

5. 桥乡醉乡

陈从周

记得十几岁回老家绍兴，一大早从钱塘江边西兴乘船，越山之秀，越水之清，我初次陶醉在这明静的柔波里。在隐约的层翠中，水声橹声，摇漾轻奏着，穿过桥影，一个二个，接连着沿途都是，有平桥、拱桥，还有绵延如带的纤桥。这些玲珑巧妙，轻盈枕水的绍兴桥，它们衬托在转眼移形的各式各样的自然背景下，点缀得太妩媚明静了。清晨景色仿佛是水墨淡描的，桥边人家炊烟初起，远山只露出了峰顶，腰间一绺素练的晓雾，其下紧接平畴，桥远望如同云中洞，行近了舟入环中，圆影乍碎。因为初阳刚刚上升，河面上的水气，随舟自升，渐渐由浓到淡，时合时开，由薄絮而幻成轻纱。桥洞下已现出深远明快的水乡景色，素底的浅画，已点染上浅绛匀绿。河的深广，山的远近，岸的宽窄，屋的多少，形成了多样的村居；粉墙竹影，水巷小桥，却构成了越中的特色。晌午船快到柯桥了，船头上隐隐望见柯岩，而这水乡繁荣的市镇亦在眼前了，船夫在叫了："到哉，到哉，柯桥到哉，落船在后面。"船泊柯桥之下，香喷喷的柯桥豆腐干，由村姑们挽着竹篮到船上来兜销了，我们用此佐以干菜汤下饭，虽然没有大鱼大肉，但吃得那么甘香。午后乘兴前进，船从水城门驶入市内。在我的脑海中，那点缀古藤野花的水城门与斑驳大善寺塔所相依而成的古城春色，再添上岸边花白色的酒坛在水中的倒影，既整齐又明快，逗人寻思，引我浮想，是桥乡也是醉乡，在水乡、水巷中，如果没有这许多玉带、垂虹，因隔成趣，形成千变万化的空间组合，是不可能负此嘉誉的。出了绍兴城，在舟中游览了东湖，东湖是一个水石大盆景，山岩固灵，而湖中桥横堤直，岸曲洞深，景幽波明，山影、桥影、浆影、人影，神光离合，实难形容。东湖之景，得桥始彰。舟前行两岸，新绿在目，而山映夕阳，天连芳草，越远越青，却越耐人寻味。晚晴不过暂时的依恋，转眼，已现朦胧的薄暮了，望中看到桥影中的灯火影，我们的行程快结束了，这时车已到来，在客店人员的招待声中，离开了看尽越中山水的船座，它勾起了我五十年后如梦如幻、如画如诗的回忆。也就是我垂老之年尚要编写这《绍兴石桥》的动力。

解放后，1954 年，我应浙江省文物管理委员会之邀，普查了浙中古建，我水游了越中的名迹遗构。后来在一个暮冬的寒天，乘着乌篷船，缩身上禹陵，筹划修建工作，水寒山寂，朔风吹篷，寒不能忍，暂避桥洞之下，觉温和多了，我分外地尝到了桥的另一种滋味。至于大暑之天，桥洞又是纳凉的洞天福地。而桥头望月，桥阑乘风，桥埠迎阳，四时之景无不可爱，宜越人之爱桥，故无桥不成市，无桥不成村，无桥不成镇。绍兴石桥之多，堪称天下第一。

小舟咿呀，帆影随衣，远山隐约，浅黛如眉，尽入圆拱平梁之中，方圆构图，画与天工争巧。水上之景，赖桥以成，绍兴有近五千座的桥，恐穷尽天下画工，无以描其飘渺凌波之态，人但知山阴道上之美，而不知桥起化工之妙。

一舟容与清波里，两岸稀疏野菜花，山似黛眉谁淡扫，水边照影有人家。

青山隐隐水迢迢，是处人家柳下桥，晓雾蒙蒙春欲醉，黄鹂几啭出林梢。

三步两乔接肆前，市头沽酒待尝鲜，渔舟唱晚归来近，水阁人家尽卷帘。

这三首是我那次去安昌镇归途中写的，绍兴的村镇，其幽闲恬淡，适人乡居，确是耐人寻味，甘心终老之处，桥在整个村镇中起着联系的作用，东家到西家，南头往北头，都要经过桥，桥与桥相联，桥与桥相望，而相隔人家白墙灰屋，倒影在水流中，水上有轻快的脚划船，有平稳的乌篷船，门前屋后皆是停舟处，老人小孩对划船来讲，仿佛城市中的自行车，太方便了。老人戴了毡帽，悠闲地坐在小舟上，口含了短短旱烟管，两脚有节奏地运动着，舟如一叶飘水，景物神态，悠闲自适。安昌这个镇上有着十余座不同桥梁，支流上还有小桥。桥边酒楼临水，人语衣香，暮春初夏，夕阳斜射于桥的鬓边，照影清澈，数声早蝉，声嫩音娇，向晚的五月天，景不醉人人自醉了。这样的水上人家，绍兴处处皆是，也惟有在绍兴处处都能领略到。

"小桥通巷水伐依，落日闲吟到市西，柔橹一声舟自远，家家载得醉人归。"人们都称美绍兴城，是水乡城市；我说绍兴是水乡村镇，水巷城市，比较妥贴一些。因为绍兴城外弥漫着广泛的河流与湖泊，村镇都安排在水上，无处不可舟通；而城市呢？周以护城河，环以城墙，有陆门水门。过去水门交通，远超陆门，那大舟小船，清晨鱼贯入城，中午或傍晚又相继返乡。城中的交通很多是水陆并行，有一路一河，有两岸夹河，亦有只存水巷，仅可通舟。所以河道是成为绍兴的动脉，无水未能成行。而桥名又多取吉利，每当喜庆，花轿所过之桥，在西北方向要过万安、福禄两桥，东北要过长安、宝祐两桥，往南要经五福、大庆两桥，事虽近迷信，亦可以看出绍兴桥梁之多，与人们的生活所起紧密的关系。在城市因桥所起的街景，亦就是人们所谓的水乡景色的组成中心。这些有桥与塔，桥与住宅，桥与廊，桥与寺观，桥与戏台，桥与牌坊……而建筑物中又点缀了桥。其形式大小，可说是因地制宜，极尽变化之能事。从步石、纤桥、梁桥、拱桥，三脚桥，八字桥等等，古代劳动人民凭其对石树的巧妙运用，可以灵活自如地应付各种水上的需要，那是太伟大了。如今新建之桥几乎只有一种拱桥形式，似乎感到太单调点吧？

　　几人识得闲中乐，邂逅风情别样浓，

　　日午闻香桥下过，乡人贻我酒颜红。

　　玉带垂虹看出水，酒旗招展舞斜阳，

　　人生只合越州乐，那得桥乡兼醉乡。

　　桥乡、醉乡，唯绍兴得之。在城乡风光组成起主导作用的，应该归功于桥。我们用桥作为线索，将绍兴水上风光记录了下来，这是一方面；另一方面绍兴是我国石桥宝库，在世界桥梁史中占极光彩的一页。我们对它的桥作了全面的调查，前后花了三年多的时间，虽然不能说行遍了每条河流，但基本上是尽了力所能及的普查了。工作中有春秋佳日，有炎日寒冬，也遇到雨狂风暴，总之大家是付出了一定劳动的。

6. 干校六记（节录）

杨　绛

　　在息县上过干校的，谁也忘不了息县的雨——灰蒙蒙的雨，笼罩人间；满地泥浆，连屋里的地也潮湿得想变浆，尽管泥路上经太阳晒干的车辙像刀刃一样坚硬，害得我们走得脚底起泡，一下雨就全化成烂泥，滑得站不住脚，走路拄着拐杖也难免滑倒。我们寄居各村老乡家，走到厨房吃饭，常有人滚成泥团子。厨房只是个席棚；旁边另有个席棚存放车辆和工具。我们端着饭碗尽量往两个席棚里挤。棚当中，地较干；站在边缘不仅泥泞，还有雨丝飕飕地往里扑。但不论站在席棚的中央或边缘，头顶上还点点滴滴漏下雨来。吃完饭，还得踩着烂泥，一滑一跌到井边去洗碗。回村路上如果打破了热水瓶，更是无法弥补的祸事，因为当地买不到，也不能由北京邮寄。唉！息县的雨天，实在叫人鼓不起劲来。

一次，连着几天下雨。我们上午就在村里开会学习，饭后只核心或骨干人员开会，其余的人就放任自流了。许多人回到寄寓的老乡家，或写信，或缝补，或赶做冬衣。我住在副队长家里，虽然也是六面泥的小房子，却比别家讲究些，朝南的泥墙上还有个一尺宽、半尺高的窗洞。我们糊上一层薄纸，又挡风，又透亮。我的床位在没风的暗角落里，伸手不见五指，除了晚上睡觉，白天待不住。屋里只有窗下那一点微弱的光，我也不愿占用。况且雨里的全副武装——雨衣、雨裤、长统雨鞋，都沾满泥浆，脱换费事；还有一把水淋淋的雨伞也没处挂。我索性一手打着伞，一手拄着拐棍，走到雨里去。

我在苏州故居的时候最爱下雨天。后园的树木，雨里绿叶青翠欲滴，铺地的石子冲洗得光洁无尘；自己觉得身上清润，心上洁净。可是息县的雨，使人觉得自己确是黄土捏成的，好像连骨头都要化成一堆烂泥了。我踏着一片泥海，走出村子；看看表，才两点多，忽然动念何不去看看默存。我知道擅自外出是犯规，可是这时候不会吹号、列队、点名。我打算偷偷儿抄过厨房，直奔西去的大道。

连片的田里都有沟；平时是干的，积雨之后，成了大大小小的河渠。我走下一座小桥，桥下的路已淹在水里，和沟水汇成一股小河；但只差几步就跨上大道了。我不甘心后退，小心翼翼，试探着踩过靠岸的浅水；虽然有几脚陷得深些，居然平安上坡。我回头看看后无追兵，就直奔大道西去，只心上切记，回来不能再走这条路。

泥泞里无法快走，得步步着实。雨鞋愈走愈重；走一段路，得停下用拐杖把鞋上沾的烂泥拨掉。雨鞋虽是高统，一路上的烂泥粘得变成"胶力士"，争着为我脱靴；好几次我险地把雨鞋留在泥里。而且不知从哪里搓出来不少泥丸子，会落进高统的雨鞋里去。我走在路南边，就觉得路北边多几茎草，可免滑跌；走到路北边，又觉得还是南边草多。这是一条坦直的大道，可是将近砖窑，有二三丈路基塌陷。当初我们菜园挖井，阿香和我推车往菜地送饭的时候，到这里就得由阿香挂车下坡又上坡。连天下雨，这里一片汪洋，成了个清可见底的大水塘。中间有两条堤岸；我举足踹上堤岸，立即深深陷下去；原来那是大车拱起的轮辙，浸了水是一条"酥堤"。我跋涉至此，虽然走的是平坦大道，也大不容易，不愿废然而返。水并不没过靴统，还差着一二寸。水底有些地方是沙，有些地方是草；沙地有软有硬，草地也有软有硬。我拄着拐杖一步一步试探着前行，想不到竟安然渡过了这个大水塘。

上坡走到砖窑，就该拐弯往北。有一条小河由北而南，流到砖窑坡下，稍一渟洄，就泛入窑西低洼的荒地里去。坡下那片地，平时河水蜿蜒而过，雨后水涨流急，给冲成一个小岛。我沿河北去，只见河面愈来愈广。默存的宿舍在河对岸，是几排灰色瓦房的最后一排。我到那里一看，河宽至少一丈。原来的一架四五尺宽的小桥，早已冲垮，歪歪斜斜浮在下游水面上。雨丝绵绵密密，把天和地都连成一片；可是面前这一道丈许的河，却隔断了道路。我在东岸望着西岸，默存住的房间更在这排十几间房间的最西头。我望着望着，不见一人；忽想到假如给人看见，我岂不成了笑话。没奈何，我只得踏着泥泞的路，再往回走；一面走，一面打算盘。河愈南去愈窄，水也愈急。可是如果到砖窑坡下跳上小岛，跳过河去，不就到了对岸吗？那边看去尽是乱石荒墩，并没有道路，可是地该是连着的，没有河流间隔。但河边泥滑，穿了雨靴不如穿布鞋灵便；小岛的泥土也不知是否坚固。我回到那里，伸过手杖去扎那个小岛，泥土很结实。我把手杖扎得深深地，攀着杖跳上小岛，又如法跳到对岸。一路坑坑坡坡，一脚泥、一脚水，历尽千难万阻，居然到了默存宿舍的门口。

我推门进去，默存吃了一惊。

"你怎么来了？"

我笑说："来看看你。"

默存急得直骂我，催促我回去。我也不敢逗留，因为我看过表，一路上费的时候比平时多一倍不止。我又怕小岛愈冲愈小，我就过不得河了。灰蒙蒙的天，再昏暗下来，过那片水塘就难免陷入泥里去。

7. "重进罗马"的精神
巴 金

去年十一月十一日以后，许多人怀着恐惧与不安离开了上海。当时有一个年轻的朋友写信给我，绝望地倾诉留在孤岛的青年的苦闷。我想起了圣徒彼得的故事。

据说罗马的尼罗王屠杀基督教徒的时候，斗兽场里充满了女人的哀号，烈火烧焦了绑在木桩上的传教者的身体，耶稣的门徒老彼得听从了信徒们的劝告，秘密地离开了罗马城。彼得在路上忽然看见了耶稣基督的影子。他跪下去呐呐地问道："主啊，你往哪里去？"他听见了耶稣的回答："你抛弃了我的百姓，所以我到罗马去，让他们把我再一次钉在十字架上。"彼得感动地站起来。他拄着拐杖往回头的路走去。他重进了罗马城。在那里他终于给人逮住，钉死在十字架上。

绰号"黄铜胡子"的尼罗王虽然用了火与剑，用了铁钉和猛兽，也不能摧毁这种"重进罗马"的精神。像这样的故事正是孤岛上的中国人应当牢牢记住的。

那么为什么还有人在这里感到苦闷呢？固然在这里到处都听得见"到内地去"的呼声，而且也有不少年轻人冒危险、忍辛苦离开了孤岛。但是也有更多的人无法展翅远飞，不得不留在这里痛苦呻吟。他们把孤岛看作人间地狱，担心在这里受到损害。我了解他们的心情。

不用说，每个人都有权利呼吸自由的空气，我们没有理由干涉他们。对那些有翅膀的，就让他们远走高飞，我也无法阻止。但是对于羽毛残缺或者羽毛尚未丰满的，我应该劝他们不要在悲叹中消磨光阴，因为他们并非真如他们自己所想象的那样：比别的人更不幸；而且他们忘记了他们的肩上还有与别人的同样重大的任务。固然可以使人呼吸自由空气的内地是我们的地方，但是被视作黑暗地狱的孤岛又何尝不是我们的土地！一直到今天孤岛还不曾被魔手捏在掌心里，未必就应该由我们自己来放弃？自由并不应当被视作天赐的东西。自由是有代价的。真正酷爱自由的人并不奔赴已有自由的地方，他们要在没有自由或者失去自由的地方创造自由，夺回自由。托玛斯·潘恩说得好："不自由的地方才是我的祖国。"参加过北美合众国独立战争的潘恩是比谁都更了解自由的意义的。

唯其失去自由，更需要人为它夺回自由。唯其黑暗，更需要人为它带来光明。只要孤岛不曾被中国人完全放弃，它终有得着自由、见到光明的一天。孤岛比中国的任何地方都需要工作的人，而且在这里做工作比在别处更多困难，这里的工作者应当具有更大的勇气、镇静、机智和毅力。工作的种类很多，它们的重要性并不减于在前线作战。这样的工作的确是值得有为的青年献身从事的。

我们有什么理由轻视孤岛上的工作？我们平日责备失地的将士，那么轮到我们来"守土"的时候，我们怎么可以看轻我们的职责？撇开孤岛的历史不说，难道这四五百万中国人居住的所在就是一块不毛的瘠土？谁能说匆匆奔赴内地寻求自由，就比在重重包围中沉默地冒险工作更有利于民族复兴的伟业？反之，"重进罗马"的精神倒是建立新中国的基石。这不是一句空话。我们在失地上已经见到了不少的这种精神的火花。这种精神不会消灭，中国不会灭亡，这是我们可以断言的。

因此住在孤岛上的人，尤其是青年，应当感到自己责任的重大而兴奋，振作，不要再陷入苦闷的泥淖中去。

8. 衣　裳
梁实秋

莎士比亚有一句名言："衣裳常常显示人品"；又有一句："如果我们沉默不语，我们的衣裳与体态也会泄露我们过去的经历。"可是我不记得是谁了，他曾说过更彻底的话：我们平常以为英雄豪杰之士，其仪表堂堂确是与众不同，其实，那多半是衣裳装扮起来的，我们在画像中见到的华盛顿和拿破仑，固然是奕奕赫赫；但如果我们在澡堂里遇见二公，赤条条一丝不挂，我们会要有异样的感觉，会感觉得脱光了大家全是一样。这话虽然有点玩世不恭，确有至理。

中国旧式士子出而问世必须具备四个条件：一团和气，两句歪诗，三斤黄酒，四季衣裳；

可见衣裳是要紧的。我的一位朋友，人品很高，就是衣裳"普罗"一些，曾随着一伙人在上海最华贵的饭店里开了一个房间，后来走出饭店，便再也不得进去，司阍的巡捕不准他进去，理由是此处不施舍。无论怎样解释也不得要领，结果是巡捕引他从后门进去，穿过厨房，到帐房内去理论。这不能怪那巡捕，我们几曾看见过看家的狗咬过衣裳楚楚的客人？

衣裳穿得合适，煞费周章，所以内政部礼俗司虽然绘定了各种服装的式样，也并不曾推行，幸而没有推行！自从我们剪了小辫儿以来，衣裳就没有了体制，绝对自由，中西合璧的服装也不算违警，这时候若再推行"国装"，只是于错杂纷歧之中更加重些纷扰罢了。

李鸿章出使外国的时候，袍褂顶戴，完全是"满大人"的服装。我虽无爱于满清章制，但对于他的不穿西装，确实是很佩服的。可是西装的势力毕竟太大了，到如今理发匠都是穿西装的居多。我忆起了二十年前我穿西装的一幕。那时候西装还是一件比较新奇的事物，总觉得有点"机械化"，其构成必相当复杂。一班几十人要出洋，于是西装逼人而来。试穿之日，适值严冬，或缺皮带，或无领结，或衬衣未备，或外套未成，但零件虽然不齐，吉期不可延误。所以一阵骚动，胡乱穿起，有的宽衣博带如稻草人，有的细腰窄袖如马戏丑，大体是赤着身体穿一层薄薄的西装裤，冻得涕泗交流，双膝打战，那时的情景足当得起"沐猴而冠"四个字。当然后来技术渐渐精进，有的把裤脚管烫得笔直，视如第二生命，有的在衣袋里插一块和领结花色相同的手绢，俨然像是一个绅士，猛然一看，国籍都要发生问题。

西装是有一定的标准的。譬如，做裤子的材料要厚，可是我看见过有人在光天化日之下穿夏布西装裤，光线透穿，真是骇人！衣服的颜色要朴素沉重，可是我见过著名自诩讲究穿衣裳的男子们，他们穿的是色彩刺目的宽格大条的材料，颜色惊人的衬衣，如火如荼的领结，那样子只有在外国杂耍场的台上才偶然看得见！大概西装破烂，固然不雅，但若崭新而俗恶则更不可当。所谓洋场恶少，其气味最下。

中国的四季衣裳，恐怕要比西装更麻烦些。固然西装讲究起来也是不得了的，历史上著名的一例，詹姆斯第一的朋友白金翰爵士有衣服一千六百二十五套。普通人有十套八套的就算很好了。中装比较的花样要多些，虽然终年一两件长袍也能度日。中装有一件好处，舒适。中装像是变形虫，没有一定的形式，随着穿的人身体变。不像西装，肩膀上不用填麻布使你冒充宽肩膀，脖子上不用戴枷系索，裤子里面有的是"生存空间"，而且冷暖平匀，不像西装咽喉下面一块只是一层薄衬衣，容易着凉，裤子两边插手袋处却又厚至三层，特别郁热！中国长袍还有一点妙处，马彬和先生（英国人入我国籍）曾为文论之。他说这钟形长袍是没有差别的，平等地遮掩了贫富贤愚。马先生自己就是穿一件蓝长袍，他简直崇拜长袍。据他看，长袍不势利，没有阶级性，可是在中国，长袍同志也自成阶级，虽然四川有些抬轿的也穿长袍。中装固然比较随便，但亦不可太随便，例如脖子底下的钮扣，在西装可以不扣，长袍便非扣不可，否则便不合于"新生活"。再例如虽然在蚊虫甚多的地方，裤脚管亦不可放进袜筒里去，做绍兴师爷状。

男女服装之最大不同处，便是男装之遮盖身体无微不至，仅仅露出一张脸和两只手可以吸取日光紫外线，女装的趋势，则求遮盖愈少愈好。现在所谓旗袍，实际上只是大坎肩，因为两臂已经齐根划出。两腿尽管细直如竹筷，扭曲如松根，也往往一双双的摆在外面。袖不蔽肘，赤足裸腿，从前在某处都曾悬为厉禁，在某一种意义上，我们并不惋惜。还有一点可以指出，男子的衣服，经若干年的演化，已达到一个固定的阶段，式样色彩大概是千篇一律的了，某一种人一定穿某一种衣服，身体丑也好，美也好，总是要罩上那么一套。女子的衣裳则颇多个人的差异，仍保留大量的装饰的动机，其间大有自由创造的余地。既是创造，便有失败，也有成功。成功者便是把身体的优点表彰出来，把劣点遮盖起来；失败者便是把劣点显示出来，优点根本没有。我每次从街上走回来，就感觉得我们除了优生学外，还缺乏妇女服装杂志。不要以为妇女服装是琐细小事，法朗士说得好："如果我死后还能在无数出版书籍当中有所选择，你想我将选什么呢？……在这未来的群籍之中我不想选小说，亦不选历史，历史若有兴味亦无非小说。我的朋友，我仅要选一本时装杂志，看我死后一世纪中妇女如何装束。妇女装束之能告诉我未来的人文，胜过于一切哲学家、小说家、预言家及学者。"

衣裳是文化中很灿烂的一部分。所以，裸体运动除了在必要的时候之外（如洗澡等等），我总不大赞成。

9. 中华人民共和国国防部命令

福建前线人民解放军同志们：

金门炮击，从本日起，再停两星期，借以观察敌方动态；并使金门军民同胞得到充分补给，包括粮食和军事装备在内，以利他们固守。兵不厌诈，这不是诈。这是为了对付美国人的。这是民族大义，必须把中美界限分得清清楚楚。我们这样做，就全局说来，无损于己，有益于人。有益于什么人呢？有益于台、澎、金、马一千万中国人，有益于全民族六亿五千万人，就是不利于美国人。有些共产党人可能暂时还不理解这个道理。怎么打出这样一个主意呢？不懂，不懂！同志们，过一会儿，你们会懂的。呆在台湾和台湾海峡的美国人，必须滚回去。他们赖在这里是没有理由的，不走是不行的。台、澎、金、马的中国人中，爱国的多，卖国的少。因此要做政治工作，使那里大多数的中国人逐步觉悟起来，孤立少数卖国贼。积以时日，成效自见。在台湾国民党没有同我们举行和平谈判并且获得合理解决以前，内战依然存在。台湾的发言人说：停停打打，打打停停，不过是共产党的一条诡计。停停打打，确是如此，但非诡计。你们不要和谈，打是免不了的。在你们采取现在这种顽固态度期间，我们是有自由权的，要打就打，要停就停。美国人想在我国的内战问题上插进一只手来，他们叫做停火，令人忍俊不禁。美国人有什么资格谈这个问题呢？请问他们代表什么人？什么也不代表。他们代表美国人吗？中美两国没有开战，无火可停。他们代表台湾人吗？台湾当局没有发给他们委任状，国民党领袖根本反对中美会谈。美国民族是一个伟大的民族，其人民是善良的。他们不要战争，欢迎和平。但是美国政府的工作人员，有一部分，例如杜勒斯之流，实在不大高明。即如所谓停火一说，岂非缺乏常识？台、澎、金、马整个地收复回来，完成祖国统一，这是我们六亿五千万人民的神圣任务。这是中国内政，外人无权过问，联合国也无权过问。世界上一切侵略者及其走狗，通通都要被埋葬掉，为期不会很远。他们一定逃不掉的。他们想躲到月球里去也不行。寇能往，我亦能往，总是可以抓回来的。一句话，胜利是全世界人民的。金门海域，美国人不得护航。如有护航，立即开炮。切切此令！

国防部长　彭德怀

1958 年 10 月 13 日上午 1 时

10. 往事（一）——生命历史中的几页图画·一四
冰　心

　　每次拿起笔来，头一件事忆起的就是海。我嫌太单调了，常常因此搁笔。

　　每次和朋友们谈话，谈到风景，海波又侵进谈话的岸线里，我嫌太单调了，常常因此默然，终于无语。

　　一次和弟弟们在院子里乘凉，仰望天河，又谈到海。我想索性今夜彻底地谈一谈海，看词锋到何时为止，联想至何处为极。

　　我们说着海潮，海风，海舟……最后便谈到海的女神。

　　涵说，"假如有位海的女神，她一定是'艳如桃李，冷若冰霜'的"。我不觉笑问，"这话怎讲！"

　　涵也笑道："你看云霞的海上，何等明媚；风雨的海上，又是何等的阴沉！"

　　杰两手抱膝凝听着，这时便运用他最丰富的想象力，指点着说："她……她住在灯塔的岛上，海霞是她的扇旗，海鸟是她的侍从；夜里她曳着白衣蓝裳，头上插着新月的梳子，胸前挂着明星的璎珞；翩翩地飞行于海波之上……"

　　楷忙问，"大风的时候呢？"杰道："她驾着风车，狂飙疾转地在怒涛上驱走；她的长袖拂没了许多帆舟。下雨的时候，便是她忧愁了，落泪了，大海上一切都低头静默着。黄昏的时候，霞光灿然，便是她迴波电笑，云发飘扬，丰神轻柔而潇洒……"

　　这一番话，带着画意，又是诗情，使我神往，使我微笑。

　　楷只在小椅子上，挨着我坐着，我抚着他，问，"你的话必是更好了，说出来让我们听听！"

他本静静地听着，至此便抱着我的臂儿，笑道，"海太大了，我太小了，我不会说。"

我肃然——涵用摺扇轻轻地击他的手，笑说，"好一个小哲学家！"

涵道："姊姊，该你说一说了。"我道，"好的都让你们说尽了——我只希望我们都像海！"

杰笑道："我们不配做女神，也不要'艳如桃李，冷若冰霜'的。"

他们都笑了——我也笑说："不是说做女神，我希望我们都做个'海化'的青年。像涵说的，'海是温柔而沉静'。杰说的，'海是超绝而威严'。楫说得更好了，'海是神秘而有容，也是虚怀，也是广博……'"

我的话太乏味了，楫的头渐渐地从我臂上垂下去，我扶住了，回身轻轻地将他放在竹榻上。

涵忽然说："也许是我看的书太少了，中国的诗里，咏海的真是不多；可惜这么一个古国，上下数千年，竟没有一个'海化'的诗人！"

从诗人上，他们的谈锋便转移到别处去了——我只默默地守着楫坐着，刚才的那些话，只在我心中，反复地寻味——思想。

二、参考答案

（一）下面有三句话，请你说出它们是什么人在什么时候、什么地方说的，并说出你的理由。

答：这些是营业员在上班时间、工作场合说的话。这是我们根据已掌握的语境知识，结合这些话语的内容进行推理的结果。

（二）请比较下面据说是唐伯虎写的诗和自称老秀才的人仿写的诗，说出两者在修辞效果上的差异及原因。

答：这两首诗在修辞效果上有差别。总的说来，传说中的唐诗要好于号称老秀才所仿写的诗。从修辞效果上看，前者每说一句都可以调动寿星儿子的情绪的变化，而仿写的诗则没有这种打动人心的修辞效果。第三、四句则基本上是为了仿拟而作，所表示的意思甚至不太准确。造成这种修辞效果差异的主要原因是：（1）仿拟因受范本的限制，不易写好。（2）可能把注意力过多地放在要体现出和范本的关联上面，而没有对所表达的内容进行更多的推敲。

（三）请指出下例中闹笑话的原因。

答：

1. 这是贴在医院大门上的春联，因其内容，使旁人产生医院为了赚钱而希望大家多得病的想法，而医院本是施展仁术之所，不该祈愿众人得病。两相冲突，不免滑稽。

2. 这是因为吴旋旋误以为表演节目的要求和跟着老师学弹钢琴的要求相同，没有分清这两个语境的差别。同时也透露出吴旋旋并不喜欢弹钢琴。

（四）请说出你是怎么明白"雷亚尔"的意思的。

答：一开始可能不明白"雷亚尔"的意思。但标题已经告诉我们它和巴西经济有关。后面短文的前半部分进一步支持了这种认识。接下去看到了关于"雷亚尔"和美元的比值的话语，则使我们断定了"雷亚尔"是巴西货币的名称。这说明上下文对于意义理解具有铺垫作用，也说明了话语中的比较对象能够制约我们对一个新名称的理解。

（五）请说出"小包车的神效"是怎么造成的。

答：这是由当时的特定社会结构造成的，因为在当时能够享受小包车待遇的是有一定级别的官员或其他有重要社会地位的人员。这说明话语不仅具有意义内容，而且还附带有特定的社会功能。话语的这种特定社会功能的建立，与一个社会的特定结构有密切的关系。对话语的这些特定社会功能的了解程度和使用能力，也是修辞能力的一个重要组成部分。

（六）请分析下述条幅为何出错，应怎么改正，并说明你是怎么得出自己的判断的。

答：应该改为"做守法公民，当禁烧模范"，作出这个判断主要有两个理由：（1）从报道的内容看，作者对"路边、地里在焚烧"的现象是持批评态度的；（2）鉴于空气污染严重，近年来政府要求在农业生产过程中改变焚烧秸秆稻草等传统习惯做法。

（七）阅读下列对话，回答下列三个问题，并说出你这样分析的理由。

答：

1. 老头子要阿Q来投案自首。因为老头子的如下话语："你从实招来，免得吃苦。我早都知道了。招了可以放你。"让我们判断这是一次司法审讯。又因为阿Q的"我本来要……来投……"引出老头子的"那么，为什么不来的呢？"让我们进一步判断这里的"投"是投案自首。

2. 阿Q的意思是要"投"革命党。这样说的依据是未在这里出现的小说的上文，因为上文交代过：（1）阿Q想投革命党；（2）他把见老头子等人预想为见革命党。

3. 阿Q的意思是假洋鬼子不准他投革命党。因为小说的上文（这里未出现）曾有过假洋鬼子不让阿Q参加革命党的描写，而这里的对话中又出现过阿Q的"我本来要……来投……"的话语。

（八）从下面括弧中挑选一个最合适的词语，并说出理由。

答：

1. 选"泼"，更能与前面"倾盆似的"配合。

2. 选"普通"和"平凡"。在前一选择中，"普通"比"一般"更明确地刻画出"平常无奇"的意思。在后一选择中，"平凡"比"普通"更明确地从"品质"的角度来表达意思。

3. 选"龙准"。"龙"表示所形容之人地位很高。"大王"虽不是天子，但小说中可这样处理，将大王比喻为龙。

4. 选"赤县"，以和后句中的"青山"形成色彩上的对比。

5. 选"各"，以准确地和前文的"两肩"配合。

6. 选"裹"、"摇撼"和"撞开"。"裹"的力度要强于"卷"。选"摇撼"，是因为上下文中相应位置的动词"扫荡"、"撞开/吹开"都是双音节的，以此求得音节节奏上的协调。"撞开"的力度强于"吹开"。这里突出力度是为了形容文中的"狂暴"。

7. 选"心曲"，因为"心曲"可以"表白"，"心地"不能"表白"。

8. 选"心房"，因为"心房"可以"暖"，"心田"不能"暖"。

9. 选"下"、"最后通牒令"，这不仅形象化，而且更加突出事态的严重性，因为"最后通牒令"原本是国与国之间维持正常关系的最后一个努力。

10. 选"冰点"，这不仅形象，而且借用"冰"的冷极了的意思突出情绪坏到极点。

11. 选"瘦巴脸儿"、"亮堂"。"瘦巴脸儿"至少在书面上看起来是四个字，和上下文的"乌靴净袜"、"黑白分明"、"干净利索"、"圆框眼镜"等在字数上协调一致。选"亮堂"是因为形容其眼神亮，像年轻人。"炯炯"的意思虽然也是"明亮"，但一般形容的是因内在修为而导致的眼神明亮，跟因年轻而导致的眼神明亮不一样。

12. 选"拿掉"。因"取去"有明显的书面语色彩，和前后文在语体风格上不协调。

13. 选"拾掇拾掇"，因这种说法口语化，与前后文的"伙计"、"开拔"在风格上一致。

14. 选"赞同"，因"附和"所带的贬义色彩和句子意义不一致。

15. 选"显出"，因"呈出"是生造词语。

16. 选"娇小"和"纤细"。因全文是赞美性的，"瘦小"和"纤弱"都略带贬义，和前后文的意思不一致。

17. 选"奔"和"爱木其"。选"奔"主要是因为这里是骑着马、骆驼等而来，而不是牧民自己跑来。如果是牧民自己跑来则可用"跑"。选"爱木其"的主要原因是突出民族性（当然，前提是全文中要有解释，否则读者就很难明白"爱木其"的意思）。

18. 选"障碍"，主要理由是为使话语表意上委婉。

19. 选"串通"，如用"勾结"语义上过重。因为这种行为属于损公肥私，而不是严重的犯罪。

20. 选"父亲"和"番薯"。选"父亲"是为了和后文的语体风格一致，因为后文中有"便"、"替"、"取"等带有书面语色彩的词语。选"番薯"是根据"仔"的南方方言用法，推出在这种方言中不会有非南方方言的"红薯"的说法，与其一致的说法应是"番薯"。

（九）请在下文的括弧里选择一个你认为最合适的词语，并说说理由。

答：

1.《打"太极拳"》

（1）选"过程"。很难把招标称为"活动"。

（2）选"纸"。量词"张"一般不与"红头文件"配合。

（3）选"不明不白"。根据全文，事情的起源在于建设局暗箱操作。"县建"要打官司，初衷就是要弄个明白。"窝窝囊囊"则可表达竞争不过别人的意思，用在此处不合适，因为从文章的上下文看，"县建"连竞争对手是谁都不知道。

（4）选"结论"。用"结论"是突出建设局的霸王作风。

（5）选"拿"。以突出"县建"争取这个工程的积极意愿。

（6）选"简单"，其对立面是"复杂"。"普通"的对立面是"特殊"，用在这里不准确。

（7）选"讨"。"讨"有要求对方回答的意思，"找"没有这个意思。

（8）选"显然"。"显然"比"明显"更经常用于充当状语，表示"容易看到"的意思。

（9）选"介入"。"介入"比"参与"更有主动性。

（10）选"和"。"同"有口语色彩，用在这里不太一致。

（11）选"启动"。这里用"进入"不符合表示"开始一个程序"的要求。

（12）选"过问"。"过问"表示有资格关注并发表意见，"询问"只是一般的了解情况。

（13）选"行使"。和"知情权"等配合经常用"行使"，一般不用"使用"。

（14）选"深思"。"深省"的对象是自己，用在这里与所说的内容不符。

（15）选"机制"。"机制"突出其内在的运行规律，"规则"则往往有外在规定的意思。

（16）选"积累"。因为主语是"另一根柱石"，修饰语是"一个个'个案'"，这就只能选"积累"。"积淀"本来指在液体中所携物质的逐渐沉淀，其比喻用法和本义接近，用在这里不贴切。

（17）选"可"。一般的说法是"缺一不可"，不说"缺一不行"。

（18）选"激活"。主语中心语是"机制"，"机制"可以"激活"，但很难说"机制"被"尊重"。而且这里说的是要使该机制活动起来，那就只能用"激活"。

2.《人为什么会笑》

（1）选"日新月异"。指明科学技术的发展速度很快。若用"千变万化"则无法指明科学技术的发展之意，反而令人觉得科技发展不易为人所理解。

（2）选"十分"。表明理应如此。若用"似乎"，则会让读者觉得这个问题可能并不简单。

（3）选"不甚了了"。表示很不清楚的意思。若用"半知半解"，则表示了解一部分。

（4）选"探索"。突出我们对这些问题还不了解，以和前文的"不甚了了"呼应。若用"探究"，则表示在已有了解的基础上的进一步追寻。

（5）选"结果"。第一，"结果"重在表示某原因或条件所导致的最终状况，"结局"仅表示有了一个新状况。第二，一个比较复杂的事件如故事等可以有一个"结局"；但是一个简单事件不说有"结局"，只能说有"结果"。这是词语搭配的限制问题。

（6）选"结局"。这里说的是产生了一个新状况，并不需要突出其原因或条件。

（7）选"重新"。"重新"是再一次的意思，"从头"是从开始点展开的意思。根据上下文的意思，这里只能表示"再一次"的意思。

（8）选"告诉"。"告诉"可带受事宾语"周围人"，很顺畅。"告之"的"之"就是"告的受事宾语，一般不再用名词或名词短语重复受事宾语。

（9）选"按照"。"遵照"有听从命令、权威之言等意思，"按照"没有这一层意思。在此没有听从命令或权威等意思，故只能选"按照"。

（10）选"头破血流"。因为旁人能看到"头破血流"，而看不到"头晕眼花"；若看不到，也就不会笑了。可见这里只能选"头破血流"。

（11）选"赶路"。"赶路"有朝向一个目的地走路的意思，而"走路"则无这个意思。从上下文看，这里应该选择朝一个目的地走路的意思。

（12）选"救助"。因为此人已"头破血流"，自然应该突出"救"。"援助"没有突出这一层意思，而且"援助"多用于表示对一个地方或一个国家的支援帮助，在汉语中较少表示对个人的支援帮助。

（13）选"推断"。突出其中所含的"推测"之意。如果用"断定"则表示已经肯定。

（14）选"也许"。这里的意思是拿不准，自然选"也许"。"几乎"是"差不多"、"接近"之意，用在这里和句意不相配。

（15）选"诊治"。医生不仅要诊断病情，还得"治疗"。"诊断"无治疗的意思。

（16）选"当时"。用"当时"能突出表示"用针戳"的活动发生在诊治过程之中，用"那时"的突出性不够。

（17）选"分析"。因为下文介绍的是拉玛昌达拉医生的解释内容，侧重于说明其理由而非其不确定性。

（18）选"信号"。因为严格地说来，神经回路传输的是"信号"，而非"感觉"。

（19）选"她"。因为这是一位女性。另外，用"她"也有利于避免指代不明。

（20）选"异常"。在此要表示的是"不合常情"而非"偶然"的意思，用"异常"当然比用"意外"更为准确。

（21）选"刺痛"。因为若是"剧痛"，那位妇女就不会觉得只是一点儿疼痛，也就不会哈哈大笑了。

3. 《说戏岂可戏说》

（1）选"试"。此项选"应"也可，但无"尝试"之意。权衡下来，还是选"试"更好，表达上更为委婉，更有礼貌。

（2）选"偶"。因为作者是无意中听到这两个题目的，故用"偶"；而且"偶闻"这一搭配比较常见，"我闻"的搭配则比较生硬。

（3）选"曰"。"其一"有文言色彩，和"曰"搭配比较自然。

（4）选"竟"。用"竟"可更清楚地表示"出乎意料"之意，用"却"则此意不太清楚。

（5）选"亡"。表示被动之意多用"亡于"，表示主动意义多用"灭"。

（6）选"建立"。"建立"多与"朝代"等配合，"开创"多与"时代"等配合。

（7）选"非"。"非"表示"不是"之意，"无"表示"不存在"之意。

（8）选"相"。我们说"相争"，不说"两争"。

（9）选"其"。用"那时"也通，但"其时"带有文言色彩，和全文较明显的书面语色彩更为协调。

（10）选"尚"。用"还"也通，但"尚"带有文言色彩，和全文较明显的书面语色彩更为协调。

（11）选"固然"。用"当然"也可，但不是最好。"固然"有让步之意，更适合用于表示两个选择都不理想的意思（采用"固然…亦/也"的格式）。

（12）选"若"。用"如"也通，但"若"带有文言色彩，和全文较明显的书面语色彩更为协调。

（13）选"亦"。用"也"也通，但"亦"带有文言色彩，和前文的"若"更易协调，和全文较明显的书面语色彩也更为协调。

（14）选"列"。"列"是归入之意，"标"是标明之意。看前文，陶君起《京剧剧目初探》一书似涉及很多剧目，理应论及剧目的分类归类。由此度之，选"列"更为妥当。

（15）选"于"。用"在"也通，但"于"带有文言色彩，和全文较明显的书面语色彩更为协调。

（16）选"之"。从语法上看选"其"亦可，但"与其称其为汉代故事"中，重复两次"其"，不太顺口，所以选"之"。

（17）选"倘"。这里应该表示假如的意思，以使前后文气贯通，选"能"则无法表示假如之意。

（18）选"项"。这里是选一个题目的答案，而非选一类题目的答案。

（19）选"大误"。用"大错"也通，但"大误"带有文言色彩，和全文较明显的书面语色彩更为协调。

（20）选"涉"。用"关"也通，但"涉"带有文言色彩，和全文较明显的书面语色彩更为协调。

（21）选"举"。"对比"和"对举"都有两相比较的意思，但"对举"突出了通过说话的方式并举这一层意思，从前文引用关汉卿《窦娥冤》中语句的例子看，此处应该突出"通过说话的方式并举"这一层意思。

（22）选"者"。用"的"也通，但"者"带有文言色彩，和全文较明显的书面语色彩更为协调。

（23）选"普及"。文章开头提到"某电视台播出戏曲知识问答题"，结合当今中国社会对传统戏曲已普遍缺乏了解的现状，可知这类节目的作用在于"普及"戏曲知识。

（十）请分析下列各对同义句，指出它们之间的差别，并说说在修辞效果上的优劣。

答：

1. 选（2）。句（1）层次套叠过多。

2. 选（2）。句（2）的最后分句突出处置意味。

3. 选（1）。句（2）的第二分句太长。

4. 选（2）。句（2）中第二、第三分句共享一个主语（第三分句主语承前省略），整个句子更加连贯。

5. 选（2）。句（2）是松句，第二分句的宾语格式整齐，比句（1）更显强调意味。

6. 选（2）。句（2）突出强调"无论如何"。

7. 选（1）。句（1）中前两个分句说好的方面，后两个分句说坏的方面，对比明显。而句（2）中前两个分句中的措辞是"不坏"、"不错"，和第三、第四个分句的对比不那么明显。

8. 选（2）。句（2）整齐易记。

9. 选（1）。句（1）整齐上口。

10. 选（2）。句（2）简练。句（1）中用"他们"来复指，但说此句时并无强调"学生"的需要，无须复指。

（十一）请说出下列各组句子是怎样衔接起来的。

答：

1. 使用列举分承的表达方式。（伤心、害怕。）

2. 使用对应格式。（西边是……、东边是……、南边是……、北边是……。）

3. 使用零形式。（第一组：第一个复句的后三个分句，承接第一个分句的主语"唐主任"。第二组：第二个复句的第二分句，承接第一个分句中的主语"他的动作"。第三组：第二个复句的第四分句，以及第三个复句的两个分句，承接第二个复句中第三个分句里主语的定语"他"。）

4. 使用相同的代词。（充当主语的"我"。）

5. 使用对应格式（以分号为界，形成两个部分。两个"有人……"。其中又包括了零形式。）

6. 按逻辑关系衔接。（春、夏、秋、冬的顺序。）

（十二）请修改下列句子，并说明理由。

答：

1. 句子过长。改为"中国华东修辞学会主办的《修辞学习》杂志，昨天在上海举行创刊三周年改革座谈会，华东地区的六十余位专门工作者出席了座谈会"。

2. 重复冗赘。改为"但是我们不能很深刻地去表现它，就因为没有掌握一个基本点"。

3. 冗赘。改为"他让老太婆把瓶子反复洗刷清洁。然后，他用煮过的白纱布挤压和过滤葡萄原汁，盛在搪瓷盆子里，再通过漏斗，灌入两个玻璃瓶里"。

4. 对象搞错。改为"在那个时候，我和报纸接触的机会是很少的"。

5. 主语不一致，导致表达不连贯、不流畅。改为"仅仅一年多的时间，他不仅被培养成为'三好'学生，而且学会了高中数学课程，在数学竞赛中，取得了好成绩，引起了人们的极大注意"。

6. 层次不清。改为"这种吸尘器吸力强大，可以调速，经济实惠，欢迎选购"。

7. 前后（时间）矛盾。改为"久闻西山脚下有一处具有二百多年历史的琉璃制品厂，是在乾隆年间（十八世纪中叶）由城南迁往该地的"。

8. 节奏不协调。改为"荔枝原产于我国，是我国的特产。海南岛和廉江有野生的荔枝林，可为我国是原产地的明证"。

9. 不顺畅。改为"各种构造不同的眼睛，又都有特殊的功能。研究、认识眼睛的各种构造和功能，可以从中得到重要的启示"。

10. 节奏不协调。改为"你把鲜蘑菇在溪水里洗净，不要油，不要盐，光是白煮来吃就有一种特别鲜甜的滋味；如果再加上一条野羊腿，那就既鲜甜又浓香"。

（十三）请在下文的括弧里选择你认为最合适的句子。

答：

1.《孩子们还会感动吗?》

（1）选"没有一篇让我觉得感动"。此句实际上以"作文"为论述对象，上一句的主语也是"作文"，这样衔接更为顺畅。

（2）选"千篇一律无一点新意的题材，毫无感情的平板艰涩的叙述"。看文章一般先关心写什么题材，然后再看如何叙述。照这个顺序安排语序更符合常理。

（3）选"我不甘心"。除非强调"心"如何如何，否则不把"心"提到"不甘"前面。此处没有强调"心"的必要。

（4）选"有一个学生说吃饭时弟弟给外公拿了筷子，他觉得感动"。"给外公吃饭时拿了筷子"的语序不合常观。一般情况下，表示时间的词语宜放在表示动作受益对象的词语之前。

（5）选"你的父亲有没有半夜三更地背着你上医院"。一、句子开头已经出现了表示时间的"当你生病时"，其后再接着出现"三更半夜"这类表示时间的词语就不合适了（除非第二个时间是对前一个时间的进一步限制，如"2013 年，一个星期天的下午"）。二、如果没有特别的需要，我们优先选择主动句。

（6）选"站在讲台上的我终于不能再冷静了"。在此处"站在讲台上"不是新信息，因为通过阅读我们已知该老师说的是在课堂上讲评作文之事。既然这样，就不宜将"我站在讲台上"写成独立的分句，而可将它处理成定语，作为附加信息。尽管这种说法有欧化句法的痕迹，但两者相比较，还是取第二种说法更好。

（7）选"这就是吃着肯德基，喝着娃哈哈，听着流行歌曲成长的一代"。这里作者想刻画的是"吃着肯德基，喝着娃哈哈，听着流行歌曲"这些特点。若挑选另一个说法，那么"正在成长的一代"就成了表示作者判断的主要信息了。从上下文看，前者才是作者的表达意图。

（8）选"当他们坐在电脑桌前熟练地按着键盘，嘴里不时蹦出几个英语单词，拉着父辈陌生又神往的小提琴，随着悠扬的乐曲优美地旋转时"。这个复句按照学习操作电脑、学习英语、学习乐器、学习跳舞的顺序排列，它反映了从学习科学文化知识到学习艺术技能的过渡，也反映了学习者由多到少的变化，符合一般的表达习惯。若选另一个复句，则分句排列不那么顺畅。

（9）选"我们竭尽所有用爱和物质为孩子铺设锦绣前程"，不选"我们竭尽所有为孩子铺设锦绣前程，用爱和物质"。后一句中的"用爱和物质"是状语后置的说法，具有补充意味。这里没有采用补充说法的需要，状语后置的说法还会影响话语的流畅和连贯。

（10）选"自私、怯懦、偏狭与麻木也随之一同成长"。若选"自私与怯懦、偏狭与麻木"，就是把这四个属性分为两组。然而从意义上看，这样分成的两组缺乏理据，很不合理，所以不取。

（11）选"不再有冬去春来、人世沧桑的感怀"。"冬去春来"描述自然界季节的变化，"人世沧桑"说的是人类社会的变化，这里讲的是人性的培养，应该以自然界季节的变化为衬托，而以人类社会的变化为表达的重点，并按前辅后重的语序排列，不宜颠倒。

（12）选"这是多么可怕的一幕"。这里是将所述的"这"些情景归纳为一"幕"，而非已先设定它是一"幕"，因此不能将"这一幕"作为主语处理。

（13）选"也不会再有真正的亲情、友情和爱情"。对小学四年级学生而言，和他们关系最近的是"亲情"，然后是"友情"，至于"爱情"还早着呢，所以按"亲情、友情和爱情"排列比较合理。反之则未免有点儿奇怪。

（14）选"也要注重孩子'情商'的培养"。因为该文的最后三句都是动宾结构，而"注重培养孩子的'情商'"以动宾短语为"注重"的宾语，可以说是动宾中再套动宾，这样就显得动宾太多，有点儿呆板。现在将"培养孩子的'情商'"改为"孩子'情商'的培养"，转化了一个动宾，使表达有所变化，不显得那么呆板了。

2.《种树人与攀折人》

(1)选"在古代，攀折树枝也许并非一种有违公德的事情。西安城东有一地方名曰'灞桥'。按《西安府志》载：'灞桥两岸，筑堤五里，栽桥万株。'唐代在灞桥设立驿站，凡东往西来的人们搞迎送活动，都在灞桥进行。于是折取灞桥岸边的柳枝在送别者来讲也就相沿成习"。和另一说法相比，这一说法以表示时间的词语开头，不显得突兀。

(2)选"杨巨源《赋得灞桥柳留辞郑员外郎》讲得更直接"。一、"更说道"的说法有点儿生硬。二、这里需要点明杨巨源说得更为"直截了当"。

(3)选"这攀翻也就是攀折"。这里已到了段落的结尾处，已无必要通过设问来制造波澜，还不如直截作出断语更为清晰。

(4)选"全文如下"。这一表述最为简明，又是四音节，整齐顺口。相比之下，"如下为全文"显得拖沓。

(5)选"一村新栽，有益四邻"。这里采用整句结构，且各为四音节，不仅读来平稳顺口，比起"栽树有益四邻"来在表意上更显突出。这恰是全文的论点所在，自然应予突出。

(6)选"种树人当然希望他所种的树年年成活，早日成荫"。若选前一个复句，则易使读者误以为"年年成活，早日成荫"和前文的"前人种树，后人乘凉"共同构成一个整句。作者的本意并非如此，故此只能选择此句。

(7)选"'和树为阴'也是'益四邻'的一个方面"。选此句能和前文"种树为荫出世恩"的诗句紧密衔接。若选另一句，则以"益四邻"为主语，前后文的联系就松了。

(8)选"种树人往往看不到自己种树的最终效果"。若非强调，若不是有构成话题链的需要，受事宾语还是不要移到句子开头，而宜选择主动句的说法。

(9)选"他无力阻止，充满着伤感"。在这里"他无力阻止"的意思不宜减省，否则"眼睁睁"的原委就不太显豁了。

(10)选"对《种树》诗的这一别解，对我们今天保护绿化、保护环境有何启示呢？"一、若选另一句，"对"就会不必要地重复。二、此处文意甚明，若用问句，反使意义模糊了。

3.《六千年文明史的凸现》

(1)选"新春伊始，上海博物馆举办了'上海考古新发现'特展"，和另一说法相比，这一说法以表示时间的词语开头，不显得突兀。

(2)选"长期以来，人们认为上海只是在近几百年才从海边渔村发展而来的新兴城市"，和另一说法相比，这一说法以表示时间的词语开头，不显得突兀。

(3)选"再现上海历史风貌的任务理应由上海考古工作者承担"。因为前文谈的是上海的历史，此处宜紧接着这个主题来构造句子。

(4)选"建国以来，上海考古工作者不懈努力，取得了丰硕的成果，发现了自新石器时代以来各个时期的遗址和墓葬"。原文是另一句，但那句的两个分句都缺少主语，而把应该出现的主语"上海考古工作者"放到句首修饰语中去了。

（5）选"半个世纪的上海考古已经证明，早在6 000多年前上海就已超越渔村，上海人不仅捕鱼狩猎，而且还种水稻、吃大米，过着自给自足的定居生活"。这里强调的是"过着自给自足的定居生活"，那么其标志就不是捕鱼狩猎，而是种水稻，吃大米。既然如此，应该把"种水稻、吃大米"放入表递进意义的后一个分句之中。

（6）选"作为现代大都市的上海还具有深厚的历史文化底蕴、悠远而灿烂的古代文明"。这里并不突出上海的现代大都市的属性，而是把该属性作为次要信息加以表达，这就不宜把"现代大都市"放在句子谓语中，而应把它处理为定语。

（7）选"'上海考古新发现'特展展示了上海考古的最新发现和近年来在上海发掘出土的文物精品"。这里并无必要分别强调"上海考古的最新发现"和"在上海发掘出土的文物精品"，因此也就没有必要重复"展示"，构建并列复句。

（8）选"这里发现了几十座良渚文化墓葬，是当时社会中下层成员的墓葬，它埋藏在一个台地之上"。和埋葬的场所相比，墓葬成员的身份和墓葬的关系更近，理应让它们首先衔接。

（9）选"广富林遗存的发现对于研究黄河与长江流域古代文明的交流以及环太湖地区的文明化进程具有重要意义"。这一句太长了，这是它的弱点，但和另一句相比，好处更多一点儿。因为文中的这几句都以广富林为论述主题，故宜把"广富林"放在各句的开头，使所述对象一致，以便形成话题链。相比之下，另一句的句子前边是两个引入其他对象的介词短语，且占了句长的大半，实际上充当了此句的话题，这就使该句和前后文难以紧密衔接。

（10）选"志丹苑水闸遗址的发现是2002年中国重大考古发现，这是一处元代水闸，由闸门、驳岸、过水石面等几部分构成，总面积1 300平方米左右"。这个分句也是这一段的第一个句子，开头交代了志丹苑水闸遗址是何时发现的，比较符合引入新话题的表述要求。若选另一句，则一开头就判定志丹苑水闸遗址的年代身份，好似读者早就知道这个志丹苑水闸似的，显得突兀。

（11）选"上海的老城厢、遐迩闻名的松江、有水乡桥乡美誉的青浦都有精美文物问世"。因为前一句讲了宋代到明清时期上海如何如何，故下一句宜把"上海"放在开头，使所述对象和前一句紧密衔接。相比之下，另一句的句子以精美文物充当主语，转换了话题，和前文难以紧密衔接。

（12）选"展品中从上海电视大学松江分校出土的南宋金器金色纯正，工艺精湛"。因为这里说的是限定的文物，即放入特展会场的文物，故"展品中"不能随便省略。

（13）选"四件青瓷器釉色温润，是少见的文物精品"。此处并不强调数量"四件"，故将"四件"安排成谓语不妥，宜将其充当定语。

（14）选"宗元明清的文物既反映出当时上海地区经济繁荣的一个侧面，也是上海历史文化根基的生动写照"。此句虽含并列关系，两个分句所表之意仍有轻重之分，相比之下，"上海历史文化根基的生动写照"和本文主题"六千年文明史的凸现"更为相合，分量也因而更重。根据句子语序的一般安排规则，宜前轻后重，而非前重后轻，故应作此选择。

4.《一尘不到》

（1）选"谓之'一尘不染'"。一是可以和上一句组成整句；二是文章刚开头，此处不表示结论，所以不用"之谓也"的格式。

（2）选"'一尘不到'既形容环境清洁外，又说明人的精神境界"。此段在"起承转合"四环节中处于第二环节，尚未到强调精神境界的洁净强于环境的干净之阶段，所以宜用"既……又"格式来表示并列关系。

（3）选"就产生了人的欲念和烦恼"。此句和前句相连后，近似于带"一……就"格式的条件复句，只是"一"没有出现罢了，所以宜将"就"放在此句开头。若选择"人的欲念和烦恼就产生了"，前后句子的衔接就有点儿松散了。

（4）选"是理解一切事物的智慧之意"。另一句中不必要的重复了"意"，显得冗赘。

（5）选"在禅寺门口常常有这样的楹联"。观此全文，并不以"我"、"我们"之类的词语来指明作者的看法，既然如此，还宜遵其写法。

（6）选"清代留筠（端父）在《题淡水岩》中说"。若选另一句，则有两弊。其一"《题淡水岩》一诗为清代留筠（端父）所撰"是一个说明诗歌作者的判断句；而这里并无作此判断的需要，用后显得突兀，难与前文衔接。其二用了这个判断句后无法引出下文诗句。

（7）选"在佛、道圣地，多有'一尘不到'的题词"。这一句用于第三段的开头，这种场合下，和使用一般主谓陈述句相比，最常见的做法是使用表时间或处所词语开头的存现句，尽量避免让读者产生突兀感；而"在佛、道圣地，多有'一尘不到'的题词"就是一个以表处所词语开头的存现句。

（8）选"今人也有将'一尘不到'作为自己书斋名的，如浙江永嘉的画家徐顺恩"。选另一句，节奏既不那么协调，构造也不那么平稳，难以承受该段结尾之任；选现在这句则可避免上述两个毛病。

（9）选"陶渊明在《归园田居五首》（之一）中写过：'户庭无尘杂，虚室有余闲。久在樊笼里，复得返自然'，真是一语双关。既指庭院的清净，身体回归大自然；又指心灵的空旷，自觉洗涤众杂念。'一尘不到'非常值得今人作为座右铭"。"一尘不到"值得今人作为座右铭之语，和后文（"许多贪官污吏"云云）关系非常密切，因此不宜放在此段开头而被陶渊明的诗句隔开。

（10）选"南京路上好八连不是'身居闹市，一尘不染'吗?"在此选择反问句能和下文的

"握有重权并非必遭腐蚀，你不搞权钱交易就行了么！"相互配合（两句分别以"吗"和"么"结尾，又都带有强调口气），增强气势。

（11）选"最大的启迪也许就在此吧！"文章写到这里，启迪已经得出，那就是："商品经济大潮并不可怕，出污泥可以不染"；"'一尘不到'是一种理想境界，不易做到，故须日夜念叨，时刻提醒，反复对照，永远努力"。既然启迪已有，它就是旧信息而非信息，就该将它作为结尾句的主语，而不是其宾语。

（十四）请指出下面诗歌押的是什么韵。思考一下这些韵在诗歌情调的渲染上有没有作用。如果有，又是什么作用。

答：1. 押梭波辙，声音不太响亮，较适宜表达柔婉细腻的感情。

    2. 押中东辙，声音较为响亮，较适宜表达雄壮、豪迈或深沉厚重的感情。

（十五）阅读下面诗文，然后说说作者是怎样安排语音节奏，以造成优美的修辞效果的。

答：

1. 曲曲（叠音）折折（叠音）的荷塘上面（双音节），弥望的是田田（叠音）的叶子（双音节）。叶子出水很高（1＋1形成的双音节），像亭亭（叠音）的舞女的裙（单音节）。层层（重叠）的叶子中间（双音节），零星（叠韵）地点缀着些白花（双音节）。有袅娜（双声）地开着的（轻声），有羞涩地打着朵儿的（轻声）；正如一粒粒（重叠）的明珠（双音节），又如碧天里的星星（重叠）。微风过处（双音节），送来缕缕（重叠）清香（双音节），仿佛（双声）远处高楼上渺茫（双声）的歌声似的（双音节，但第二个音节是轻声）。这时候叶子与花也有一丝的颤动（双音节），像闪电（叠韵）般（单音节），霎时（双声）传过荷塘的那边去了（轻声）。叶子本是肩并肩密密（重叠）地挨着（轻声），这便宛然（叠韵）有了一道凝碧的波痕（双音节）。叶子底下是脉脉（叠音）的流水（双音节），遮住了（轻声），不能见一些颜色（双音节）；而叶子却更见风致（双音节）了（轻声）。

    上文的语音节奏特点主要是：一、大量使用叠音、重叠、双声、叠韵等手法，朗诵时语音回环复沓，和鸣动听；二、句子的结尾大多是双音节的，但间之以单音节和轻声音节，使句子结尾的节奏既以平稳为主但又有不同的变化；三、总体上句子不长，很容易让读者控制呼吸和语速，以抒情的方式舒缓地朗诵。

    2. 以"林中的野菇……"、"河岸边的蔷薇……"、"世界变得这样繁华……"开头的三句，长度为十一个或十二个音节，比较整齐，但以"竹篱上的豌豆花……"开头的那一行包括三个句子，它们长短参差，且有两个比较长（一个短句属于非自足句，即不能独立使用的句子）。这种安排的特点是以不长的整句为主体，间以比较长的句子，在整齐中求得变化。且三个整句中两个在前，一个在后。让较长的句子居于靠后的位置，这也符合汉语修辞若长短句组合时长句居末或靠后的一般要求。

在押韵上，从"林中的野菇……"开始，前三行的末尾都押了言前辙，最后一行押的是江阳辙，都带鼻音，吟诵时易于造成哼唱的声音效果。另外，言前辙开口较小，江阳辙开口较大，这种变化使得此段的结束更显稳定有力。

3. 这首诗都由短句组成，除去仅有的一个八音节句之后，构成主体的最长的句子是七音节的，其次是五音节的，最短的才双音节。从音节数看，七个、五个的都与中国传统诗歌的七音节、五音节句一致，因此具有传统诗歌的一些韵味。但这些七音节句大多是2＋3＋2或3＋2＋2的音步组合，与传统诗歌七音节句的2＋2＋3音步不完全相同。而且在这些七音节、五音节句中又常常加入了轻声音节，这既使节奏更加轻巧，也进一步改变了传统七音节、五音节句的节奏。

这首诗的另一个显著语音特点是五个段落都是同一组合格式的反复，这就增强了它的整齐性，也造成了相同音节音步回环复沓的修辞效果。

这首诗押韵上要求不严格。但因为相同旋律（主要由停顿音步组成）回环复沓，仍让人感到明显的韵律美。

（十六）在下列各题中指出一种修辞格。

答：1. "军阀"是转品。

2. "老了"是委婉。

3. 对偶，兼对比。

4. 提问。

5. "还不是和祥林嫂?"是反问。

6. 对比。

7. 顶真。

8. "空白"是反复。

9. "地才"是仿拟。

10. 拈连。

11. 对偶。

12. "狭人"是仿拟。

13. 对比。

14. 顶真。

15. "的"是反复。

16. 提问。

17. 排比，兼反复（"多"）。

18. "伟大"、"文明"是反语。

19. "眼哭肿了，心哭乏了"是拈连。

20. 两个问句都是反问。

21. 夸张。

22. "太阳渐渐西沉"和"阴影慢慢地爬上了……"句都是比拟。

23. "我在走我的路"是语义双关，实指人生之路。

24. 比喻（引喻）。

25. 比拟。

26. "孔夫子"是借代，借代"孔夫子的书"。

27. "一分钱要掰成两半花"是夸张。

28. "印刷品"是借代，借代"传单"或"大字报"。

29. "要廊不要廊"是谐音双关，实指"郎"。

30. "你这个榆木疙瘩"是比喻（暗喻）。

（十七）请用 A、B、C、D、E 标明下列各比喻中的本体、喻词、喻体、相似点或相异点。

答：1. 江南春　像　酒　一样　浓。
　　　　A　　　B　　C　　B　　　E

2. 我就知道，我们之间已经隔了一层可悲的　厚障壁　了。
　　　　　　　　　　　　　　　　　　　　　　　C

3. 灿烂的阳光下盛开的百合花　就　是　您的笑容。
　　　　　　　　C　　　　　　　　　B　　A

4. 你的话　比　刀子　还　尖，　比　辣椒　还　辣。
　　A　　　B　　C　　　E　　　B　　C　　　E

5. 黄花丛里，有时会挺起一枝　火焰　般　的　野百合花。
　　　　　　　　　　　　　　　　C　　B　　　　A

（十八）请比较下列各对句子，指出它们分别使用了什么修辞格。

答：1. (1) 中的"秦皇汉武、唐宗宋祖"是借代；(2) 中的"胖猪"是借喻。

2. (1) 是顶真；(2) 是回环。

3．（1）是排比；（2）是层递。

4．（1）中的"浪花咬"是比拟；（2）是明喻。

5．（1）是对比；（2）是衬托。

6．（1）中的"快乐的绿林翠木"是移就；（2）是比拟。

（十九）请比较下面两篇文章，指出其异同，并分析文章2是怎么仿拟文章1的。

答案略。只要掌握是修辞格仿拟中的仿篇即可。

（二十）分析下列各题，看看分别使用了哪些修辞格。

答：1．凭着崇高的理想、豪迈的气概、乐观的态度，克服困难不也是一种享受吗？
$\qquad\qquad\qquad$ 排比 $\qquad\qquad\qquad\qquad\qquad\qquad$ 反问

2．新水井，亮闪闪，好像姑娘水汪汪的眼；看得玉米露牙笑，看得地瓜浑身甜；看得
$\qquad$ 比喻 $\qquad\qquad\qquad\qquad\qquad$ 比拟 $\qquad\qquad\qquad$ 比拟

谷子垂下了头，看得高粱羞红了脸；看得粮食堆成山，看得日子像蜜甜。
比拟 $\qquad\qquad$ 比拟 $\qquad\qquad\qquad$ 夸张 $\qquad\qquad$ 比喻

几个"看得……"句又构成了排比，几个"看得"也可看作反复。

3．天上的云，真是姿态万千，变化无常。它们有的像羽毛，有的像鱼鳞，有的像羊群，有
$\qquad\qquad\qquad\qquad\qquad\qquad\qquad\qquad\qquad\qquad\qquad$ 博喻（比喻的

的像雄狮，还有的像奔马，像河川……
一个小类）

4．一天是阴沉的上午，太阳还不能从云里面挣扎出来，连空气都疲乏得不爱动了。
$\qquad\qquad\qquad\qquad$ 比拟 $\qquad\qquad\qquad\qquad\qquad\qquad$ 比拟

5．他用手摸着鞭捻子用纸烟点着，一刹时 火星迸射，银花飞溅，那挂
$\qquad\qquad\qquad\qquad\qquad\qquad\qquad\qquad\qquad\qquad$ 对偶

火鞭像炒豆子似的 劈劈啪啪 欢笑着响起来。
比喻 $\qquad\qquad$ 摹声 $\qquad$ 比拟

（二十一）下列各句在运用修辞格方面如有不妥之处，请加以改正，并说明理由。

答：1．洒水车在马路上欢快地驰过，身后飞出一条银色的飘带。

洒水车洒出的水一瞬即无，没法构成一条飘带，比喻失当。可改为"在身后留下一条闪光的道路"。

2．本药品经过临床试用，证明疗效显著。患者如果不信，不妨亲身试用一次，保管一药在手，病根立除，益寿延年，返老还童。

夸张过分。可把后两句改为"神采焕发，益寿延年"。

3．威武的战舰劈开茫茫的夜幕，高速前进，海水在它面前纷纷惊恐地往两边退让。

比拟手法所表现出的不是战舰和大海之间的亲密关系，两者倒成了对立的两面了，感情色彩渲染失当。最后一句可删去。

4. 安定团结形势好，大搞四化气象新。

看似对偶，其实句法结构不一致。为构成对偶，可改为"加强团结形势好，推进四化气象新"。

5. 几年来，全所八十余名职工被称为党委的"好参谋"，粮管所里的"农科站"。

人怎么能喻为"农科站"呢？可改为"农科员"。

6. 他们爱祖国，爱人民，爱和平，谁还去计较个人的生死，个人的得失，个人的利害呢！

排比各项一般按语义由轻到重的次序排列，可改为"谁还去计较个人的得失，个人的利害，个人的生死呢！"

7. 同志啊，你可不能小看这个工作哪，它的意义不是很渺小，而是很渺大，很重要。

"渺大"是生造词语，可改为"伟大"。

8. 飞机在跑道上滑行，速度越来越快，突然机头向上一抬，就像一只巨大的风筝，乘风直上蓝天。

"风筝"是无动力的，而且必须有绳子牵引，这和飞机的特征不相容。宜改为"一只展开巨翅的鲲鹏"或"一只雄鹰"之类。

9. 她跳水的时候，姿态那样优美，好像敦煌壁画上的飞天一样。

"跳水"是从上到下的变化过程，这和飞天一直在天上飞的特征很不一致，宜去掉这个比喻。为使表述完整而流畅，可把全句改为"她跳水的时候，动作是那样的优美，体态是那样的轻盈"。

10. 她根本不像一个女子，泼辣得很，比男人还厉害，真正是敢哭、敢骂、敢打、敢说、敢笑。你可别惹她，小心下不来台！

排比各项一般按语义由轻到重的次序排列，可改为"敢哭、敢笑、敢说、敢骂、敢打。"

（二十二）指出下列各段文章的语体类型，并举例说明相应的语体特点。（参考答案中举例省略）

答：1. 冰心致陈祖芬的书信

（1）传递媒介：书面语体。

（2）语言形式的特点：散文语体。

（3）内容：事务语体（书信）。

2. 致××市机械局的备忘录

（1）传递媒介：书面语体。

（2）语言形式的特点：散文语体。

（3）内容：事务语体（备忘录）。

3. 中国人民银行通告

（1）传递媒介：书面语体。

（2）语言形式的特点：散文语体。

（3）内容：事务语体（通告）。

4. 赵元任与程沧波先生及赵叔诚夫妇的谈话记录（节录）

（1）传递媒介：口头语体。

（4）合作方式：会话语体。

（5）内容：日常生活语体。

5. 毛泽东在延安干部会上的讲演《反对党八股》（节录）

（1）传递媒介：口头语体。

（2）语言形式的特点：散文语体。

（3）合作方式：演讲语体。

6. 金一南的评论《朝韩会晤能否影响亚太格局演变》

（1）传递媒介：书面语体。

（2）语言形式的特点：散文语体。

（3）内容：政论语体。

此文写得雄辩、尖锐。

7. 说明

a. 黄铭新名誉主编，汪绍基、陆汉明、张延龄主编《家庭医学百科》对支气管哮喘的症状和治疗方法的说明

（1）传递媒介：书面语体。

（2）语言形式的特点：散文语体。

（3）内容：科技语体。

相比 7b，此文较为通俗。

b. 齐家仪主编《儿科手册》对支气管哮喘（Bronchial Asthma）的症状和治疗方法的说明

（1）传递媒介：书面语体。

（2）语言形式的特点：散文语体。

（3）内容：科技语体。

　　相比 7a，此文较为专业。

8. 郁达夫的散文《西溪的晴雨》

（1）传递媒介：书面语体。

（2）语言形式的特点：散文语体。

（3）内容：文艺语体。

此文写得淡泊、舒缓、老到。

9. 徐志摩的诗歌《再别康桥》

（1）传递媒介：书面语体。

（2）语言形式的特点：韵文语体。

（3）内容：文艺语体。

此诗写得十分抒情，且节奏不急不缓，回环复沓，有助于感情的抒发。

（二十三）请比较下面两篇文章在意义表达方面的各自特点和优缺点。

答：**1.《上海再造客机 拥有自主知识产权的飞机年底开工》**

　　这是一篇新闻报道，应首先突出想要读者优先注意的信息，并以简洁的语言说明所报道事情的主要方面。从这个角度看，它写得似乎还不错。第一段交代了这篇报道应传递的最主要的信息。第二段分层介绍了 ARJ21 客机的研制力量、主要性能及研制计划。第三段呼应了第一段中的第一句话"上海又将生产客机"（实为总装）。

　　这篇报道的主要缺点有两个：（一）没有提及上海曾经生产并试飞成功"运十"大型民航客机的事实，也未指明 ARJ21 仅是支线客机。从这个角度看，它遗漏了一个重要的信息。这样，文中对"上海再造客机"的解释就是不完整的。（二）文章的标题是"造"客机，而文中说的却是"总装客机"。"造飞机"和"装飞机"不可同日而语，对此报道中的这一个混淆是难以原谅的。

　　因此，若不论这两个缺点，该文写得合乎规矩；若考虑到这两个缺点，则表述上有重要的缺陷。

2.《"长城"异彩新春里》

　　这是一个商品广告。商品广告的主要效用就是吸引顾客前来购买。目前看来，商品广告吸引顾客的手法主要有五种：展现该商品的功效特色；强调该商品价廉物美；突出所属品牌的非凡价值或高档地位；渲染使用该商品时所伴随的愉悦感觉或优雅情调等正向消费体验；以奇特的手法制造联想，便于受众记住该商品及所属品牌。该广告主要采用了这里所说的第四、五种手段。

　　应该说该广告的作者想了不少办法来进行渲染，——饮酒为节日助兴，长城象征中国，品出美酒内外的意蕴等等，而且词句写得也颇有文采，但是效果可能欠佳。原因恐怕主要有二：（1）中国人过春节喝葡萄酒尚未形成普遍的习俗。（2）和其他品牌的葡萄酒相比，人们对长城葡萄酒的特色并不见得十分了解。在这些因素的制约下，着眼于情味联想等方面的渲染起不到多大的作用，因此也起不到好的宣传效果。

　　如能在广告中着重采用上文所说的第一种手法，以理性的方式着重说明长城葡萄酒不造假不掺水，生产过程中有哪些关键性的质控环节和特别的工艺手段，可分为哪几个不同的大类并各有什么口感，酒中多含哪些有益健康的成分且性价比很高等，或许能吸引更多的顾客。

（二十四）指出下列文章的主要风格类型，并举例说明其典型表现。（参考答案中举例省略）

答：**1. 郭沫若《银杏》**

　　繁富、典雅。

2. 周作人《美文》

　　简约、素淡、典雅。

3. 刘白羽《长江三日》

　　豪放、绚丽、典雅。

4. 老舍《想北平》

　　素淡、明快、通俗。

5. 陈从周《桥乡醉乡》

　　典雅、繁富。

6. 杨绛《干校六记》

　　素淡、繁富、通俗。

7. 巴金《"重进罗马"的精神》

　　庄严、典雅。

8. 梁实秋《衣裳》

　　诙谐、繁富。

9.《中华人民共和国国防部命令》

　　豪放、明快、通俗。

10. 冰心《往事（一）——生命历史中的几页图画·一四》

　　典雅、柔婉。

后　记

　　本稿由一份现代汉语修辞课程的讲稿及配套练习题和参考答案合编而成。在撰写讲稿和编制练习题的过程中，参考了前辈时贤的众多有关成果，大量修辞语例借自于著名作家、学者的优秀作品，在此我向他们深表谢意！

　　讲稿分为十六章，章数根据选修课的课时设置而定：原则上每周讲一章，第十七周考核；若要授满十八周，可增加一次期中测试，或再举行一次课堂讨论。练习题大体根据讲授内容的先后次序安排，可以让学生课后自做，然后阅读参考答案核对；若有问题，再向老师请教。

　　我开设现代汉语修辞课，前后已经超过十次。这些讲授活动多数是在曾经工作过的上海师范大学进行的，讲授过程中，所讲内容也在不断地增补、调整和修改。形成目前这个面貌，主要得益于在华东师范大学授课前的四次备课以及三次课后修改。

　　开设现代汉语修辞课程，我的主要意图是弥补现代汉语必修课留存的欠缺。由于课时不够及其他一些原因，老师们在讲授现代汉语课程的时候，往往舍弃修辞部分，或者仅挑出比喻、借代等主要修辞格略讲一下，由此导致学生们普遍缺乏修辞知识。

　　师范大学担负着培养未来教师的重任。中文系面对的是已经比较熟练掌握汉语的对象，他们虽说也会犯汉语语法的错误，但相比之下更需要提高的是汉语修辞的能力。因为中文系师范生毕业后会当老师，上语文课。可想而知，对修辞知识未完全掌握的老师，是难以胜任中小学语文教育工作的。

　　即使以后不当老师，中文系毕业生从事的工作也大多和汉语使用有密切关系，对他们而言，掌握比较全面而扎实的修辞知识同样十分重要。

　　百年来，汉语修辞著述很多，相关的大学教材也不少，但若从充实性、时代性的角度来看，窃以为令人满意者鲜见。这除了汉语修辞学研究不尽如人意，而语言学其他领域的学术研究却在不断发展等因素之外，还和著述者学术观点的差异密不可分。从本质上看，本书并未突破汉语修辞教材在编写上的藩篱，难免存在着各种缺点，但相较于正在使用的一部分大学本科汉语修辞教材，本书中不乏点点滴滴的变化和新意；不仅相对而言较合我的口味，或许对他人亦有启发。

多年的备课和开课经历，让我对讲好修辞课的困难有了深切的感受。修辞活动涉及的方面太多，要从中概括出各种规律，在此基础上形成有深度的、有解释力的知识体系，谈何容易！有鉴于此，本书中尽量不谈理论，而是力求从实用角度谈论问题。这样处理，除了谈理论太困难之外，还因为我的授课目的本非理论探究，而是介绍实用知识。

谈到实用，本书存在一个很大的缺陷，那就是对如何运用修辞技巧涉及太少。这首先缘于我的学力不足；其次也因为汉语修辞研究在这方面的进展不多。虽然现在已出版了不少指导他人如何说话、如何演讲的书籍，但要将那些内容很好地结合进汉语修辞的讲授中来，融为一体，还需要花费不少工夫。以后若有精力和时间，或许我会在这个方面多做一些努力。

原以为讲授了比较全面的修辞知识以后，就能显著提高听课学生的修辞能力，但通过反复的讲授实践，我终于明白这个想法不太切合实际。多次反思之后，我认为这主要和如下三个原因有关：一是受限于目前的研究水平，汉语修辞课程的讲授缺乏深度，这常常让学生产生"吃不饱"之感，因此影响了学习的积极性；二是修辞活动涉及因素太多、太复杂，对师生双方来讲，想要概括、提炼或把握其中的哪怕一小部分规律，都很不容易；三是虽有讲授，但操作训练不够，练习题的质量也不太高，致使所学未必都可转化为所能。为了减轻这三个原因造成的不利影响，我在备课及编制练习题时动了不少脑筋，花了不少精力和时间，但收效尚不明显。看来，想让这一局面有较大的改观，还需要大家一起来开展更多的探索和实践，达成多方面的新的突破。

在备课、授课和课后修改讲稿及练习题的过程中，我还得到一个很深的体会，那就是甄别合适的语例、编制练习题，花费的时间和精力常常超出预期。绝大部分语例和练习题须从实际语料中搜求。为了找到一个合适的语例或者确定一道较具针对性的练习题，常得花费一两个小时甚至更多时间。即便如此，本书所附练习题和讲稿所述的也未能做到一一对应。这一缺憾，只能留待以后弥补了。

为了让学生能从优秀的汉语表达成果中汲取营养，也为了让课程学习不那么无聊，我在挑拣例子时尽量选取那些优美的、有意蕴的或者有鲜明特色的语句、段落、篇章。我以为，如果能够以既具针对性，又富有感染力的汉语表达为例，不仅能直观地说明问题，还能让听众或者读者产生愉悦之情，进而对修辞产生好感，对修辞的价值予以重视。

此书名曰《修辞津梁》，而不叫《现代汉语修辞教程》之类，原因有二：其一，它的内容确实比较粗浅，具有入门性质；其二，我不想把它装扮成一付大学教材的学究面孔。我希望它在表达形成上、内容上生动活泼一些，能够吸引人们翻阅一下，受到影响和感染，从而喜爱上汉语修辞。

在我的修辞课堂上，总有一些认真努力的学生，他们能对所授内容、观点等提出疑问或者建议， 他们课后提交的小论文中也时常迸发出思想的火花， 具有启发性。 这都帮助我不断反思、 不断学习、 不断完善讲授内容， 提高课程质量， 也让我体验到了什么是先贤所说的教学相长。 在此我向这些同学表示诚挚的感谢!

为了获得华东师范大学教材出版基金的资助， 因我邀请， 著名修辞学专家、 上海市语文学会会长、《华东师范大学学报 （哲学社会科学版）》 时任主编胡范铸教授为本书撰写了推荐意见。 华东师范大学出版社也邀请了复旦大学修辞学专家盲审拙稿， 承蒙其赞同出版拙稿并提出宝贵的修改意见。 在此我向他们表示真诚的谢意! 此外， 在交稿之前， 我请我的博士生余义兵对全文作了校订， 期间他指出了不少细小的差错以及表达上的不尽妥当之处， 在此也向他表示衷心的感谢!

在编辑拙稿的过程中， 华东师范大学出版社的编辑付出了许多辛苦， 纠正差错并提出修改意见; 尤其是朱佳莉编辑， 审校态度极为认真。 在此我要向她们表示特别的感谢!

虽然我想把拙作写得尽量完美， 但限于学识和能力， 未能如愿， 每次翻阅书稿， 总能发现需要修改之处， 令我忐忑惶恐。 读者也是师友， 我真心希望获得来自读者的批评和指教， 助我改进拙作。

左思民

记于 2015 年 9 月 11 日

二改于 2017 年 2 月 9 日